FINANCIAL DISPUTE RESOLUTION
IN CHINA:
ANNUAL REVIEW AND PREVIEW 2023

中国金融争议解决
年度观察
（2023）

郑小敏 / 主　编
胡宇翔 / 副主编

中国法制出版社
CHINA LEGAL PUBLISHING HOUSE

图书在版编目（CIP）数据

中国金融争议解决年度观察 . 2023 / 郑小敏主编；
胡宇翔副主编 . —北京：中国法制出版社，2023. 5
ISBN 978-7-5216-3366-5

Ⅰ. ①中… Ⅱ. ①郑…②胡… Ⅲ. ①金融法-研究
报告-中国-2023 Ⅳ. ①D922. 280. 4

中国版本图书馆 CIP 数据核字（2023）第 046312 号

责任编辑：秦智贤（qinzhixian@ zgfzs. com） 封面设计：杨泽江

中国金融争议解决年度观察（2023）
ZHONGGUO JINRONG ZHENGYI JIEJUE NIANDU GUANCHA（2023）

主编/郑小敏
副主编/胡宇翔
经销/新华书店
印刷/北京虎彩文化传播有限公司
开本/710 毫米×1000 毫米 16 开 印张/ 28 字数/ 361 千
版次/2023 年 5 月第 1 版 2023 年 5 月第 1 次印刷

中国法制出版社出版
书号 ISBN 978-7-5216-3366-5 定价：108. 00 元

北京市西城区西便门西里甲 16 号西便门办公区
邮政编码：100053 传真：010-63141600
网址：http：//www. zgfzs. com **编辑部电话：010-63141798**
市场营销部电话：010-63141612 **印务部电话：010-63141606**

（如有印装质量问题，请与本社印务部联系。）

凡　例

简称	全称
《民法典》	《中华人民共和国民法典》
《公司法》	《中华人民共和国公司法》
《合伙企业法》	《中华人民共和国合伙企业法》
《证券法》	《中华人民共和国证券法》
《信托法》	《中华人民共和国信托法》
《保险法》	《中华人民共和国保险法》
《证券投资基金法》	《中华人民共和国证券投资基金法》
《期货和衍生品法》	《中华人民共和国期货和衍生品法》
《海商法》	《中华人民共和国海商法》
《破产法》	《中华人民共和国企业破产法》
《消费者权益保护法》	《中华人民共和国消费者权益保护法》
《反电信网络诈骗法》	《中华人民共和国反电信网络诈骗法》
《城市房地产管理法》	《中华人民共和国城市房地产管理法》
《国家赔偿法》	《中华人民共和国国家赔偿法》
《民事诉讼法》	《中华人民共和国民事诉讼法》
《金融稳定法草案》	《中华人民共和国金融稳定法（草案征求意见稿）》
《民事强制执行法草案》	《中华人民共和国民事强制执行法（草案）》
《民法总则》	《中华人民共和国民法总则》（已失效）
《合同法》	《中华人民共和国合同法》（已失效）
《民法典担保制度解释》	《最高人民法院关于适用〈中华人民共和国民法典〉有关担保制度的解释》
《民间借贷司法解释》	《最高人民法院关于审理民间借贷案件适用法律若干问题的规定》（2020年第二次修正）
《公司法司法解释三》	《最高人民法院关于适用〈中华人民共和国公司法〉若干问题的规定（三）》

续表

简称	全称
《破产法司法解释二》	《最高人民法院关于适用〈中华人民共和国企业破产法〉若干问题的规定（二）》（2020年修正）
《破产法司法解释二》（2013）	《最高人民法院关于适用〈中华人民共和国企业破产法〉若干问题的规定（二）》（2013年）
《破产法司法解释三》	《最高人民法院关于适用〈中华人民共和国企业破产法〉若干问题的规定（三）》（2020年修正）
《新虚假陈述司法解释》	《最高人民法院关于审理证券市场虚假陈述侵权民事赔偿案件的若干规定》
《原虚假陈述司法解释》	《最高人民法院关于审理证券市场因虚假陈述引发的民事赔偿案件的若干规定》（已失效）
《关于适用新虚假陈述司法解释的通知》	《最高人民法院、中国证券监督管理委员会关于适用〈最高人民法院关于审理证券市场虚假陈述侵权民事赔偿案件的若干规定〉有关问题的通知》
《民法典合同编通则解释（征求意见稿）》	《最高人民法院关于适用〈中华人民共和国民法典〉合同编通则部分的解释（征求意见稿）》
《合同法司法解释一》	《最高人民法院关于适用〈中华人民共和国合同法〉若干问题的解释（一）》（已失效）
《九民纪要》	《全国民商事审判工作会议纪要》
《破产会议纪要》	《全国法院破产审判工作会议纪要》
《涉外审判会议纪要》	《全国法院涉外商事海事审判工作座谈会会议纪要》
《债券纠纷会议纪要》	《全国法院审理债券纠纷案件座谈会纪要》
《资管新规》	《中国人民银行、中国银行保险监督管理委员会、中国证券监督管理委员会、国家外汇管理局关于规范金融机构资产管理业务的指导意见》
《证券纠纷代表人诉讼规定》	《最高人民法院关于证券纠纷代表人诉讼若干问题的规定》
《强制执行股权规定》	《最高人民法院关于人民法院强制执行股权若干问题的规定》
《商品房买卖合同司法解释》	《最高人民法院关于审理商品房买卖合同纠纷案件适用法律若干问题的解释》（2020年修正）
《新三板保障意见》	《最高人民法院关于为深化新三板改革、设立北京证券交易所提供司法保障的若干意见》
《信托分类新规》	《中国银保监会关于规范信托公司信托业务分类有关事项的通知（征求意见稿）》

目录 Contents

第一编　中国金融争议解决发展概述 …… 001
　第一章　金融争议的年度概况 …… 003
　　第一节　金融争议的年度数据 …… 003
　　第二节　主要案件类型及争议焦点 …… 029
　第二章　金融争议解决的新发展 …… 069
　　第一节　法律规定的新发展 …… 069
　　第二节　司法解释及政策的新发展 …… 072
　　第三节　裁判理念的新发展 …… 078
　　第四节　监管规定及政策的新发展 …… 084
　　第五节　争议解决程序的新发展 …… 092
　　第六节　金融争议解决的新特点与前瞻 …… 098
第二编　前沿热点争议年度盘点 …… 103
　第一章　金融债权清收中的破产热点问题 …… 105
　　第一节　实质合并破产 …… 105
　　第二节　破产债权确认中的热点问题 …… 125
　　第三节　破产债权清偿中的热点问题 …… 131
　第二章　投资对赌协议纠纷中的前沿热点问题 …… 163
　　第一节　投资对赌协议纠纷常见法律问题及司法实践回顾 …… 163
　　第二节　2022 年度投资对赌协议纠纷领域的重要规范性文件及影响 …… 174

第三节　2022 年度投资对赌协议纠分领域重要司法案例及影响 …… 182
第四节　投资对赌协议纠纷未来司法趋势预测及应对建议 …… 190
第三章　新虚假陈述解释发布后证券公司责任的热点问题 …… 192
第一节　虚假陈述诉讼中证券公司的“行为”认定与风险防控 …… 193
第二节　虚假陈述诉讼中证券公司的“过错”认定与风险防控 …… 203
第三节　虚假陈述诉讼中的“因果关系”认定与风险防控 …… 210
第四节　虚假陈述诉讼中的损失认定、责任形态与风险防控 …… 217
第四章　受托人责任中的适当性义务热点问题 …… 228
第一节　适当性义务概述 …… 228
第二节　适当性义务的内涵 …… 234
第三节　适当性义务领域中的前沿争议问题 …… 239
第四节　金融机构履行适当性义务的建议 …… 244
第五章　名股实债中的热点问题 …… 246
第一节　名股实债交易中名义股东权利的行使 …… 246
第二节　名股实债交易中能否由目标公司支付本息回报？ …… 255
第三节　名股实债是否适用民间借贷的相关规定？ …… 264
第六章　诉讼保全责任保险中的热点问题 …… 268
第一节　诉讼保全责任险视角下的财产保全损害责任纠纷概况 …… 268
第二节　财产保全损害责任纠纷中的相关问题 …… 272
第三节　相关建议 …… 285

第三编　主要行业争议解决年度观察 ······ 289
第一章　信托行业争议解决年度观察 ······ 291
第一节　信托行业年度数据 ······ 291
第二节　信托行业的新发展 ······ 294
第三节　信托行业前沿热点争议 ······ 297
第二章　证券行业争议解决年度观察 ······ 309
第一节　证券行业年度数据 ······ 310
第二节　证券行业的新发展 ······ 315
第三节　证券行业前沿热点争议 ······ 326
第三章　银行业争议解决年度观察 ······ 338
第一节　银行业年度数据 ······ 338
第二节　银行业的新发展 ······ 344
第三节　银行业前沿热点争议 ······ 351
第四章　保险行业争议解决年度观察 ······ 383
第一节　保险行业争议解决年度概况 ······ 383
第二节　行业前沿热点争议 ······ 395
第五章　基金行业争议解决年度观察 ······ 412
第一节　基金行业年度数据 ······ 412
第二节　基金行业的新发展 ······ 417
第三节　行业前沿热点争议 ······ 421

后　记 ······ 440

·第一编·

中国金融争议解决发展概述

第一章　金融争议的年度概况

第一节　金融争议的年度数据①

一、诉讼

（一）整体情况分析

从案件数量来看，2022年金融类案件数量达1,042,178件，相比于2021年的2,188,848件降低了约52.39%。金融类案件数量自2020年达到顶峰后，一直处于下降趋势，并在2022年出现大幅回落。

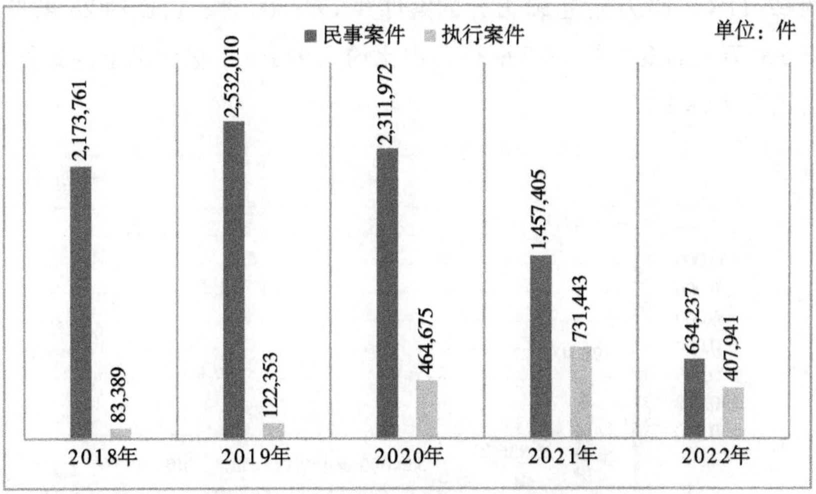

图1-1-1　2018—2022年金融类案件数量

从细分行业来看，约69.4%的案件集中于银行业，约18.2%的案件集中于保

① 本节数据来源于Alpha法律数据库，检索条件为"时间：2022年1月1日至2022年12月31日；案由：民事、执行；行业：金融业"，访问时间为2023年1月23日。

险业，证券业、信托业、基金业、期货业等案件数量占比较小，均在1%以内。

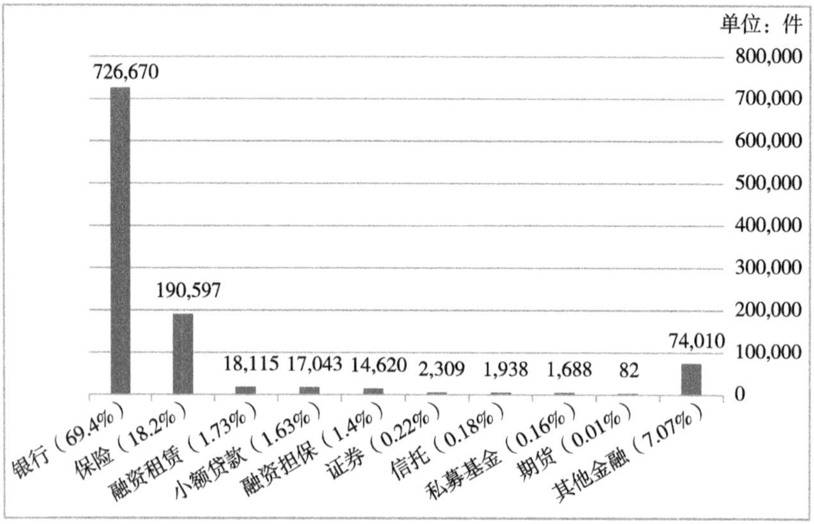

图 1-1-2　金融领域各行业的案件数量

从标的金额来看，标的额为 10 万元以下的案件数量最多，共 433, 654 件，占比约 62. 11%；10 万元至 50 万元的案件共 198, 800 件，占比约 28. 47%；100 万元至 500 万元的案件共 27, 399 件，占比约 3. 92%；1 亿元以上的案件共 568 件，占比约 0. 08%。

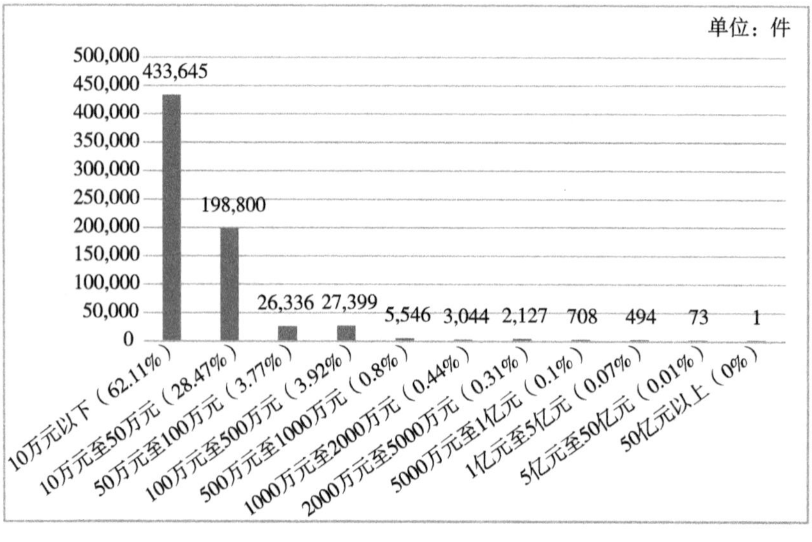

图 1-1-3　2022 年金融类案件标的金额分布

（二）全国区域分析

从地域分布来看，金融类案件主要集中在山东省、广东省、辽宁省，分别占比约 11.21%、10.66%、8.78%。其中山东省的案件量最多，达到 116,830 件。

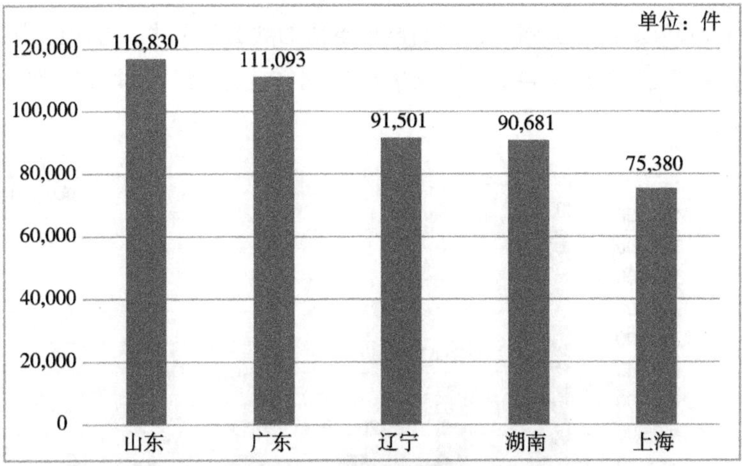

图 1-1-4 2022 年金融类案件地域分布

（三）审理情况分析

从审理程序来看，一审案件共 563,544 件，二审案件共 32,659 件，执行案件共 408,011 件，其他案件共 16,428 件，督促案件共 17,579 件，一审上诉率约为 5.80%。

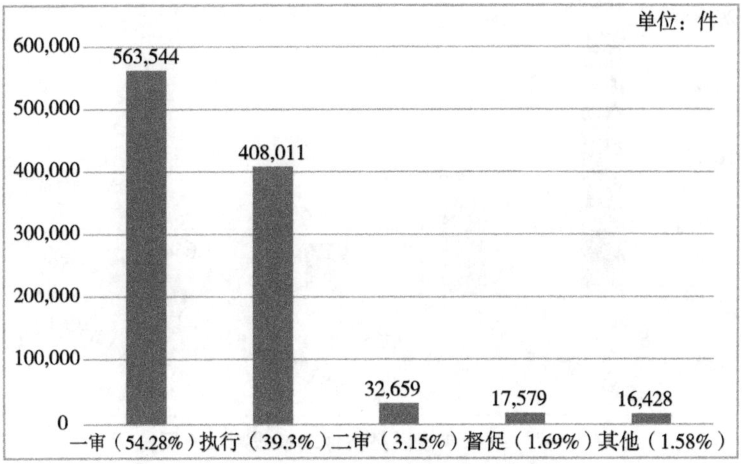

图 1-1-5 2022 年金融类案件审理程序概览

从裁判结果来看，一审程序中，全部/部分支持诉讼请求的共 380,581 件，占比约为 67.53%；撤回起诉的共 137,063 件，占比约为 24.32%；驳回起诉的共 20,519 件，占比约为 3.64%。二审程序中，维持原判的共 19,472 件，占比约为 59.62%；撤回上诉的共 6,966 件，占比约为 21.33%；改判的共 3,960 件，占比约为 12.13%。再审程序中，驳回再审申请的共 1,908 件，占比约为 49.69%；提审/指令审理的共 823 件，占比约为 21.43%；改判的共 457 件，占比约为 11.90%。

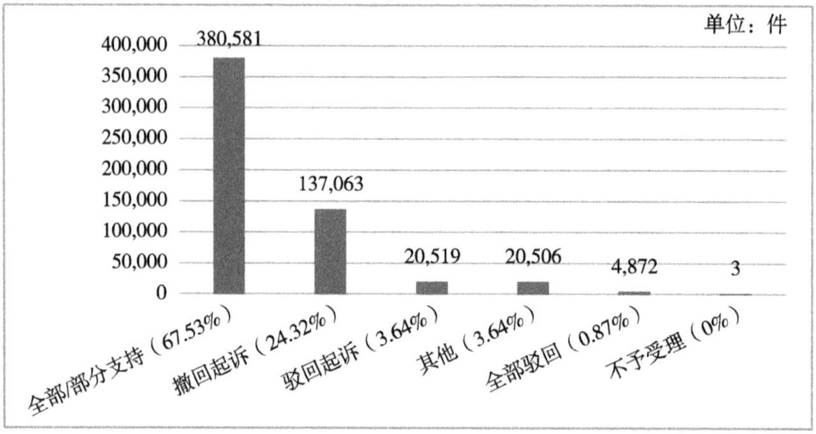

图 1-1-6 2022 年金融类案件一审裁判结果概览

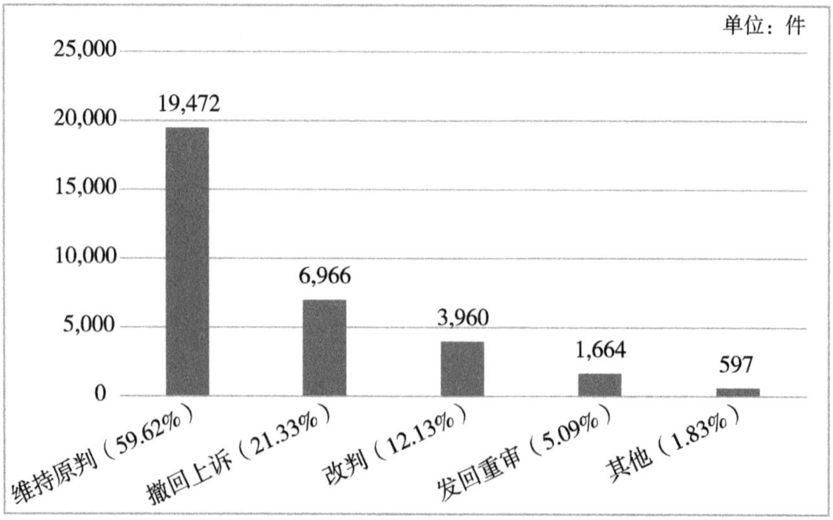

图 1-1-7 2022 年金融类案件二审裁判结果概览

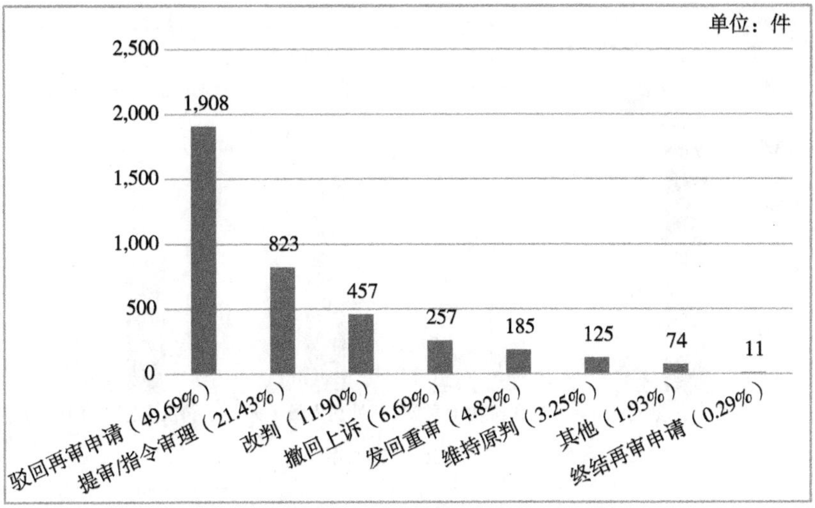

图 1-1-8　2022 年金融类案件再审裁判结果概览

二、行政处罚

（一）银保监会监管处罚分析①

1. 总体处罚情况

2022 年（以处罚公布日期为准）中国银行保险监督管理委员会（以下简称银保监会）对银行机构及银行业务罚单数 5, 205 张，罚没金额 17. 06 亿元，被处罚机构累计 2, 479 家，被处罚人员累计 3, 849 人次；对保险机构及保险业务罚单数 2, 324 张，罚没金额 2. 867 亿元，被处罚机构累计 1, 302 家，被处罚人员累计 1, 750 人次。

（1）针对银行机构及银行业务，2021 年（以处罚公布日期为准）罚单合计 4, 040 张，罚没金额 22. 35 亿元，处罚机构 2, 052 家，处罚人员 2, 905 人。与去年同期对比，2022 年在罚没金额方面有所减少，但在罚单数量、处罚机构、处罚人员数量上有所增加。罚没金额较上年度减少 5. 29 亿元，同比减幅约 23. 67%；罚单数量较上一年度增加 1, 165 张，同比增幅约 28. 84%；处罚机构较上年增加 427 家，同比增幅约 20. 81%；处罚人员较上年度增加 944 人，同比增幅约 32. 50%。

① 本节部分数据来源于《2022 年银保监会年度处罚分析（银行业）》《2022 年银保监会年度处罚分析（保险业）》，载微信公众号“融新致远”，2023 年 1 月 25 日访问。原始数据来源于“监管合规云”数据库，中国建设银行、交通银行、中信银行、中国人寿等多家金融机构均使用该数据库。

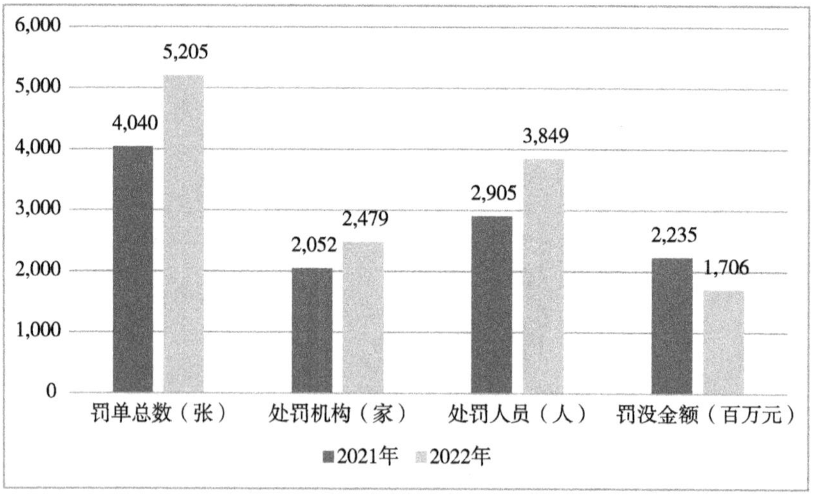

图 1-1-9 银保监会对银行机构及银行业务处罚的情况

2022 年开出的罚单中，银保监会机关罚单合计 48 张，约占本年罚单的 0.92%，罚没金额 1.34 亿元，约占本年罚没总金额的 7.86%；银保监局罚单合计 1,481 张，约占本年罚单的 28.45%，罚没金额 7.959 亿元，约占本年罚没总金额的 47%；银保监分局罚单合计 3,676 张，约占本年罚单的 70.62%，罚没金额 7.757 亿元，约占本年罚没总金额的 45%。处罚主要集中在农村商业银行、国有大型商业银行、城市商业银行等。

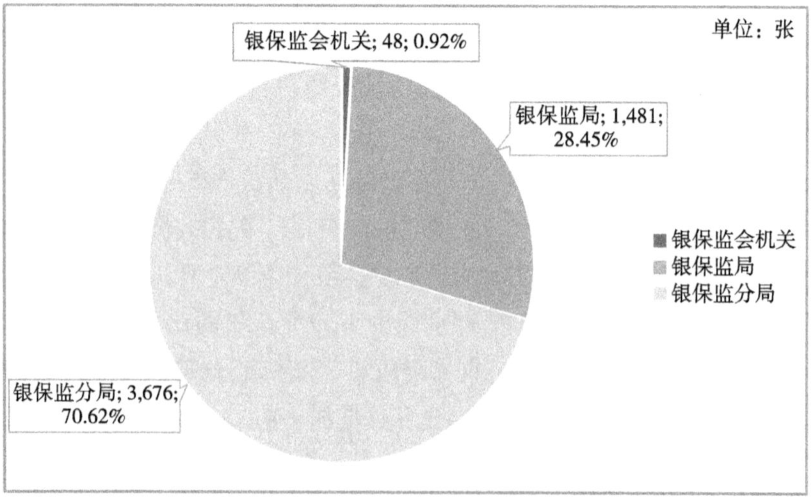

图 1-1-10 银保监会及其派出机构对银行机构及银行业务处罚的罚单数量

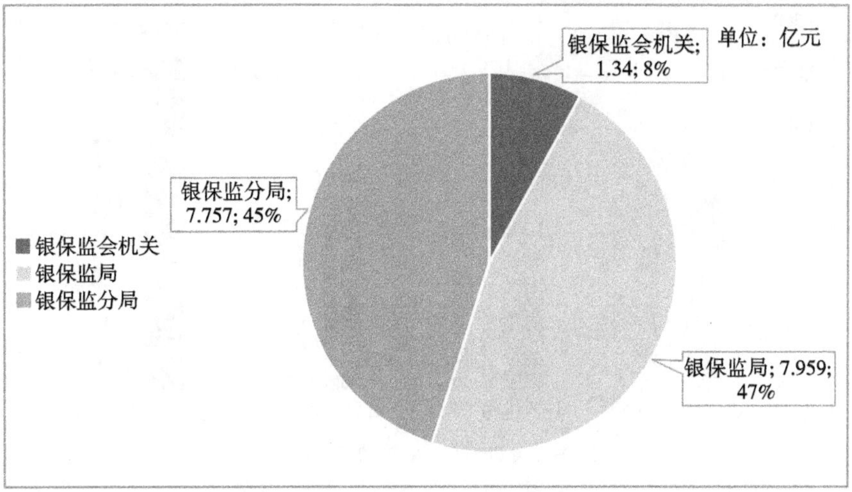

图 1-1-11　银保监会及其派出机构对银行机构及银行业务处罚的罚单金额

2022 年度单笔超千万元级罚单共 7 张，处罚金额累计 1. 2515 亿元，约占处罚总金额的 7. 33%，最高单笔处罚金额累计 4, 410 万元。

银保监系统处罚的重点业务领域主要包括信贷业务、内控与合规、员工行为管理、公司治理、案件防控等，具体处罚要点包括贷款三查不尽职、违规发放贷款、贷后管理不到位、贷款管理不到位、信贷资金流入房市、未按规定开展理财业务内部审计、未充分核查信用卡申请人信息真实性等。

（2）针对保险机构及保险业务，2021 年（以处罚公布日期为准）罚单数 2, 330 张，罚没金额 3. 188 亿元，处罚机构 1, 338 家，处罚人员 1, 876 人。与去年同期对比，2022 年在罚单数量、罚没金额、处罚机构、处罚人员方面均有小幅度减少。罚单较上一年度减少 6 张，同比减少约 0. 2%；罚没金额较上年度减少 0. 321 亿元，同比减少约 10. 07%；处罚机构较上年减少 36 家，同比减少约 2. 6%；处罚人员较上年度减少 126 人，同比减少约 6. 71%。

2022 年开出的罚单中，银保监会机关罚单合计 11 张，约占本年罚单 0. 47%，罚没金额累计 716 万元，约占本年罚没总金额的 2. 50%；银保监局罚单合计 974 张，约占本年罚单的 41. 91%，罚没金额累计 1. 49 亿元，约占本年罚没总金额的 51. 96%；银保监分局罚单合计 1, 339 张，约占本年罚单的 57. 62%，罚没金额累计 1. 306 亿元，约占本年罚没总金额的 45. 55%。

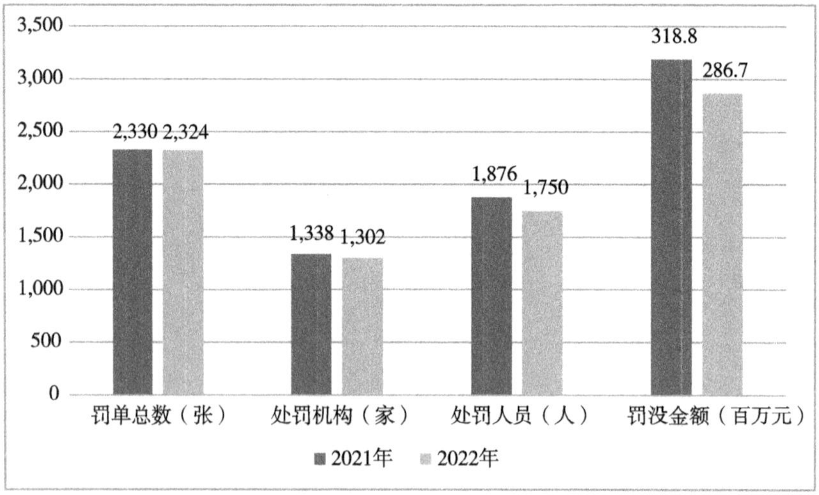

图 1-1-12　银保监会对保险机构及保险业务处罚的情况

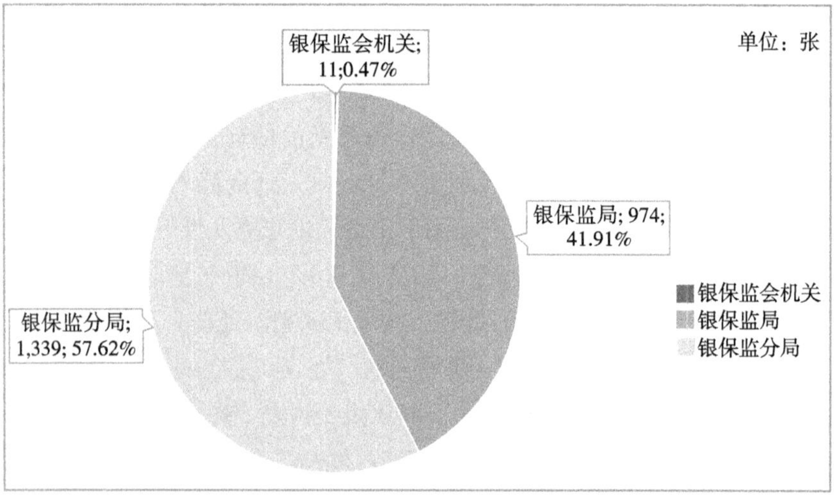

图 1-1-13　银保监会及其派出机构对保险机构及保险业务处罚的罚单数量

2022 年单笔 150 万元以上的罚单 6 张、处罚金额累计 1, 146. 9 万元，最高单笔处罚金额 248. 9 万元，大额罚单约占处罚总金额的 4%。

银保监系统处罚的重点业务领域主要包括财务业务数据、销售理赔、内控与合规、员工行为管理与公司治理，具体处罚要点包括给予投保人合同以外利益、虚列费用、虚构业务套取资金、编制或提供虚假资料、未按规定使用保险条款或费率、经营许可证管理不到位等。

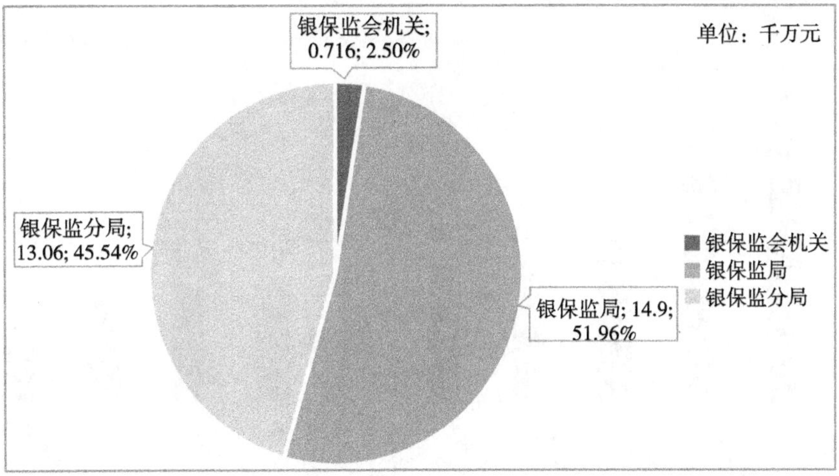

图 1-1-14　银保监会及其派出机构对保险机构及保险业务处罚的罚单金额

2. 全国区域分析

从罚单数量来看，银行机构及银行业务罚单主要集中在黑龙江省、山东省，其罚单均超过 300 张，其中黑龙江省罚单数量最多，累计罚单 639 张，罚单约占总罚单数 12. 28%。保险机构及保险业务罚单主要集中在山东省、黑龙江省、云南省，累计罚单数量均在 170 张以上，其中山东省罚单数量最多，累计罚单 264 张。

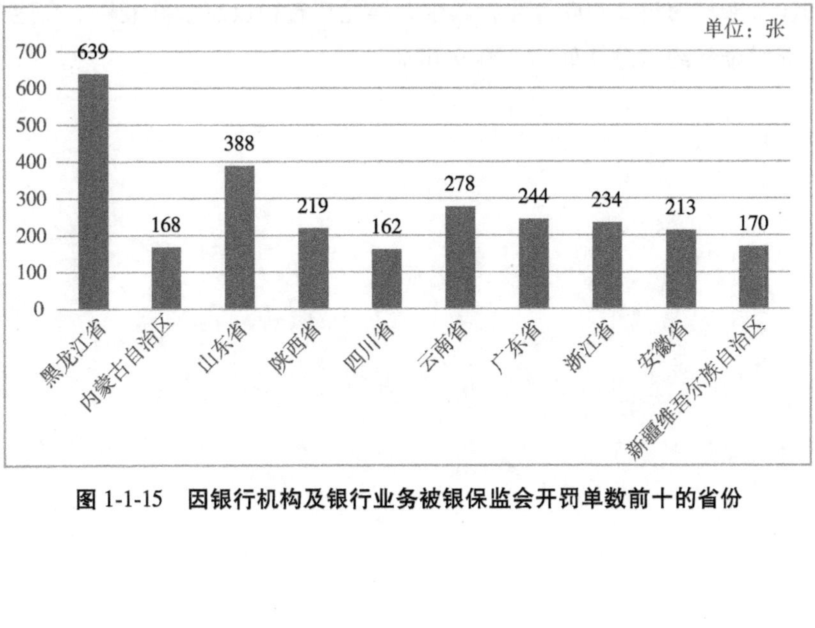

图 1-1-15　因银行机构及银行业务被银保监会开罚单数前十的省份

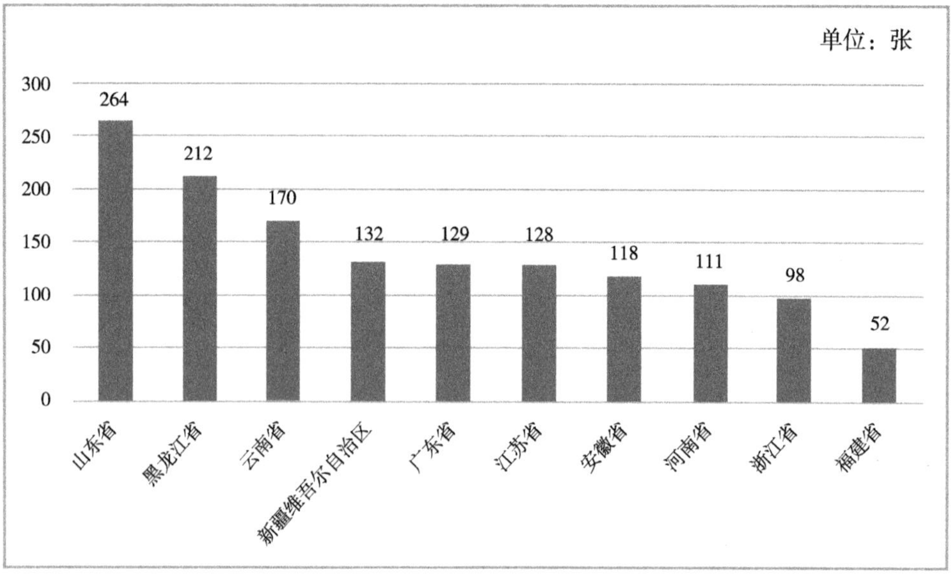

图 1-1-16　因保险机构及保险业务被银保监会开罚单数前十的省份

从罚没金额来看，银行机构及银行业务的罚没金额主要集中在北京市、浙江省、广东省、山东省、黑龙江省，累计罚没金额均超过 1 亿元，其中，北京市罚没总金额最高，高达 1.816 亿元，罚没金额约占总体处罚金额 10.65%。保险机构及保险业务的罚没金额主要集中在黑龙江省、山东省、广东省、浙江省，累计罚没金额均超过 2,000 万元，其中，黑龙江省罚没总金额最高，高达 2,758 万元，罚没金额约占总体处罚金额 9.62%。

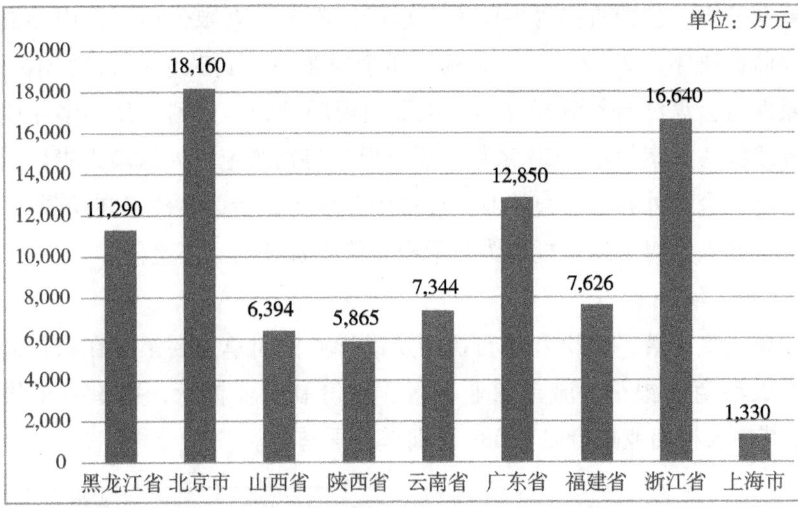

图 1-1-17　因银行机构及银行业务被银保监会处罚金额前十的省级行政区

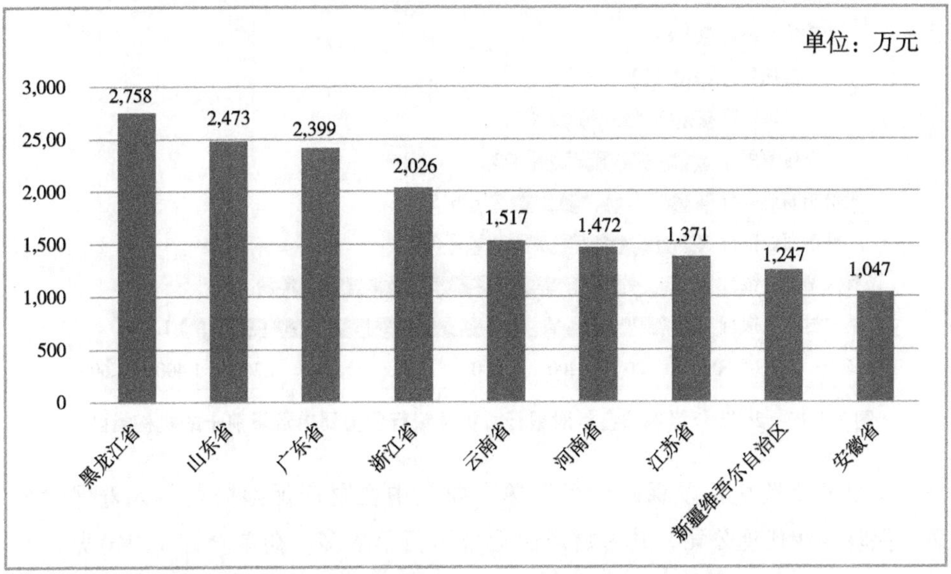

图 1-1-18　因保险机构及保险业务被银保监会处罚金额前十的省份

从大额罚单来看，银行机构及银行业务中，被罚机构为青岛农村商业银行的青银保监罚决字〔2022〕1 号单笔处罚金额最高，罚款金额高达 4,410 万元，罚单由银保监会青岛监管局开出。主要违规问题为：贷款五级分类不准确、投资业务管理不审慎、员工行为管理不到位、违规签发银行承兑汇票、贷款管理不到位、信贷资金被挪用、信用卡资金流入房市、数据治理不到位等。保险机构及保险业务中，被罚机构为中国人寿财产保险股份有限公司湛江中心支公司的湛银保监罚决字〔2022〕7 号单笔处罚金额最高，罚款金额高达 215 万元，罚单由银保监会湛江监管分局开出。主要违规问题为：虚列费用、多年期保单未按报批或报备方案使用 NCD 系数、通过保单特别约定扩大保险人责任免除范围、给予客户合同外利益、直接业务虚挂中介业务、涉诉案件未在期限内赔付。同时相关工作人员对上述违规行为也承担了管理责任与经办责任。

3. 受罚机构分析

从罚单数量来看，2022 年银行机构及银行业务罚单主要集中在农村商业银行、国有大型商业银行、城市商业银行、股份制商业银行，罚单数量均超过 600 张。其中农村商业银行以 1,389 张罚单位居首位。

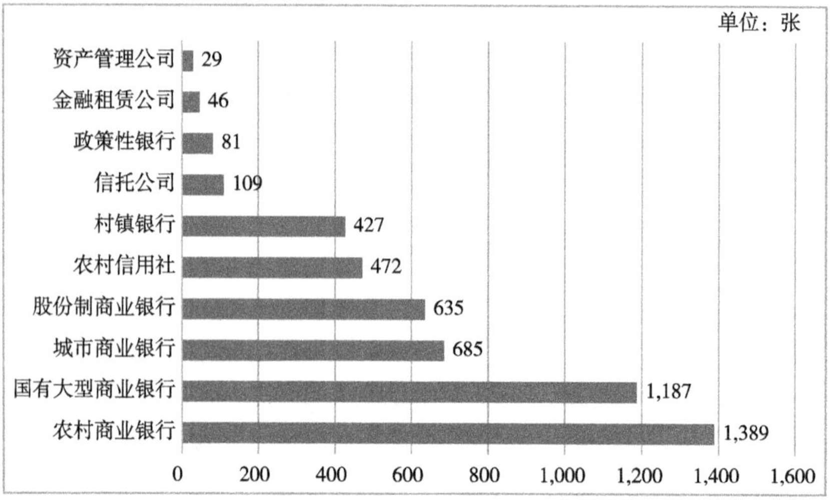

图 1-1-19　2022 年银保监会针对银行机构及银行业务罚单数量前十的机构类型

2022 年保险机构及保险业务罚单主要集中在财产保险公司、人寿保险公司、保险专业代理公司，其中财产保险公司罚单最多，罚单合计 1,040 张，约占总体罚单数量的 88.97%。

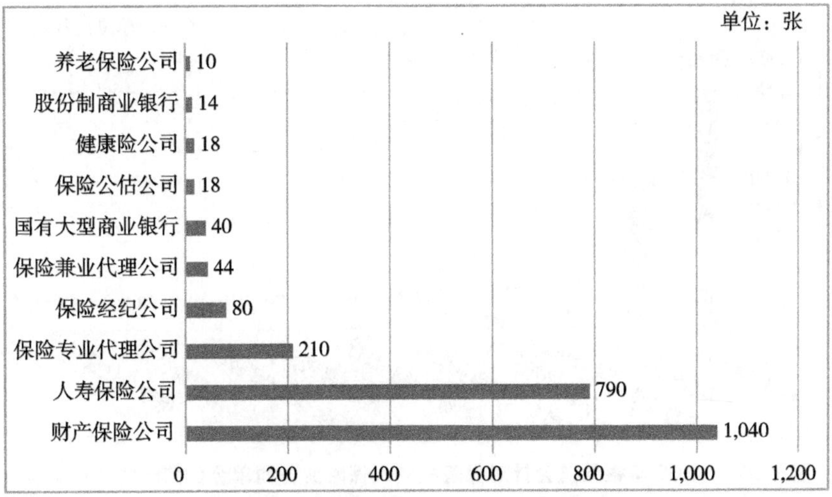

图 1-1-20　2022 年银保监会针对保险机构及保险业务罚单数量前十的机构类型

从罚没金额来看，2022 年银行机构及银行业务罚没金额主要集中在农村商业银行、国有大型商业银行、股份制商业银行、城市商业银行、村镇银行，其中农村商业银行罚没金额累计 3.933 亿元，罚没金额最高。

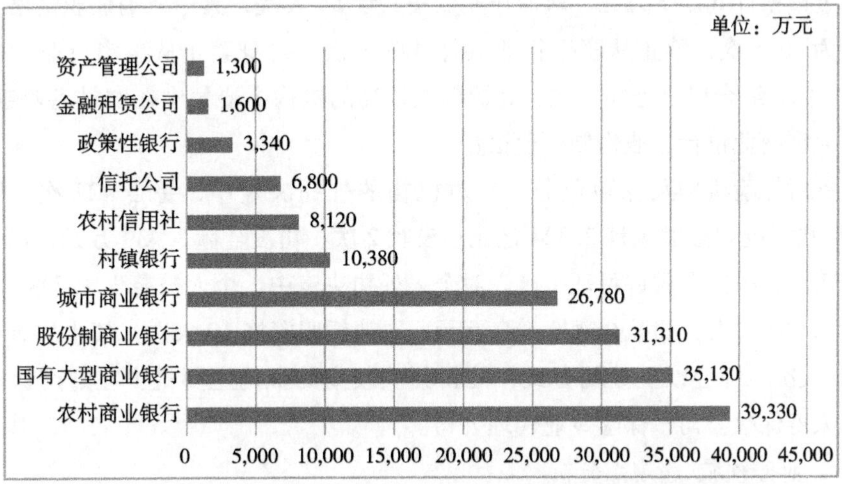

图 1-1-21　2022 年银保监会针对银行机构及银行业务罚单金额前十的机构类型

2022 年保险机构及保险业务罚没金额主要集中在财产保险公司、人寿保险公司、保险专业代理公司。其中财产保险公司累计罚没金额最高，高达 1.614 亿元。

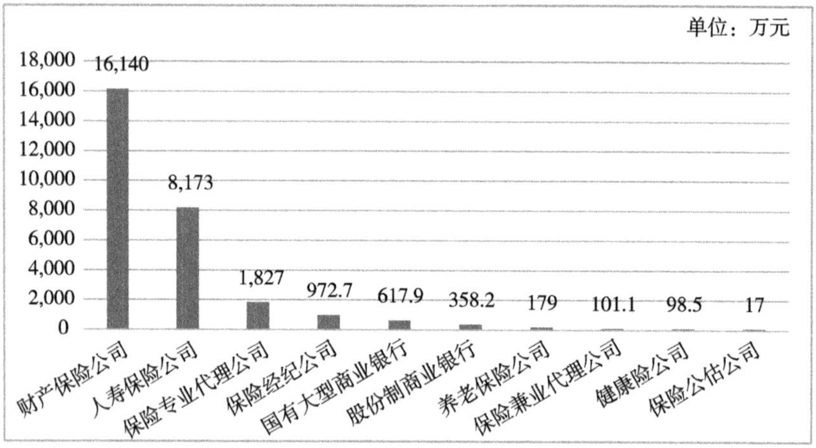

图 1-1-22　2022 年银保监会针对保险机构及保险业务罚单金额前十的机构类型

4. 处罚决定分析

针对银行机构及银行业务，在对机构的处罚决定中，警告 87 次；罚款 2,468 次，处罚金额累计 16.39 亿元；没收 22 次，罚没金额 246.7 万元；责令改正 235 次。在对个人的处罚决定中，个人被警告 3,156 次，罚款 837 人次，处罚金额累计 6,699 万元，取消任职资格共计 54 人次，其中取消任职资格 3 年以上为 16 人次，禁止从事银行业共计 499 人次，终身禁止从事银行业的高达 257 人次。综合以上处罚方式，处罚频次较高的机构主要集中在农村商业银行、国有大型商业银行、股份制商业银行。

针对保险机构及保险业务，在对机构的处罚决定中，警告 427 次；罚款 1,296 次，处罚金额累计 2.324 亿元；没收 2 次，罚没金额 8.439 万元；责令改正 157 次；吊销金融许可证 1 次。对个人处罚决定中，个人被警告 1,698 人次；罚款 1,667 人次，罚款金额 5,659 万元；取消任职资格 10 人次；禁止从事保险业 30 人次。综合以上处罚方式，处罚频次较高的机构主要集中在财产保险公司、人寿保险公司、保险专业代理公司。

5. 业务领域/违规点分析

针对银行机构及银行业务，罚单涉及业务主要集中在信贷业务、内控与合规、员工行为管理、公司治理、案件防控等。其中，涉及信贷业务罚单出现 3,351 次，业务频次占比约 66.53%；涉及内控与合规罚单出现为 513 次，业务频次占比约 10.18%；涉及员工行为管理罚单出现 491 次，业务频次占比约 9.75%。

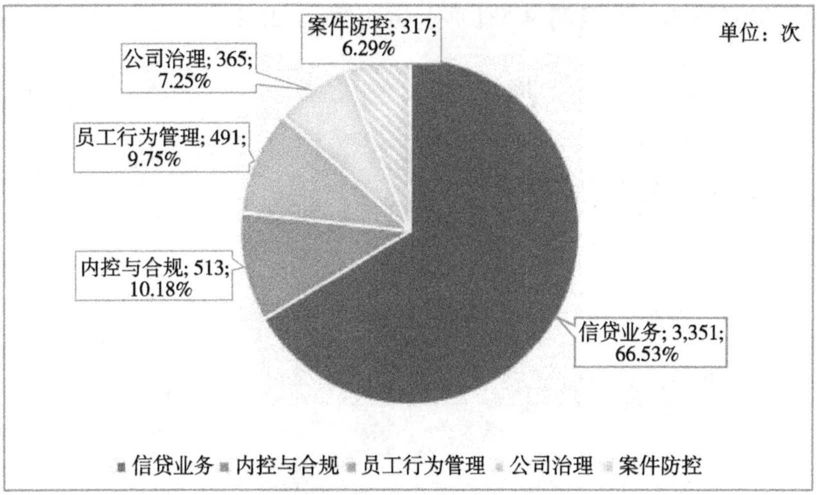

图 1-1-23　2022 年银行机构及银行业务主要处罚业务领域

处罚要点主要为：贷款三查不尽职、违规发放贷款、贷后管理不到位、贷款管理不到位、信贷资金流入房市等。其中，贷款三查不尽职涉及罚单合计 575 张，受罚频次占比约 24. 4%；违规发放贷款涉及罚单合计 559 张，受罚频次占比约 23. 72%；贷后管理不到位涉及罚单合计 457 张，受罚频次占比约 19. 39%。

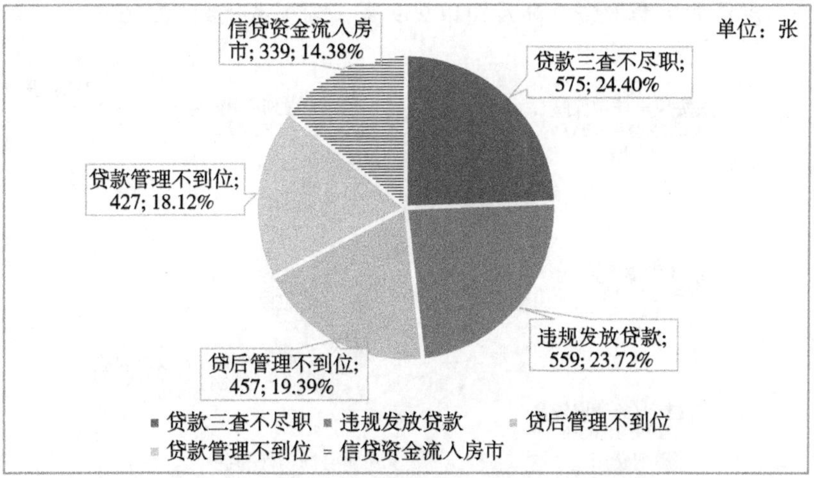

图 1-1-24　2022 年银行机构及银行业务主要处罚要点

针对保险机构及保险业务，罚单涉及业务主要集中在财务业务数据、销售理赔、内控与合规、员工行为管理与公司治理等。其中，财务业务数据涉及罚单 880 张，频次占比约 30. 24%；销售理赔涉及罚单 804 张，频次占比约

27.63%；内控与合规涉及罚单 531 张，占比约 18.25%。

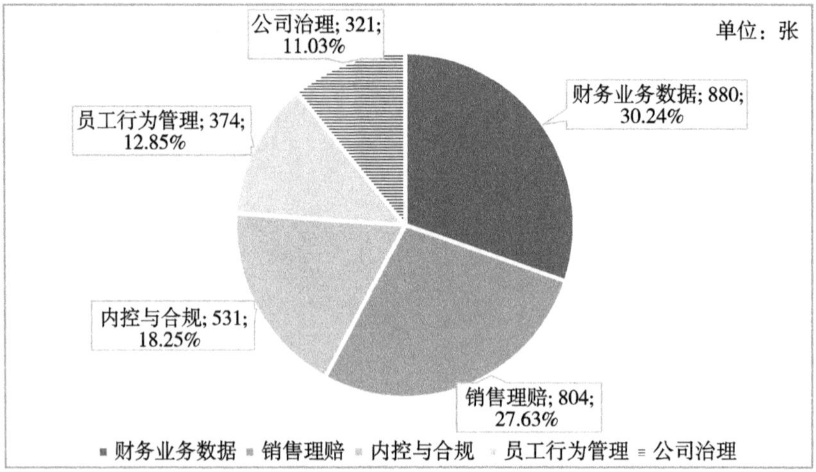

图 1-1-25　2022 年保险机构及保险业务主要处罚业务领域

处罚要点主要为：给予合同以外利益、虚列费用、虚构业务套取资金、编制或提供虚假资料、未按规定使用保险条款或费率。其中，给予合同以外利益涉及罚单 263 张，频次占比约 22.73%；虚列费用涉及罚单 249 张，频次占比约 21.52%；虚构业务套取资金涉及罚单 239 张，频次占比约 20.66%。

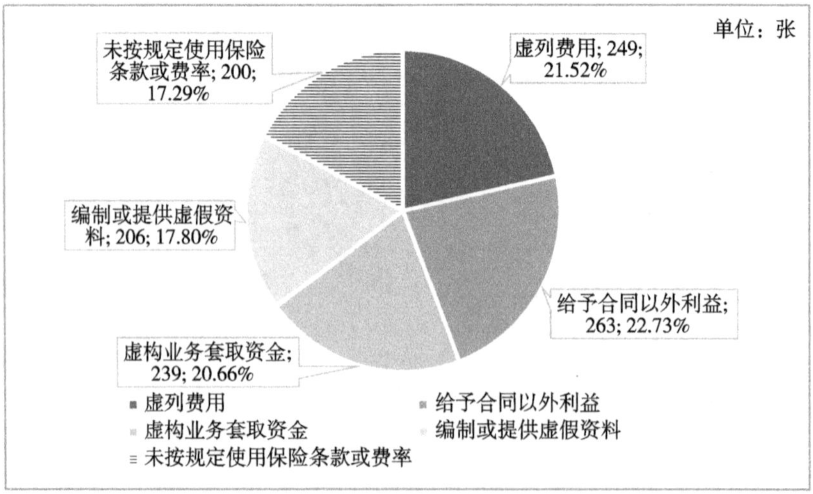

图 1-1-26　2022 年保险机构及保险业务主要处罚要点

（二）证监会监管处罚分析[①]

1. 总体处罚情况

2022年（以处罚公布日期为准）中国证券监督管理委员会（以下简称证监会）及其派出机构对上市公司、私募基金、证券行业从业人员等市场主体共开具罚单数315张，罚没金额约为15.27亿元，处罚机构141家，处罚人员602人；涉及的主要处罚措施有警告、罚款、没收违法所得、没收业务收入、责令改正、责令处理非法持有的证券等。

2022年开出的罚单中，证监会罚单合计50张，约占本年罚单的15.87%，罚没金额约为9.654亿元，约占本年罚没总金额的63.22%。[②] 各派出机构罚单合计265张，约占本年罚单的84.13%，罚没金额5.617亿元，约占本年罚没总金额的36.78%。

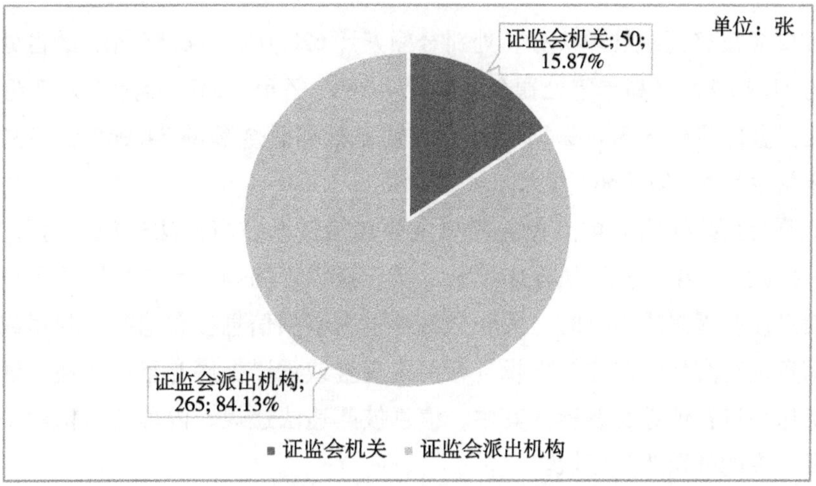

图 1-1-27　2022 年证监会及其派出机构作出的罚单数量概况

① 本节数据来源于证监会网站、巨潮资讯网、见微数据。

② 由于证监会行政处罚可能涉及没收证券，因此本节的罚没金额不包括"没收违法所得""没收业务收入"等，仅包括罚款金额。

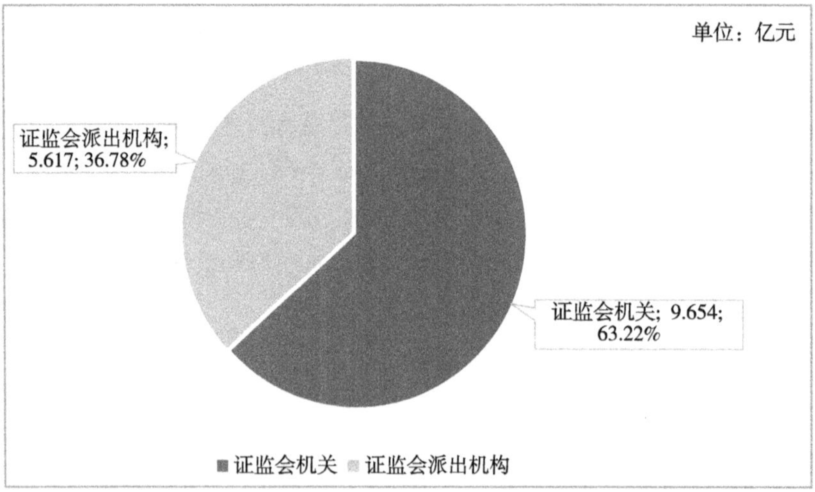

图 1-1-28　2022 年证监会及其派出机构作出的处罚金额概况

2022 年度亿元级罚单 2 张，处罚金额累计 628,070,446.58 元，约占处罚总金额的 41.13%，最高单笔处罚金额累计 4.2807 亿元。2022 年度千万级罚单 23 张，处罚金额累计 533,869,318.36 元，约占处罚总金额的 34.96%，最高单笔处罚金额累计 5,463.8669 万元。

证监会系统处罚的重点业务领域主要包括信息披露违法违规、内幕交易、违规减持股票、中介机构执业未勤勉尽责、操纵市场等。具体处罚要点包括年报等信息披露虚假或不及时、关联交易等重大事项信息披露遗漏、利用或泄露内幕信息进行交易、向非合格投资者募集资金或承诺保底与最低收益、证券从业人员违规进行证券交易等。其中，信息披露违法违规、内幕交易依然是本年度涉及最多的处罚业务领域。

2. 全国区域分析

从罚单数量来看，证监会开出的罚单数量最多，累计罚单 50 张，罚单占全国约 15.92%。各派出机构的罚单主要集中在浙江省、上海市、广东省等，其罚单均超过 30 张，其中浙江省罚单数量最多，累计罚单 51 张，罚单占全国约 14.65%。罚单数量排第二的省级行政区是上海市，累计罚单 39 张。①

① 本节以省为单位统计，大连证监局计入“辽宁省”，广东证监局与深圳证监局统一计入“广东省”，福建证监局与厦门证监局统一计入“福建省”。

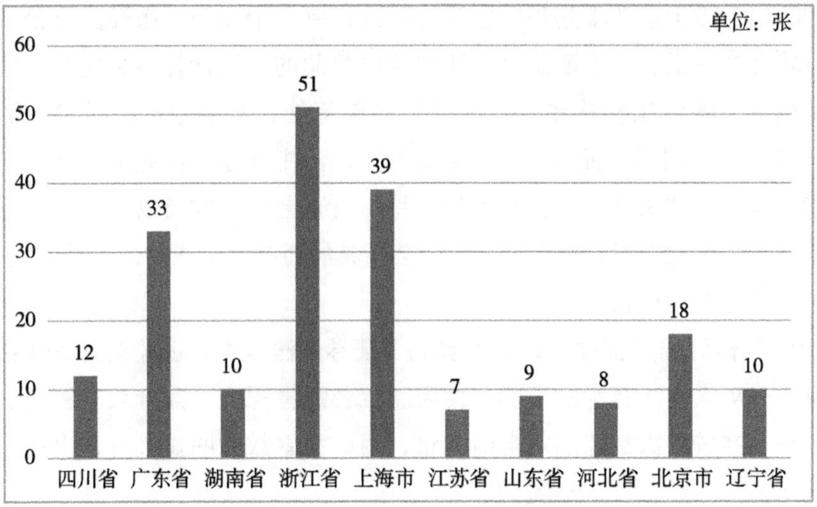

图 1-1-29　2022 年证监会作出的罚单数量地域分布

从罚没金额来看，证监会自行开出的罚单罚没金额为 965, 438, 525. 37 元，罚没金额约占全国约 63. 22%。各派出机构的罚没金额主要集中在广东省、上海市、浙江省等，累计罚没金额均超过 5, 900 万元，其中：广东省罚款总金额最高，为 10, 066 万元；上海市罚款总金额排第二，为 7, 901 万元；浙江省罚款总金额排第三，为 7, 652 万元。

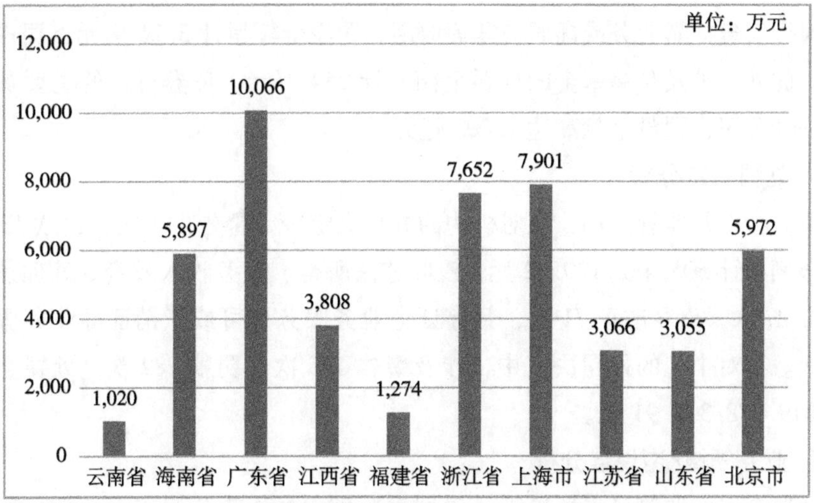

图 1-1-30　2022 年证监会作出的罚单金额地域分布

从大额罚单来看，证监会自行开出的罚单单笔处罚金额最高为

428,070,446.58 元。主要违规问题为当事人控制多个账户，操控多家公司影响股票价格和交易量。由于证监会以违法所得数额的三倍计算本案罚款，因此罚没金额巨大。各派出机构中，上海证监局单笔处罚金额最高，罚没金额高达 54,638,669 元，罚单由证监会上海证监局开出。主要违规问题为：从业人员违法买卖股票，并涉嫌利用未公开信息交易，由于上海证监局以违法所得数额计算本案罚款，因此罚没金额巨大。证监会开具的罚单无论从数量还是处罚金额，都远远大于各派出机构。

2019 年修订的《证券法》大幅提高了证券违法成本，证监会及其派出机构有权基于当事人违法行为的事实、性质、社会危害程度、配合调查程度、违法所得等情节在较大数额范围内自由裁量，因此罚款数额明显上升，出现了多笔巨额罚单。

3. 受罚机构分析

从罚单数量来看，2022 年证监会及其派出机构罚单主要处罚领域集中在上市公司、私募基金公司、会计师事务所等中介机构，其中上市公司及信息披露义务直接责任人以 121 张罚单位居首位。此外，涉及私募基金的罚单有 38 张；涉及券商、会计师事务所、律所等中介机构的罚单有 20 张。

从罚没金额来看，2022 年证监会及其派出机构罚没金额主要集中在上市公司、私募基金公司、会计师事务所，其中上市公司及信息披露义务直接责任人因未履行信息披露业务或虚假披露等原因，罚没金额累计 3.26 亿元，罚没金额最高。此外，涉及私募基金的处罚金额共计 254 万元；证券行业的主要被处罚对象证券公司，罚没金额高达 1.003 亿元。

4. 处罚决定分析

证监会以及监管分局，在对机构的处罚决定中，警告 114 次，罚款 133 次，处罚金额累计 505,432,129.02 元，没收违法所得、业务收入或责令处理违法所得证券 27 次，责令改正 71 次，暂停证券业务服务许可或撤销证券业务服务许可 3 次。在对个人的处罚决定中，涉及警告 175 次，罚款 282 次，处罚金额累计 1,019,378,335.91 元。

5. 业务领域/违规点分析

证监会以及监管分局罚单涉及领域主要集中在上市公司信息披露、私募基金业务、证券交易行为、泄露内幕信息或利用内幕信息交易、中介机构执业未勤勉尽职等。其中，涉及信息披露罚单有 125 张（包括违规减持未进行信息披露），占比约 39.81%；涉及利用内幕交易罚单有 72 张，占比约 22.93%；涉及会计师事务所、信用评级机构等中介机构执业未勤勉尽责罚单有 20 张，占比约 6.37%；涉及证券从业人员违规交易证券的罚单有 45 张，占比约 14.33%；涉及私募基金业务违规的罚单有 38 张，占比约 12.10%；涉及违规销售产品服务、违反廉洁从业规定等其他违规事项的罚单有 14 张，频次占比约为 4.46%。

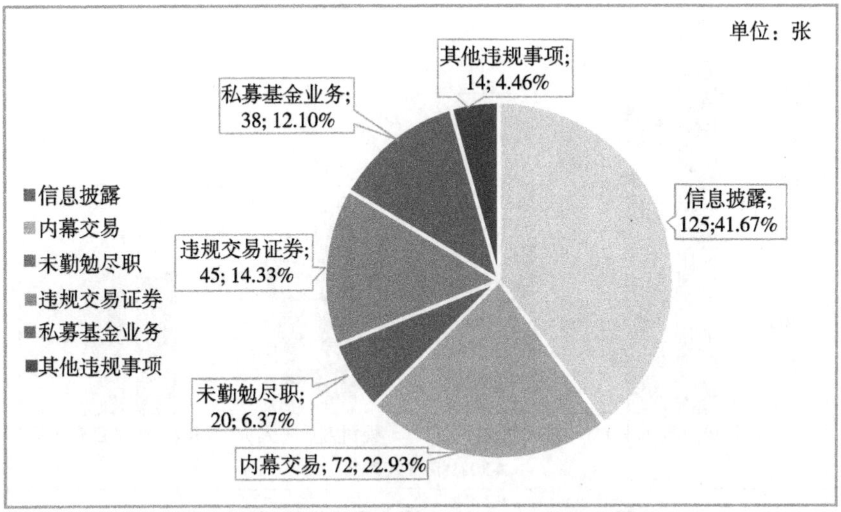

图 1-1-31 2022 年证监会主要处罚的违规事项

处罚要点主要为：出借或借用他人证券账户进行交易或私下接受客户委托交易证券，利用或泄露内幕信息进行交易，基金产品未备案、销售时未履行投资者适当性义务或向投资者承诺保底，信息披露存在虚假陈述或遗漏诉讼、担保等重大事项，利用他人账户操纵市场。

（三）中国人民银行监管处罚分析①

1. 总体处罚情况

2022 年度（以处罚公布日期为准）中国人民银行罚单合计 1,478 张，罚没金额累计 7.387 亿元，处罚机构 574 家，处罚人员 911 人。

2021 年（以处罚公布日期为准）中国人民银行罚单合计 1,667 张，罚没金额累计 6.234 亿元，处罚机构 864 家，处罚人员 972 人，与去年同期对比，

---

① 本节部分数据来源于《2022 年人民银行年度处罚分析》，载微信公众号“融新致远”，2023 年 1 月 12 日。原始数据来源于“监管合规云”数据库，中国建设银行、交通银行、中信银行、中国人寿等多家金融机构均使用该数据库。

2022 年度在处罚机构、处罚人员、罚单数量方面有所下降，但在罚没金额上有所增加，由此推论出单张罚单的处罚数额也有所增加。罚单较上年度减少 189 张，同比减幅约 11. 33%；罚没金额较上年度增加 1. 153 亿元，同比增幅约 18. 50%；处罚机构较上年度减少 290 家，同比减幅约 33. 56%；处罚人员较上年减少 61 人，同比减幅约 6. 27%。

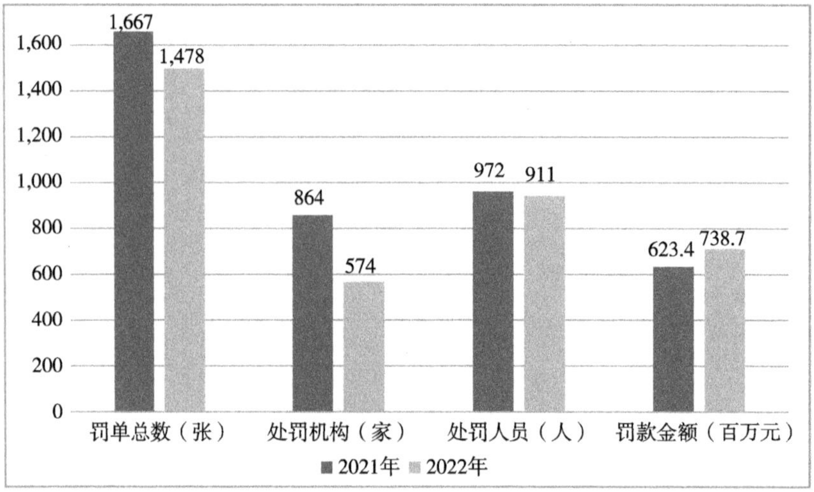

图 1-1-32　2022 年中国人民银行处罚情况

2022 年罚单中，中国人民银行机关罚单合计 29 张，约占本年罚单总数的 1. 96%，罚没金额 1. 358 亿元，约占本年罚没总金额的 18. 38%。中国人民银行分行罚单合计 333 张，约占本年罚单的 22. 53%，罚没金额 2. 484 亿元，约占本年罚没总金额的 33. 63%。中国人民银行中心支行罚单合计 1, 116 张，约占本年罚单的 75. 51%，罚没金额 3. 545 亿元，约占本年罚没总金额的 47. 99%。

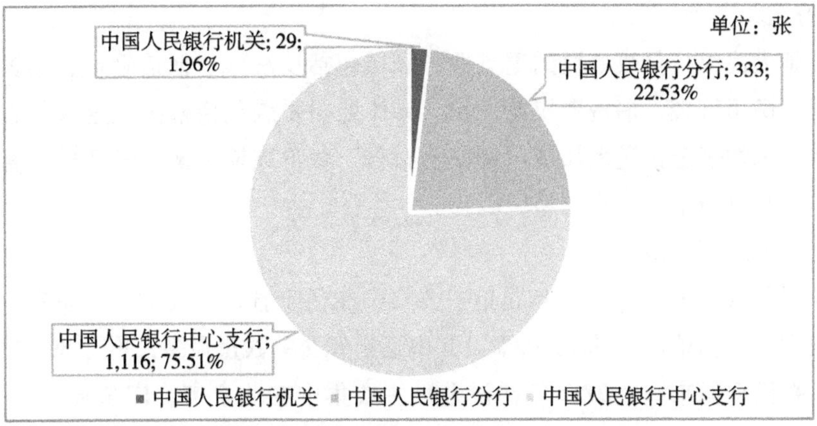

图 1-1-33　2022 年中国人民银行各级机关作出罚单的数量

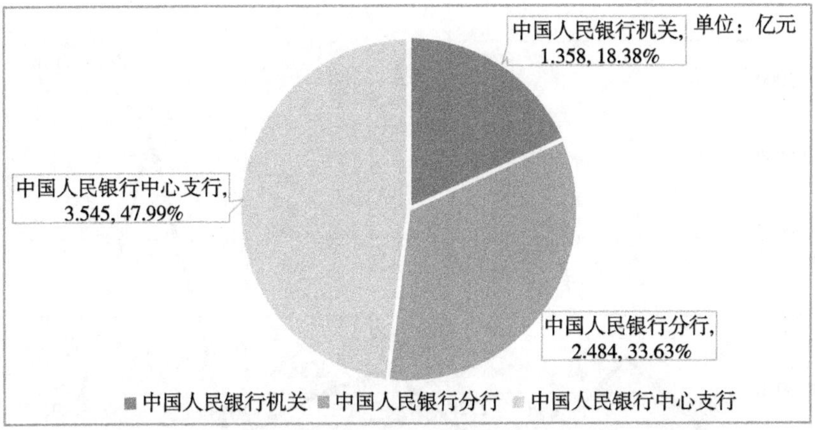

图 1-1-34　2022 年中国人民银行各级机关作出处罚的金额

处罚主要涉及银行、支付公司等。其中，银行类金融机构罚单合计 1, 289 张[①]，累计罚没金额 4. 9462 亿元；保险类机构罚单合计 23 张，累计罚没金额 787. 7 万元[②]；支付公司罚单合计 94 张，累计罚没金额 2. 201 亿元；证券公司罚单合计 14 张，累计罚没金额 355. 6 万元；期货公司、信托公司、企业集团财务公司等其他机构罚单数量少，处罚金额低，银行类金融机构仍为主要受罚主体。

2022 年中国人民银行未开出亿元级大额罚单，单笔超千万元级罚单共有 10 张，处罚金额累计 2. 9403 亿元，约占处罚总金额的 39. 80%，最高单笔处罚金额

---

① 银行类金融机构的统计范围包括农村商业银行、城市商业银行、农村信用社、村镇银行、国有大型商业银行、股份制商业银行、民营银行、外资法人银行。

② 在反洗钱等监管领域，中国人民银行会对保险公司进行监管处罚。

6,532 万元。

中国人民银行行政处罚的重点业务领域包括反洗钱、征信管理、结算账户管理、人民币管理、消费者权益保护。具体处罚要点包括未按规定履行客户身份识别、未按规定报送大额或可疑交易报告、账户超期备案、未经授权查询征信信息、与身份不明客户交易。

2. 全国区域分析

从罚单数量来看，2022 年罚单主要集中在辽宁省、浙江省、广东省，罚单数量约占全国罚单数量的 18.02%，其中辽宁省罚单数量最多，累计 89 张罚单。

从罚没金额来看，2022 年罚没金额主要集中在北京市、广东省、浙江省，罚没金额均超过 6400 万元。其中北京市罚没金额最高，高达 2.157 亿元，占全部处罚金额的 29.20%。

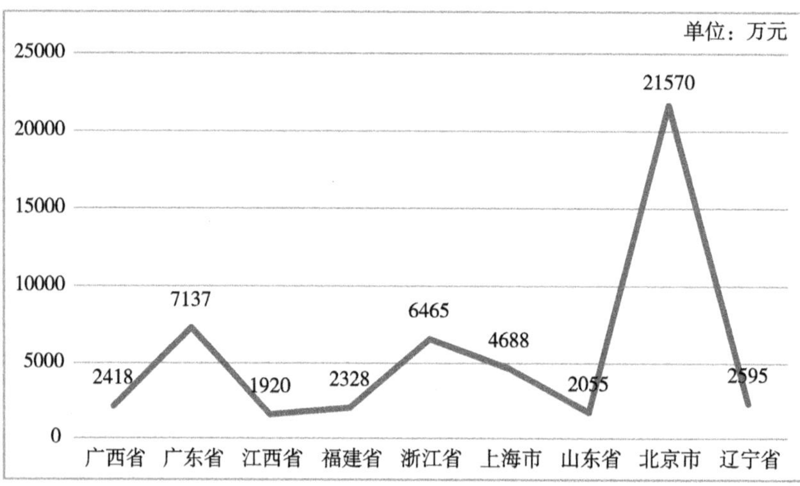

图 1-1-35　2022 年中国人民银行作出罚单金额前十的省级行政区

从大额罚单来看，被罚对象为对银联商务股份有限公司的银罚决字〔2022〕25 号罚单，单笔处罚金额为 2022 年全国范围最高，罚没金额高达 6,532 万元，罚单由中国人民银行开出。主要违规问题为：违反清算管理规定、未按规定履行客户身份识别、未按规定报送大额或可疑交易报告、未按规定保存客户身份资料和交易记录、与身份不明客户交易、侵害消费者信息安全权。

3. 受罚机构分析

从罚单数量来看，2022 年罚单主要集中在农村商业银行、国有大型商业银行、股份制商业银行、村镇银行、城市商业银行、农村信用社，罚单量均超过100张，累计罚单数量1,264张。其中，农村商业银行以411张罚单位居首位。

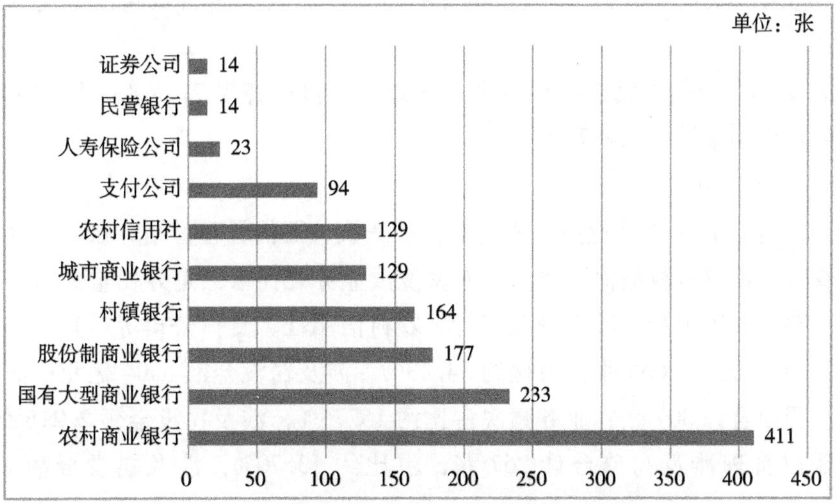

图1-1-36　2022年中国人民银行罚单数量前十的机构类型

从罚没金额来看，2022年罚没金额主要集中在支付公司、股份制商业银行、国有大型商业银行、农村商业银行，处罚金额均超过1亿元，累计处罚金额高达5.58亿元，约占总体处罚金额75.58%。其中，支付公司以罚没金额累计2.201亿元居首位。

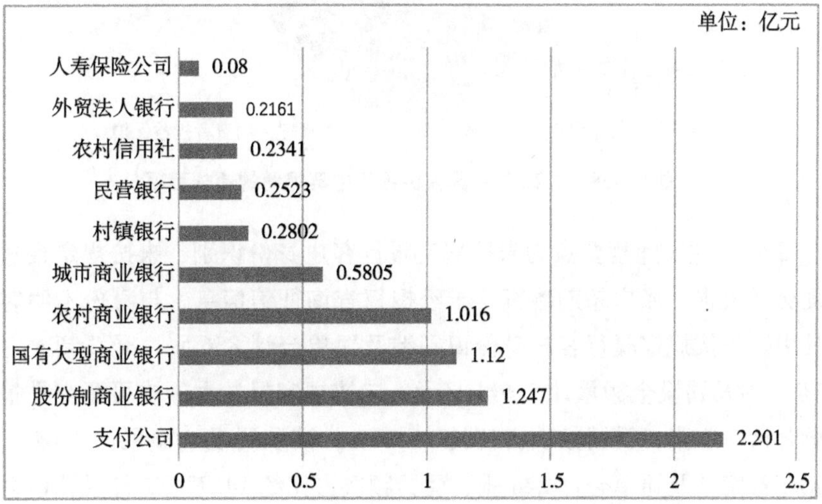

图1-1-37　2022年中国人民银行处罚金额前十的机构类型

4. 处罚决定分析

2022 年，中国人民银行针对机构的处罚，包括罚款 575 次，罚没金额累计 7.174 亿元，没收 18 次，罚没金额累计 3,747 万元，警告 354 次，责令改正 15 次。

2022 年，中国人民银行针对个人的处罚，包括警告 71 人次，罚款 912 人次，处罚金额累计 2,938 万元。

5. 业务领域/违规点分析

2022 年，罚单涉及业务主要集中在反洗钱、征信管理、结算账户管理、人民币管理、消费者权益保护领域，而反洗钱业务处罚依然是处罚重灾区。受罚主体主要为村镇银行、城市商业银行、农村信用社、支付公司等。其中，反洗钱涉及罚单合计 1,055 张，占比约 54.13%，涉及罚没金额 6.04 亿元；征信管理涉及罚单合计 307 张，业务频次占比约 15.75%，涉及罚没金额 2.216 亿元；结算账户管理涉及罚单合计 267 张，占比约 13.70%，涉及罚没金额 2.842 亿元。

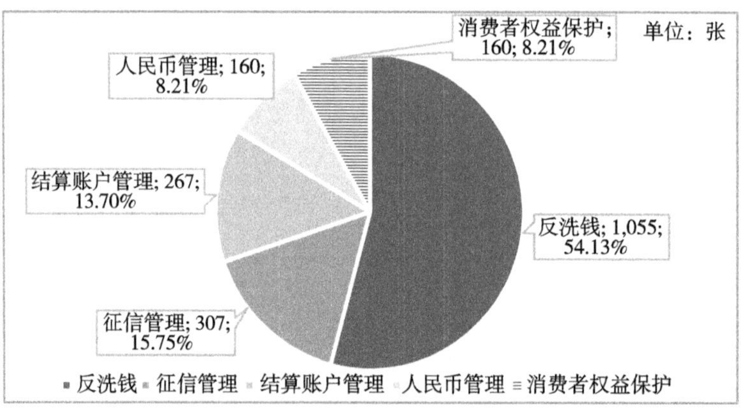

图 1-1-38 2022 年中国人民银行主要处罚的违规事项

2022 年，主要违规要点为未按规定履行客户身份识别、未按规定报送大额或可疑交易报告、账户超期备案、未经授权查询征信信息、与身份不明客户交易。其中，未按规定履行客户身份识别涉及罚单合计 856 张，受罚频次占比约 50.83%，涉及罚没金额累计 5.611 亿元；未按规定报送大额或可疑交易报告涉及罚单合计 268 张，受罚频次占比约 15.91%，涉及罚没金额累计 3.642 亿元；账户超期备案涉及罚单合计 248 张，受罚频次占比约 14.73%，涉及罚没金额累计 2.614 亿元；未经授权查询征信信息涉及罚单合计 193 张，受罚频次占比约

11.46%，涉及罚没金额累计 1.692 亿元；与身份不明客户交易涉及罚单合计 119 张，受罚频次占比约 7.07%，涉及罚没金额累计 3.134 亿元。

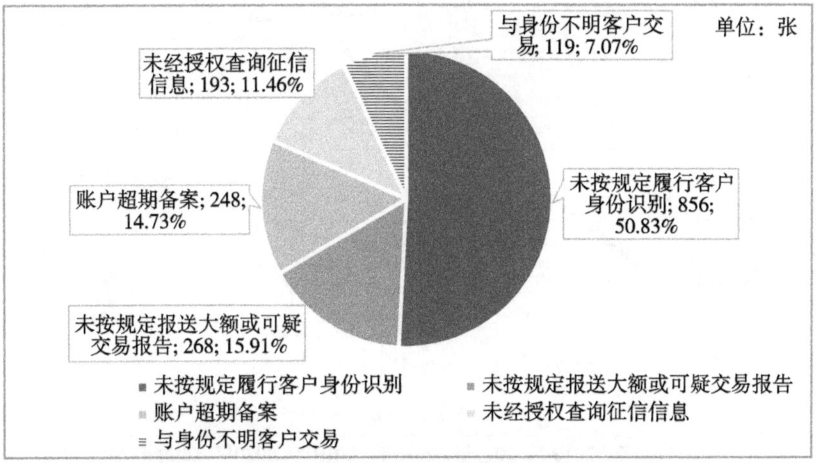

图 1-1-39　2022 年中国人民银行主要处罚的要点

第二节　主要案件类型及争议焦点[①]

一、金融借款合同纠纷

金融借款合同纠纷具有案件数量多、集中性诉讼多、受理法院审级较高、争议问题集中、普遍涉及担保措施等特点。

从案件数量来看，2022 年 1 月 1 日至 12 月 31 日，我国法院金融借款合同纠纷案件结案数量为 360,212 件。金融借款合同纠纷案件数量自 2015 年开始逐年上涨，2020 年到达峰值后，2022 年数量回落趋势明显，甚至少于 2015 年案件数量。回落原因可能是金融机构信贷风险内控逐步加强、多元化纠纷解决方式进一步发展，诉前调解、仲裁等纠纷解决方式分流了部分案件。

① 本节数据来源于 Alpha 法律数据库，主要案件类型的选取依据为北京金融法院和上海金融法院在 2022 年 1 月 1 日至 12 月 31 日作出民事判决数量较多的案由，访问时间为 2023 年 2 月 3 日，由于数据整理和计算过程中，数据库案件总量存在更新，故本节部分数据、比例可能存在误差。

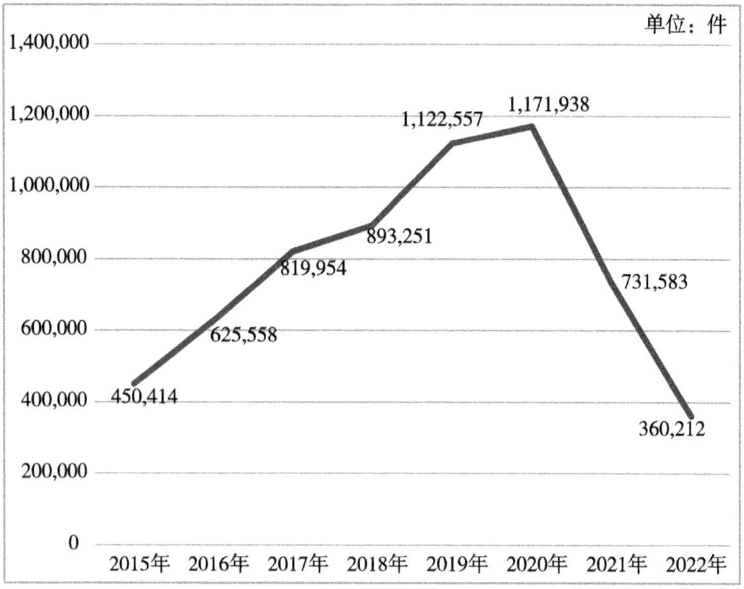

图 1-1-40　2015—2022 年金融借款合同纠纷案件数量

从涉案地域来看，金融借款合同纠纷广泛分布于全国，主要发生在上海市、广东省、山东省、陕西省、湖南省等地。

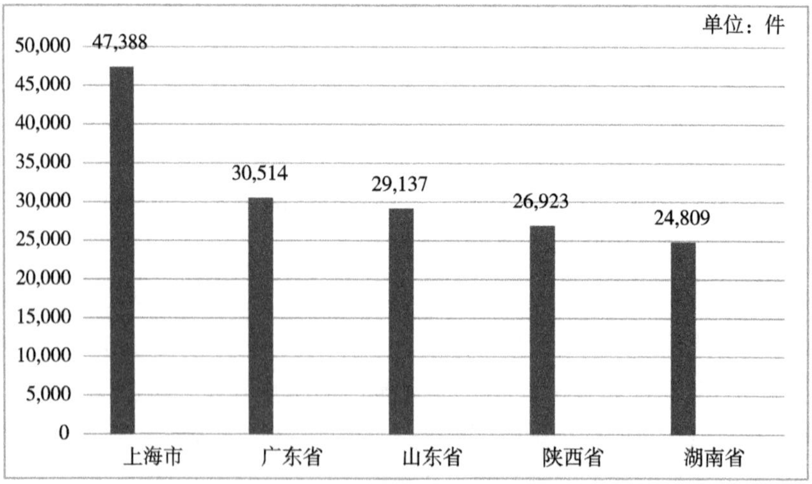

图 1-1-41　2022 年金融借款合同纠纷地域分布

从标的金额来看，金融借款合同纠纷案件以标的额 10 万元以下的小额纠纷为主，占比约 56.9%；标的额 2000 万元以上的纠纷共计 1,208 件，占比约 0.33%。

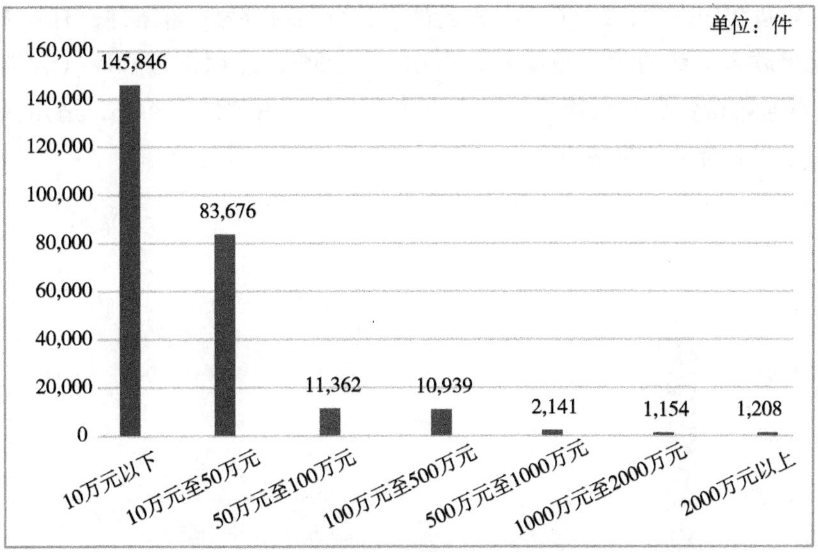

图 1-1-42　2022 年金融借款合同纠纷标的金额分布

从法院审级来看，2022 年金融借款合同纠纷一审案件共 347,083 件，其中管辖法院为基层人民法院的金融借款合同纠纷有 346,034 件，占比约 99.69%；一审管辖法院为中级人民法院的有 437 件，占比约 0.13%；一审管辖法院为金融法院的有 81 件；一审管辖法院为海事、铁路运输等其他专门法院的有 1,212 件；一审管辖法院为高级人民法院的仅有 2 件。

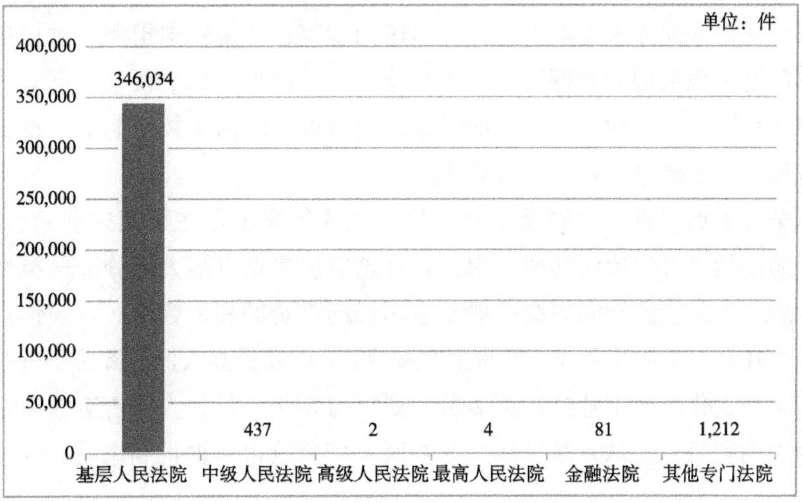

图 1-1-43　2022 年金融借款合同纠纷一审法院审级分布

从审理程序来看，约 96.17%的金融借款合同纠纷为一审案件，有 6,491 件的金融借款合同纠纷为二审案件，占比约 1.79%；适用再审程序（含申请再审）① 的金融借款合同纠纷更少，仅有 1,578 件，占比约 0.44%；适用执行程序的金融借款合同纠纷共 160 件。

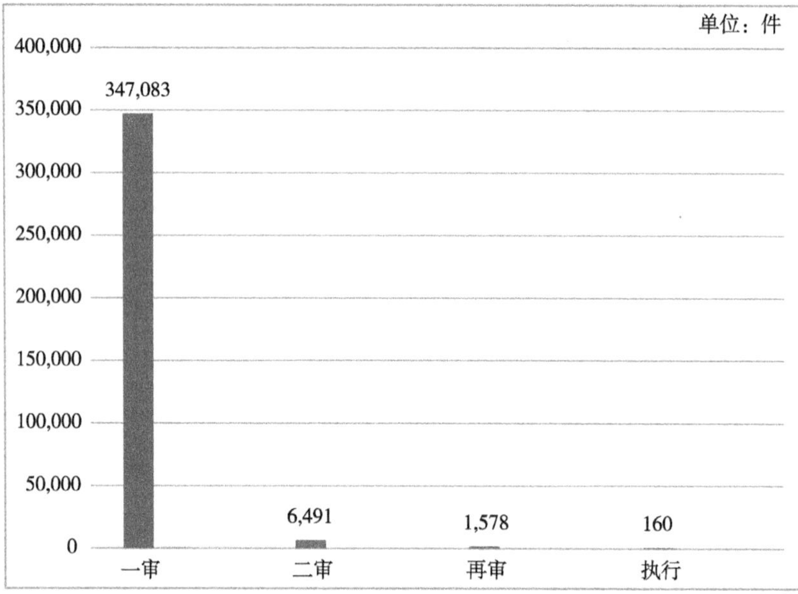

图 1-1-44　2022 年金融借款合同纠纷审理程序分布

从案件类型来看，金融借款合同纠纷主要有两类，一是要求债务人承担违约责任，如要求债务人还本付息并承担违约金等；二是要求担保人承担担保责任，如确定金融机构对抵押物有优先受偿权等。此外，出于便于内部管理、系统清收不良资产、节约诉讼成本的考虑，金融机构倾向于批量起诉、批量执行标的额较小的金融借款合同纠纷案件。

从争议焦点来看，金融借款合同纠纷主要争议焦点在于期内利息、罚息、复利、逾期罚息等款项的利率上限，并且该争议焦点也是大部分金融类纠纷的核心问题。金融借款合同纠纷一般不适用民间借贷的利率标准，争议焦点集中在是否存在利率上限，利率上限是否依据 2017 年《最高人民法院关于进一步加强金融审判工作的若干意见》第 2 条的规定为 24%；贷款人是否有权以复利方式计算逾期利息；借款人是否能主张参照 4 倍贷款市场报价利率（LPR）酌减

① 注：本节项下所指“适用再审程序”及图表所统计再审数据，均包含申请再审程序。

逾期违约金；保全保险费、律师费等费用支出是否应计入利率上限。此外，借款人可能会以并未实际使用借款、诉讼时效届满等理由进行抗辩，担保人可能会以借贷双方恶意串通骗取担保、担保人主体资格导致合同无效、免除担保责任等理由进行抗辩，形成更为复杂的争议焦点。

二、金融不良债权追偿纠纷

金融不良债权追偿纠纷具有地域集中度高、争议焦点较为集中的特点。

从案件数量来看，2022 年度我国金融不良债权追偿纠纷案件结案数量为 12, 927 件。金融不良债权追偿纠纷案件数量相比往年明显上升，在 2022 年达到峰值，案件总数处于高位。

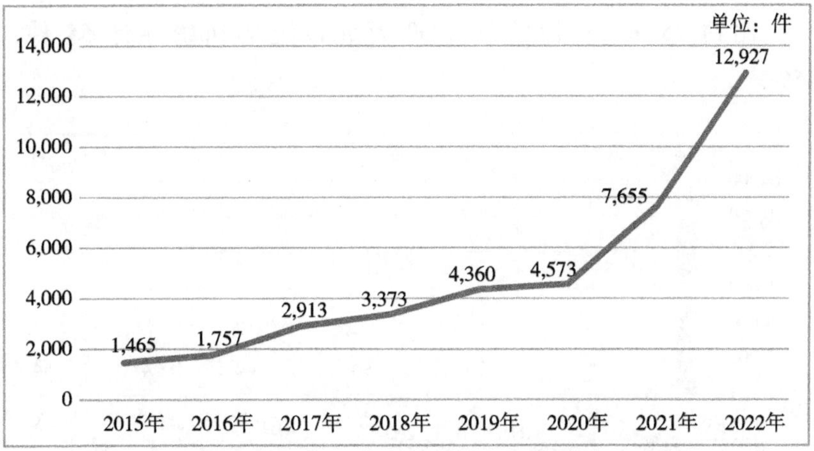

图 1-1-45 2015—2022 年金融不良债权追偿纠纷案件数量

从涉案地域来看，金融不良债权追偿纠纷地域集中度非常高，如 2022 年黑龙江省的数家不良资产管理公司集中起诉了大批自然人借款人，故黑龙江省的金融不良债权追偿纠纷占比超过 80%。

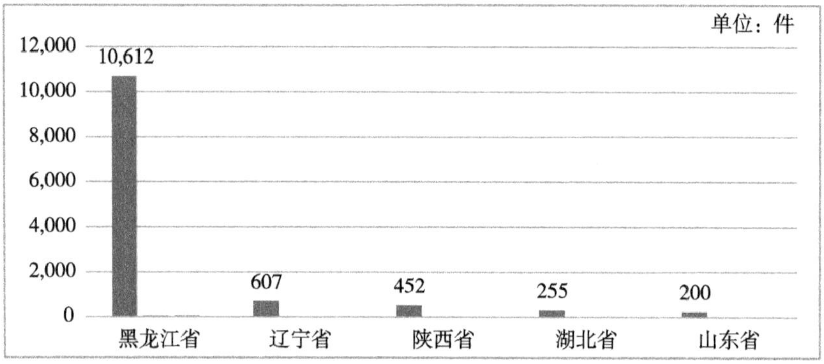

图 1-1-46　2022 年金融不良债权追偿纠纷地域分布

从标的金额来看，金融不良债权追偿纠纷案件以标的额 10 万元以下的纠纷为主，占比约 75.96%；标的额 2000 万元以上的纠纷共计 54 件，占比约 0.45%。

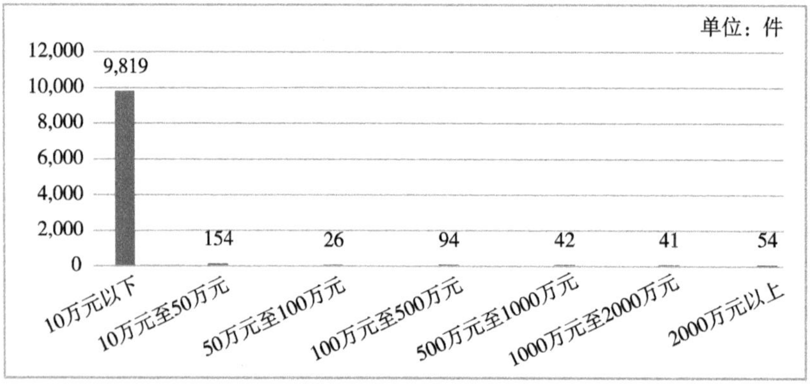

图 1-1-47　2022 年金融不良债权追偿纠纷标的金额分布

从法院审级来看，2022 年金融不良债权追偿纠纷一审案件共 12,784 件，其中管辖法院为基层人民法院的有 12,758 件，占比约 99.80%。而黑龙江省的安达市人民法院、巴彦县人民法院、佳木斯市前进区人民法院三个基层人民法院共审理 9,262 件金融不良债权追偿纠纷，约占基层人民法院案件量的 72.45%。一审管辖法院为中级人民法院的仅有 22 件，占比约 0.17%。

从审理程序来看，约 99.36%的金融不良债权追偿纠纷为一审案件，105 件金融不良债权追偿纠纷为二审案件，占比约 0.08%；仅有 30 件金融不良债权追偿纠纷适用再审程序（含申请再审）。

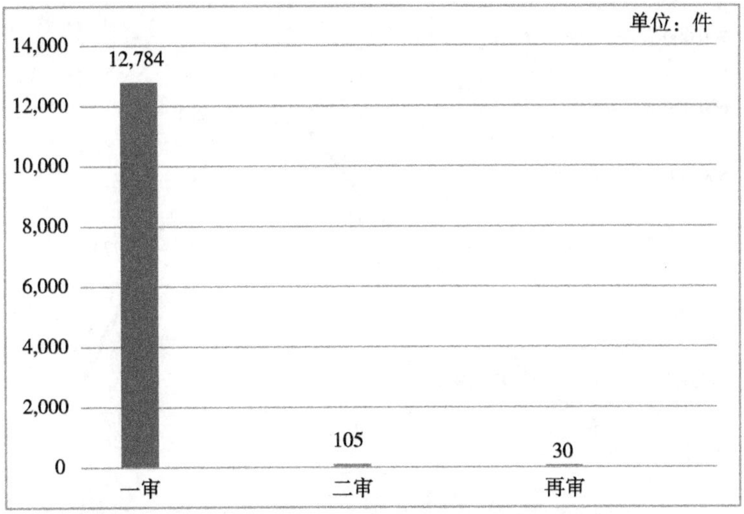

图 1-1-48　2022 年金融不良债权追偿纠纷审理程序分布

金融不良债权追偿纠纷类似于金融借款合同纠纷，主要不同点在于原告从出借人变为债权受让人。在争议焦点上，与金融借款合同纠纷有所不同，金融不良债权追偿纠纷中，部分资产管理公司由于缺乏放贷资质，可能产生利息上限、复利收取等是否与原权利人保持一致的争议；非金融机构的债权受让人向国有及非国有企业债务人主张债权时，是否自受让之日起停止计息；金融不良债权追偿纠纷的管辖法院；金融债权转让是否完成，如债权转让是否通知债务人，可否以登报公告方式通知债务人；自然人债务人拒不出庭，不良债权受让人无法提供实际放款凭证，可能产生虚假诉讼嫌疑等问题。

三、信用卡纠纷

信用卡纠纷具有案件数量多、标的额度小、类型明确、争议相似度高的特点。

从案件数量来看，2022 年 1 月 1 日至 12 月 31 日，我国信用卡纠纷案件数量为 177, 130 件。信用卡纠纷案件数量自 2019 年到达峰值后，一直呈回落趋势，但案件总数仍处于高位。

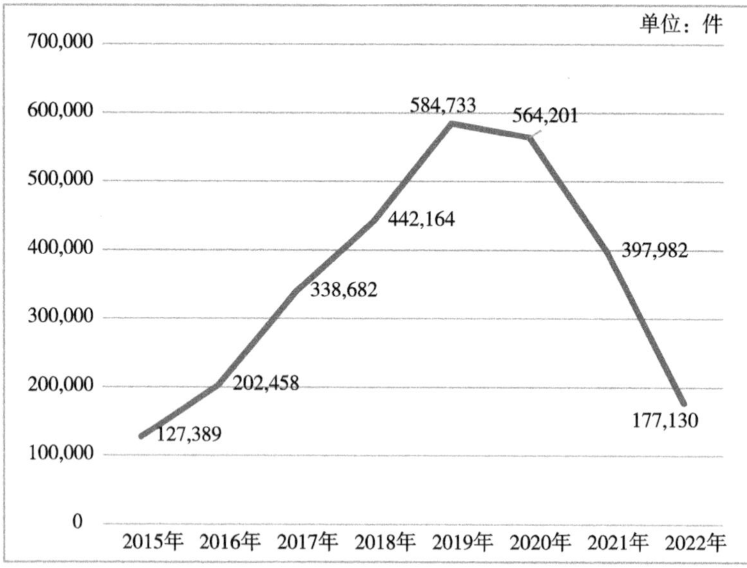

图 1-1-49　2015—2022 年信用卡纠纷案件数量

从涉案地域来看，信用卡纠纷广泛分布于全国，主要发生在广东省、上海市、陕西省、湖北省、山东省。

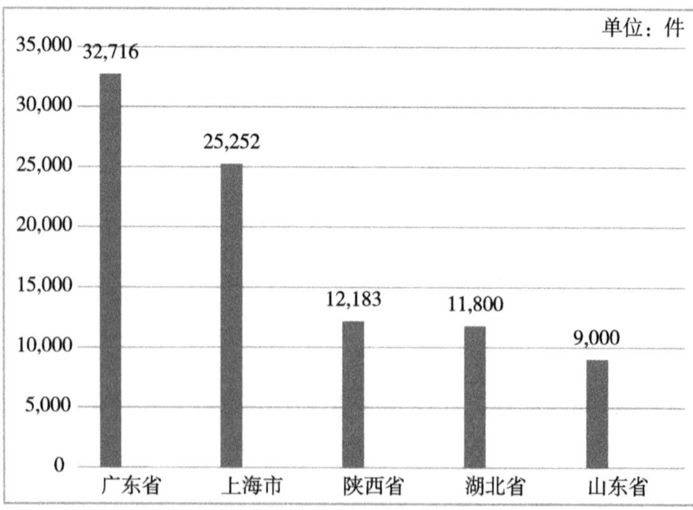

图 1-1-50　2022 年信用卡纠纷地域分布

从标的金额来看，信用卡纠纷案件以标的额 10 万元以下的小额纠纷为主，占比约 84.47%。信用卡一般用于个人消费场景，争议金额不大。2022 年，信用卡纠纷2000万元以上的大额纠纷有54件，单个案件标的金额高的原因在于深圳等地法院进一步优化信用卡纠纷处理程序，允许发卡行在同一个案件审理程序中起诉多个案情相似的被告，大大提高了单个案件的标的额。

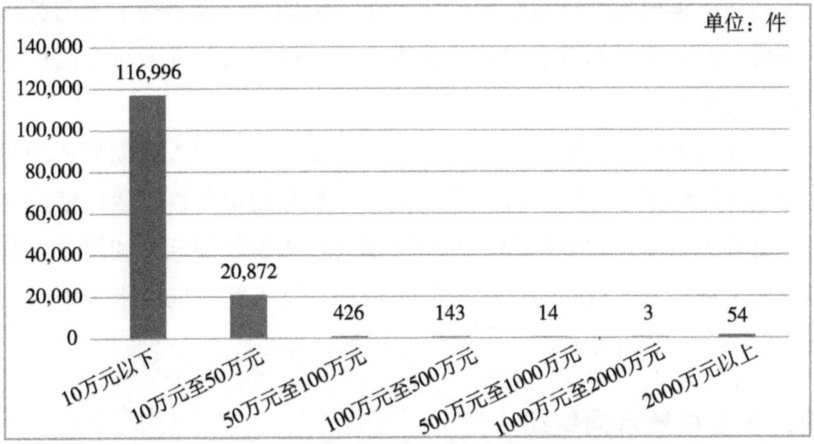

图1-1-51　2022年信用卡纠纷标的金额分布

从法院审级来看，2022年信用卡纠纷的一审案件共174,507件，其中管辖法院为基层人民法院的信用卡纠纷有174,339件，占比接近100%；一审管辖为中级人民法院的仅有54件。值得注意的是，一审案件在基层人民法院审级内的分布也高度集中于上海市的基层人民法院，如上海市静安区人民法院、上海市浦东新区人民法院、上海市闵行区人民法院等。

从审理程序来看，约98.42%的信用卡纠纷为一审案件。有1,236件信用卡纠纷为二审案件，占比约0.70%，适用再审程序（含申请再审）的信用卡纠纷仅162件，适用执行程序的仅5件。

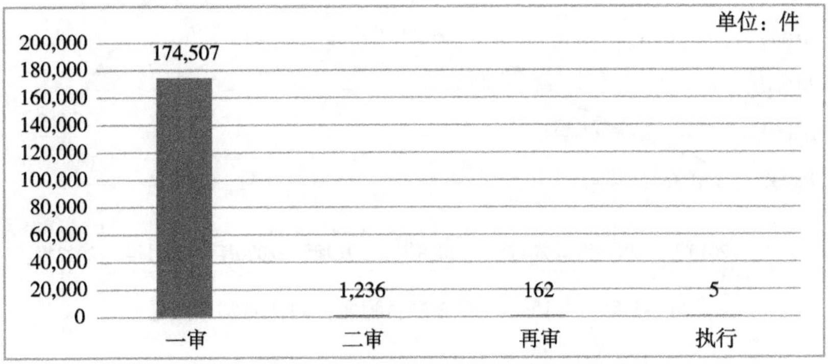

图1-1-52　2022年信用卡纠纷审理程序分布

从纠纷类型来看，信用卡纠纷按照争议各方关系可分为三类，一是持卡人与发卡行之间的纠纷，主要为信用卡违约，发卡行起诉持卡人偿还本息及违约金；二是第三人与银行/持卡人之间的纠纷，包括盗刷、租借卡、冒领等问题，此类问题通常可追究发卡行责任而转化为第一类纠纷；三是持卡人与特约商户之间的纠纷，此类纠纷通常会同时涉及发卡行。持卡人与发卡行之间的纠纷是最主要的纠纷类型。

从争议焦点来看，信用卡纠纷的主要争议焦点有持卡人逾期后的罚息、违约金、滞纳金等约定以及发卡行的手续费、年费等约定是否有效；密码交易视为本人交易行为条款的效力问题；发卡行作为格式条款制定方和提供方是否履行提示说明义务；发卡行的违约金公告是否视为发卡行已向持卡人履行告知计收违约金的义务；法院是否应调整违约金费率；等等。

四、融资租赁合同纠纷

自 2022 年以来，国家不断出台监管政策促进融资租赁行业的良性发展，融资租赁行业迎来统一监管、统一登记、加速出清、转型优化的关键时期。融资租赁行业的良性发展在诉讼领域也有所体现。2022 年，融资租赁合同纠纷的案件数量为 27, 552 件，较 2021 年全年 54, 255 件的案件数量，下降约 59. 08%。

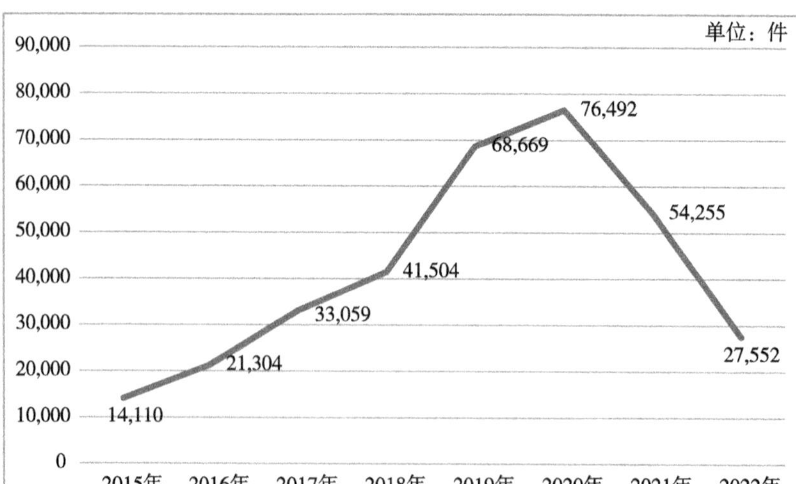

图 1-1-53　2015—2022 年融资租赁合同纠纷案件数量

从涉案地域来看，融资租赁合同纠纷主要发生在上海市、湖南省、湖北省、北京市、广东省。

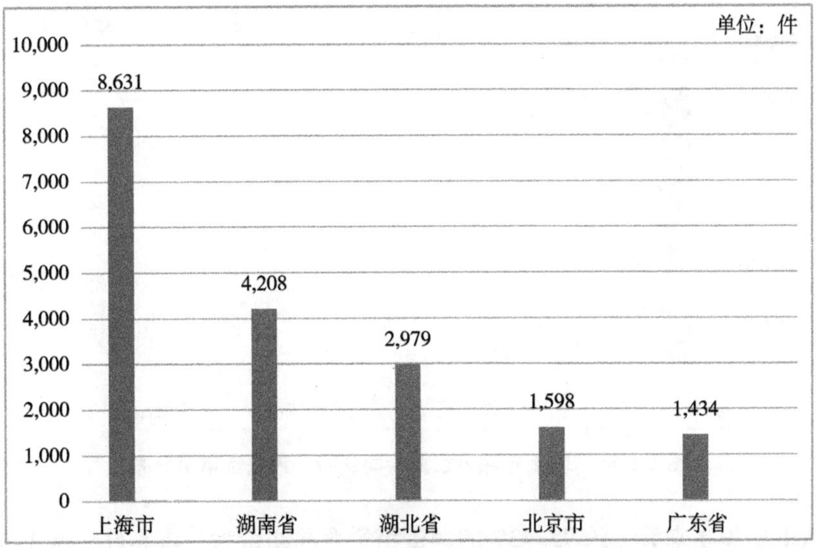

图 1-1-54 2022 年融资租赁合同纠纷地域分布

从标的金额来看，有约 64.34%的案件标的金额在 10 万元以下，标的额在 2000 万元以上的纠纷共有 84 件。产生纠纷的主要业务形式为生产设备等租赁物的售后回租。

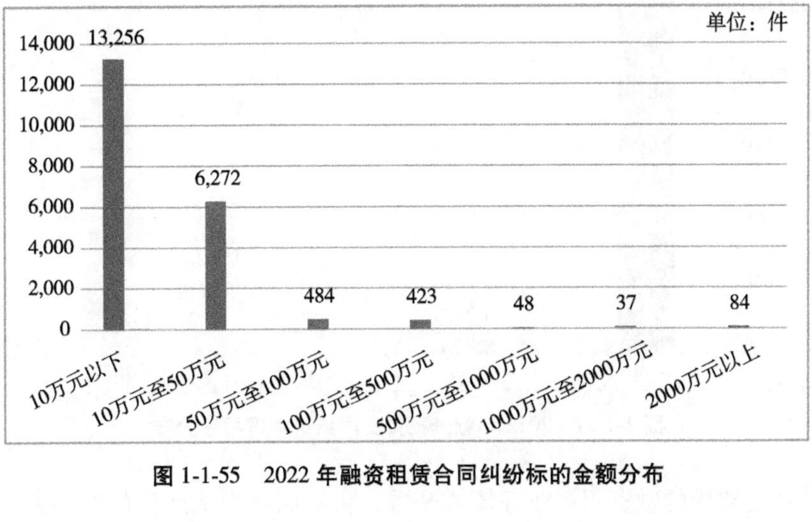

图 1-1-55 2022 年融资租赁合同纠纷标的金额分布

从法院审级来看，2022 年融资租赁合同纠纷一审案件共 26, 295 件，其中管辖法院为基层人民法院的融资租赁合同纠纷有 26, 188 件，占比约 99. 59%；一审管辖法院为中级人民法院的有 77 件，为金融法院的仅有 9 件。

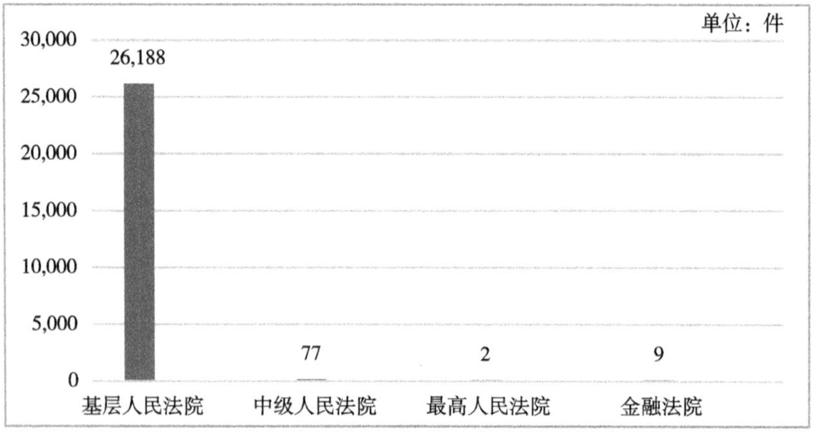

图 1-1-56　2022 年融资租赁合同纠纷一审法院审级分布

从审理程序来看，约 95.43%的融资租赁合同纠纷为一审案件；有 1,059 件的融资租赁合同纠纷为二审案件，占比约 3.84%；适用再审程序（含申请再审）的仅有 86 件，适用执行程序的有 4 件。

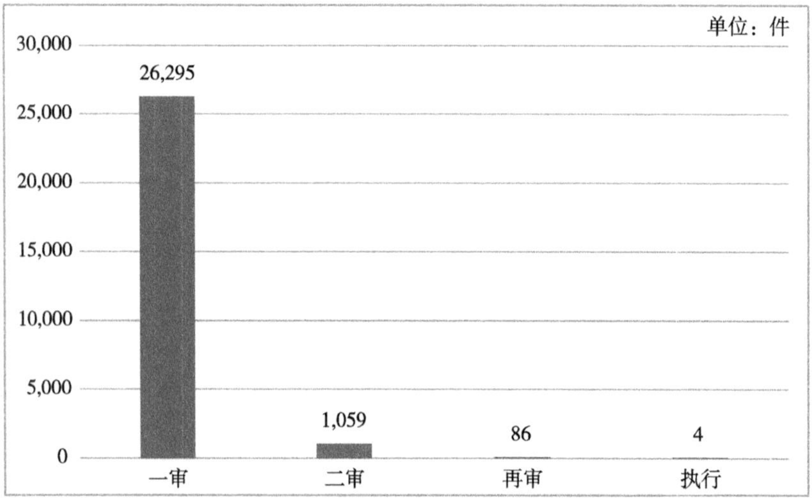

图 1-1-57　2022 年融资租赁合同纠纷审理程序分布

从产生纠纷的融资租赁业务模式来看，售后回租模式产生的纠纷占比约为 60.01%，直租模式产生的纠纷占比约为 0.9%。相较于 2021 年售后回租模式（约 59.88%）和直租模式（约 0.6%）的纠纷比例基本维持稳定。

从纠纷类型来看，融资租赁合同纠纷包括融资租赁管辖纠纷、诉讼参加人纠纷、融资租赁性质与效力纠纷、租金类纠纷、租赁物纠纷、合同解除纠纷、融资租赁担保纠纷和回购纠纷等典型纠纷类型。

从争议焦点来看，融资租赁合同纠纷的主要争议焦点有融资租赁合同性质及效力的认定；违约金、逾期利息、滞纳金、损害赔偿金的支持比例；合同解除时间/租金加速到期时间的认定；服务费、手续费、管理费是否支持；租赁物抵押是否适用人保和物保并存时的处理规则；出租人对担保附属文件的合理审查义务等。

五、保理合同纠纷

保理合同纠纷具有案件数量相对较少、标的额度小、类型明确、争议相似度高的特点。

从案件数量来看，2022 年 1 月 1 日至 12 月 31 日，我国保理合同纠纷案件数量为 426 件。保理合同纠纷案件数量在 2021 年因数家商业保理公司集中起诉自然人被告而到达峰值，2022 年回落。总体而言，保理合同纠纷案件总数较少。

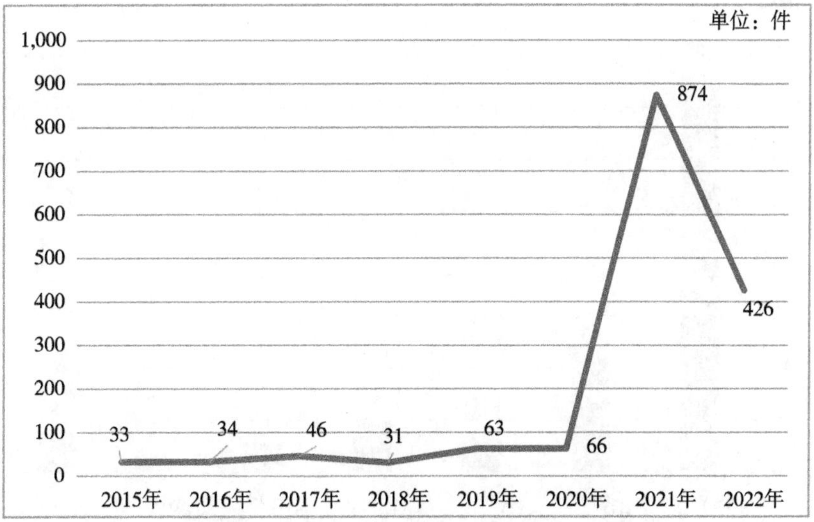

图 1-1-58　2020—2022 年保理合同纠纷案件数量

从涉案地域来看，保理合同纠纷主要发生在上海市、湖南省、北京市、四川省、广东省。

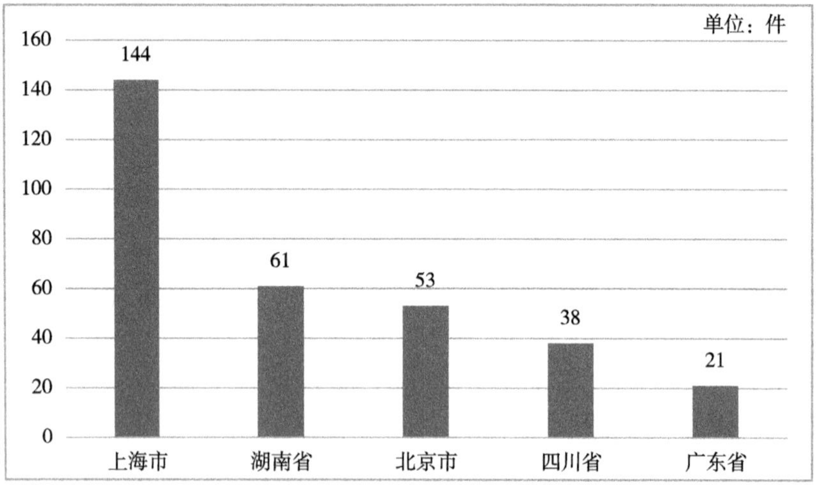

图 1-1-59　2022 年保理合同纠纷地域分布

从标的金额来看，保理合同纠纷案件以标的额 50 万元以下的小额纠纷为主，占比约 46.24%；标的额在 2000 万元以上的纠纷共计 18 件，占比约 4.23%。

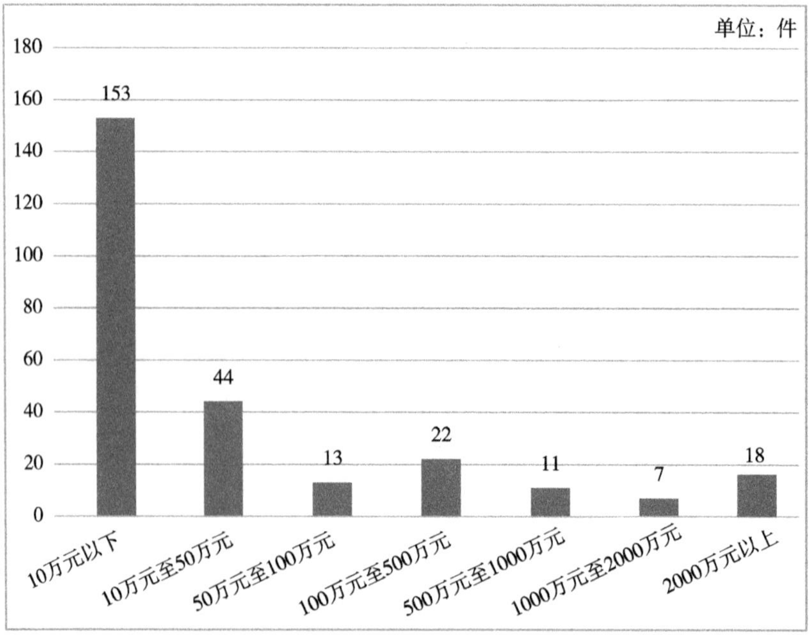

图 1-1-60　2022 年保理合同纠纷标的金额分布

从法院审级来看，2022 年保理合同纠纷一审案件共 1, 348 件，其中管辖法院为基层人民法院的保理合同纠纷有 1, 311 件，占比约 97. 26%；一审管辖为中级人民法院的有 23 件，占比约 1. 71%；为金融法院的有 14 件。

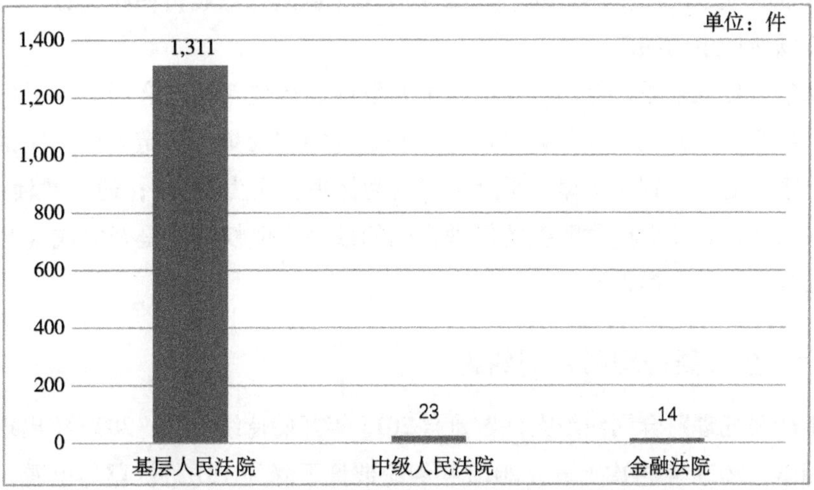

图 1-1-61　2022 年保理合同纠纷一审法院审级分布

从审理程序来看，约 85. 37%的保理合同纠纷为一审案件，有 91 件的保理合同纠纷为二审案件，占比约 5. 76%。

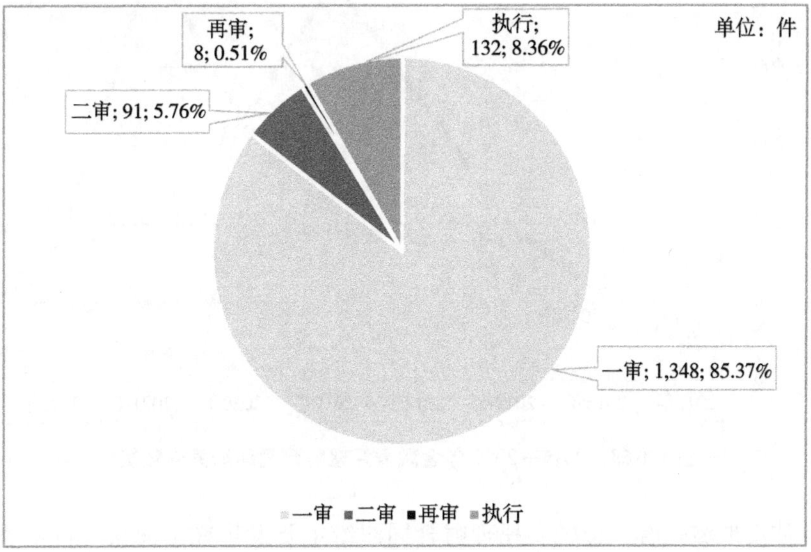

图 1-1-62　2022 年保理合同纠纷审理程序分布

从案件类型来看，保理合同纠纷按照是否享有追索权可分为有追索权保理与无追索权保理。其中，无追索权保理类似于金融不良债权处置，保理人承担较大风险。在有追索权保理中，依据当事人不同主要分为两类，一是保理人向债务人催收债务所产生的纠纷；二是保理人要求债权人履行回购义务，归还保理融资款所产生的纠纷。

从争议焦点来看，保理合同纠纷主要争议焦点包括基础合同关系引发的保理合同纠纷，如基础合同关系为虚构、基础合同被变更、认定无效、撤销或解除；当事人之间的真实法律关系是否"名为保理，实为借贷"；通过"池保理"等业务形态，转让有应收账款的保理合同的效力；债权转让是否完成（与金融不良债权追索纠纷类似）等。

六、金融委托理财合同纠纷

金融委托理财合同纠纷案件数量自2015年开始持续上升，2020年出现较大幅度回落，2021年再次上升，2022年纠纷数量下降为187件。整体上看，金融委托理财合同纠纷标的额大，但数量较少，近年来增加趋势不明显。

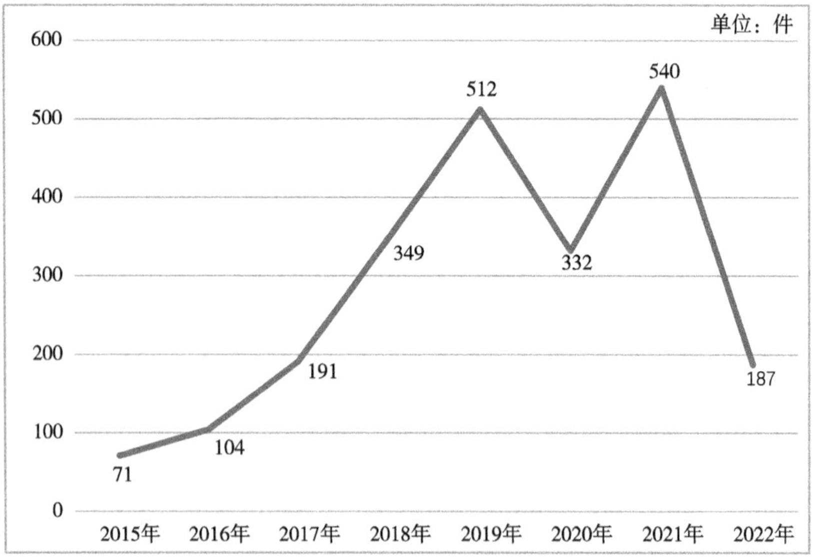

图 1-1-63　2015—2022 年金融委托理财合同纠纷案件数量

从涉案地域来看，金融委托理财合同纠纷主要发生在上海市、湖南省、北京市、山东省、广东省。

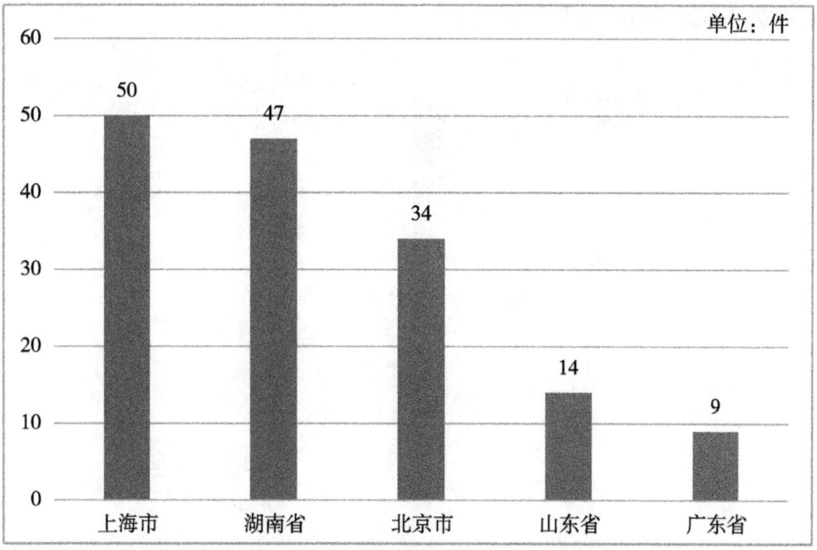

图 1-1-64　2022 年金融委托理财合同纠纷地域分布

从标的金额来看，约 38.50%的案件标的金额在 100 万元以下，标的额在 2000 万元以上的案件仅有 1 件。

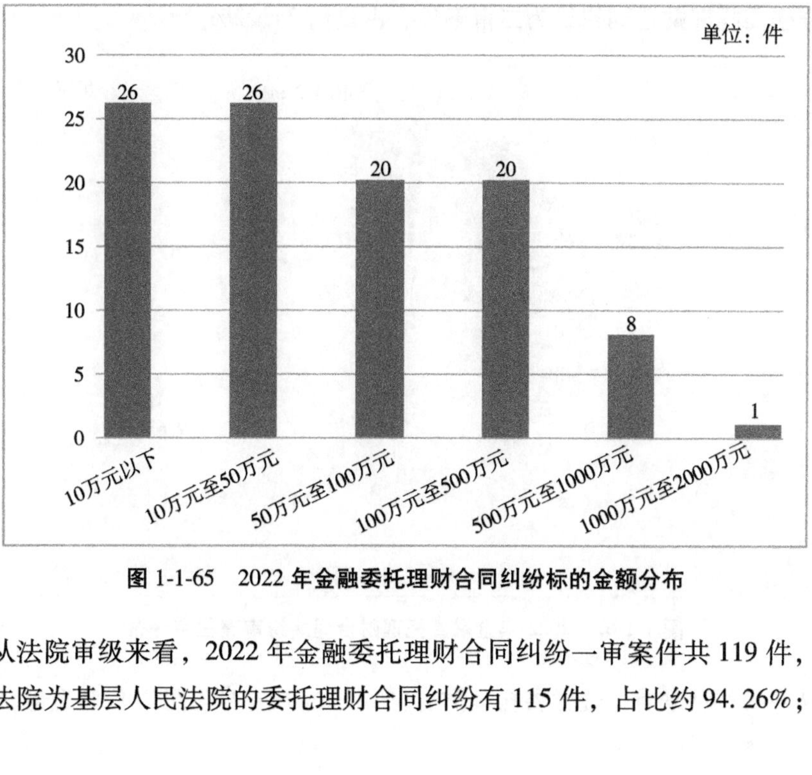

图 1-1-65　2022 年金融委托理财合同纠纷标的金额分布

从法院审级来看，2022 年金融委托理财合同纠纷一审案件共 119 件，其中管辖法院为基层人民法院的委托理财合同纠纷有 115 件，占比约 94.26%；一审管辖为中级人民法院的有 3 件。

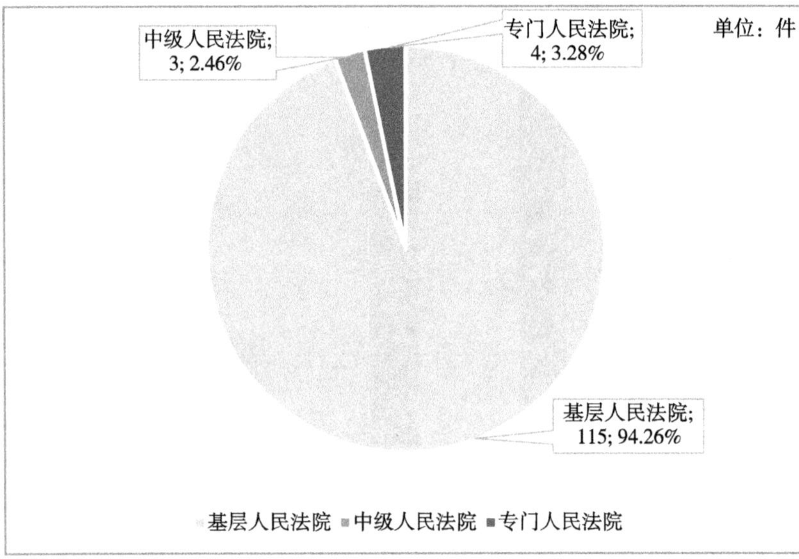

图 1-1-66　2022 年金融委托理财合同纠纷一审法院审级分布

从审理程序来看，约 63.64%的金融委托理财合同纠纷为一审案件，有 64 件的金融委托理财合同纠纷为二审案件，占比约 34.22%。

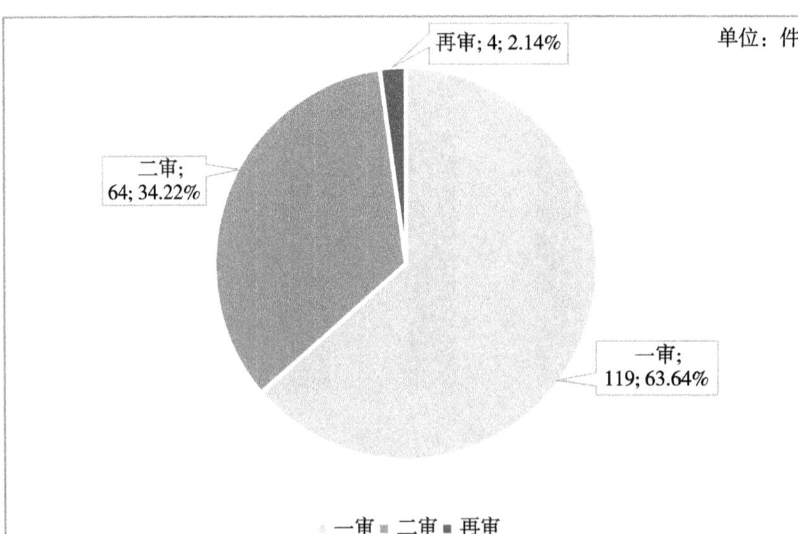

图 1-1-67　2022 年金融委托理财合同纠纷审理程序分布

从纠纷类型来看，金融委托理财合同纠纷按原告身份可以分为金融消费者与以金融机构为代表的专业投资者两类，其中原告以金融消费者为主。根据被告身份不同，可以分为与证券公司、信托投资公司、资产管理公司、投资咨询公司、商业银行等有关的纠纷。其中，与商业银行有关的纠纷数量最多，原因在于商业银行常因为代销其他金融机构的理财产品而被诉推介不当。

从争议焦点来看，金融消费者为原告的委托理财合同纠纷，争议焦点主要集中在金融机构是否全面履行适当性义务，如是否有夸大收益、未充分揭示投资风险等不当行为，是否及时评估投资者风险承受能力等，风险告知书等合同格式条款的效力。除此以外，争议焦点还有金融投资理财条款效力，尤其是否因为涉及承诺收益等保底约定而无效；金融机构是否尽到受托人义务，对投资者的损失是否存在过错等。

七、证券虚假陈述责任纠纷

证券虚假陈述责任纠纷自 2017 年以来显著增加，至 2019 年达到顶峰，此后逐年减少。相较于 2021 年的 8, 809 件而言，2022 年全国法院证券虚假陈述责任纠纷案件总量仅 5, 507 件，纠纷数量下降明显。下降原因可能在于《证券纠纷代表人诉讼规定》全面施行后，证券纠纷代表人制度在证券虚假陈述责任纠纷中得到适用，有效降低了法院收案数量。

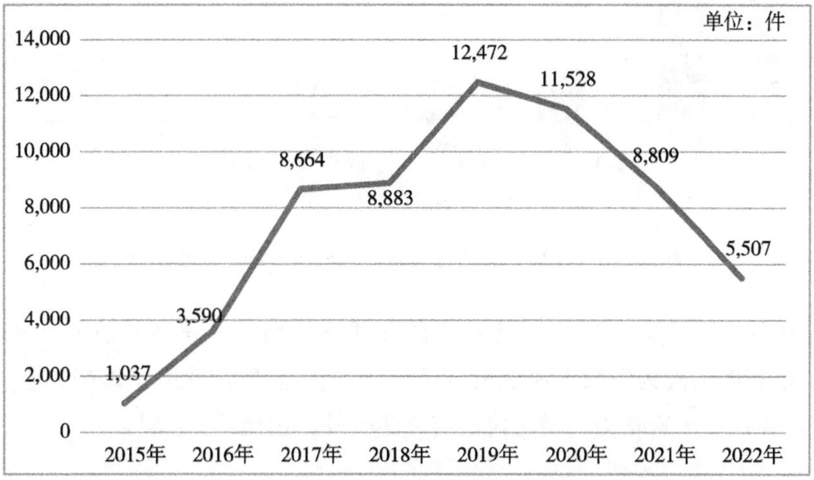

图 1-1-68　2015—2022 年证券虚假陈述责任纠纷案件数量

从涉案地域来看，证券虚假陈述责任纠纷主要发生在北京市、湖北省、上海市、陕西省、辽宁省。由于涉及公共投资者，证券虚假陈述责任纠纷常常出现批量起诉案件，由此显著增加了特定省份的纠纷数量。

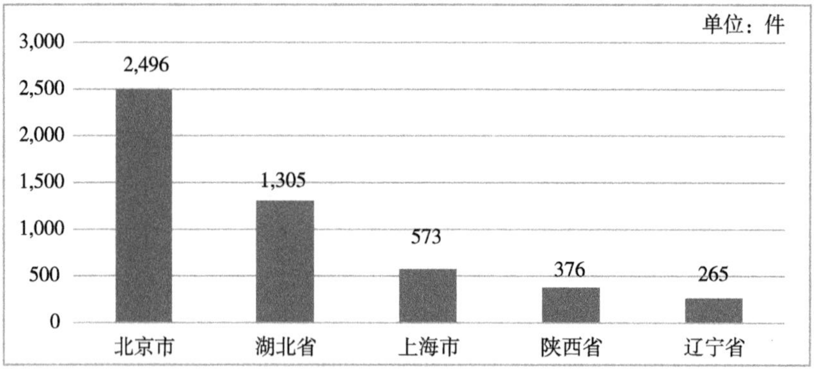

图 1-1-69 2022 年证券虚假陈述责任纠纷地域分布

从标的金额来看，证券虚假陈述责任纠纷的案件数量主要集中在 10 万元以下，但由于投资者众多，致使对每个证券虚假陈述责任纠纷的裁判都影响甚大。

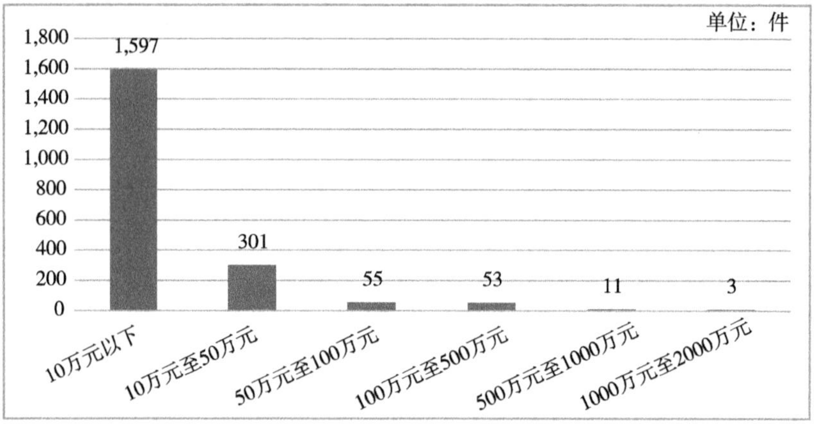

图 1-1-70 2022 年证券虚假陈述责任纠纷标的金额分布

从法院审级来看，2022 年证券虚假陈述责任纠纷一审案件总共 5, 425 件，其中一审管辖法院为中级人民法院的证券虚假陈述责任纠纷有 2, 671 件，占比约 49. 23%；一审管辖为金融法院的有 2, 749 件，占比约 50. 67%。

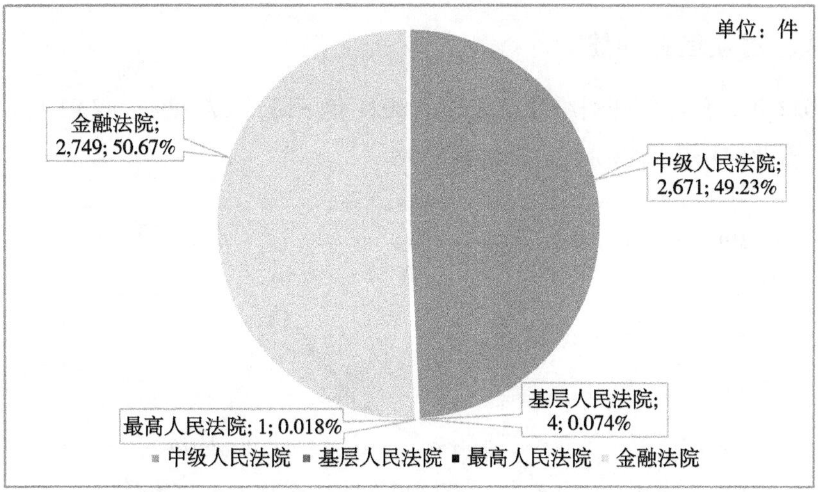

图 1-1-71　2022 年证券虚假陈述责任纠纷一审法院审级分布

从审理程序来看，约 98.51%的证券虚假陈述责任纠纷为一审案件，有 50 件证券虚假陈述责任纠纷为二审案件，占比约 0.81%；适用再审程序（含申请再审）的证券虚假陈述责任纠纷仅 32 件。

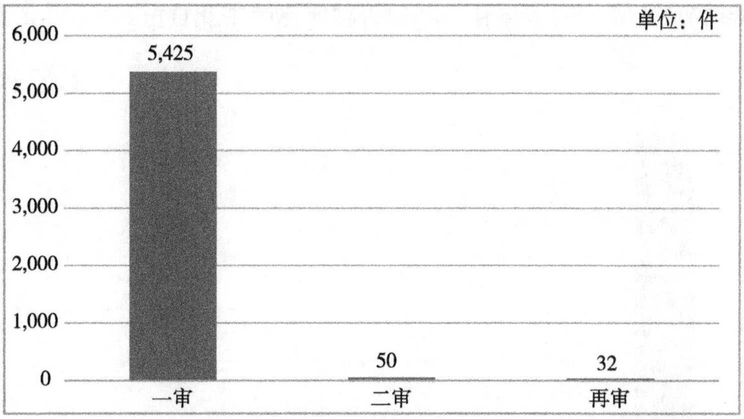

图 1-1-72　2022 年证券虚假陈述责任纠纷审理程序分布

从争议焦点来看，实体方面，证券虚假陈述责任纠纷的争议焦点有虚假陈述实施日的认定、虚假陈述揭露日的认定、投资损失与虚假陈述的因果关系、证券虚假陈述的重大性判定、系统风险的排除依据、考量因素及剔除比例、损失的确定、如何确定股票买入均价计算方法等；程序方面，证券虚假陈述责任纠纷的争议焦点有证券虚假陈述责任纠纷的管辖和主管问题。

八、营业信托纠纷

2022年，营业信托纠纷数量相较于2021年下降约27.78%，仅91件。整体而言，营业信托合同纠纷普遍标的额较大。

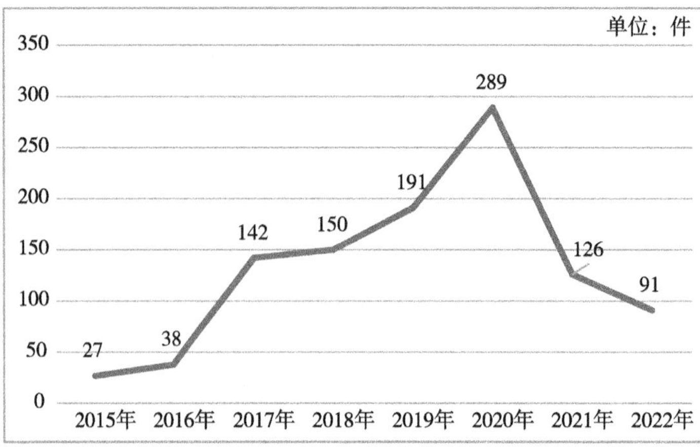

图 1-1-73　2015—2022 年营业信托纠纷案件数量

从涉案地域来看，营业信托合同纠纷高度集中于北京市。

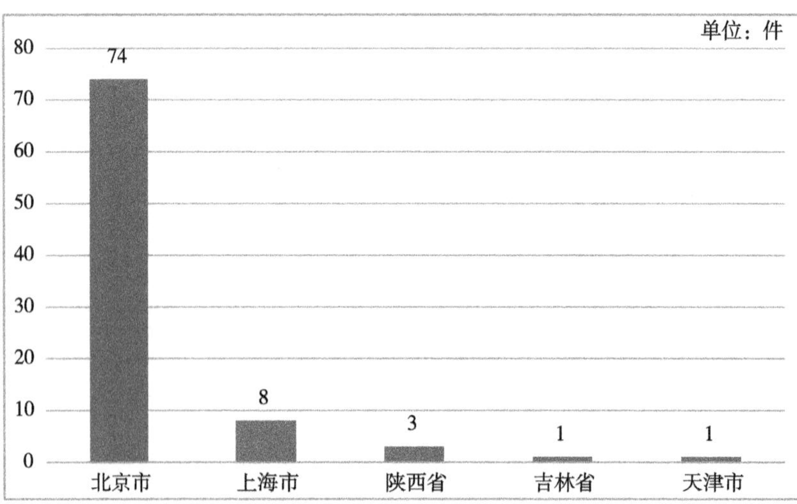

图 1-1-74　2022 年营业信托纠纷地域分布

从标的金额来看，营业信托纠纷主要集中于10万元以下、100万元至500万元两档，分别占比约20.88%、16.48%。

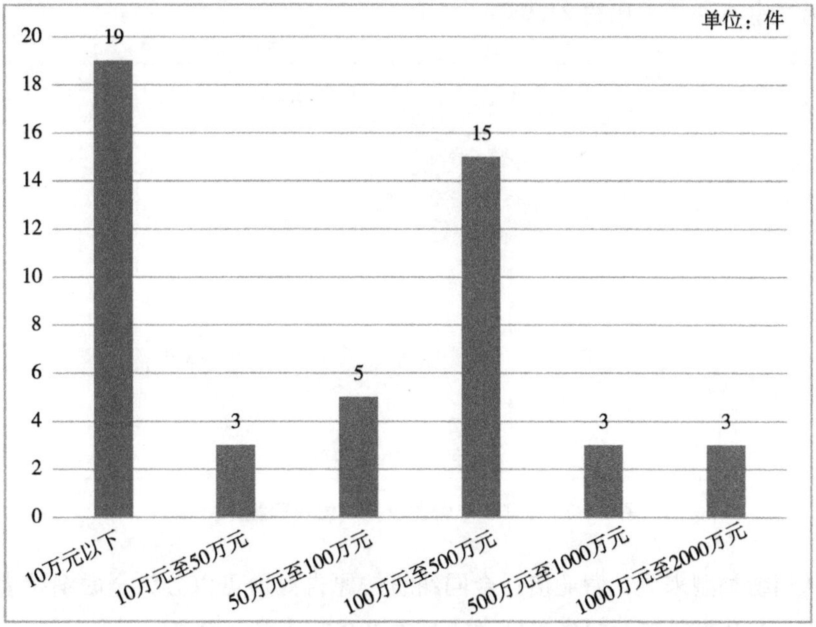

图 1-1-75　2022 年营业信托纠纷标的金额分布

从法院审级来看，2022 年营业信托纠纷一审案件共 69 件，主要为基层人民法院审理，其中北京市东城区人法院共审理了 41 件营业信托纠纷。

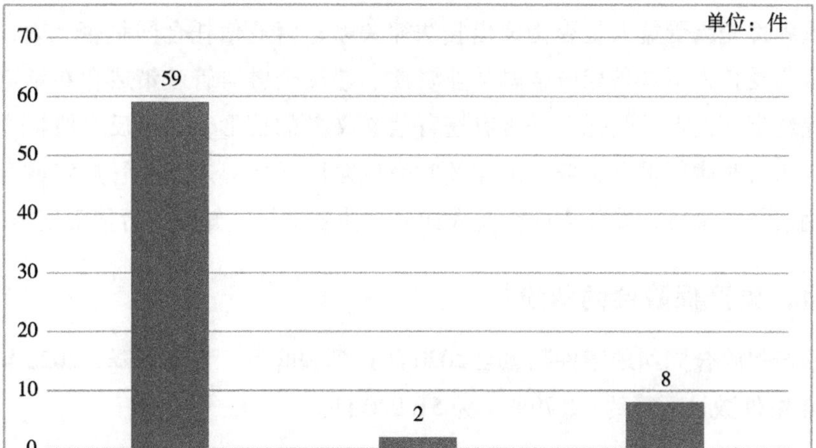

图 1-1-76　2022 年营业信托纠纷一审法院审级分布

从审理程序来看，约 75.82%的营业信托纠纷为一审案件，20 件营业信托纠纷为二审案件，占比约21.98%。

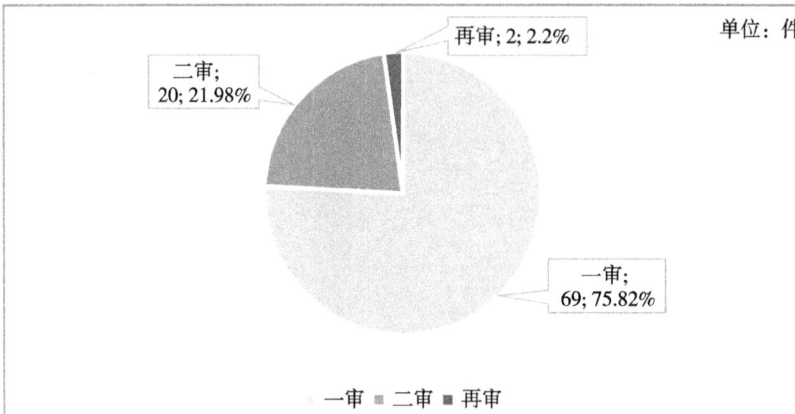

图1-1-77 2022年营业信托纠纷审理程序分布

从纠纷类型来看，营业信托合同纠纷按原告身份可以分为金融消费者与以金融机构为代表的专业投资者两类，其中以金融消费者为主。

从争议焦点来看，原告身份为金融消费者的营业信托合同纠纷，争议焦点主要集中在金融机构是否全面履行适当性义务，如是否有夸大收益、未充分揭示投资风险的不当行为，是否及时评估投资者风险承受能力，风险告知书等合同格式条款的效力。除此以外，争议焦点还有结构化营业信托交易中的劣后级受益人和优先级受益人是否构成借贷法律关系；营业信托合同是否无效，尤其是否因为受托人不具备相应金融从业资质、违反金融监管政策或存在承诺收益等保底约定而无效；受托人是否有违背信义义务的情形，如违反个股持仓比例限制、未及时履行平仓义务、未能及时完成赎回义务、违反监管规定或合同约定使用信托资金等；委托人或受益人如何行使知情权，知情权行使限度等问题。

九、财产保险合同纠纷①

财产保险合同纠纷案件数量自2020年达到顶峰后，连年下降，2022年相比2021年案件数量下降约62.79%，为51,020件。

---

① 财产保险合同纠纷作为三级案由，下设财产损失保险合同纠纷、责任保险合同纠纷、保证保险合同纠纷等多个案由，也有部分纠纷直接以三级案由（“财产保险合同纠纷”）立案，因此本部分合并统计分析。

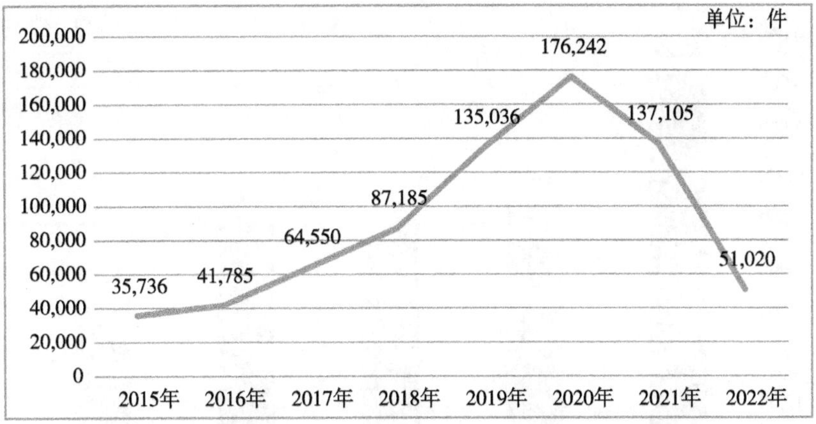

图 1-1-78　2015—2022 年财产保险合同纠纷案件数量

2022 年度的财产保险合同纠纷中，有约 39.21%为保证保险合同纠纷，约 31.81%为保险人代位求偿权纠纷，约 5.88%为财产损失保险合同纠纷，约 3.50%为责任保险合同纠纷，约 0.04%为信用保险合同纠纷。保证保险合同因具有金融消费属性，是纠纷产生的高频案由。

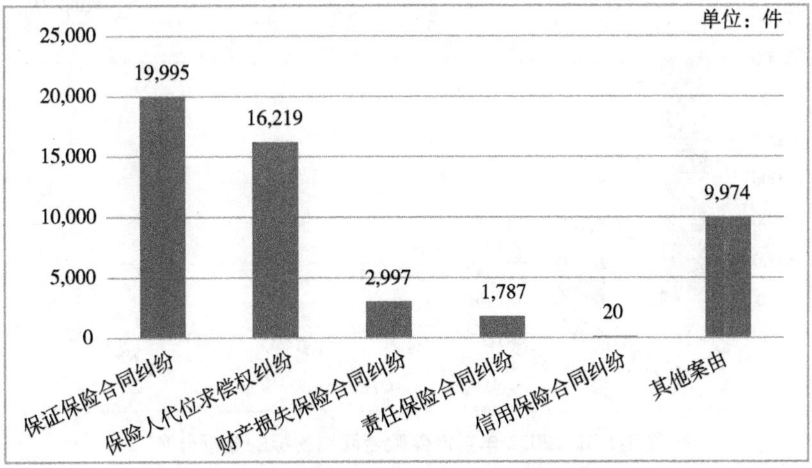

图 1-1-79　2022 年财产保险合同纠纷案由分布

从涉案地域来看，财产保险合同纠纷主要发生在山东省、广东省、河南省、辽宁省、浙江省。

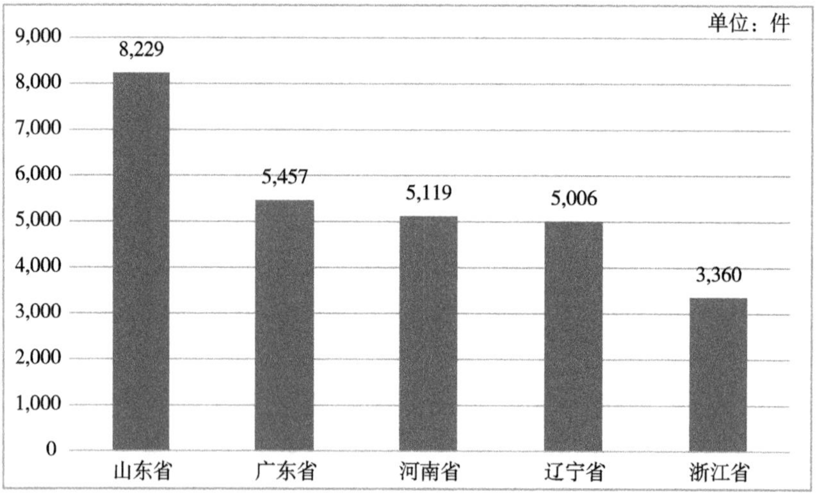

图 1-1-80　2022 年财产保险合同纠纷地域分布

从标的金额来看，有约 74.20% 的案件标的金额在 50 万元以下，标的额 2000 万元以上的纠纷有 64 件。

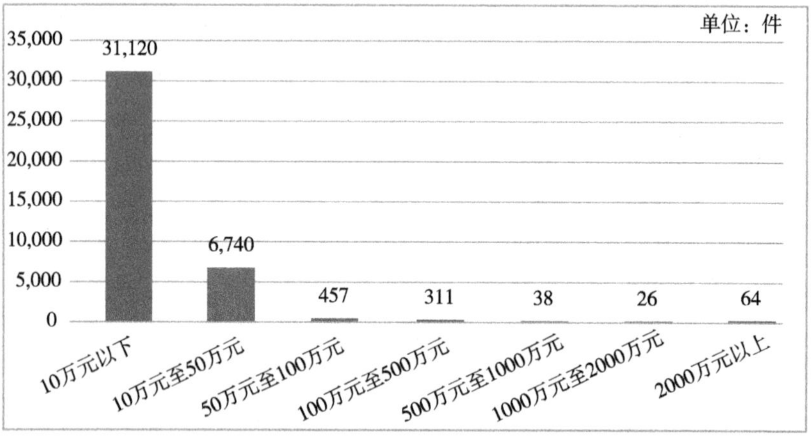

图 1-1-81　2022 年财产保险合同纠纷标的金额分布

从管辖法院来看，2022 年财产保险合同纠纷一审案件共 45, 962 件，其中管辖法院为基层人民法院的财产保险合同纠纷有 45, 828 件，占比约 99. 71%；一审管辖为中级人民法院的仅 45 件；一审管辖为金融法院等专门法院的有 1, 440 件，占比约 3. 10%，其中金融法院管辖的仅 3 件。

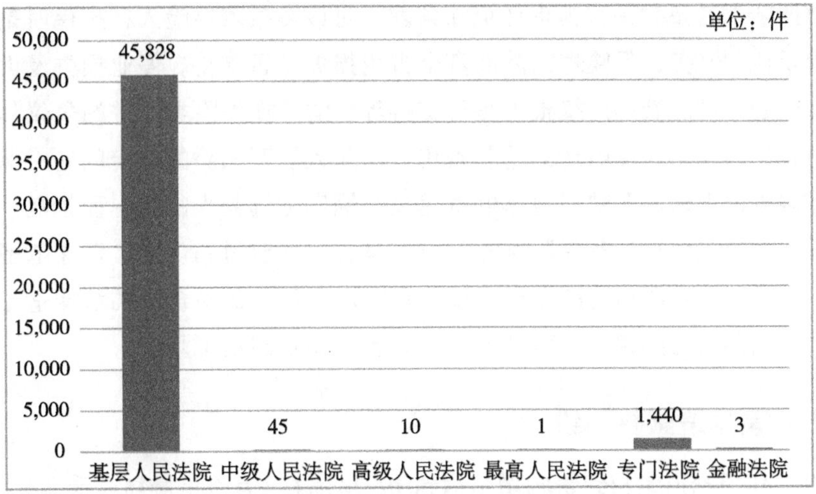

图 1-1-82　2022 年财产保险合同纠纷一审法院审级分布

从审理程序来看，约 90.08%的财产保险合同纠纷为一审案件，有 4,522 件的财产保险合同纠纷为二审案件，占比约 8.86%；适用再审程序（含申请再审）的财产保险合同纠纷有 340 件，占比约 0.67%；适用执行程序的共 18 件。

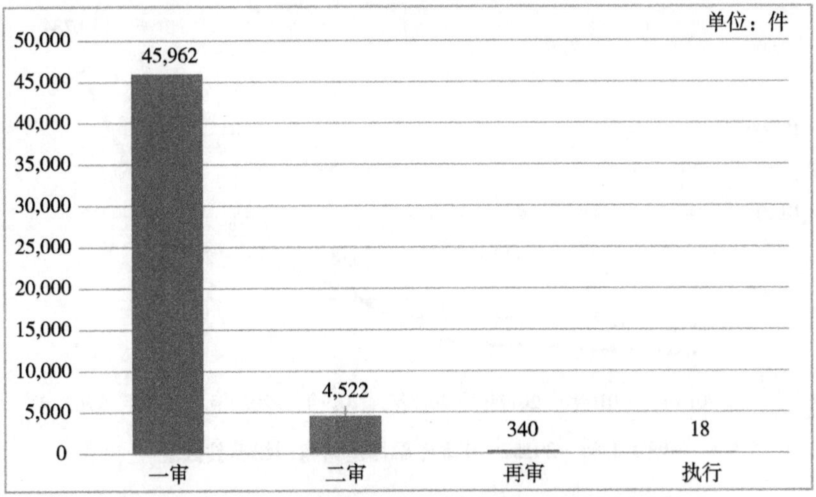

图 1-1-83　2022 年财产保险合同纠纷审理程序分布

从争议焦点来看，财产保险合同纠纷共性的争议焦点有确定财产损失的范围及金额；认定保险人是否存在迟延定损的行为；原告单方委托评估、诉讼中重新鉴定（如有）费用应由谁承担，如何分担；保险条款是否实际交付；保险人拒赔所依据的条款是否为责任免除条款，对该类条款保险人在投保时是否尽到了提示说明义务；保险理赔款的资金占用损失是否支持，停业损失及诉讼产生的律师费、差旅费等间接损失是否支持等。财产损失险类案件的争议焦点还有施救费用包含未承保财产的施救费用，保险人能否扣除的认定问题；保险人是否能因投保人未说明被保险车辆状况或车辆实际驾驶人的状况而拒赔。责任险类案件的争议焦点还有保险利益认定、是否实际赔付的认定、责任范围的认定等。信用保险合同纠纷的主要争议焦点有出口信用保险合同的法律适用、纠纷先决条款的效力问题、贸易真实性的认定、损失证明问题等。

十、票据追索权纠纷

2022 年票据追索权纠纷剧增，达到 19, 784 件，为历年最高。受 2022 年房地产市场严峻形势的影响，房地产企业普遍现金流紧张，因此出现了大量与房地产行业相关的票据追索权纠纷，案件数量激增，涉及建筑业与房地产行业的纠纷约 64. 40%。

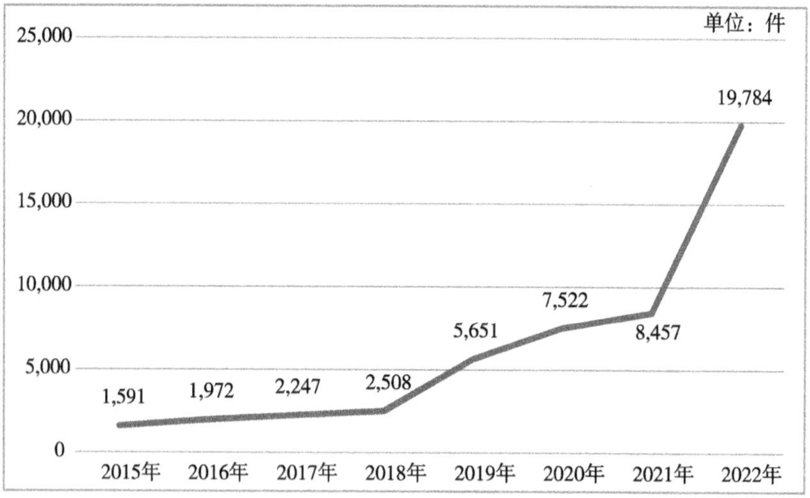

图 1-1-84　2015—2022 年票据追索权纠纷案件数量

从涉案地域来看，票据追索权纠纷主要发生在山东省、北京市、上海市、江苏省、辽宁省。

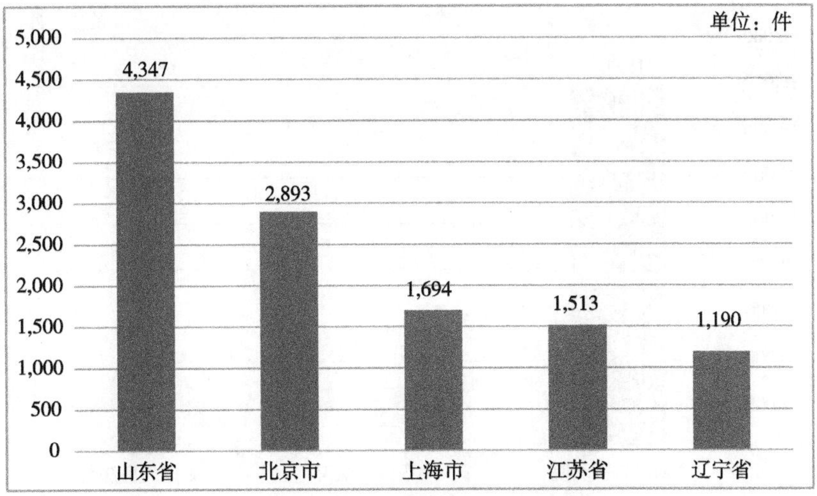

图 1-1-85　2022 年票据追索权纠纷地域分布

从标的金额来看，约 70.23%的案件标的金额在 50 万元以下，标的额 2000 万元以上的纠纷只有 5 件。

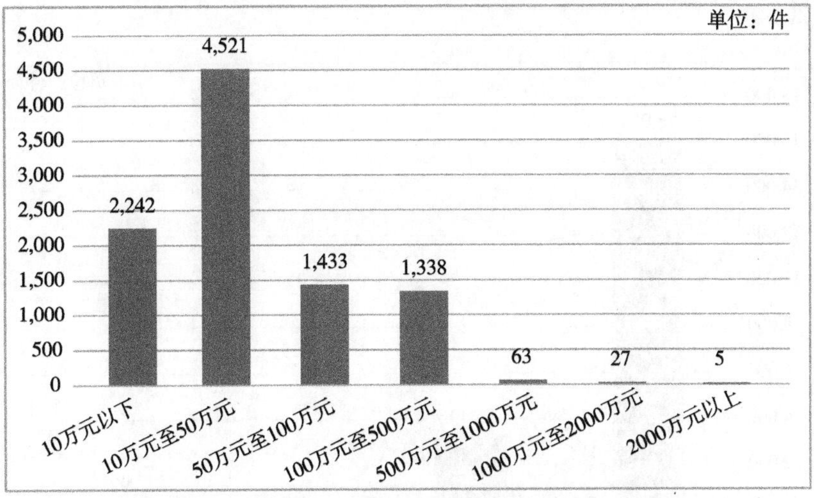

图 1-1-86　2022 年票据追索权纠纷标的金额分布

从法院审级来看，2022 年票据追索权纠纷一审案件共 16,053 件，其中管辖法院为基层人民法院的票据追索权纠纷有 15,901 件，占比约 99.05%。

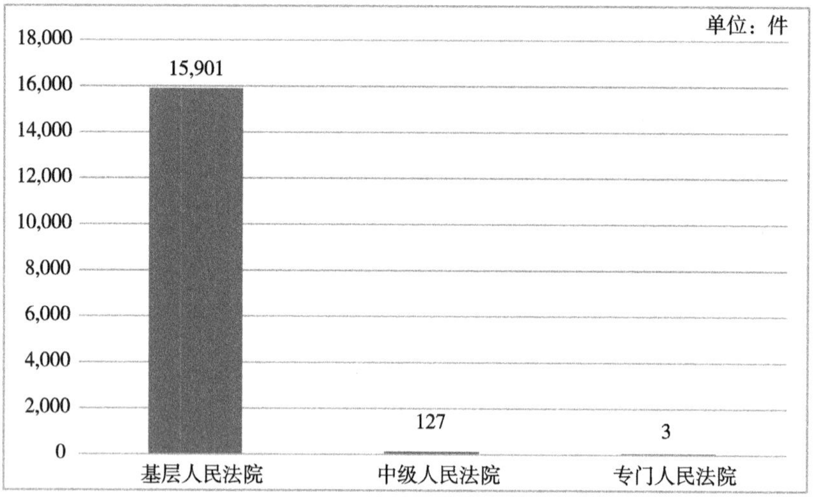

图 1-1-87　2022 年票据追索权纠纷一审法院审级分布

从审理程序来看，约 81.14%的票据追索权纠纷为一审案件，有 3,249 件的票据追索权纠纷为二审案件；适用再审程序（含申请再审）的票据追索权纠纷仅 20 件。

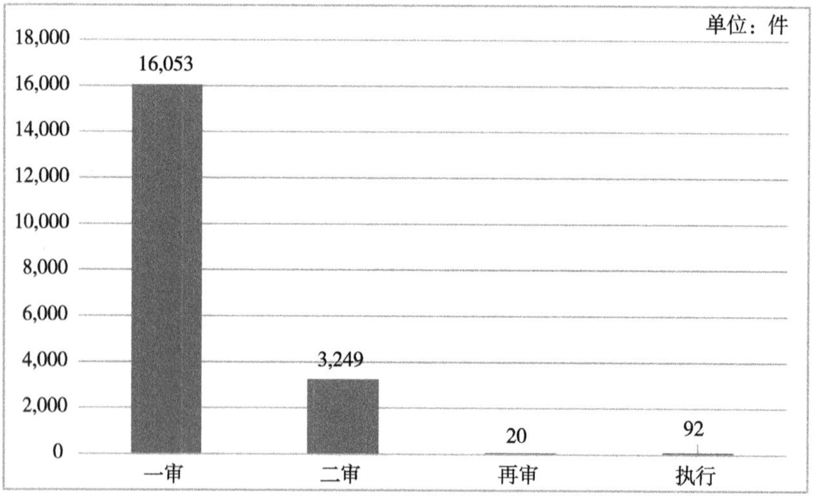

图 1-1-88　2022 年票据追索权纠纷审理程序分布

从纠纷类型来看，票据追索权纠纷按票据类型可以分为本票票据追索权纠纷、支票票据追索权纠纷与汇票票据追索权纠纷，其中汇票追索权纠纷数量约占 94.19%。汇票追索权纠纷中，按照付款期是否届满，可分为期前追索权（非拒付追索）纠纷与到期追索权（拒付追索）纠纷，其中到期追索权纠纷数量远高于期前追索权纠纷。按照追索权行使主体可以分为再追索权纠纷和持票人追索权纠纷。

从争议焦点来看，票据追索权纠纷双方争议焦点主要集中在票据形式是否合法；追索权人是否为善意的合法持票人；票据行为是否具有真实基础交易关系或债权债务关系；是否属于《九民纪要》第 101 条规定的破坏金融管理秩序的“民间贴现业务”；追索权纠纷的六个月诉讼时效是否届满；承兑人是否拒绝付款；持票人是否在提示付款期内提示付款等方面。

十一、证券回购合同纠纷

证券回购合同纠纷数量自 2019—2020 年达到顶峰后，2021 年、2022 年逐年下降，2022 年证券回购合同纠纷为历年最低，仅 65 件。整体上看，证券回购合同纠纷普遍标的金额较大，但案件总数较少。

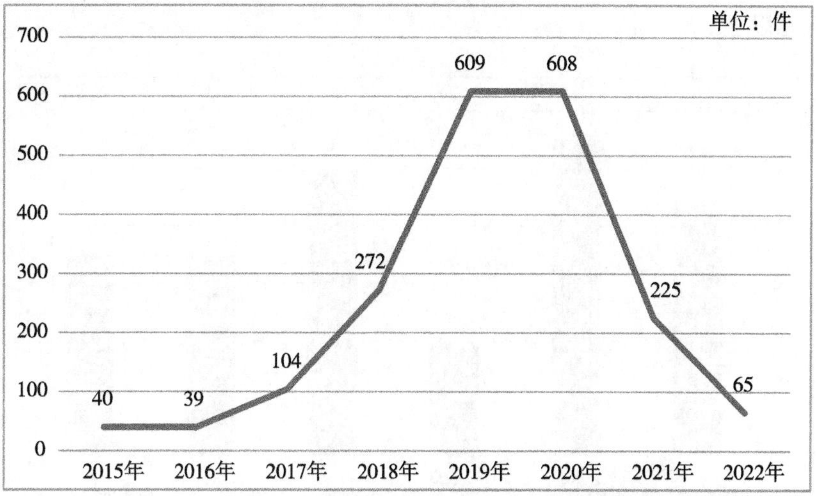

图 1-1-89 2015—2022 年证券回购合同纠纷案件数量

从涉案地域来看，证券回购合同纠纷高度集中于上海市、北京市。

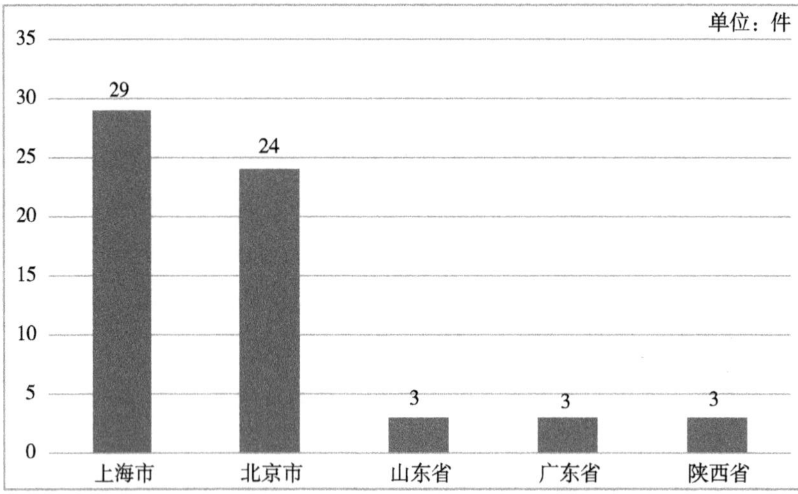

图 1-1-90　2022 年证券回购合同纠纷地域分布

从标的金额来看，证券回购合同纠纷整体标的较大，有 14 件案件标的金额在 1 亿元以上。

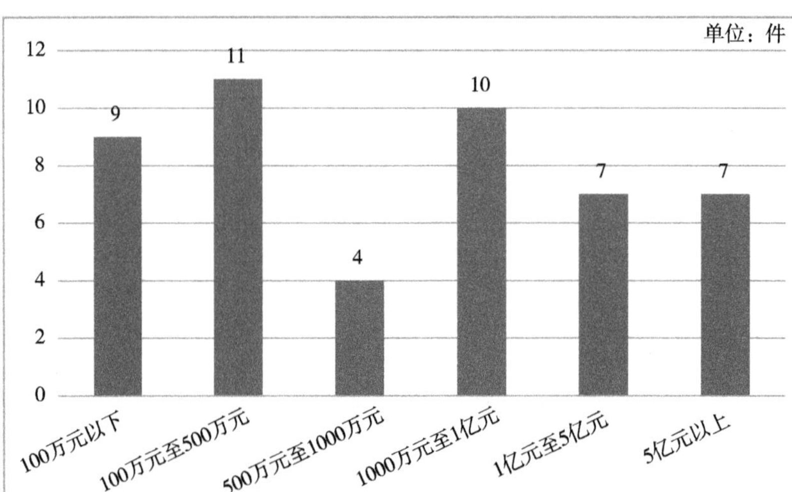

图 1-1-91　2022 年证券回购合同纠纷标的金额分布

从法院审级来看，2022 年证券回购合同纠纷一审案件共 47 件，其中管辖法院为基层人民法院的证券回购合同纠纷有 30 件，占比约 63. 83%；一审管辖为中级人民法院的有 2 件，占比约 4. 26%；一审管辖为专门人民法院的有 15 件，占比约 31. 91%。

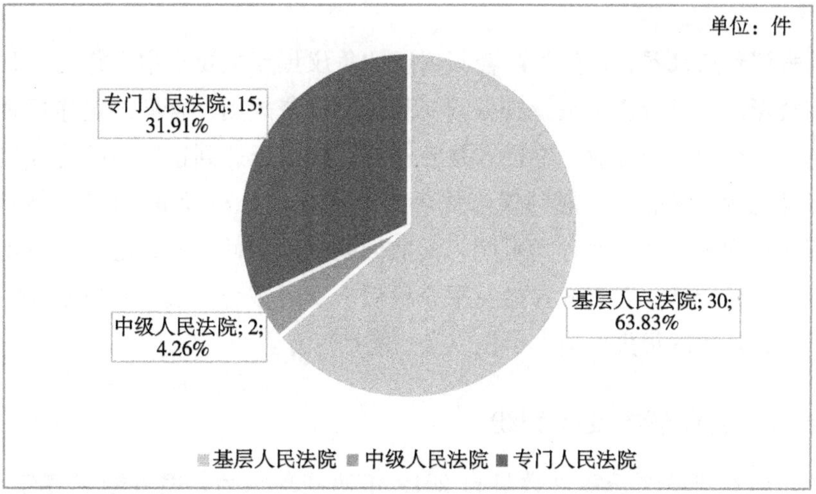

图 1-1-92　2022 年证券回购合同纠纷一审法院审级分布

从审理程序来看，约 72.31%的证券回购合同纠纷为一审案件，约 24.62%的证券回购合同纠纷为二审案件。

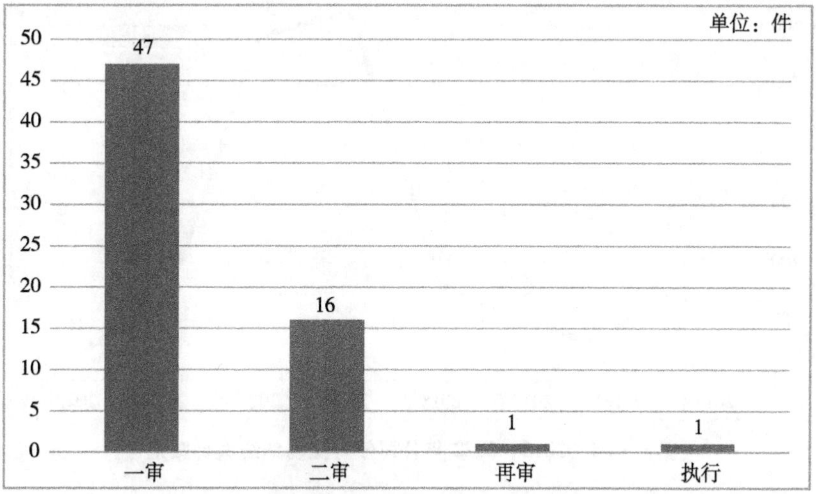

图 1-1-93　2022 年证券回购合同纠纷审理程序分布

从纠纷类型来看，证券回购交易属于创新融资工具，按照回购标的类型，可分为股票回购合同纠纷、证券投资基金份额回购合同纠纷以及其他证券回购合同纠纷。按照回购标的是否被质押，可分为质押式证券回购合同纠纷与一般证券回购合同纠纷，质押式证券回购合同纠纷数量远高于一般证券回购合同纠纷。

从争议焦点来看，证券回购合同纠纷的争议焦点主要集中于作为一种担保资金借贷形式，是否适用银行贷款或一般民间借贷规则；合同约定违反金融监管规则时，合同是否有效；融资方是否违约，如是否达到违约风险防控措施的履约保障比例的平仓线，履约保障比例的计算方式与和股票质押比例的区别；证券回购合同中标的证券种类范围；提前回购或逾期回购时，融资方应承担的损害赔偿责任计算；融资方在触及平仓线后未及时平仓，或未触及平仓线却进行平仓时，产生的损失由何方承担以及如何计算等。

十二、公司债券交易纠纷

公司债券交易纠纷案件数量自 2019 年达到顶峰后，案件数量逐年下降，2022 年公司债券交易纠纷仅 44 件。整体上看，公司债券交易纠纷标的金额较大，但案件总数较少。

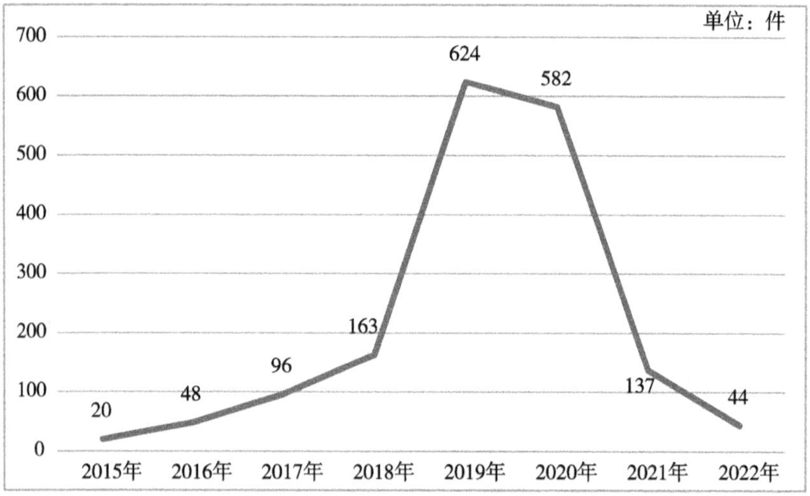

图 1-1-94　2015—2022 年公司债券交易纠纷案件数量

从涉案地域来看，公司债券交易纠纷主要发生在北京市、广东省、上海市、山东省、辽宁省。

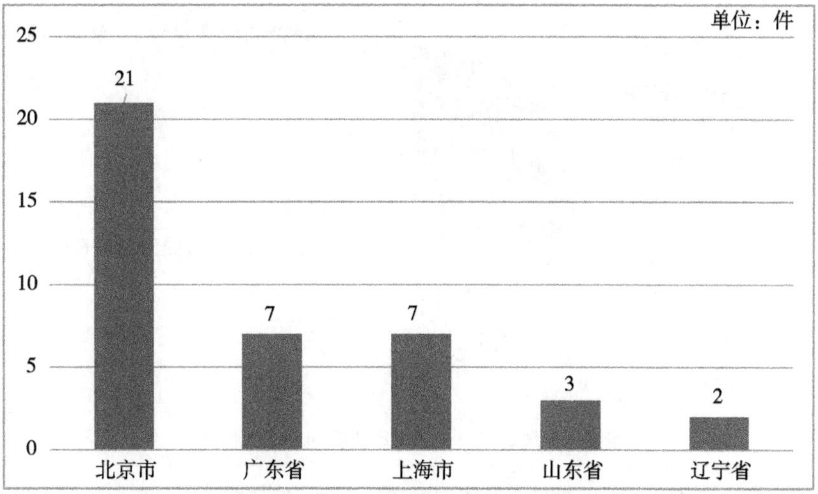

图 1-1-95　2022 年公司债券交易纠纷地域分布

从标的金额来看，公司债券交易纠纷案件数量主要集中在 100 万元以下和 1000 万元至 5000 万元两档，分别占比约 27.27%、29.55%。

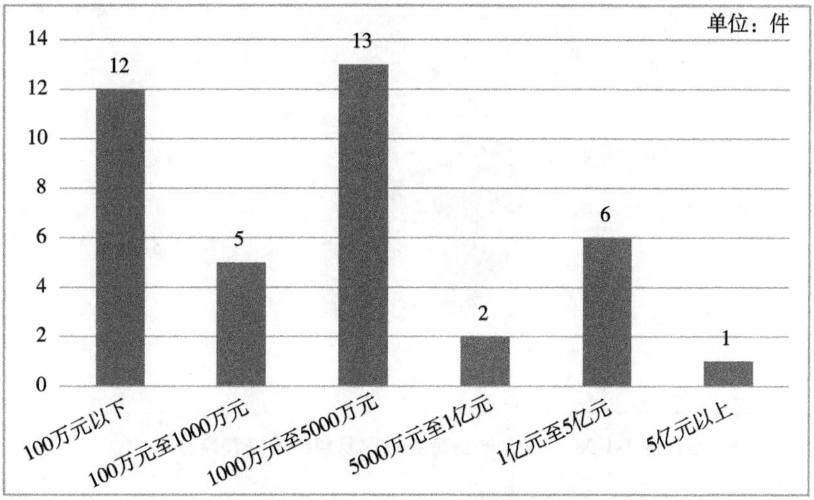

图 1-1-96　2022 年公司债券交易纠纷标的金额分布

从法院审级来看，2022 年公司债券交易纠纷一审案件共 26 件，其中管辖法院为基层人民法院的金融借款合同纠纷有 18 件，占比约 72%；一审管辖为中级人民法院的有 6 件；一审管辖为金融法院的有 2 件。

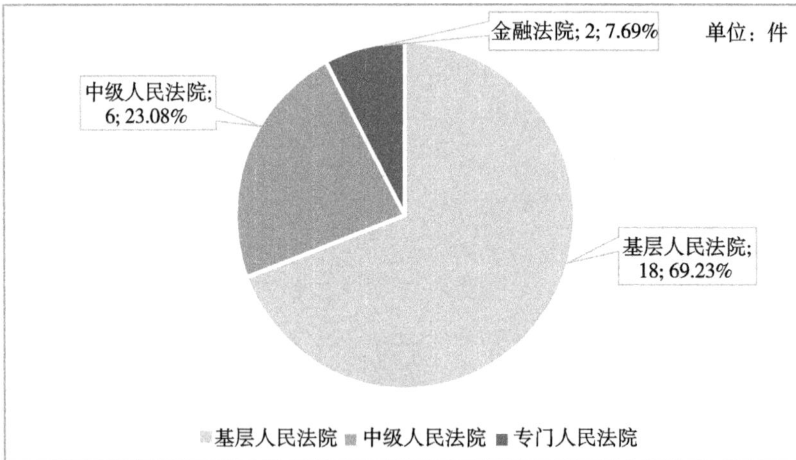

图 1-1-97　2022 年公司债券交易纠纷一审法院审级分布

从审理程序来看，有 26 件公司债券交易纠纷为一审案件，占比约 59.09%；有 18 件公司债券交易纠纷为二审案件，占比约 40.91%。

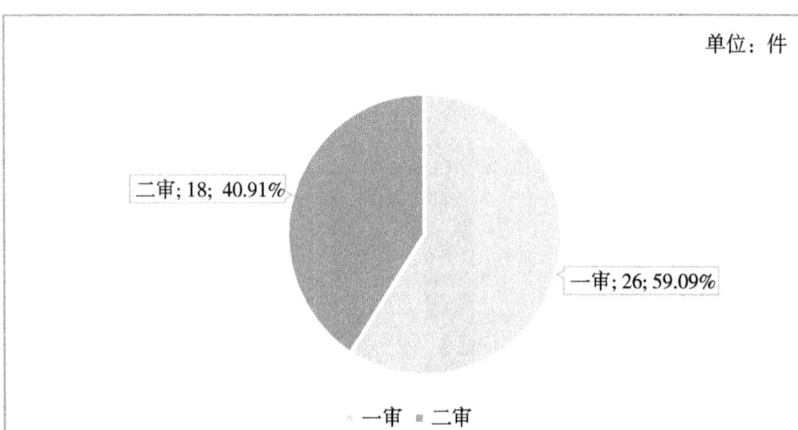

图 1-1-98　2022 年公司债券交易纠纷审理程序分布

从纠纷类型来看，公司债券交易纠纷可以按照当事人身份分为两类。一类是债券发行人与债券持有人（投资人）之间的交易纠纷，如发行人到期未能兑付本息，或因破产等事由导致投资人的债权无法实现；另一类是债券持有人与其他受让人之间的交易纠纷，如债券持有人未按约定交割债券份额，或是买受人未按约定支付债券交易的对价等情形。其中，前者数量远多于后者。

从争议焦点来看，对于债券发行人与债券持有人之间的交易纠纷，焦点集中在金融机构等受托管理人能否接受投资人委托，以自己的名义提起诉讼；债券持有人能否不参加债委会，而自行诉讼；疫情等不可抗力能否构成债券违约的免责事由；债券加速到期的条件是否成就；债券利息、复利、逾期违约金的数额计算方式等。对于债券持有人与其他受让人之间的交易纠纷，争议焦点集中在债券交易合同是否成立，何时成立。

十三、储蓄存款合同纠纷

自 2017 年以来，储蓄存款合同纠纷数量持续下降，2022 年案件数量为历年最低，仅 1,839 件。储蓄存款合同纠纷案件数量持续下降的原因可能在于，银行吸储流程愈加规范、内部管理不断完善。储蓄存款合同纠纷的案件特点包括社会影响力较大、监管介入程度较高、多与刑事犯罪有关联。

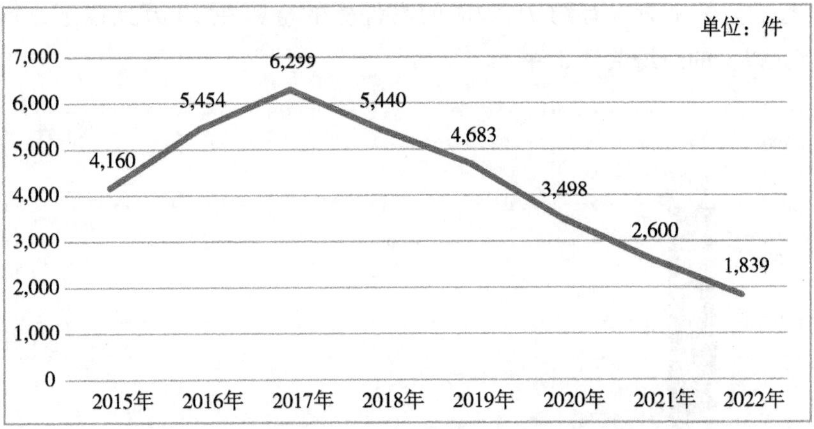

图 1-1-99 2015—2022 年储蓄存款合同纠纷案件数量

从涉案地域来看，储蓄存款合同纠纷主要发生在湖南省、山东省、河南省、江苏省、广东省。

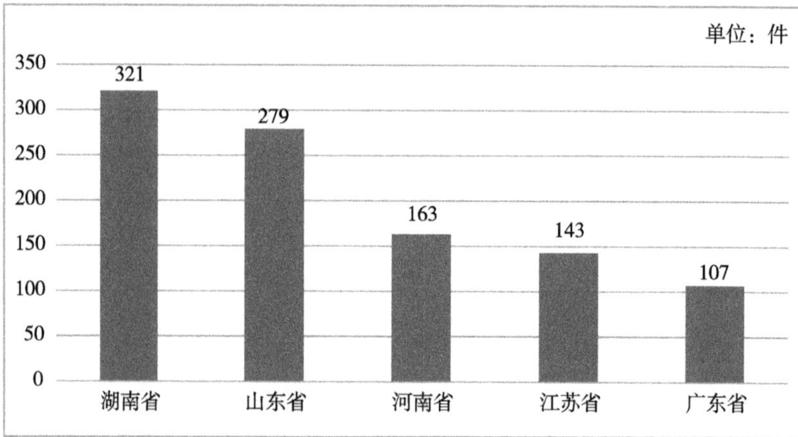

图 1-1-100　2022 年储蓄存款合同纠纷地域分布

从标的金额来看，有约 76.21%的案件标的金额在 50 万元以下，标的额 2000 万元以上的纠纷共计 5 件。

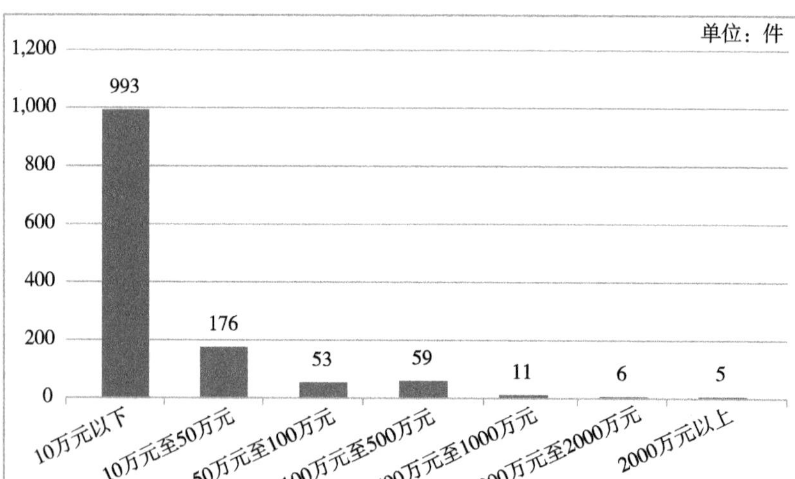

图 1-1-101　2022 年储蓄存款合同纠纷标的金额分布

从法院审级来看，2022 年储蓄存款合同纠纷一审案件共 1,618 件，其中 1,608 件由基层人民法院管辖。

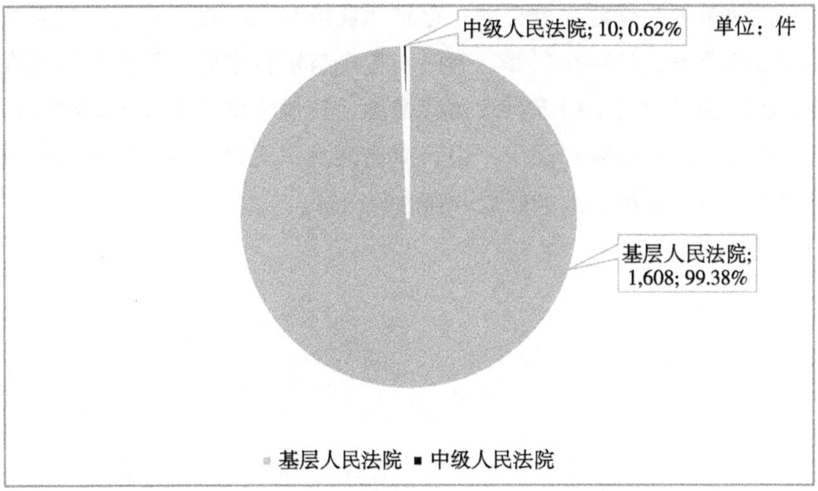

图 1-1-102　2022 年储蓄存款合同纠纷一审法院审级分布

从审理程序来看，有 1,618 件储蓄存款合同纠纷为一审案件，占比约 89.54%；有 152 件储蓄存款合同纠纷为二审案件，占比约 8.41%；适用再审程序（含申请再审）的储蓄存款合同纠纷仅有 37 件，占比约 2.05%。

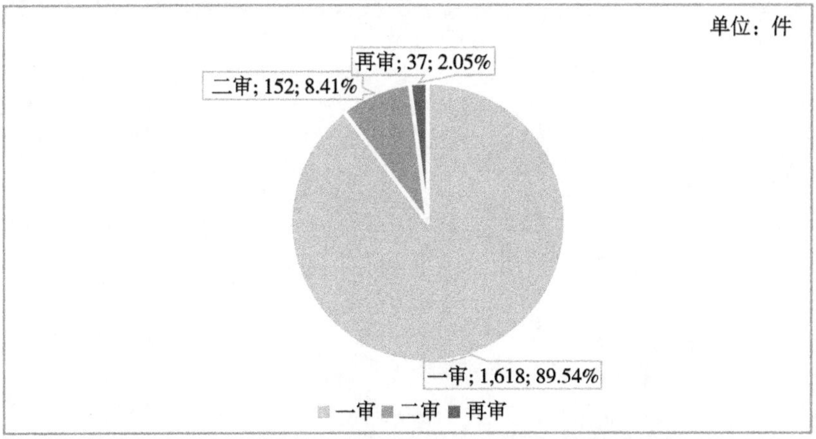

图 1-1-103　2022 年储蓄存款合同纠纷审理程序分布

从纠纷类型来看，储蓄存款合同纠纷主要分为两类：一是银行对客户账户自行操作导致客户损失的纠纷；二是银行否认与客户建立储蓄存款合同关系的纠纷。

从争议焦点来看，储蓄存款合同纠纷的争议焦点集中在客户与银行之间的合同关系性质是否为储蓄存款合同；存款凭证持有人与银行是否存在真实存款关系；因直接业务人员存在犯罪行为时，客户与银行之间是否存在储蓄存款合同关系；银行因采取反洗钱等行政监管措施、其他主体申请等原因擅自冻结或划扣客户存款账户导致客户损失；银行向错误主体支付款项，是否构成有效清偿；储户去世后，其继承人如何支取存款等问题。

第二章　金融争议解决的新发展

第一节　法律规定的新发展

一、《期货和衍生品法》

2022年8月1日，《期货和衍生品法》正式施行，填补了我国期货及衍生品领域的法律空白。《期货和衍生品法》对期货交易和衍生品交易、期货结算与交割基本制度、期货交易者保护、期货经营机构和期货服务机构的监管、期货交易场所和期货结算机构的运行、期货业自律组织、期货市场监督管理、跨境交易与监管协作以及法律责任等作出了规定。

1. 针对期货交易。《期货和衍生品法》系统规定了期货交易及其结算、交割等期货市场基本制度，确立交易者保护体系，规范期货经营机构、期货交易场所、期货结算机构和期货服务机构等市场主体的运行制度，明确期货市场的监督管理制度等。

2. 针对衍生品交易。《期货和衍生品法》定义了衍生品交易、互换合约、远期合约等，明确了互换合约、远期合约的金融合约属性；规定了衍生品的交易原则、交易方式、履约保障、交易禁止行为；明确了对衍生品交易场所、对开展衍生品交易业务的金融机构的监管要求；确立了单一主协议、终止净额结算、交易报告库等衍生品交易基础制度。

3. 针对交易者保护。《期货和衍生品法》建立了交易者分类和适当性制度，区分普通交易者和专业交易者；系统规定了交易者保护制度，明确交易者享有资产安全、知情权、查询权、信息保密权等各项权益；将当事人承诺制度上升为法律，助力交易者快速获赔损失。

二、《金融稳定法草案》

2022年4月6日，中国人民银行发布《金融稳定法草案》并向社会公开征求意见。2022 年 12 月 27 日，《金融稳定法草案》首次提请十三届全国人大常委会第三十八次会议审议。《金融稳定法草案》旨在从事前防范、事中化解和事后处置三阶段明确金融稳定工作的各项要点，压实金融机构及其主要股东和实控人、地方政府、监管部门、存款保险基金、行业保障基金的金融稳定职责。《金融稳定法草案》第四章第三节专门规定了司法衔接部分，主要内容包括集中管辖和解除保全措施、“三中止”措施、司法审查措施。

1. 集中管辖和解除保全措施。在处置金融风险过程中，最高人民法院可以根据国务院金融管理部门的申请，指定有关人民法院对以被处置金融机构为当事人的民事诉讼案件进行集中管辖，以及解除有关人民法院依照《民事诉讼法》对被处置金融机构的财产和股权采取的查封、扣押、冻结等强制措施。最高人民法院作出的集中管辖决定应当予以公告。

2. “三中止”措施。第一，最高人民法院可以根据国务院金融管理部门的申请，决定中止以被处置金融机构的财产和股权为标的的民事诉讼程序、执行程序，并予以公告。第二，根据国务院金融管理部门要求，被处置金融机构向仲裁机构提出申请的，仲裁机构可以中止以该被处置金融机构的财产和股权为标的的商事仲裁程序。被处置金融机构的关联企业资产、人员、财务或者业务与被处置金融机构混同的，该关联企业适用前述关于被处置金融机构的规定。

3. 司法审查措施。国务院金融管理部门实施的金融风险处置程序中，已经完成的资产核实、资产评估、资产保全、债权登记、财产处分等措施，人民法院经过审查后依法认定其效力。

提交审议版的《金融稳定法草案》相较于初次征求意见的版本，已经明确了在申请司法衔接的处置部门为国务院金融管理部门，明确了实施集中管辖措施应当公告等，但从现行法律规定和司法实践的角度来看，处置部门提出申请的条件、时间节点及对象尚不明确，集中管辖案件的范围、解除保全及强制执行措施产生的相对方利益保护等问题尚待商榷。

三、《民事强制执行法草案》

2022 年 6 月 24 日，全国人民代表大会常务委员会发布《民事强制执行法草案》。《民事强制执行法草案》分四编十七章，共二百零七条。①

---

① 参见《最高人民法院关于〈中华人民共和国民事强制执行法（草案）〉的说明》，载最高人民法院网 2022 年 6 月 25 日，https：//www. court. gov. cn/zixun-xiangqing-363381. html。

1. 总则编，对执行原则、执行机构和人员、执行依据和执行当事人、执行程序、执行救济与监督作出了系统性规定。例如，明确执行原则包括依法执行、高效执行、诚信原则、比例原则；明确了执行实施权和执行裁决权相分离；明确了执行机构由执行法官、执行员和司法警察组成；将申请执行时效概念并入诉讼时效概念，规定申请执行的时效统一适用民法典有关诉讼时效的规定，并就时效不满三年的情形作了特别规定；规定了执行当事人的范围和变更追加当事人程序。执行程序方面，规定了送达地址确认书制度，律师调查令制度、终结本次执行程序制度和执行转破产制度等，缩短了执行公告送达期间，强化了被执行人财产报告制度。执行救济方面，规定了被执行人异议之诉制度。

2. 实现金钱债权的终局执行编，主要包括执行财产的范围、对不动产的执行、对动产的执行、对债权的执行、对股权等其他财产权的执行、对共有财产的执行、清偿和分配等内容。执行财产的范围部分主要规定了执行财产权属的形式判断原则、豁免执行财产范围及其例外等，对机关法人财产的执行。不动产执行部分主要规定了不动产查封的方法和效力，强调对明显超标的额查封的禁止，规定变价以网络司法拍卖为原则，必要时可以二次启动变价程序，规定了强制管理的适用情形、管理人制度和收益的使用等。动产执行部分规定了动产的查封方法及其效力、查封物的保管等有别于不动产查封变价程序的内容，规定了禁止无益查封制度、无底价拍卖和一拍终局等制度。债权等其他财产的执行部分，规定了对存款、一般债权、非金钱债权的执行方法、债权的拍卖变卖和债权收取诉讼。股权等其他财产的执行部分，规定了股权、股票、知识产权等财产权的特殊执行方法，规定对查封股权的表决权进行必要限制。共有财产的执行部分，规定了对按份共有和共同共有财产的执行方法，规定了对共同共有财产应当劣后执行。清偿和分配部分，规定了案款发放、分配的适用条件、程序以及对分配方案不服的救济等，规定分配程序适用于所有民事主体，普通民事债权按照查封先后顺序受偿。

3. 实现非金钱债权的终局执行编，主要规定了物之交付请求权的执行和行为请求权的执行。物之交付请求权的执行部分，包括交付不动产、动产、种类物等标的物的执行方法。行为请求权的执行部分，规定了对拒不执行行为的按日罚款制度等。

4. 保全执行编，主要规定了保全执行的启动、特殊变价规则以及与终局执行的衔接、保全中的担保等内容。

四、《反电信网络诈骗法》

2022 年 12 月 1 日，《反电信网络诈骗法》正式施行，《反电信网络诈骗法》第三章专章对“金融治理”作出规定，要求银行业金融机构、非银行支付机构强化银行账户和支付账户管理，防治电信网络诈骗“资金链”问题。①

1. 强化开户管理。《反电信网络诈骗法》要求金融机构、支付机构履行客户尽职调查、受益所有人识别、异常开户处置、开户数量管理等职责。

2. 完善监测机制。《反电信网络诈骗法》强调金融机构、支付机构对账户及支付结算服务的监测和报告，对于风险情况可采取核实交易情况、重新核验身份、延迟支付结算、限制或者中止有关业务、收集异常客户互联网协议地址、网卡地址、支付受理终端信息等必要的交易信息、设备位置信息等措施。

3. 明确交易信息。《反电信网络诈骗法》明确金融机构、支付机构应当完整、准确传输直接提供商品或者服务的商户名称、收付款客户名称及账号等交易信息，保证交易信息的真实、完整和支付全流程中的一致性。

第二节　司法解释及政策的新发展

一、司法解释的新发展

（一）《新虚假陈述司法解释》

2022 年 1 月 22 日，《新虚假陈述司法解释》开始施行。《新虚假陈述司法解释》对《原虚假陈述司法解释》的适用范围进行了调整，对虚假陈述认定、重大性及交易因果关系、过错认定、责任主体、损失认定、诉讼时效等问题进行了规定，明确了法院审理证券市场虚假陈述侵权民事赔偿案件的法律适用问题。

1. 扩大适用范围。信息披露义务人在证券交易所（含国务院批准的其他全国性证券交易场所）发行、交易证券过程中实施虚假陈述引发的侵权民事赔偿

---

① 《反电信网络诈骗法》第三章第 15 条至第 20 条。

案件，适用《新虚假陈述司法解释》。按照国务院规定设立的区域性股权市场中发生的虚假陈述侵权民事赔偿案件，参照适用《新虚假陈述司法解释》。

2. 取消前置程序。《新虚假陈述司法解释》明确取消了法院受理证券虚假陈述民事赔偿案件需预先经过证监会或法院认定违法违规事实这一前置程序，降低了投资者起诉门槛，保障投资者自由、及时行使诉讼权利。

3. 新增预测性信息的安全港。《新虚假陈述司法解释》新增预测性信息（信息披露文件中的盈利预测、发展规划等预测性信息）可以免责的规定，但信息披露义务人存在过错（如信息披露文件未对影响该预测实现的重要因素进行充分风险提示；预测性信息所依据的基本假设、选用的会计政策等编制基础明显不合理；预测性信息所依据的前提发生重大变化时，未及时履行更正义务）的除外。

4. “重大性”判断的实质标准。《新虚假陈述司法解释》明确虚假陈述民事赔偿案件的认定基础是虚假陈述应当具有重大性。重大性标准包括证券法、机构规章规范性文件中重大事件的规定，以及证券交易价格、交易量明显变化的标准。

5. 完善责任认定的规定。《新虚假陈述司法解释》强调“追首恶”，并细化董事、监事和高级管理人员的责任认定，避免“一刀切”的认定方式，同时新增独立董事的免责规定和重组交易对方、协助造假者等责任主体，明确了中介机构的免责规定。

《新虚假陈述司法解释》还完善、细化了虚假陈述实施日、揭露日、基准日、基准价的相关规定，明确提出“交易因果关系”要件及其判断规则，明确了“诱空型”虚假陈述情况下的损失计算方式。《新虚假陈述司法解释》的落地将会进一步畅通投资者的权利救济渠道，夯实市场参与各方归位尽责的规则基础。

（二）《民法典合同编通则解释（征求意见稿）》

2022年11月4日，最高人民法院发布了《民法典合同编通则解释（征求意见稿）》。《民法典合同编通则解释（征求意见稿）》包括一般规定、合同的订立、合同的效力、合同的履行、合同的保全、合同的变更和转让、合同的权利义务终止、违约责任、附则 9 个方面，共 73 条。[①]

《民法典合同编通则解释（征求意见稿）》的一般规定部分，规定了合同解释的细化规则与交易习惯的认定。合同的订立部分，规定了合同成立与合同内容、以竞价方式订立合同、缔约过失的赔偿范围、合同订立中的第三人责任、预约合同的认定、违反预约合同的认定及违约责任、格式条款订入和认定等问题。合同的效力部分，规定了批准生效合同的法律适用、备案合同或者已批准合同的效力、阴阳合同与合同变更的效力认定、名实不符的合同效力等问题。合同的履行部分，规定了从给付义务的履行与救济、清偿型以物抵债的法律适用、担保型以物抵债的法律适用、向第三人履行的合同、第三人代为清偿规则的适用等问题。合同的保全部分，规定了怠于行使权利影响到期债权实现的认定、代位权诉讼的管辖、连环转让中的撤销权行使等问题。合同的变更和转让部分，规定了债权债务转让纠纷的诉讼第三人、债权的多重转让、债务加入人的追偿权及其他权利的问题。合同的权利义务终止部分，规定了违约显著轻微时约定解除权行使的限制，违约金、损害赔偿金的抵充顺序，根据性质不得抵销的债务等问题。违约责任部分，规定了可得利益的赔偿、长期性合同中可得利益的赔偿、无法确定可得利益时的赔偿、可预见性规则的适用等问题。

《民法典合同编通则解释（征求意见稿）》回应了大量审判实践中的分歧疑难问题，将对合同法领域的争议解决将带来重大影响。

（三）《强制执行股权规定》

2022 年 1 月 1 日，《强制执行股权规定》开始施行。《强制执行股权规定》统一了股权执行的法律适用问题，包括股权执行规定的适用范围（其他投资权益的参照适用该规定、股权保全执行适用该规定等），股权冻结的方法及效力，股权的评估及变价程序（股权自行变价程序、股权处置参考价和起拍价的确定、无底价拍卖等），股权拍卖的特殊情形（整体拍卖与分割拍卖股权、瑕疵出资和未届出资期限股权的拍卖、自行转让受限股权的拍卖、前置审批类股权的拍卖等），股权作为诉争标的物时的执行规则等问题。

---

① 参见林文学：《民法典合同编合同通则部分司法解释有关情况介绍——中国法学会民法学研究会 2022 年年会简报第七期》，载民商法律网，https：//civillaw. com. cn/gg/t/？ id=39019，2023 年 1 月 25 日访问。

二、司法政策的新发展

（一）《关于适用新虚假陈述司法解释的通知》

2022年1月21日，为了发挥法院和监管部门的协同作用，最高人民法院、证监会联合发布《关于适用新虚假陈述司法解释的通知》。

《关于适用新虚假陈述司法解释的通知》明确了法院应向监管机构通报证券市场虚假陈述侵权民事赔偿案件的基本情况。同时，法院有权向监管机构调查收集证据，并可就诉争虚假陈述行为违反信息披露义务规定情况、对证券交易价格的影响、损失计算等专业问题征求证监会或者相关派出机构、证券交易场所、证券业自律管理组织、投资者保护机构等单位的意见。

（二）《涉外审判会议纪要》

2021年12月31日，最高人民法院发布了《涉外审判会议纪要》，共111条，分为涉外商事部分、海事部分、仲裁司法审查部分，《涉外审判会议纪要》就有关涉外商事海事审判中的诸多法律适用难点及分歧问题作出了指导性解答。

《涉外审判会议纪要》涵盖了案件管辖、涉外送达、证据收集、法律查明及适用、承认和执行外国法院判决与仲裁裁决、运输合同当事人认定、船舶物权与侵权纠纷、仲裁司法审查、涉中国港澳台案件的参照适用等问题。

（三）《新三板保障意见》

2022年6月24日，最高人民法院发布了《新三板保障意见》，明确法院可参照适用证券监管部门、证券交易场所经法定程序制定的，与法律法规不相抵触的规章、规范性文件和业务规则的相关规定予以裁判；明确北京金融法院集中管辖北京证券交易所及其上市公司所涉第一审民商事和行政案件；明确法院应从严惩处假借新三板名义非法集资行为，防止上市公司、挂牌公司通过破产程序损害投资者合法权益等；明确法院应结合“层层递进”的市场结构特征和创新型中小企业的创业期成长特点等准确认定发行人、主办券商等证券中介机构的虚假陈述民事责任，准确认定“业绩对赌协议”和“定增保底”性质条款的效力。

其中，《新三板保障意见》特别提出定增保底协议无效，系对过往定增保底协议原则上认定有效的司法政策的重大调整，引发了实务界的广泛讨论。

（四）《最高人民法院、最高人民检察院、公安部、中国证券监督管理委员会关于印发依法从严打击证券犯罪典型案例的通知》

2022年9月9日，最高人民法院、最高人民检察院、公安部、中国证监会联合发布五宗证券犯罪典型案例。

典型案例涉及违规披露、不披露重要信息罪，操纵证券市场罪，利用未公开信息交易罪，内幕交易罪，背信损害上市公司利益罪等证券犯罪，辐射证券违法犯罪高发领域与重点环节，覆盖上市公司实控人、重大资产重组交易对手方、公私募基金从业人员、内幕信息知情人等多元化主体。

典型案例的发布不仅向市场揭示了证券违法犯罪手段，还向市场传递了“零容忍”从严惩处证券犯罪的信号。

（五）《最高人民法院关于为加快建设全国统一大市场提供司法服务和保障的意见》

2022年4月，中共中央、国务院联合印发《关于加快建设全国统一大市场的意见》。为了依法保障全国统一大市场建设，2022年7月25日，最高人民法院发布《关于为加快建设全国统一大市场提供司法服务和保障的意见》及配套典型案例。

该意见强调司法支持发展统一的资本市场，并从打击金融犯罪、妥善审理金融案件、化解金融风险等角度予以展开；强调依法严惩操纵市场、内幕交易、非法集资、贷款诈骗、洗钱等金融领域犯罪，促进金融市场健康发展；妥善审理金融借款合同、证券、期货交易及票据纠纷等案件，规范资本市场投融资秩序；依法处理涉供应链金融、互联网金融、不良资产处置、私募投资基金等纠纷，助力防范化解金融风险；完善私募股权投资、委托理财、资产证券化、跨境金融资产交易等新型纠纷审理规则，加强数字货币、移动支付等法律问题研究，服务保障金融业创新发展。

（六）上海金融法院率先探索金融市场案例测试机制

2022年1月18日，最高人民法院发布《关于人民法院支持和保障浦东新区高水平改革开放打造社会主义现代化建设引领区的意见》，意见多次强调创新金融审判机制，支持和保障国际金融中心核心区建设，包括积极运用支持诉讼机制、示范判决机制、代表人诉讼机制妥善化解涉外金融纠纷案件，要求创新上海金融法院专业化金融审判机制，积极稳妥探索金融市场案例测试机制等举措。上海金融法院于 2022 年 7 月 5 日发布《关于金融市场案例测试机制的规定（试行）》，明确了案例测试程序启动的条件和方式、案例测试审理前的程序事项、案例测试的庭审流程、评议、结果宣告和效力范围等问题。

金融市场案例测试机制是指金融机构、交易相对方等主体针对准备开展或正在开展的金融业务中具有前沿性、亟待法律明确且对金融市场具有重大影响的典型事实与法律问题而可能引发的纠纷，向法院申请案例测试，法院通过审理，向金融市场提供明确规则指引。

2022 年 10 月 12 日，上海清算所联合交通银行、浦发银行、兴业银行、法国兴业银行（中国）（以下简称四家银行）向上海金融法院申请就中央对手方清算业务违约处置相关法律问题启动案例测试。次日，上海金融法院受理该案，该案是《上海金融法院关于金融市场案例测试机制的规定（试行）》发布以来上海金融法院受理的首起测试案例。2022 年 12 月 12 日，上海金融法院公开审理该案，审理庭围绕上海清算所《业务规则》及《违约处置细则》对机构 A 是否发生效力及涉案违约处置过程是否具有合理性两个争议焦点进行审理。双方结合案件事实，围绕相关法律条文、司法实务，对比借鉴国际规则、域外判例，展开多轮辩论，充分进行诉答互动。独立第三方、意见提供方派员到庭针对《中央对手方清算协议》的性质以及《业务规则》《违约处置细则》的生效要件等问题陈述相关法律意见，并接受申请人、被申请人及审理庭询问。同时，审理庭依申请准许上海清算所员工出庭作证，该证人就处置过程的细节、对冲交易策略合理性等问题接受了申请人、被申请人及审理庭询问。2022 年 2 月 22 日，上海金融法院出具《司法意见书》，认为该案件涉及金融市场基础设施，在法律适用上应当遵循以下原则：在符合《民法典》等民事法律基本原则的前提下，优先适用金融法具体规则；充分尊重国内外金融市场惯例；全面考量金融监管与金融审判的规则协同。上海金融法院最终认定上海清算所《业务规则》《违约处置细则》对四家银行发生法律拘束力，上海清算所的违约处置行为不存在明显不合理之处，不予支持四家银行的请求事项。

（七）《最高人民法院关于加强区块链司法应用的意见》

2022 年 5 月 25 日，最高人民法院发布《关于加强区块链司法应用的意见》。

电子证据认定方面，该意见强调未来将打造互联网端司法区块链平台证据核验功能，支持当事人和法官在线核验通过区块链存储的电子证据，推动完善区块链存证的标准和规则，提升电子证据认定的效率和质量。

案件流转和数据互信方面，该意见提出将要构建法院与检察、公安、司法行政等部门的跨链协同应用，提高案件在线流转效率和数据互信水平。

协同执行方面，该意见指出将要构建人民法院与行政执法、不动产登记、金融证券保险机构、联合信用惩戒等单位的跨链协同应用，建立自动化执行查控和信用惩戒模式，提高协同执行工作效率。

第三节　裁判理念的新发展

一、穿透式审判理念进一步加强

近年来，金融领域创新尤为活跃。特别是随着互联网金融的兴起，金融创新产品层出不穷、结构复杂，关联性不断增强，融资链条不断加长。现实生活中，出现了假借金融创新之名规避监管的现象，如多层嵌套、通道业务、互联网平台违规融资、数字货币诈骗与传销等，导致潜在的金融风险增大。

《九民纪要》要求法院“通过穿透式审判思维，查明当事人的真实意思，探求真实法律关系”。金融领域的穿透式审判的基本要求是透过交易的外在设计和构造形式，根据其法律关系的实质确定当事人之间的权利义务关系，其方法论本质是“实质大于形式”。[①] 为了解决新型金融矛盾纠纷，审判机关将监管机关对交易主体、资金来源和投向的穿透延伸和适用到裁判规则，综合利用通谋虚伪表示、效力性强制性规定和公序良俗原则等实现对金融案件的有效规范，实现监管规范的立法目的与基础私法规范的有效转换。例如，在北京市高级人民法院（2020）京民终36号案中，法院根据《信托法》第2条及中国人民银行《贷款通则》第7条第3款的规定认定委托人、信托公司（受托人）、借款人通过《资金信托合同》和《信托贷款合同》建立起来的关系为委托贷款合同关系，实质构成委托人与借款人之间的民间借贷关系。穿透式审判的理念还可见于上海金融法院（2021）沪74民终133号案、北京市高级人民法院（2021）京民终4号案等。

---

① 参见陈广辉：《资管纠纷“穿透式审判”的适用路径与方法》，载《中国法律评论》2022年第6期。

穿透式审判的主要类型包括主体穿透和法律关系穿透。主体穿透中，常见穿透方法有母子公司穿透、关联公司穿透、实际股东/名义股东穿透等；法律关系穿透中，常见的穿透方法有信托关系穿透为委托关系，其他交易穿透为借贷关系，非典型增信措施穿透为担保关系等。

二、金融审判与监管的协同性进一步加强

强监管属性是金融活动的主要特征之一。金融创新的超前性、金融立法的滞后性及金融监管的及时性，是近年来金融审判与金融监管协同性不断增强的主要原因。2023 年 1 月 10 日，全国法院金融审判工作会议上多次提到要落实中央金融监管政策、树立金融协同治理理念。金融审判与监管的协同性不断增强主要体现在以下两个方面。

（一）金融审判与监管规则的协同性

近年来，最高人民法院发布的一系列司法解释、司法文件，以及各地法院裁判的诸多金融争议案例，越来越注重与金融监管政策的协同性。

2019 年 11 月，最高人民法院发布《九民纪要》，其中诸多条款体现了金融审判要协同监管政策，如第 51 条，变相利息的约束，是为响应国家关于降低企业融资成本的精神；第 52 条，违反信贷秩序的高利转贷、职业放贷行为无效，响应了国家关于防范化解重要金融风险的精神；第 86 条和第 87 条，关于场外配资合同无效的规定，响应了国家关于维护资本市场交易秩序和控制资本市场信用交易规模的政策；第 92 条和第 93 条，关于保底刚性兑付和通道业务的相关规定与《关于规范金融机构资产管理业务的指导意见》的精神相一致；等等。第 31 条更是规定：“【违反规章的合同效力】违反规章一般情况下不影响合同效力，但该规章的内容涉及金融安全、市场秩序、国家宏观政策等公序良俗的，应当认定合同无效。人民法院在认定规章是否涉及公序良俗时，要在考察规范对象基础上，兼顾监管强度、交易安全保护以及社会影响等方面进行慎重考量，并在裁判文书中进行充分说理。”

2020 年 12 月 31 日，最高人民法院发布的《民法典担保制度解释》第 9 条规定上市公司和上市公司控股子公司对外担保效力以公告为准。

2022 年 6 月 23 日，最高人民法院印发《新三板保障意见》，其中第 9 条规定：“……在上市过程中，对于为获得融资而与投资方签订的‘业绩对赌协议’，如未明确约定公司非控股股东与控股股东或者实际控制人就业绩补偿承担

连带责任的，对投资方要求非控股股东向其承担连带责任的诉讼请求，人民法院不予支持。在上市公司定向增发等再融资过程中，对于投资方利用优势地位与上市公司及其控股股东、实际控制人或者主要股东订立的‘定增保底’性质条款，因其赋予了投资方优越于其他同种类股东的保证收益特殊权利，变相推高了中小企业融资成本，违反了证券法公平原则和相关监管规定，人民法院应依法认定该条款无效……”

2022年，上海市第二中级人民法院在其判决的（2020）沪02民初234号案中认为，投资人与上市公司控股股东达成的对赌协议，属于与二级市场股票交易价格挂钩且上市前依规应予清理的对赌事项①，影响金融市场交易秩序和国家金融安全，违背公序良俗，应属无效。

在金融审判与监管政策协同性日渐强化之下，协同的监管政策范围也在日渐扩大，由最初的“部门规章”扩展至部门监管文件，甚至是交易所规则、自律监管组织制定的文件，如上述（2020）沪02民初234号案即依据交易所制定的上市审核规定作出裁判。而协同的重点领域也由最初的传统金融向上市等领域扩张。

（二）金融审判与监管处理的协同性

协同性的另一个体现是金融审判与监管部门处理的协同配合。近年来，金融审判与监管处理的协同性亦在不断增强。

2018年10月，最高人民法院民二庭副庭长在北京金融法治建设研讨会上指出：在强监管背景下，金融商事审判要注重与监管部门协同配合，这就要求人民法院在认定行为性质时，要尽可能尊重金融监管机构的专业性判断，实现金融交易的横向规范与金融市场纵向监管的有机结合。

2023年1月，最高人民法院院长在全国法院金融审判工作会议上指出：坚持系统理念，对外与金融监管部门建立金融协同治理工作机制，法院内部建立金融审判协调机制。

司法解释、地方性司法文件也越来越强调金融审判应与监管协同，如最高人民法院、证监会于2022年1月21日发布的《新虚假陈述司法解释》第4条规定“案件审理过程中，人民法院可以就诉争虚假陈述行为违反信息披露义务规定情况、对证券交易价格的影响、损失计算等专业问题征求中国证监会或者相关派出机构、证券交易场所、证券业自律管理组织、投资者保护机构等单位

---

① 对赌事项的清理规定于交易所审核规定中。

的意见。征求意见的时间，不计入案件审理期限。”上海市高级人民法院在其发布的《关于服务保障设立科创板并试点注册制的若干意见》中指出：“强化司法裁判与行政监管的有机衔接机制。加强与国家驻沪金监管机构、地方金融监管部门的沟通交流，通过互访、情况通报、专题讨论会、联席会议等方式，及时了解金融监管政策和监管规则。对涉科创板案件中交易行为的定性、合法性判断等与行政监管有关的问题，充分尊重行政监管的相关认定，必要时征询行政监管机关的意见，确保司法裁判导向与行政监管目标的协调统一。加强金融风险的协同化解，强化金融案件大数据资源库和金融监管信息共享机制建设，根据实际需要，对涉科创板领域重大风险事件开展专项协调工作。”

从金融审判实践来看，法院就具体问题征询监管部门意见并据此作出裁判的情况越来越普遍。例如，在（2020）湘民终1598号案中，湖南省高级人民法院即就信托公司签署的信托受益权转让协议是否构成刚性兑付（以下简称刚兑）向监管部门征询意见，并最终依据监管意见作出裁判。

三、金融服务实体理念的进一步加深

金融服务实体理念加深主要有两个方面的体现：

（一）降低融资成本

在司法解释或文件层面，《九民纪要》第51条规定，金融借款合同纠纷中，借款人认为金融机构以服务费、咨询费、顾问费、管理费等为名变相收取利息，金融机构或者由其指定的人收取的相关费用不合理的，人民法院可以根据提供服务的实际情况确定借款人应否支付或者酌减相关费用。2020年发布的《民间借贷司法解释》将法定利率保护上限调减至4倍贷款市场报价利率。

在司法实务层面，近年来，法院对借款交易、融资租赁交易中的砍头息、预扣租金、保证金、服务费、咨询费、顾问费、手续费、管理费等各种费用的审查力度日渐加强，一旦借款人或承租人提出异议，法院一般会要求债权人给予合理解释或提供实际服务的证据，如债权人未能提供，法院多倾向于作出对其不利认定。

（二）服务金融创新

金融创新的超前性与金融立法的滞后性之间矛盾如何解决，一直是金融审判的一大难题。近年来，无论是《九民纪要》《民法典担保制度解释》等司法文件，还是金融审判实践，都在积极落实鼓励和正确对待金融创新的理念。

《九民纪要》《民法典》《民法典担保制度解释》依法规定新类型担保的法

律效力。最高人民法院院长指出，法院要加大对服务实体经济的创新金融产品的支持力度，依法认定新类型担保的法律效力。在此之下，金融审判对于新类型金融交易所持开放的态度会日益增强，无疑将拓宽实体企业的融资和担保方式，推动实体经济发展。

四、保护弱者利益理念的进一步加深

保护弱者利益理念的加深主要体现在三个方面：

（一）生存权至上

生存权是人的基本权利，生存权至上是司法审判所坚持的一个重要理念。2022年，生存权至上的理念在进一步加深，部分体现在：

第一，司法实践在扩大商品消费者权利的认定范围。《最高人民法院关于人民法院办理执行异议和复议案件若干问题的规定》第29条[①]和《九民纪要》第125条[②]、第126条[③]对于商品房消费者权利进行了规定，《最高人民法院关于人

---

① 《最高人民法院关于人民法院办理执行异议和复议案件若干问题的规定》第29条规定："金钱债权执行中，买受人对登记在被执行的房地产开发企业名下的商品房提出异议，符合下列情形且其权利能够排除执行的，人民法院应予支持：（一）在人民法院查封之前已签订合法有效的书面买卖合同；（二）所购商品房系用于居住且买受人名下无其他用于居住的房屋；（三）已支付的价款超过合同约定总价款的百分之五十。"

② 《九民纪要》第125条规定："【案外人系商品房消费者】实践中，商品房消费者向房地产开发企业购买商品房，往往没有及时办理房地产过户手续。房地产开发企业因欠债而被强制执行，人民法院在对尚登记在房地产开发企业名下但已出卖给消费者的商品房采取执行措施时，商品房消费者往往会提出执行异议，以排除强制执行。对此，《最高人民法院关于人民法院办理执行异议和复议案件若干问题的规定》第29条规定，符合下列情形的，应当支持商品房消费者的诉讼请求：一是在人民法院查封之前已签订合法有效的书面买卖合同；二是所购商品房系用于居住且买受人名下无其他用于居住的房屋；三是已支付的价款超过合同约定总价款的百分之五十。人民法院在审理执行异议之诉案件时，可参照适用此条款。问题是，对于其中'所购商品房系用于居住且买受人名下无其他用于居住的房屋'如何理解，审判实践中掌握的标准不一。'买受人名下无其他用于居住的房屋'，可以理解为在案涉房屋同一设区的市或者县级市范围内商品房消费者名下没有用于居住的房屋。商品房消费者名下虽然已有1套房屋，但购买的房屋在面积上仍然属于满足基本居住需要的，可以理解为符合该规定的精神。对于其中'已支付的价款超过合同约定总价款的百分之五十'如何理解，审判实践中掌握的标准也不一致。如果商品房消费者支付的价款接近于百分之五十，且已按照合同约定将剩余价款支付给申请执行人或者按照人民法院的要求交付执行的，可以理解为符合该规定的精神。"

③ 《九民纪要》第126条规定："【商品房消费者的权利与抵押权的关系】根据《最高人民法院关于建设工程价款优先受偿权问题的批复》第1条、第2条的规定，交付全部或者大部分款项的商品房消费者的权利优先于抵押权人的抵押权，故抵押权人申请执行登记在房地产开发企业名下但已销售给消费者的商品房，消费者提出执行异议的，人民法院依法予以支持。但应当特别注意的是，此情况是针对实践中存在的商品房预售不规范现象为保护消费者生存权而作出的例外规定，必须严格把握条件，避免扩大范围，以免动摇抵押权具有优先性的基本原则。因此，这里的商品房消费者应当仅限于符合本纪要第125条规定的商品房消费者。买受人不是本纪要第125条规定的商品房消费者，而是一般的房屋买卖合同的买受人，不适用上述处理规则。"

民法院办理执行异议和复议案件若干问题的规定》第28条①和《九民纪要》第127条②对于商品房一般买受人权利进行了规定，但其中仍有诸多细节性争议问题。2022年，诸多判例基于生存权至上的理念，放宽商品房消费者权利的认定条件。比如，最高人民法院在（2022）最高法民终85号案中将可对抗抵押权的商品房消费者权利范围扩张至车位，认为车位是住房的必要配套设施，具有保障业主基本居住权益的属性；河南省高级人民法院、新疆维吾尔自治区高级人民法院在（2022）豫民终251号、（2022）新民终200号案中认为，被拆迁人以丧失自己原有产权房屋为前提所获得的安置补偿权益是一种基本生存权，其权益应当比商品房消费者支付房屋价款后对所购商品房的权利更具有特殊性。

第二，部分判例认为楼盘烂尾情形下，购房人不需偿还剩余贷款。根据《商品房买卖合同司法解释》第21条的规定，商品房买卖合同被确认无效或者被撤销、解除后，对于银行已直接发放给开发商的购房贷款，开发商应返还给银行，但在商品房烂尾情形下，究竟是开发商还是购房人承担还款责任，司法解释并没有规定。对此，以往司法实践中存在争议。但在2022年，法院支持购房人无须承担还款责任的判例大量增加，如山东省威海市中级人民法院（2022）鲁10民终1295号、广东省清远市中级人民法院（2022）粤18民终1916号、广东省江门市中级人民法院（2022）粤07民终2644号、山东省烟台市中级人民法院（2022）鲁06民终3193号、吉林省吉林市中级人民法院（2022）吉02民终539号、湖南省岳阳市中级人民法院（2022）湘06民终756号、云南省普洱市中级人民法院（2022）云08民终116号等案件，这背后的逻

---

① 《最高人民法院关于人民法院办理执行异议和复议案件若干问题的规定》第28条规定："金钱债权执行中，买受人对登记在被执行人名下的不动产提出异议，符合下列情形且其权利能够排除执行的，人民法院应予支持：（一）在人民法院查封之前已签订合法有效的书面买卖合同；（二）在人民法院查封之前已合法占有该不动产；（三）已支付全部价款，或者已按照合同约定支付部分价款且将剩余价款按照人民法院的要求交付执行；（四）非因买受人自身原因未办理过户登记。"

② 《九民纪要》第127条规定："【案外人系商品房消费者之外的一般买受人】金钱债权执行中，商品房消费者之外的一般买受人对登记在被执行人名下的不动产提出异议，请求排除执行的，《最高人民法院关于人民法院办理执行异议和复议案件若干问题的规定》第28条规定，符合下列情形的依法予以支持：一是在人民法院查封之前已签订合法有效的书面买卖合同；二是在人民法院查封之前已合法占有该不动产；三是已支付全部价款，或者已按照合同约定支付部分价款且将剩余价款按照人民法院的要求交付执行；四是非因买受人自身原因未办理过户登记。人民法院在审理执行异议之诉案件时，可参照适用此条款。实践中，对于该规定的前3个条件，理解并无分歧。对于其中的第4个条件，理解不一致。一般而言，买受人只要有向房屋登记机构递交过户登记材料，或向出卖人提出了办理过户登记的请求等积极行为的，可以认为符合该条件。买受人无上述积极行为，其未办理过户登记有合理的客观理由的，亦可认定符合该条件。"

辑正是如购房者仍负担偿还贷款，将导致合同约定的各方权利义务严重失衡，危及购房人的基本生存权。

（二）保护中小投资者利益

随着证券市场的迅速发展，欺诈发行、财务造假、虚假陈述、操纵市场的情况层出不穷，极大增加了中小投资者的投资风险。近年来，法院在处理证券虚假陈述案件、涉上市投资案件中日益强化保护中小投资者利益的理念。比如，2022 年 1 月 22 日，最高人民法院发布的《新虚假陈述司法解释》将侵权责任主体扩张为发行人、上市公司及其控股股东、实控人、董事、监事、高级管理人员，保荐机构、承销机构，会计师事务所、律师事务所、资信评级机构、资产评估机构、财务顾问等证券服务机构，公司重大资产重组的交易对方，发行人的供应商、客户，为发行人提供服务的金融机构等多方主体。这都将维护中小投资者的金融资产安全。

（三）保护金融消费者利益

近年来，银行、信托、证券、基金、保险等机构的金融产品蓬勃发展，随之而来的是金融产品消费者以卖方机构未充分履行适当性义务或受托管理责任的索赔纠纷大量爆发。《九民纪要》对适当性义务、受托人管理责任均进行了规定，涉金融消费者保护的金融审判也在不断发展。从 2022 年来看，金融机构因未尽到受托人责任而承担赔偿责任的案件比比皆是。越来越多的法院不再将产品清算作为确定损失的前提，不再将通道作为管理人免责的事由，不再仅依据书面文件来确定管理人是否履行了适当性义务。

第四节　监管规定及政策的新发展

一、监管规定的新发展

（一）金融稳定监管

党的二十大报告要求“加强和完善现代金融监管，强化金融稳定保障体系，依法将各类金融活动全部纳入监管，守住不发生系统性风险底线”。

1. 完善行业保障基金管理。银保监会修订《保险保障基金管理办法》《信托业保障基金和流动性互助基金管理办法》并向社会公开征求意见。《保险保障基金管理办法》的修订主要包括将固定费率调整为基准费率加风险差别费率、建立财产保险与人身保险保障基金之间的融通机制、强化对违反办法规定的法律责任等内容。《信托业保障基金和流动性互助基金管理办法》的修订主要包括基于信托公司风险状况实行差异化保障基金缴费标准，信托公司不再按净资产1%认购基金；保障基金和流动性互助基金不得用于救助被撤销或破产清算的信托公司；强化道德风险防范，信托公司及其股东应当严格执行恢复与处置计划，积极开展自救；明确基金使用的禁止性行为，并对相关责任人建立追责问责机制等内容。

2. 加强资本市场稳定性监管。证监会、国务院国有资产监督管理委员会、中华全国工商业联合会联合发布《关于进一步支持上市公司健康发展的通知》，要求密切关注市场形势和行业变化、化解各类风险，稳定企业预期；要求严格监管上市公司大股东、董事、监事、高级管理人员遵守关于减持的披露、数量、价格、时间要求，规范、有序减持，对于触及平仓线或发生违约的股票质押融资，督促金融机构与上市公司股东积极沟通、协商，通过补充质押品、担保品以及采取其他增信措施、展期等方式，稳妥处置股票被强制平仓风险，稳定投资者预期。

3. 建立类金融机构内控规范。银保监会发布《理财公司内部控制管理办法》，要求理财公司建立全面、制衡、匹配和审慎的内控管理机制和组织架构，强化理财业务账户管理，完善投资决策分级授权机制，健全交易全流程管理制度，加强关联交易管理与风险隔离，充分发挥内控职能部门和内审部门的内部监督作用。银保监会还发布了《金融资产投资公司资本管理办法（试行）》，加强资本监管，对风险加权资产的计量方法、并表资本监管范围、资本管理方法和责任提出要求。财政部发布《关于进一步加强国有金融企业财务管理的通知》，要求规范金融企业收支管理，准确实施会计核算；加强金融资产管理，积极履行国有金融资本出资人责任，维护金融债权。

（二）金融安全监管

金融安全是国家安全的重要组成部分，“十四五”规划中提出金融安全战略，要求筑牢金融安全网和防火墙。

为了应对近年来境内企业境外上市暴露出的财务欺诈行为、信息披露安全及被恶意做空等新问题，证监会发布《关于境内企业境外发行证券和上市的管理规定（草案征求意见稿）》《境内企业境外发行证券和上市备案管理办法（征求意见稿）》，从透明性、包容性、协同性的角度出发，明确了中国企业境外上市的监管法规和程序，明确企业境外上市的责任边界和例外，明确企业境外上市的监管衔接和协调，完善现行的境外上市监管制度，保障境内企业在不损害国家安全、金融安全的前提下依法、合规利用境外资本市场融资发展。

为了打击治理违法犯罪活动，中国人民银行、国家监察委员会、最高人民法院、最高人民检察院、公安部、国家安全部、海关总署、国家税务总局、银保监会、证监会、国家外汇管理局联合印发了《打击治理洗钱违法犯罪三年行动计划（2022—2024年）》，强化反洗钱监管协同，多渠道稳步推动反洗钱和反恐怖融资工作，保证金融安全与社会稳定。

（三）金融交易监管

金融交易方面的监管措施新发展主要体现在关联交易监管、退市后监管、债券市场监管、非现场监管四个方面。

1. 关联交易监管方面。公司治理一直是金融机构的监管重点，关联交易又是公司治理的基础和重要组成部分，自2022年以来监管机构针对关联交易问题出台了系列文件，包括《银行保险机构关联交易管理办法》《关于加强保险机构资金运用关联交易监管工作的通知》《金融控股公司关联交易管理办法（征求意见稿）》等。以《银行保险机构关联交易管理办法》为例，监管机构对关联交易管理机制、穿透识别、资金来源与流向、动态评估等提出了具体要求，还丰富了监管措施，如对公司治理监管评估结果为E级的银行保险机构，不得开展授信类、资金运用类、以资金为基础的关联交易，对违规人员可以采取行业通报、责令机构予以问责等措施。

2. 退市后监管方面。证监会出台的《关于完善上市公司退市后监管工作的指导意见》与上海证券交易所、深圳证券交易所、北京证券交易所、全国中小企业股份转让系统有限责任公司和中国证券登记结算有限责任公司联合发布的《关于退市公司进入退市板块挂牌转让的实施办法》，共同组成退市公司监管新规，解决了此前实践中退市衔接、退市公司持续监管等方面的问题。在退市程序衔接方面，退市公司可按照全国股转公司的要求进入退市板块直接进行挂牌转让；在退市公司持续监管方面，已按要求进行信息披露的企业，符合条件的，可以申请重新上市或在全国股转系统挂牌。

3. 债券市场监管方面。监管机构发布了《银行间债券市场债券借贷业务管理办法》《银行间债券市场与交易所债券市场互联互通业务暂行办法》《关于保险公司发行无固定期限资本债券有关事项的通知》等文件。《银行间债券市场债券借贷业务管理办法》旨在提升机构开展债券借贷业务的便利性以及债券借贷市场运转效率。《银行间债券市场与交易所债券市场互联互通业务暂行办法》联通了银行间债券市场和交易所债券市场，在保留两市场现有挂牌流通模式、现有账户体系及交易结算规则的基础上，通过前台和后台基础设施连接实现订单路由和名义持有，交易所债券市场的机构类专业投资者和银行间债券市场成员无须双边开户和改变习惯，即可实现“一点接入”，高效便捷地参与对方市场的债券现券认购及交易。《关于保险公司发行无固定期限资本债券有关事项的通知》旨在增加保险公司核心资本补充渠道，完善保险公司资本补充机制，提高保险业风险抵御能力。监管机构还发布了《关于进一步便利境外机构投资者投资中国债券市场有关事宜》，将获准入市的境外机构投资者可投资范围扩展到交易所债券市场。

4. 非现场监管方面。银保监会发布《保险公司非现场监管暂行办法》《融资租赁公司非现场监管规程》。《保险公司非现场监管暂行办法》旨在通过非现场监管的方式与行政审批、现场检查等监管手段形成协同，跟踪、评估保险公司的经营情况和风险状况，为开展市场准入、采取监管措施、制定监管政策等提供基础性的支持。《融资租赁公司非现场监管规程》高度关注融资租赁公司各项数据变化，准确掌握融资租赁公司的外部经营环境变化、公司治理状况、内部控制状况、风险管理能力、资产质量状况、流动性指标等情况。

（四）金融消费者保护

加强金融消费者权益保护，是当前我国金融监管机构的重点工作之一。监管机构对金融消费者保护主要集中在培育金融消费者素养、规范金融机构经营行为和强化金融消费者投诉处理三个方面。

1. 培育金融消费者素养方面。2022 年，银保监会主办的金融知识普及月聚焦热点问题，针对非法吸存揽储、养老领域金融诈骗、电信诈骗、非法代理维权等侵害金融消费者权益和金融稳定安全的行为进行重点风险提示，并围绕“一老一小”和新市民等分别开展金融知识宣传教育。

2. 规范金融机构经营行为方面。银保监会出台了《银行保险机构消费者权益保护管理办法》，明确保护金融消费者的知情权、自主选择权、公平交易权、信息安全权等八项基本权利，全方位规范银行保险机构经营行为并对银保监会及派出机构的监管措施和依法处罚、行业协会的工作职责作出明确规定。

3. 强化金融消费者投诉处理方面。银保监会出台《关于加强商业银行互联网贷款业务管理提升金融服务质效的通知》规范商业银行互联网贷款业务，从履行贷款管理主体责任、强化信息数据管理、完善贷款资金管理、规范合作业务管理等方面整治商业银行在业务开展中风控管理不到位等问题。银保监会还针对金融消费者投诉较多的个人信息收集、个人信息存储和传输、个人信息查询、个人信息提供、个人信息删除、第三方合作等方面，银行保险机构针对侵害个人信息权益乱象专门出台了《中国银保监会办公厅关于开展银行保险机构侵害个人信息权益乱象专项整治工作的通知》予以规范。《银行保险机构消费者权益保护管理办法》中亦对金融消费者反映的“滥收费”“霸王条款”“砍头息”、不当催收等问题进行了回应。

二、监管政策的新发展

（一）强化监管，确保金融科技安全稳健发展

现代财税金融体制的建立离不开金融科技水平的支撑[①]。相应地，科技水平的提升也带来了金融风险产生方式、表现形式和传导路径的迭新。例如，云计算、区块链、机器学习等技术可能加剧金融风险的关联和传染、放大金融市场参与者的行为趋同性，为此中国人民银行出台了《金融科技发展规划（2022—2025年）》，明确金融数字化转型的总体思路、发展目标、重点任务和实施保障。[②]

1. 深化数字技术金融应用方面。在加密货币领域，截至2022年8月，数字人民币应用试点已经遍及15个省市的23个地区，并在数字身份、数字消费、数字贸易等不同场景得到创新应用。在移动支付领域，为了增强条码支付的安全性，中国人民银行出台了《关于加强支付受理终端及相关业务管理的通知》规定，要求清算机构、收单机构对银行卡受理终端采取密码识别技术、受理终端定位技术，防止不法分子篡改银行卡受理终端序列号、盗刷信用卡。

---

① 参见《中共中央关于制定国民经济和社会发展第十四个五年规划和二〇三五年远景目标的建议》，载中国政府网2020年11月3日，http://www.gov.cn/zhengce/2020-11/03/content_5556991.htm。

② 参见《人民银行印发〈金融科技发展规划（2022—2025年）〉》，载中国政府网2022年1月5日，http://www.gov.cn/xinwen/2022-01/05/content_5666525.htm。

2. 完善金融科技监管规则方面。监管机构强调标准化转型和监管前置化。具体而言，多家监管机构共同出台的《金融标准化“十四五”发展规划》、银保监会出台的《银行业金融机构监管数据标准化规范（2021 年版）》均强调了金融标准化、监管数据标准化。中央全面深化改革委员会出台了《强化大型支付平台企业监管促进支付和金融科技规范健康发展工作方案》，将平台企业支付活动全部纳入监管，强化平台企业反垄断、反不正当竞争监管，加强平台企业沉淀数据监管，规制大数据杀熟和算法歧视。对于炒作“元宇宙”概念，以“元宇宙投资项目”“元宇宙链游”“元宇宙房地产”“元宇宙虚拟币”之名，进行非法集资、诈骗之实的行为，银保监会发布了《关于防范以“元宇宙”名义进行非法集资的风险提示》予以提示。

（二）脱虚向实，深化金融服务实体经济能力

“金融是实体经济的血脉，为实体经济服务是金融的天职，是金融的宗旨，也是防范金融风险的根本举措。”2022 年，各监管机构围绕金融行业“脱虚向实”的原则出台了众多政策，旨在提升金融对实体经济的支持力度。

1. 稳定房地产市场方面。在监管与风险处置端，自 2022 年 7 月中央政治局会议提出“保交楼、稳民生”的政策后，多地政府牵头，联动金融机构成立房地产纾困基金，助力风险房地产项目化解流动性风险。2022 年 11 月 11 日，中国人民银行、银保监会发布《关于做好当前金融支持房地产市场平稳健康发展工作的通知》，加大对房地产企业流动性支持，对“保交楼”项目予以专项支持，提出支持开发贷款、信托贷款等存量融资合理展期，支持调整个人住房贷款政策等措施。银保监会办公厅、住房和城乡建设部办公厅、中国人民银行办公厅联合发布《关于商业银行出具保函置换预售监管资金有关工作的通知》，支持优质房地产企业合理使用预售监管资金，防范化解房地产企业流动性风险。多地政府出台了商品房预售资金监管规定，如河南省住房和城乡建设厅、中国人民银行郑州中心支行、银保监会河南监管局联合发布《关于进一步规范商品房预售资金监管工作的意见》，进一步规范商品房预售资金监管范围、监管期限、监管额度。在住房供给侧结构性改革端，监管机构出台了《关于银行保险机构支持保障性租赁住房发展的指导意见》《关于保障性租赁住房有关贷款不纳入房地产贷款集中度管理的通知》等文件，要求银行、保险机构保障性租赁住房融资提供针对性金融产品和服务，鼓励金融机构加大对保障性租赁住房发展的支持力度。

2. 扶持小微企业方面。监管机构发布了《关于 2022 年进一步强化金融支持小微企业发展工作的通知》《关于推动建立金融服务小微企业敢贷愿贷能贷会贷长效机制的通知》等文件，鼓励金融机构增加普惠小微贷款投放，合理提高担保放大倍数，提升小微企业贷款风险识别、预警和处置能力。国家发展和改革委员会积极出台政策①，对地方法人银行普惠小微贷款余额增量的 1%提供激励资金，引导金融机构加大对小微企业的帮扶力度。

3. 城市建设与改善民生方面。宏观上，监管机构引导金融资源配置到城市发展的重点领域和薄弱环节，如支持城市功能完善、生态修复、城乡融合等；引导金融机构扩大金融服务供给，提高新市民金融服务的可得性、均等性和便利性。微观上，监管机构引导金融机构向交通发展、货运物流、特色产业、教育培训、医疗服务等重点领域的金融需求发力，高质量扩大金融供给，发挥政策合力。

（三）稳定基础，金融全力支持乡村振兴建设

2022 年 2 月，中共中央、国务院发布《关于做好 2022 年全面推进乡村振兴重点工作的意见》，要求强化乡村振兴金融服务。中国人民银行出台了《关于做好 2022 年金融支持全面推进乡村振兴重点工作的意见》，银保监会出台了《关于 2022 年银行业保险业服务全面推进乡村振兴重点工作的通知》《农业保险承保理赔管理办法》等文件以落实金融服务于乡村振兴的政策方针。

1. 完善乡村金融组织体系方面。政策强调推进县域、乡镇线下网点建设和整合，增强网点综合化服务能力，提升缴费、查询、远程服务等便捷性；同时，金融机构网点要整合教育、医疗、社保、交通、社会救助等民生服务资源，通过互联互通的方式，推动乡村公共服务的可得性。

2. 创新金融支持农产品和服务方面。第一，支持现代农业农机科技研发，引导资本投向优质种源、农机装备、农村创业等创新领域，培育优质涉农企业。第二，拓宽农业农村发展融资渠道，鼓励金融机构发行金融债券或绿色基金等用于农村污染治理、清洁能源、节能环保等领域。第三，建立乡村金融风险缓释机制，探索特色农产品作为期货交易品种，支持农业农村经营主体通过期货市场开展套期保值进行风险管理。

---

① 参见国家发展改革委员会等部门印发的《关于促进服务业领域困难行业恢复发展的若干政策》。

（四）应对危机，养老金融服务体系加速布局

当前，我国人口老龄化进程不断加剧，“未富先老”的老龄化危机加速到来。为有效应对人口老龄化危机，国务院印发了《“十四五”国家老龄事业发展和养老服务体系规划》，以推动老龄事业和产业协同发展，加速养老服务体系建设。金融方面，也正加速布局以养老金金融、养老服务金融和养老产业金融为主体的养老金融体系。

1. 养老金金融方面，着力于建设个人养老金制度。国务院办公厅发布了《关于推动个人养老金发展的意见》，着手构建以基本养老保险为基础、以企业年金和职业年金为补充，与个人储蓄性养老保险和商业养老保险相衔接的“三支柱”养老保险体系。个人养老金缴费可用于购买符合规定的银行理财、储蓄存款、商业养老保险、公募基金等金融产品，通过市场化运营的方式直观地实现个人权益。

2. 养老服务金融方面，着力于规范扩大养老金融产品供给。银保监会先后发布《关于扩大养老理财产品试点范围的通知》《关于扩大专属商业养老保险试点范围的通知》，探索商业养老保险产品设计与销售经验、培育群众的养老金融消费观念，同时要求金融机构不得变相通过期限结构化设计规避监管要求，不得宣传养老理财产品预期收益率等，保证养老金融产品规范发展。银保监会还出台了《关于规范和促进商业养老金融业务发展的通知》，对银行保险机构开展商业养老金融业务组织实施、管理机制、费用政策等方面提出了基本要求，并明确了不规范业务的清理安排。

3. 养老产业金融方面，着力深化产融结合、拓宽融资渠道。《“十四五”国家老龄事业发展和养老服务体系规划》强调优化养老行业营商环境，一方面，推动医疗、保健、房地产等领域资源与养老产业深度融合；另一方面，加大对养老产业的信贷支持力度。

第五节 争议解决程序的新发展

一、进一步推动金融审判的专业化发展，探索司法管辖与行政辖区适度分离

在区域内设立专门的金融法院，是司法组织模式的重要迭代方式之一。2022 年 2 月 28 日，全国人民代表大会常务委员会审议通过《关于设立成渝金融法院的决定》，自 2022 年 3 月 1 日起施行。成渝金融法院定址重庆，成为继上海金融法院、北京金融法院之后的全国第三家金融法院。成渝金融法院的设立，可以打造更好的金融法治生态系统，显著改善成渝地区金融法治水平，增强区域金融市场的吸引力。

成渝金融法院是我国首个明确实施“司法管辖与行政辖区适度分离”的金融法院，有助于探索“专门法院+跨行政区域法院”跨域管辖机制。其管辖范围包括重庆市以及四川省属于成渝地区双城经济圈范围内的应由中级人民法院管辖的特定案件。①

从地域管辖范围来看，成渝金融法院与上海金融法院、北京金融法院最重要的区别之一是该法院的地域管辖范围突破了原有“一城一地”的传统管辖思路。此类情况在其他类型的专门法院地域管辖安排中并不鲜见。例如，武汉海事法院的管辖范围大致覆盖川渝湘鄂赣皖六省市的长江干支流水域。但是，从争议案件数量、案由类型等角度来看，金融法院作为专门法院对民商事审判乃至民商事经济、金融活动的影响力显然更高。

从级别管辖范围来看，成渝金融法院的上级主管法院为重庆市高级人民法院，上述地域管辖安排或将推动管辖区域金融审判一体化，这也是根据《成渝地区双城经济圈建设规划纲要》推动金融一体化发展的重要内容。未来四川省内属成渝双城经济圈的 15 个地级市内相关基层人民法院在审理金融纠纷案件时，其裁判口径、司法观点可能因审级安排等因素最终与重庆市高级人民法院

① 参见《最高人民法院关于成渝金融法院案件管辖的规定》（法释〔2022〕20 号，2022 年 12 月 20 日发布）。

趋同。

二、四级法院审级职能定位改革持续推进

2021 年 9 月，最高人民法院印发《关于完善四级法院审级职能定位改革试点的实施办法》。四级法院审级职能定位改革试点开展一年后，2022 年 8 月 30 日，最高人民法院院长在第十三届全国人民代表大会常务委员会第三十六次会议作了《最高人民法院关于四级法院审级职能定位改革试点情况的中期报告》。

提级管辖机制有效激活。各高、中级人民法院共提级管辖案件 435 件，同比增长 19.50%，其中 23.70% 的案件涉及重大国家利益、社会公共利益，33.96%的案件属于在辖区内新型、疑难复杂的案件，34.91%的案件具有普遍法律适用指导意义。

再审程序运行持续完善。最高人民法院新收民事、行政申请再审审查案件 2,275 件，较试点前下降 85.33%，占全部民事、行政案件比例从试点前 63.93%降至 19.36%，案件数量结构明显优化，有效解决再审申请滥诉和审查程序空转问题。高级人民法院受理申请再审审查案件 249,323 件，其中受理不服本院终审民事、行政案件的再审申请 16,094 件，包括最高人民法院“下交”的再审申请 5,428 件，“下交”案件仅占全部申请再审审查案件的 2.18%。高级人民法院对不服本院终审民事、行政案件的再审申请裁定再审率为 9.08%，裁定再审案件改判率为 28.18%，比同期办理的不服下级法院民事、行政生效裁判申请再审审查和再审案件分别高出 3.37%、6.55%，未出现“高驳回率”和“高维持率”等现象，再审依法纠错功能得到加强。

下一步，四级法院审级职能定位改革试点将在健全重大典型案件发现、识别和筛选机制，完善类案检索平台功能，建立申请再审审查案件和再审案件专项管理机制，推动建立再审预收费制度等方面继续推进。①

三、涉外民商事案件管辖的调整

2022 年 11 月 15 日，最高人民法院发布了《关于涉外民商事案件管辖若干问题的规定》（法释〔2022〕18 号），主要就涉外案件的级别管辖标的额进行了修订，该规定自 2023 年 1 月 1 日起施行。

---

① 参见《最高人民法院关于四级法院审级职能定位改革试点情况的中期报告》，载中国人大网 2022 年 8 月 31 日，http://www.npc.gov.cn/npc/c30834/202208/792c7527ca1b4f0dac343fc219cb1c66.shtml。

根据该规定，自2023年起涉外案件原则上由基层人民法院管辖，对于争议标的额大、案情复杂或者一方当事人众多的案件由中级人民法院管辖。其中界定由中级人民法院管辖的案件标的额分为2,000万元以及4,000万元两档：北京、天津、上海、江苏、浙江、福建、山东、广东、重庆辖区中级人民法院，管辖诉讼标的额人民币4,000万元以上（包含本数）的涉外民商事案件；河北、山西、内蒙古、辽宁、吉林、黑龙江、安徽、江西、河南、湖北、湖南、广西、海南、四川、贵州、云南、西藏、陕西、甘肃、青海、宁夏、新疆辖区中级人民法院，解放军各战区、总直属军事法院，新疆维吾尔自治区高级人民法院生产建设兵团分院所辖各中级人民法院，管辖诉讼标的额人民币2,000万元以上（包含本数）的涉外民商事案件。

四、取消法院受理证券市场虚假陈述案件前置程序

2022年1月21日，最高人民法院发布《新虚假陈述司法解释》，明确取消前置程序，法院受理虚假陈述民事赔偿案件不再以行政或刑事处理为前提条件，在制度层面改进了投资者诉权保障不足、权利实现周期过长等问题，有利于发挥证券诉讼对证券市场的净化作用。

前置程序取消后，证券市场虚假陈述民事赔偿重大性认定的问题从监管认定转向法院认定，法院实质审理的过程中可能会产生两个方面的问题：一方面，通过定义或列举的方式难以直接涵盖虚假陈述行为的重大性问题，故仍须借助证监会等专业监管机构的判断；另一方面，从全国层面来看，针对虚假陈述类案件的审判力量有限，有必要联合证监会等证券监管部门建立“专家库”或“专家论证”等征询专业意见的机制。因此，下一步最高人民法院和证监会可能就证券虚假陈述案件的审理和证监会的专业支持、案件调查等流程制定衔接性安排，以保护投资者的合法权益。

五、第三方资助仲裁的实践探索

第三方资助仲裁通常是指第三方资助人（以下简称资方）可以根据书面的资助协议，向仲裁当事人（以下简称受资方）提供金钱或其他经济资助，若受资方在仲裁程序中取得了资助协议定义的胜诉结果，资方就有权分得仲裁裁决带来的经济利益。商事仲裁、投资仲裁等仲裁活动通常需要争议方承担高昂的仲裁费用和时间成本，因此第三方资助仲裁作为一种投资手段能够有效应对争

议方在债权变现成本方面的现实需求。

目前世界上主流的国际仲裁地普遍对第三方资助持开放态度，但第三方资助在境内尚属新兴风险投资方式。第三方资助的投资主体资格、准入标准、资金来源、禁止过度控制、信息披露等尚无法律法规或行业规范。因此，法院在认定其效力时尤为审慎。例如，在（2021）沪02民终10224号案中，上海市第二中级人民法院认定投资方过度控制诉讼投资协议，因损害公共秩序而无效。本文认为，该诉讼投资协议被认定无效并非我国审判机关对第三方资助制度的否定性评价，而是指出了当前我国第三方资助制度的纠偏路径。第一，投资方与律所需要设置利益隔断，投资方不能通过诉讼资助的方式进入诉讼代理领域、也不能帮助律所规避诉讼代理规范。第二，保障标的案件各方当事人的诉讼自由，一方面要保证被资助方委托律师和处分诉讼权利的自由；另一方面要保证对方当事人的知情权和异议权。在（2022）京04民特368号、369号案中，北京市第四中级人民法院就第三方资助仲裁的合法性、信息披露、利益冲突规则、保密性问题进行了辨析和认定，肯定了第三方资助仲裁的合法性，支持了第三方资助仲裁在信息披露、利益冲突、保密性方面的创新尝试。

2022年，第三方资助仲裁在中国的实践探索如火如荼。虽然当前我国并未出台直接规制第三方资助仲裁行为的法律规范，但是司法实践的发展正在推动第三方资助仲裁的制度化、合法化。未来，第三方资助仲裁可能成为商事仲裁的重要途径之一。

六、中国内地与澳门特别行政区就仲裁程序协助保全

2022年2月25日，最高人民法院与澳门特别行政区签署了《关于内地与澳门特别行政区就仲裁程序相互协助保全的安排》①。

该文件明确了可采取的保全类型。中国内地有财产保全、证据保全、行为保全三种类型，澳门的保全包括“普通保全”和“特定保全”。前者是为防止“造成严重且难以弥补之侵害”“确保受威胁之权利得以实现”的措施；后者包括占有之临时返还、法人决议之中止执行、临时扶养等七种情形。为最大限度方便跨境仲裁当事人，该文件将两地法律中所涉保全类型全部纳入。

该文件明确了适用的仲裁程序，将可相互提供保全协助的仲裁程序限定于

---

① 参见《最高法发布〈关于内地与澳门特别行政区就仲裁程序相互协助保全的安排〉》，载微信公众号“最高人民法院”，2022年2月25日。

两地仲裁机构管理的民商事仲裁程序，即按照澳门特别行政区仲裁法规向澳门特别行政区仲裁机构提起的民商事仲裁程序和依据《仲裁法》向内地仲裁机构提起的民商事仲裁程序，排除了临时仲裁程序以及其他国家和地区仲裁机构管理的仲裁程序。

该文件明确了申请保全的阶段。根据该文件第 2 条、第 5 条的规定，有关仲裁程序当事人可以在仲裁裁决作出前向两地有管辖权的法院申请保全。“仲裁裁决作出前”包含三个阶段，即当事人申请仲裁前、仲裁机构受理仲裁申请前以及仲裁中。当事人提出保全申请的，需要根据被请求地的法律规定提供相应担保。

七、北京仲裁委员会修订《仲裁规则》①

北京仲裁委员会/北京国际仲裁中心于 2022 年 2 月 1 日正式施行新版仲裁规则。2022 年版《仲裁规则》主要修订内容包括：明确开庭方式包括网上开庭，同时规定仲裁庭有权根据案件具体情况确定开庭方式；明确规定电子送达方式，并规定本会或仲裁庭有权根据案件情况采取适当的送达方式；增加首席仲裁员的选任方式，规定本会主任可根据案件情况决定由两位仲裁员共同选定首席仲裁员；进一步调低机构费用封顶金额，将机构收费封顶金额调整为 700 万元人民币，即争议金额超过 39.64 亿元人民币的案件，机构费用不再增加；在第 7 条“申请仲裁”中，明确当事人应当在仲裁申请书中列明“申请仲裁所依据的仲裁协议”，亦即通常所说的“仲裁依据”；在第 8 条“多份合同合并申请”中，将合并申请条件中“多份合同当事人相同”，修改为“多份合同存在相同当事人”；在第 9 条“受理”中，明确当事人仲裁申请不符合仲裁规则要求，又未在规定时间内予以补正的，视为未提出仲裁申请；在第 16 条“文件的提交与份数”中，在认可当事人可以约定直接向仲裁庭提交仲裁文件以外，进一步认可当事人可以约定“相互送达”，以尊重当事人之间关于文件提交和送达的特别安排；在第八章“国际商事仲裁的特别规定”第 65 条“答辩及反请求”中增加一项内容：“当事人变更仲裁请求或反请求的，仲裁庭组成前参照前款规定确定答辩期限；仲裁庭组成后由仲裁庭根据案件具体情况确定答辩期限”；等等。

---

① 参见《关于〈北京仲裁委员会/北京国际仲裁中心仲裁规则〉的修改说明》，载北京仲裁委员会网 2021 年 12 月 24 日，http：//www. bjac. org. cn/news/view？ id=4093。

八、上海仲裁委员会修订《仲裁规则》[①]

上海仲裁委员会于2022年7月1日正式实施新版仲裁规则。2022年版《仲裁规则》的主要修订内容包括：将国际投资仲裁纳入受理案件范围；开放适用联合国贸法会仲裁规则；明确了仲裁地概念；引入了仲裁协议准据法；确立多份合同仲裁、合并仲裁、合并开庭、追加当事人制度；规定了仲裁庭的临时措施决定权；制定紧急仲裁员特别程序规则；设定了仲裁员信息公开制度；规定了当事人“狙击仲裁员”的失权制度；明确了第三方资助的披露要求；调整裁决期限自受理之日起算；规定了中间裁决、部分裁决制度、视为送达制度；等等。

九、深圳国际仲裁院修订《仲裁规则》

深圳国际仲裁院于2022年2月21日正式施行新版仲裁规则。2022年版《仲裁规则》的主要修订内容包括：将“电子送达、远程开庭”等技术措施的运用从“当事人可以选择”变成了“除非当事人有相反约定，否则默认仲裁院/仲裁庭可以采用”；就书面审理且未指定答辩期间的情况下增设管辖权异议的提出期限。

十、深圳市中级人民法院调整仲裁裁决执行案件级别管辖

为落实四级审级职能定位改革的要求，合理配置司法资源，提高执行效率，最高人民法院批复同意对深圳市行政区域内（含深汕特别合作区）人民法院有关仲裁裁决执行案件的级别管辖予以调整。

第一，自2022年9月21日起，除我国内地仲裁机构作出的涉外涉港澳台仲裁裁决、港澳台地区仲裁裁决以及外国仲裁裁决的执行案件外，双方当事人住所地均在或均不在广东省内，执行标的额不满人民币5亿元或一方当事人住所地在广东省外，执行标的额不满人民币1亿元的仲裁裁决（含仲裁调解，下同）执行案件由深圳市各基层人民法院管辖，并由当事人直接向基层人民法院申请执行。

第二，除第1条规定的由深圳市基层人民法院管辖的其他仲裁裁决执行案

---

① 参见《2022版上海仲裁委员会仲裁规则的18个亮点》，载微信公众号“上海律协”，2022年7月2日。

件，即双方当事人住所地均在或均不在广东省内，执行标的额人民币 5 亿元以上（含本数）或一方当事人住所地在广东省外，执行标的额人民币 1 亿元以上（含本数）或被执行人住所地或被执行的财产所在地在深圳市的我国内地仲裁机构作出的涉外涉港澳台仲裁裁决、港澳台地区仲裁裁决以及外国仲裁裁决的执行案件，由深圳市中级人民法院管辖。

第六节　金融争议解决的新特点与前瞻

一、金融争议解决的新特点

（一）非银行类融资纠纷持续增加，担保方式日益灵活

随着普惠金融浪潮涌现、融资产品供给日渐丰富、企业和个人融资需求日渐增加，融资类纠纷从银行贷款占绝对主导地位已逐渐转变为多主体、多渠道并发。除了传统银行融资之外，信托公司、证券公司、融资租赁公司、消费金融公司、小额贷款公司、典当行、商业保理公司等融资渠道已成为满足企业和个人融资需求的重要途径。非银行类融资发展速度快，但配套的机构展业规范尚待完善、风控机制措施尚待健全。融资成本不够透明、融资主体履约能力有限等问题均导致了信用违约纠纷频发。例如，融资租赁合同纠纷案件数量持续增加，且有向生活消费领域扩张的趋势。同时，融资渠道的快速扩张也促进了新型的担保模式的发展和担保物种类的丰富，如“零售担保”“知识产权质押融资”等，由此引发的金融商事纠纷数量亦不断增长。

（二）涉众性金融纠纷体量持续攀升，示范性判决重要性日益凸显

伴随金融消费需求的持续增长和金融创新带来的金融消费产品迭代升级，理财类、私募类金融案件数量持续走高。以私募投资基金类案件为例，由于底层债务人资金链断裂导致无法按期兑付而产生的涉及募、投、管、退环节的承诺刚兑效力、管理人履行适当性义务、管理人勤勉尽责、资管产品清算与损失认定等问题大量产生，且理财类、私募类金融案件大多涉及自然人投资者，投资者利益诉求多元化，纠纷具有群体性特征，社会影响较大。审判机关、金融机构、代理律师在处理涉众型金融纠纷时，需要尤其兼顾投资者舆论与判决示

范效应。

（三）刑民交叉案件屡见不鲜，资产处置与回收难度日益增加

刑民交叉案件普遍存在于金融服务、商业交易等商事领域，如银行卡纠纷中常见的“伪卡盗刷”“网络盗刷”案件；私募投资基金纠纷中，管理人利用基金非法吸收公众存款；融资类纠纷中，融资方虚构交易、伪造合同、窃取权证骗取贷款；保险类纠纷中，被保险人与案外人恶意串通虚构保险事故。刑民交叉案件既涉及程序问题，又涉及实体问题，还涉及涉案财物处置、退赃退赔、损害修复等一系列问题，故涉刑金融案件的审理、执行流程将大大延长，金融机构资产处置与资产回收难度日益增加。

（四）破产案件爆发，涉破产金融纠纷争议激增

近年来，破产案件呈爆发式增长，破产领域衍生出一系列问题，破产日渐成为金融争议解决所要面临的常态化问题。我国《破产法》颁布于 2006 年，《破产法》及司法解释所能解决的问题有限。由于破产立法滞后，金融机构在债权清收中面临的很多问题在实践中争议较大。比如，对重整计划不服如何救济，质押股票能否被上市公司重整计划设定无偿划转，名股实债在破产程序中如何处理，破产重整计划载明的清偿率对金融机构其他担保物权是否有影响，等等。这些争议都将严重冲击金融交易的稳定性和可预见性，给金融债权清收和金融争议解决带来一系列障碍。

二、金融争议解决的前瞻

（一）“穿透式审判”的案例会越来越多，但“穿透式审判”的争议或将逐渐浮现

如果说过去几年金融领域的穿透式审判还停留在最高人民法院的司法政策层面，2022 年这一理念已经在全国各地遍地开花，越来越多的地方法院发表的文章提到穿透式审判，各地司法实践中的穿透案例也越来越多，可以预见的是，“穿透式审判”在 2023 年势必会产生更多的地方典型案例，甚至可能上升为部分省市的办案指导意见。但与此同时，“穿透式审判”的争议也会浮现出来。比如，把信托穿透为委托，是否属于法律关系的强行穿透？又如，把对原股东有回购权的股东穿透为债权人，是否属于法律主体的强行穿透？2022 年，行业内已经开始出现了对滥用“穿透式审判”的质疑，相信在 2023 年，伴随着

“穿透式审判”的案例越来越多，如何确定“穿透式审判”的边界将是金融争议解决领域新的课题。

（二）金融审判与金融监管之间的协同将进一步加强，但如何在保护金融债权和保护金融监管秩序之间实现平衡，仍需进一步实践探索

金融审判充分体现中央金融监管政策、金融监管规章的基本精神，已然是大势所趋。违反监管政策或者监管规定的行为，不仅会面临监管责任，未来也会面临司法层面更重的责任，这种责任可能体现为债权金额的减免、担保人的责任减免，财产分配顺序上的落后，亦可能直接体现为承担过错赔偿责任。监管政策或者监管规定的违反与否、违反程度如何、是否有行政处罚，将很大程度上决定一纸合同的效力，一项行为的法律后果，一份损失的分担，进而决定一个案件的成败。

但这一理念，如何与保护金融债权、防范逃废债的政策相互平衡，对于金融审判是一项不小的挑战。事实上，在金融审判与金融监管协同的理念下，很多债务人会因为金融机构违反了监管政策或者监管规定而额外获利，如合同无效后的利息、违约金减免，以及彻底脱保。现有制度已经为防止当事人从自己的违法行为中获益设计了解决方案，是否有必要为防止当事人从他人的违法行为中获益设计类似的解决方案，考验着裁判者的智慧。

（三）金融领域的强制执行实务将产生诸多变革

比如，《民事强制执行法草案》审议通过并正式施行，将会给金融领域的强制执行实务带来诸多变革，金融争议解决领域的资产处置、资产回收实务将会更加规范化运行。具体而言，《民事强制执行法草案》将此前的“一拍七折、二拍八折”的拍卖保留价比例调整为“一拍七折、二拍六折”，二拍保留价比例降低有利于财产变价效率的提高。又如，司法实践中相当常见的律师调查令制度，此前主要规定在各级法院的指导意见或规范性文件中，从未以法律形式予以明确规定，故实务中常有相关单位以律师调查令无法律依据为由，拒绝提供协助。《民事强制执行法草案》确立的律师调查令制度将为律师调查令“正名”，也将赋予申请执行人及其代理律师在执行阶段更大的主观能动性，有助于提高执行效率。

（四）弱者保护理念的强化将给金融争议解决带来新的挑战

近年来，保障民生、保护弱势群体合法权益的司法理念日渐加强，给金融

机构带来一系列挑战。比如，在涉及房地产项目的诉讼案件中，司法审判越发重视对商品房消费者、被拆迁人、建设工程款债权人、材料款债权人等弱势群体权益的优先保护，尤其是针对爆雷房企，为保证向购房者按期交房，各地出台政策不允许保全及处置房企监管账户、在建工程等，极大增加金融机构的清收难度或实质使得金融机构劣后于一般买受人、被拆迁人、材料款债权人等非法定优先权人受偿；在涉及金融产品销售与管理的案件中，法院对于金融机构举证证明尽到适当性义务或受托人管理责任的要求越来越高，这亦将对相关案件的处理带来诸多挑战。

·第二编·

前沿热点争议年度盘点

第一章　金融债权清收中的破产热点问题

从2017年到2021年，全国法院破产案件收案数量从1万件左右跃升至近5万件，2021年具体为49,426件，[①] 五年间增加了近4倍。截至2022年，破产案件仍在快速增长，破产日渐成为金融债权清收所要面临的常态化情况。但我国《破产法》颁布于2006年，当时破产案件及因破产产生的争议相对有限，《破产法》及后续相关司法解释所能解决的问题有限。近年来，随着破产案件的爆发式增长，破产领域衍生出一系列新的问题。然而，由于破产领域立法的滞后，导致很多问题无法可依，实践中产生了一系列争议。比如，实质合并破产的适用标准、对重整计划不服如何救济、质押的上市公司股票能否被上市公司重整计划设定无偿划转、名股实债的股债如何定性、重整计划载明债转股后债权视为全额清偿时债权人还能否向其他担保人追偿、劣后清偿的债权范围如何界定等。这些争议严重冲击了金融交易的稳定性和可预见性。基于此，本章将结合实务经验，对2022年度的破产领域热点问题展开讨论，以期能为金融机构提供帮助。

第一节　实质合并破产

合并破产主要可分为关联企业实质合并破产（又称实质合并破产）、关联企业程序合并之整体重整[②]（又称程序性合并）和关联企业程序协调之整体重

---

① 小璞：《破产数据 | 破产案件越来越多——看最高人民法院的官方统计》，载微信公众号“璞经PING”，2022年6月5日。

② 关联企业程序合并之整体重整是指在各关联企业独立法人人格未实质混同下，将关联企业共同纳入一个重整程序。

整[①]（又称程序性协调）。其中，程序性合并和程序性协调对于债权人利益影响相对较小，而实质合并破产则对于金融机构债权清收影响较大，金融机构应予重视。

近年来，实质合并破产案件呈井喷式增长，大型企业集团实质合并破产案件大量爆发，如2021年发生的海航集团等321家企业实质合并破产、华信系71家企业实质合并破产、雨润系122家企业实质合并破产，2022年发生的紫光集团7家企业实质合并破产、永达食业149家企业实质合并破产、达州钢铁25家企业实质合并破产、隆鑫系17家企业实质合并破产、华晨地产13家企业实质合并破产。

实质合并破产也是立法机关和司法机关近年来重点关注的问题。2022年8月，第十三届全国人大常委会第三十次会议审议了关于检查企业破产法实施情况的报告，会上提出要“建立健全破产企业关联企业实质合并破产”。9月，全国人大财经委开展破产法修改调研工作。实质合并破产在破产法立法建议中被屡屡提及。最高人民法院发布的第29批指导性案例包含3件企业实质合并破产案件。最高人民法院发布的2022年全国法院十大商事案件包括1件企业实质合并破产案件。此外，海南、江西、浙江、四川、陕西、江苏等多地高级人民法院发布的典型案例或年度案例也均包含实质合并破产案件。

一、实质合并破产的概念与发展沿革

（一）概念

实质合并破产是美国破产法基于判例发展而来的一项衡平法规则，具体是指将高度混同的已破产之多数关联企业的资产和债务合并计算，去除关联企业间彼此之债权和担保关系，依债权比例将破产财产分配被合并企业的所有债权人。[②]

最高人民法院在《关于适用实体合并规则审理关联企业破产清算案件的若干规定（征求意见稿）》中指出，实质合并破产是指关联企业破产时，关联企业成员之间的财产和债务合并计算，互相间的债权债务消灭，债权人共同受偿

---

① 关联企业程序协调之整体重整是指对从根本上不存在股权控制关系且未发生实质混同的关联企业，在并行的几个破产程序中，通过法院信息的沟通、管理人协作，保持关联企业之间的协调效应，实现关联企业的整体重整。

② 赵惠妙、左常午：《我国关联企业实质合并破产的裁定标准》，载《法律适用》2022年第4期。

的破产处理程序。

在正式司法文件中，最高人民法院在2018年发布的《破产会议纪要》中首次对实质合并破产的构成要件和法律后果进行了规定。[①]《破产会议纪要》第32条规定："……当关联企业成员之间存在法人人格高度混同、区分各关联企业成员财产的成本过高、严重损害债权人公平清偿利益时，可例外适用关联企业实质合并破产方式进行审理。"第36条规定："实质合并审理的法律后果。人民法院裁定采用实质合并方式审理破产案件的，各关联企业成员之间的债权债务归于消灭，各成员的财产作为合并后统一的破产财产，由各成员的债权人在同一程序中按照法定顺序公平受偿。采用实质合并方式进行重整的，重整计划草案中应当制定统一的债权分类、债权调整和债权受偿方案。"

（二）发展沿革

实质合并破产在我国经历了一个从原则禁止个案准许到可以准许，从审慎适用到扩张适用的发展过程：

2002年以前，我国严格限制实质合并破产的适用，最高人民法院仅针对债务人脱壳运营、逃废债务的行为，个别批准可进行合并破产。最早可追溯至1995年，最高人民法院在针对哈尔滨百货采购供应站和哈尔滨康按批发市场破产案件所作出的《关于哈尔滨百货采购供应站申请破产一案的复函》（法函〔1995〕48号）中，同意破产法院可对两家逃废债务企业合并破产。

2002年，最高人民法院发布的《关于审理企业破产案件若干问题的规定》第79条规定："债务人开办的全资企业，以及由其参股、控股的企业不能清偿到期债务，需要进行破产还债的，应当另行提出破产申请。"2003年，广东省高级人民法院发布的《关于审理破产案件若干问题的指导意见》（粤高法〔2003〕200号）第7条规定："……债权人同时申请财产混同的多个关联企业破产的，法院受理后应由清算组依法界定各个关联企业的财产，不应以财产混同为由合并清算。"

2008年，在广东省深圳市中级人民法院审理的汉唐证券46家关联公司破产案件中，最高人民法院批复同意进行合并破产，代表着实质合并破产的适用范围开始由过去限定于恶意逃废债务的情形扩大到高度人格混同、区分关联企

---

① 但"合并破产"这一概念第一次被最高人民法院提出是在2013年9月5日发布的《破产法司法解释二》（2013）第23条规定中。

业财产较为困难的情形。

2013 年，最高人民法院发布的《破产法司法解释二》（2013）第 23 条第 3 款规定："管理人不予追收，个别债权人代表全体债权人提起相关诉讼，主张次债务人或者债务人的出资人等向债务人清偿或者返还债务人财产，或者依法申请合并破产的，人民法院应予受理。"这是最高人民法院首次在正式司法文件中表明支持实质合并破产。

2018 年，最高人民法院发布《破产会议纪要》，其第 32 条至第 39 条对实质合并破产的适用标准、审查标准、异议程序、管辖原则、法律后果等方面进行了详细规定。第 32 条规定："关联企业实质合并破产的审慎适用。人民法院在审理企业破产案件时，应当尊重企业法人人格的独立性，以对关联企业成员的破产原因进行单独判断并适用单个破产程序为基本原则。当关联企业成员之间存在法人人格高度混同、区分各关联企业成员财产的成本过高、严重损害债权人公平清偿利益时，可例外适用关联企业实质合并破产方式进行审理。"

近年来，多地法院在其发布的地方司法文件中对实质合并破产的适用范围进行了扩张，逐渐突破《破产会议纪要》创设的审慎适用标准。比如，2022 年，北京市第一中级人民法院发布的《关联企业实质合并重整工作办法（试行）》第 7 条规定："关联企业的法人人格高度混同，以致其资产、负债需要过高的费用和大量的时间才能予以区分，或者由于记载资料匮乏等原因，已经在事实上无法区分，单独适用破产程序严重损害债权人公平清偿利益的，可以适用实质合并重整程序。关联企业部分或全部成员存在法人人格混同，虽不符合前款规定的高度混同标准，但其已经分别符合企业破产法第二条规定的情形，且关联企业符合下列情形之一的，也可以适用实质合并重整程序：（一）由于企业运营、资产配置等客观原因，上述成员的加入为整体重整所确实必需，且实质合并重整预计将不损害个别债权人的清偿利益；（二）由于节省区分和清理成本、降低破产费用等原因，上述成员加入实质合并重整预计将使全部债权人受益。"该文件明确规定在重整需要、可使全部债权人受益等情况下，亦可进行实质合并破产。

（三）发展趋势

1. 实质合并破产案件越来越多

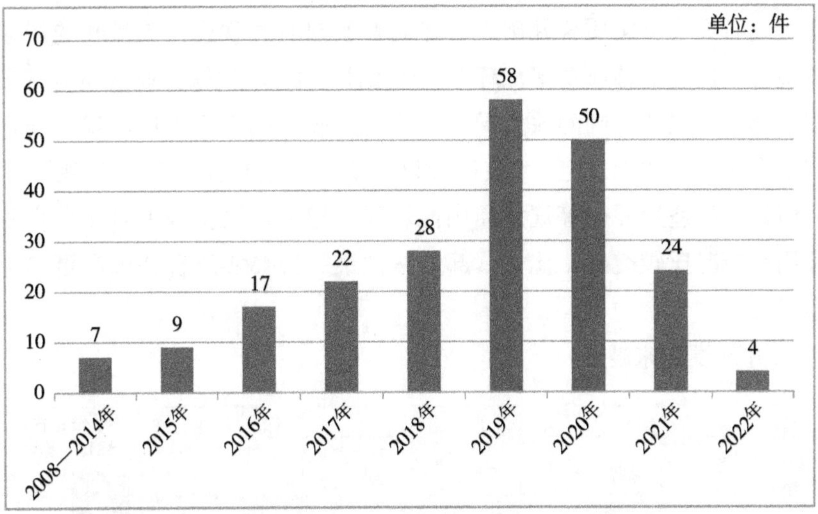

图 2-1-1　2008—2022 年实质合并破产类案件数量①

实质合并破产在我国经历了一个排斥适用、允许适用、审慎适用、扩大适用的过程，目前实质合并破产案件呈现快速增长的态势。实质合并破产案件快速增长的原因主要有四个方面：第一，我国公司治理不规范的现象仍较为突出，股权结构高度集中、控股股东滥用控制关系以及关联企业之间财务、人员、管理混同等现象极为普遍。第二，实质合并破产在提高破产效率上发挥着难以替代的作用。如前所述，由于我国关联企业之间人格混同的现象比较普遍，一旦实际控制人陷入财务危机，往往导致数家、数十家乃至数百家关联企业均陷入濒临破产的境地。此时，单个破产往往导致破产案件数量过多，法院、管理人的各项投入随破产主体数量而成倍增加，另加之关联企业之间债权债务往来往往极为复杂，梳理需要耗费巨大的精力，这都将导致破产效率大幅降低。而实质合并破产将诸多个破产企业合并在一个程序中破产，且实质合并破产后，各关联企业之间的债权债务归于消灭，管理人无须对纷繁复杂的关联债务进行梳理，这有助于减轻法院和管理人的工作量、大大提高破产效率。第三，实质合并破产对于提高重整成功率的作用显著。实践中，各关联企业往往各有分工，

① 因数据库裁判文书更新速度有限，2021 年和 2022 年数据可能不全。

共同形成完整产业链。比如，车企即为典型例子，有的关联企业负责生产车身，有的负责组装，有的负责销售……各关联企业进入破产重整程序后，因单个企业无法单独完成整个生产和销售工作，导致其价值有限，对重整投资人的吸引力不高。此时如进行实质合并破产，将能够实现对关联企业成员间的产业链进行有效整合，提高重整成功率，辉山乳业集团等83家关联企业实质合并破产即为典型。第四，法律规则的缺失导致实质合并破产的广泛适用。我国现行法律对于实质合并破产并无规定，《破产会议纪要》虽明确了“审慎适用”的基本原则，但其中的适用要件等规定原则性较强，导致司法实践中对实质合并破产突破适用的情况比较突出。比如，部分案件最终选择实质合并破产更多考虑的是重整需要。

2. 合并规模越来越大

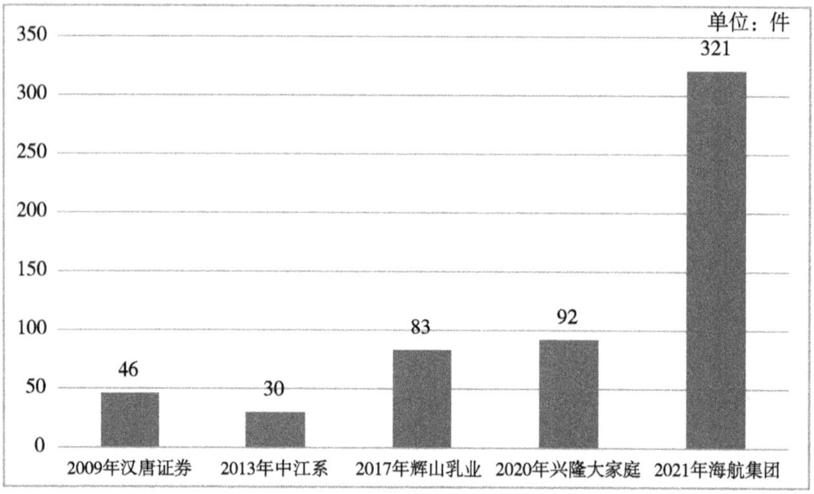

图 2-1-2　2009—2021 年实质合并破产案件所涉合并破产的关联企业数量

合并规模越来越大是实质合并破产近年来呈现的另一个态势。在海航集团破产程序中，被合并破产的关联企业数量多达321家。

3. 实质合并破产的适用标准不一

（1）各地法院对《破产会议纪要》规定的适用标准理解不一

《破产会议纪要》第32条规定：“关联企业实质合并破产的审慎适用。人民法院在审理企业破产案件时，应当尊重企业法人人格的独立性，以对关联企业成员的破产原因进行单独判断并适用单个破产程序为基本原则。当关联企业成员之间存在法人人格高度混同、区分各关联企业成员财产的成本过高、严重损害债权人公平清偿利益时，可例外适用关联企业实质合并破产方式进行审理。”但司法实践中，不同法院对于前述规定如何理解与适用存在争议，突出表现在以下几个方面：

第一，单一要件与多重要件的裁判标准不一。《破产会议纪要》虽规定了实质合并破产需具备法人人格高度混同、区分各关联企业财产的成本过高、严重损害债权人公平清偿利益等要件，但不同法院的裁判标准并不统一。有学者统计，现有判例中，法院认定可进行实质合并破产的标准分为两类：第一类为单一要件标准，以“人格混同”或“人格高度混同”作为认定能否进行合并破产的唯一标准；第二类为多重要件标准，以法人人格混同为基础标准，同时附加“资产难以分离”“分离经济成本高”“严重损害债权人公平清偿利益”等辅助标准。①

第二，高度混同的判断标准不一。在关联企业实质合并破产案件中，部分法院以“人格混同”作为裁定理由，部分法院以“人格高度混同”作为裁定理由，还有部分法院以“法人人格不独立”为裁定理由，法院虽基本从财务混同、人员混同、管理混同、业务混同、经营场所混同等角度进行具体判断，但判断的范围并不一致，且对于混同到何种程度才达到高度混同的判断往往取决于个案法官的自由裁量。此外，对于是否应考虑混同持续时间、混同状态在破产时是否已终结等因素，不同判例的观点亦不相同。

第三，“严重损害债权人公平清偿利益”的认定标准不一。从过往判例看，多数法院在已认定构成高度人格混同的情况下，一般会笼统论述实质合并破产有利于债权人整体利益，但并不进行实质判断。事实上，实质合并破产后，资产不好的关联企业债权人债权清偿率会提升，但资产相对较好的企业债权人债权清偿率无疑会被拉低，此时，“严重损害债权人公平清偿利益”如何判断需要慎重考虑与分析。然而，过往判例在是否对此进行实质判断及判断标准等问题上均不统一。当然，亦有观点认为，关联企业实质合并破产制度的价值取向在于贯彻债权人公平受偿原则，纠正不当关联关系对各企业债权人的利益损害，打破关联企业成员内部独立人格和有限责任的围墙，实现破产法律制度的公平和效率价值，在此情况下，实质合并破产有利于关联债权人的整体公平受偿。

---

① 赵惠妙、左常午：《我国关联企业实质合并破产的裁定标准》，载《法律适用》2022年第4期。

（2）部分地方法院文件与《破产会议纪要》设定的认定标准不同

近年来，多个地方法院在其出台的文件对实质合并破产的适用范围进行了扩张，突破了《破产会议纪要》的规定。比如，北京市第一中级人民法院发布的《关联企业实质合并重整工作办法（试行）》即规定在重整必需、节省破产成本等情况下，即便不满足高度混同，亦可进行实质合并破产。广东省深圳市中级人民法院在其发布的《深圳市中级人民法院审理企业重整案件的工作指引（试行）》中规定，关联企业成员之间法人人格高度混同，严重损害债权人公平受偿利益的，或者关联企业实质合并重整有利于增加重整价值，使全体债权人受益的，关联企业成员、关联企业成员的出资人、债权人、已经进入破产程序的关联企业成员的管理人，可以申请对具有重整原因的多个关联企业成员进行合并重整，还可以申请将关联企业成员并入重整程序。

4. 选择性适用的问题比较突出

结合以往经验，在基本满足《破产会议纪要》规定要件的情况下，是否进行实质合并破产，往往取决于破产法院、地方政府、破产管理人、破产重整投资人的态度，受破产重整方案影响较大，债权人申请实质合并破产的成功率较低。鉴于在满足构成要件的情况下，《破产会议纪要》规定的是“可”例外适用关联企业实质合并破产，而非必须适用，法院或管理人在过往司法实践中往往将是否进行实质合并破产与采取何种破产重整方案一并考量，选择性适用的问题比较突出。

二、实质合并破产对于金融机构的主要影响

（一）影响无担保主债权的清偿率

《破产会议纪要》第 36 条规定：“实质合并审理的法律后果。人民法院裁定采用实质合并方式审理破产案件的，各关联企业成员之间的债权债务归于消灭，各成员的财产作为合并后统一的破产财产，由各成员的债权人在同一程序中按照法定顺序公平受偿。采用实质合并方式进行重整的，重整计划草案中应当制定统一的债权分类、债权调整和债权受偿方案。”实质合并破产后，所有被合并企业视为一个主体，债权受偿率亦将统一。如果被纳入合并范围的关联企业的财产状况和负债情况比债务人差，金融机构无担保债权清偿率无疑将被拉低。反之，如果被纳入合并范围的关联企业财产状况和负债情况优于作为金融机构债务人的关联企业，则合并破产将提高金融机构债权的清偿率。

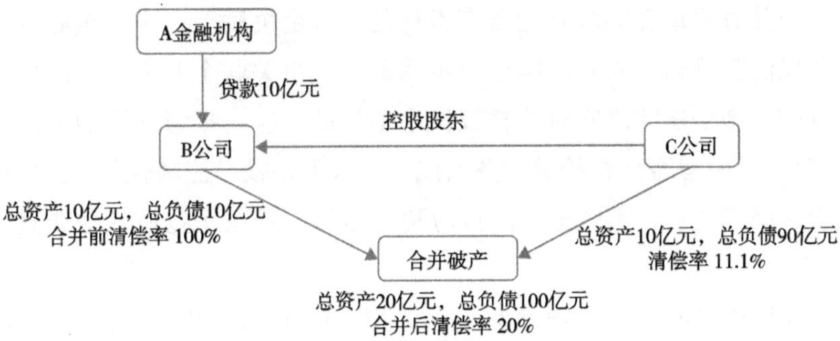

图 2-1-3

（二）影响被合并破产的关联企业人保的实现

如债务人和作为保证人的关联企业被实质合并破产，所有被合并企业视为一个主体，金融机构原本能通过两个破产程序分别受偿的债权，将可能仅能通过一个破产程序，以一笔债权受偿，实际使被合并破产的关联企业人保归于消灭的状态，严重影响债权受偿率。

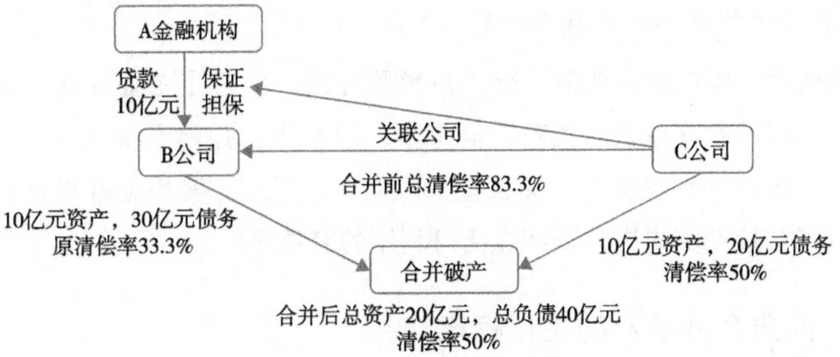

图 2-1-4

（三）影响关联企业股权质押/让与担保的实现

对于拟合并主体是否须以关联企业均具备《破产法》规定的破产情形为前提，现行司法实践存在争议，有分别达到破产界限和在整体上达到破产界限两种观点。在质押/让与担保股权的关联企业（资产抵债）被纳入实质合并破产范围的情况下，即便质押股权的目标公司资可抵债，合并破产也很可能使得金融机构的股权担保丧失价值或实际无法实现。

（四）破产管辖的移送

《破产会议纪要》第 35 条规定：“实质合并审理的管辖原则与冲突解决。

采用实质合并方式审理关联企业破产案件的，应由关联企业中的核心控制企业住所地人民法院管辖。核心控制企业不明确的，由关联企业主要财产所在地人民法院管辖。多个法院之间对管辖权发生争议的，应当报请共同的上级人民法院指定管辖。”一旦金融机构的债务人或担保人不是核心控制企业，按照前述规定，被合并破产之后，整个破产案件应移送至核心控制企业所在地或其他法院管辖。

司法实践中亦有类似移送案例。在（2019）浙0803破13号案中，浙江省衢州市衢江区人民法院即认为：“本院移送，最高人民法院在有关破产工作的司法文件中明确采用实质合并方式审理关联企业破产案件的，应由关联企业中的核心控制企业住所地人民法院管辖。核心控制企业不明确的，由关联企业主要财产所在地人民法院管辖。现债务人与其关联企业浙江浩丰施特肥业有限公司均进入破产重整程序，两者受同一实际控制人控制，经营、债务高度统一有实质合并审理的可能且主要营业地、主要财产所在地均在浙江省兰溪市，故债务人的申请符合法律规定。”

（五）重整投资和资产盘活的有效手段

如前所述，各关联企业进入破产重整程序后，因单个企业无法单独完成生产、销售工作导致其单独的重整价值有限，而实质合并破产将有助于对关联企业间的产业链进行有效整合、提高重整成功率。因此，实质合并破产是金融机构参与破产重整投资或进行资产盘活可利用的有效手段。

三、实质合并破产的适用标准

（一）实质合并破产的构成要件

《破产会议纪要》第32条规定：“当关联企业成员之间存在法人人格高度混同、区分各关联企业成员财产的成本过高、严重损害债权人公平清偿利益时，可例外适用关联企业实质合并破产方式进行审理。”根据前述规定，适用实质合并破产需满足四个要件：构成关联企业、构成高度人格混同、区分各关联企业成员财产的成本过高、单独破产严重损害债权人公平清偿利益。但《破产会议纪要》对于各个要件的规定较为概括，司法实践各地法院认定标准不一。[1] 本

---

① 除对各个要件的认定标准不一外，司法实践中在认定适用实质合并破产时采用单一标准还是复合标准的问题上争议也极大，下文具体阐述。

书在对过往司法判例进行梳理的基础上，对法院在认定是否适用实质合并破产时的考察因素进行了总结与分析，具体如下：

1. 是否构成关联企业

关联企业，是指与其他企业之间存在直接或间接控制关系或重大影响关系的企业，认定标准包括：（1）在资金、经营、购销等方面，存在直接或者间接的拥有或者控制关系；（2）直接或者间接地同为第三者所拥有或者控制；（3）在利益上具有相关联的其他关系。[①] 实践中，一般有下列关系之一的，可认定构成关联关系：（1）相互间直接或间接持有其中一方的股份总和达到25%或以上的；（2）直接或间接同为第三者拥有或控制股份达到25%或以上的；（3）企业与另一企业之间借贷资金占企业自有资金50%或以上或企业借贷资金总额的10%或以上是由另一企业担保的；（4）企业的董事或经理等高级管理人员的50%以上或有一名常务董事是由另一企业所委派的；（5）企业的生产经营活动必须由另一企业提供特许权利（包括工业产权、专有技术等）才能正常进行的；（6）企业生产经营购进的原材料、零配件等（包括价格及交易条件等）是由另一企业所控制或供应的；（7）企业生产的产品或商品的销售包括价格及交易条件等是由另一企业控制的；（8）对企业生产经营、交易具有实际控制力或控制效果或控制权的其他利益上相关联的关系还包括家族、亲属关系等。

2. 是否构成高度人格混同

人格高度混同如何判断，是过去司法实践在认定实质合并破产中最大的争议问题之一。相关争议主要集中在：第一，以“人格混同”还是“人格高度混同”为认定标准，何种混同程度才构成人格高度混同；第二，人格混同应从哪些角度判断；第三，混同持续时间、混同状态在破产时是否已终结等是否应作为考量因素。

关于人格混同的认定标准，最高人民法院2019年11月8日印发的《九民纪要》第10条规定：“认定公司人格与股东人格是否存在混同，最根本的判断标准是公司是否具有独立意思和独立财产，最主要的表现是公司的财产与股东的财产是否混同且无法区分。在认定是否构成人格混同时，应当综合考虑以下因素：（1）股东无偿使用公司资金或者财产，不作财务记载的；（2）股东用公司的资金偿还股东的债务，或者将公司的资金供关联公司无偿使用，不作财务

---

① 上海市浦东新区人民法院（2017）沪0115民初20431号案。

记载的；（3）公司账簿与股东账簿不分，致使公司财产与股东财产无法区分的；（4）股东自身收益与公司盈利不加区分，致使双方利益不清的；（5）公司的财产记载于股东名下，由股东占有、使用的；（6）人格混同的其他情形。在出现人格混同的情况下，往往同时出现以下混同：公司业务和股东业务混同；公司员工与股东员工混同，特别是财务人员混同；公司住所与股东住所混同。人民法院在审理案件时，关键要审查是否构成人格混同，而不要求同时具备其他方面的混同，其他方面的混同往往只是人格混同的补强。”实践中，多数法院亦参照上述规定进行判断。但亦有部分观点认为，实质合并意义上的人格混同标准，不同于公司法意义上的人格混同，实质合并标准的核心应当是财产混同程度与区分成本高低，至于经营场所混同、人员混同不过是辅助性的补强要素。[①]

关于实质合并破产的判断角度，从过去司法实践看，多数案例从财务混同、人员混同、管理混同、业务混同四个角度进行判断，亦有部分案例将经营场所混同作为判断角度之一。关于各个角度的具体考量因素，主要如表 2-1-1 所示。

表 2-1-1　实质合并破产中高度人格混同的考量因素

财务混同	是否受实际控制人或控股股东统一的货币资金管理和资金支取管理，资金是否长时间持续被统一归集、无偿调拨
	是否受实际控制人或控股股东统一的贷款发放管理
	是否存在大量的没有基础交易关系的往来款项，超出关联交易的正常范围
	是否存在大量互保行为，超出关联交易的正常范围
	是否存在资产相互占有、难以区分等资产混同情况
人员混同	是否存在交叉任职情况
	工资具体由谁发放

① 王静：《实质合并破产法律制度构造研究》，法律出版社 2021 年版。

续表

管理混同	是否受实际控制人或控股股东统一的制度管理
	重大投资、融资、贸易等经营性行为是否被进行全方位管理，资产处置、担保、股权转让、质押等事项是否需履行集团审批
	印章的保管和使用是否受到不同程度的控制
	人事管理、业绩考核是否受到统一安排或者不同程度的控制
	行政采购等管理性行为，是否受到不同程度的控制，公司自身是否缺乏对于重大管理事项实质意义上的决策权
	业务是否受统一安排或控制
	经营场所等是否混同，缺乏相应独立性
业务混同	业务是否受统一安排或控制
	是否存在市场和客户的重合

3. 区分各关联企业成员财产的成本是否过高

从判例来看，在资产严重混同和存在大量债务、不明往来款项的情形下，一般即可认为区分关联企业的成本过于高昂。事实上，多数法院在认定构成高度人格混同的情况下，一般也直接认为案件符合区分各关联企业成员财产的成本过高之情形，而不作实质性分析。

4. 适用实质合并破产是否有利于债权人整体利益

关联企业实质合并破产制度的价值取向在于贯彻债权人公平受偿原则，纠正不当关联关系对各企业债权人的利益损害，打破关联企业成员内部的独立人格和有限责任围墙，实现破产法律制度的公平和效率价值。关联企业实质合并破产的适用前提是构成高度人格混同，即关联企业已不具备独立法人人格且财产难以区分，在此情况下，实质合并破产似乎确有利于公平保护部分关联债权人的利益，防范破产欺诈行为，但是否有利于债权人整体利益似乎难以判断。从判例来看，法院在认定构成高度人格混同的情况下，一般会认定实质合并破产有利于债权人整体利益，并不作过多实质性判断。关于该要件的判断标准，有学者提出应从实质合并的整体处置方式所带来的资产正向收益提升、重整价值提高与实质合并所避免的现有资产更大损耗两个方面判断。①

① 王静：《实质合并破产法律制度构造研究》，法律出版社2021年版。

（二）地方性法规或司法文件的新突破

《破产会议纪要》第33条虽规定“人民法院在审查实质合并申请过程中，可以综合考虑关联企业之间资产的混同程序及其持续时间、各企业之间的利益关系、债权人整体清偿利益、增加企业重整的可能性等因素”，但前述因素需建立在满足该纪要第32条规定的四要件的基础之上。近年来，大企业集团系统性破产的情况增多，各地对于实质合并破产的认定标准似有放宽，并出台了一系列突破性规定。

表2-1-2 地方性法规或司法文件对实质合并破产认定标准的新突破

序号	发布机关	文件	突破性规定
1	海南省人大及其常委会	《海南自由贸易港企业破产程序条例》	第8条：“关联企业成员之间存在关联企业成员因人员、经营、财产等混同导致法人人格高度混同的，或者区分各关联企业成员财产的成本过高、严重损害债权人公平清偿利益的，管理人或者符合本条例第六条的申请人可以向人民法院申请适用关联企业实质合并破产方式进行审理。”（采用“或”，放宽认定标准）
2	山东省高级人民法院	《山东省高级人民法院企业破产案件审理规范指引（试行）》	第200条：“……人民法院在审查实质合并申请过程中，可以综合考虑关联企业之间资产的混同程度及其持续时间、各企业之间的利益关系、债权人整体清偿利益、增加企业重整的可能性等因素，在收到申请之日起三十日内作出是否实质合并审理的裁定。”（将重整作为重要考虑因素，并明确可综合考虑各因素决定是否进行实质合并破产，似乎并不要求各要件均同时具备，多地高级人民法院均出台类似规定）
3	北京市第一中级人民法院	《北京市第一中级人民法院关联企业实质合并重整工作办法（试行）》（2022年4月28日发布并实施）	第7条第2款：“关联企业部分或全部成员存在法人人格混同，虽不符合前款规定的高度混同标准，但其已经分别符合企业破产法第二条规定的情形，且关联企业符合下列情形之一的，也可以适用实质合并重整程序：（一）由于企业运营、资产配置等客观原因，上述成员的加入为整体重整所确实必需，且实质合并重整预计将不损害个别债权人的清偿利益；（二）由于节省区分和清理成本、降低破产费用等原因，上述成员加入实质合并重整预计将使全部债权人受益。”

四、实质合并破产的救济程序

关于实质合并破产的程序，《破产会议纪要》进行了规定，[①] 具体如图 2-1-5 所示。

图 2-1-5

按照《破产会议纪要》之规定，相关利害关系人对受理法院作出的实质合并审理裁定不服的，可以自裁定书送达之日起十五日内向受理法院的上一级人民法院申请复议。

但需注意的是，在基本满足《破产会议纪要》规定要件的情况下，破产法院、地方政府、破产管理人、破产重整投资人往往对是否进行实质合并破产具有较大话语权。在本书作者统计的现有 124 个案例中，有 110 个案例为法院准许实质合并破产，其余 14 个为法院裁定驳回实质合并申请，值得注意的是，法院裁定驳回实质合并申请的申请人均为管理人和债务人以外的债权人、抵押权人等。另外，共有 42 个案例为复议申请人不服人民法院作出的实质合并裁定而申请复议，全部被驳回。因此，虽然《破产会议纪要》对实质合并破产财产的救济途径进行了规定，但在实践中，对人民法院作出的准许实质合并破产的裁定不服而申请复议的成功率往往较低。

五、实质合并破产中的争议问题

（一）可申请实质合并破产的主体

现行法律及《破产会议纪要》对于可申请实质合并破产的主体并未明确规定。从现行司法实践来看，实质合并破产主要由管理人提出，债权人等利害关系人亦有权申请。

---

① 《破产会议纪要》第 33 条："实质合并申请的审查。人民法院收到实质合并申请后，应当及时通知相关利害关系人并组织听证，听证时间不计入审查时间。人民法院在审查实质合并申请过程中，可以综合考虑关联企业之间资产的混同程序及其持续时间、各企业之间的利益关系、债权人整体清偿利益、增加企业重整的可能性等因素，在收到申请之日起三十日内作出是否实质合并审理的裁定。"第 34 条："裁定实质合并时利害关系人的权利救济。相关利害关系人对受理法院作出的实质合并审理裁定不服的，可以自裁定书送达之日起十五日内向受理法院的上一级人民法院申请复议。"

从现有判例来看，管理人申请获得法院支持的比例较高，而债权人或抵押权人申请得到法院支持的概率相对较低。债权人或抵押权人未获支持的理由主要有：第一，债权人未举证证明高度人格混同，浙江省临海市人民法院（2019）浙1082破申38号、贵州省六盘水市中级人民法院（2019）黔02破申12号、广东省佛山市中级人民法院（2018）粤06破申44-2号案等；第二，应对拟合并关联企业是否具备破产原因进行单独判断，如重庆市高级人民法院（2020）渝破终8号、重庆市高级人民法院（2020）渝破终11号、江苏省扬州市中级人民法院（2019）苏10破终5号案等；第三，是否符合合并破产条件，应当结合管理人的调查结果进行判断，如重庆市高级人民法院（2020）渝破终8号、重庆市高级人民法院（2020）渝破终11号案等。

（二）拟合并主体是否均需具备破产原因

关于关联企业实质合并破产是否须以关联企业均具备《破产法》规定的破产情形为前提，实践中存在一定争议。

部分观点认为，实质合并破产不需要拟合并主体均具备破产原因。在（2020）沪破监2号裁定书中，上海市第三中级人民法院及上海市高级人民法院也认为，关联企业破产适用实质合并规则并不要求各关联企业均具备破产原因。

亦有部分观点认为，适用实质合并破产以拟合并企业均单独具备破产原因为前提，其主要逻辑为《破产法》第2条规定了破产的前提条件为企业法人到期不能清偿债务且资产不足以清偿债务或者明显缺乏清偿能力，故如不具备破产原因，则不具有“合并”破产的适用前提。比如，在（2019）鲁05破申14号案中，山东省东营市中级人民法院即认为：“大海集团等二十八家公司管理人申请大海分之合公司进入破产程序，并提供了该公司与山东大海集团有限公司存在关联关系的相关证据……为充分保障各方权益，应当将东营朗能公司先行纳入破产重整程序，在重整程序中就其与大海集团等二十八家公司是否存在实质合并破产的事实进行实质性审查。”在（2020）渝破终8号案中，重庆市高级人民法院认为：“本院认为，关联企业实质合并破产应当审慎适用，对关联企业成员的破产原因进行单独判断并适用单个破产程序是基本原则，适用关联企业实质合并破产方式是例外。”在（2019）苏10破终5号案中，江苏省扬州市中级人民法院认为：“对关联企业成员适用实体合并规则实质上就是启动该关联企业成员的破产程序，因此必须依法申请、启动关联企业成员的破产程序，该关联企业应具备破产原因，且申请人应为该关联企业本身或其债权人。”

对此，最高人民法院法官认为，关于法院审查的具体内容，一方面要审查适用实质合并破产的关联企业是否具有《破产法》第 2 条规定的破产原因，即关联企业成员应当分别或在整体上达到破产界限。[①]

但最高人民法院在第 29 批指导性案例（最高人民法院审判委员会讨论通过 2021 年 9 月 18 日发布）“重庆金江印染有限公司、重庆川江针纺有限公司破产管理人申请实质合并破产清算案”中却又认为，人民法院审理关联企业破产清算案件，应当尊重关联企业法人人格的独立性，对各企业法人是否具备破产原因进行单独审查并以适用单个破产程序为原则。

此外，部分地方法院目前仍持关联企业需分别具备破产原因之观点。例如，重庆市第五中级人民法院在其于 2021 年 12 月 28 日发布的《重整案件审理指引（试行）》第 36 条中指出：“人民法院应当对实质合并重整的下列要件事实进行审查，谨慎适用实质合并重整：（一）实质合并重整的主体属关联企业成员；（二）关联企业成员均具备重整原因；（三）关联企业成员之间法人人格高度混同、区分各关联企业成员财产成本过高、对债权人公平受偿造成严重损害。”

（三）认定标准采取单一要件还是多重要件

《破产会议纪要》虽规定了关联企业实质合并破产需具备法人人格高度混同、区分各关联企业财产的成本过高、严重损害债权人公平清偿利益三个要件，但现行司法实践中，不同法院对于应采用人格高度混同单一要件还是多重要件的认定标准观点并不一致，多重要件具体是指以法人人格高度混同为基础标准，同时附加“资产难以分离”“分离经济成本高”“不合并会损害债权人利益”“严重损害债权人公平清偿利益”等标准。[②]

根据学者统计，在过去的实质合并破产司法判例中，大约有 67. 4%的案例采用单一要件进行认定，大约有 32. 6%的案例采用多重要件进行认定。[③]

采用单一要件标准的判例主要以“人格混同”或“人格高度混同”等进行认定。例如，在广东省高级人民法院（2019）粤破终 27、28 号案中，广东省高级人民法院认为：“关于哈奇饼业公司、安吉食品公司是否符合关联企业实质合并破产清算条件，应否实质合并破产清算的问题。我国《公司法》第 20 条第 3

① 贺小荣、葛洪涛、郁琳：《〈全国法院破产审判工作会议纪要〉的理解与适用（下）》，载微信公众号“中国破产法论坛”，2018 年 6 月 8 日。

② 赵惠妙、左常午：《我国关联企业实质合并破产的裁定标准》，载《法律适用》2022 年第 4 期。

③ 赵惠妙、左常午：《我国关联企业实质合并破产的裁定标准》，载《法律适用》2022 年第 4 期。

款是关于否认公司独立人格的法律依据，参照2013年1月31日最高人民法院发布的指导性案例15号‘徐工集团工程机械股份有限公司诉成都川交工贸有限责任公司等买卖合同纠纷案’，认定公司人格混同，主要从公司人员、业务、财产是否达到高度混同的标准来判断，前述指导案例亦是在审理买卖合同纠纷当中确认公司人格混同，由混同公司对债务承担连带责任。已生效的（2007）惠中法民二初字第123号民事判决书是在借款合同纠纷案中予以确认哈奇饼业公司、安吉食品公司的公司人格混同，因此，哈奇饼业公司认为否认公司法人人格须经过独立的民事诉讼程序进行审理，缺乏法律依据。惠城区财政局据此为由申请对哈奇饼业公司、安吉食品公司进行关联企业实质合并破产清算，有事实和法律依据，该院予以支持。”

采用复合标准的判例则以法人人格高度混同、区分各关联企业成员财产成本过高、有利于保护债权人公平清偿及其他因素综合进行认定。例如，在（2021）琼破1号案中，海南省高级人民法院认为：“人民法院在审理企业破产案件时，应当尊重企业法人人格的独立性，对企业适用单个破产程序为原则。但是，当关联企业之间存在法人人格高度混同、区分各关联企业成员财产的成本过高、严重损害债权人公平清偿利益时，可例外适用实质合并破产方式进行审理。本院主要从以下几个方面对海航集团等321家公司是否符合实质合并重整的法定条件进行审查：一、关于海航集团等321家公司是否存在法定破产原因的问题……二、关于海航集团等321家公司法人人格是否高度混同的问题……三、关于海航集团等321家公司是否存在区分各关联企业成员财产成本过高的问题……四、关于实质合并重整是否有利于保护债权人公平清偿的问题……五、关于海航集团等321家公司进行实质合并重整是否具有可行性和必要性的问题……”

（四）名股实债是否影响关联企业的认定

名股实债交易中，金融机构虽名义持有标的公司股权，但一般不参与标的公司的实际经营管理。从登记股东看，标的公司的股东为金融机构和实际控制人或其关联企业，但实际上，股东权利由实际控制人行使，股权的真实所有权人仍是实际控制人。

对于名股实债是否影响关联企业和实质合并破产的认定，现行法律没有规定。从司法实践看，基于金融机构不实际参与标的公司经营管理、标的公司实际受实际控制人统一管理、标的公司管理人员由实际控制人委派、标的公司经营或资金受实际控制人控制等理由，多数案例认为名股实债一般不影响关联企业和实质合并破产的认定。例如，在（2019）沪 0117 破 13 号之二号案中，上海市松江区人民法院即认为："三公司股权结构上，振兴公司与瑞斯乐公司是欣狮公司的全资子公司，三公司之间未建立相关财务制度以区别各自财产；三公司由共同控制人过度控制，作为振兴公司与瑞斯乐公司母公司的欣狮公司最大股东为上海得乐由投资管理有限责任公司，持股 42.71%，其他股东则为各私募股权投资机构，不直接参与经营活动。而上海得乐由投资管理有限责任公司由周某芳绝对控股，其他股东则包括三公司主要高级管理人员，三公司实际控制人为周某芳……对上海振兴铝业有限公司、欣狮铝业（上海）有限公司、上海瑞斯乐复合金属材料有限公司适用实质合并破产清算程序审理。"

（五）股权代持是否影响实质合并破产的认定

关联企业是实质合并破产的前提。正常情况下，对于是否构成关联企业的认定，一般要看是否"存在直接或间接控制关系或重大影响关系"，而非仅审查是否存在直接或间接的股权控制，或机械要求"名义"持股比例达到控股标准。但在实质合并破产领域中，法律或司法文件未规定拟合并破产的关联企业是否必须在"名义上"具有直接或间接的相互控股关系，因此导致不同法院对于股权代持是否影响实质合并破产认定存在不同看法。

从目前看，多数案例认为需具备"名义上"的直接或间接控股关系，如无名义上持股关系，亦需提供可证明代持股的相关证据。例如，在（2019）鲁 05 破申 27 号案中，山东省东营市中级人民法院认为："管理人围绕其申请向本院提交珠海大海公司的工商登记档案、股份代持确认书、人员访谈笔录以及大海集团人事管理制度、相关人事任免文件、会议纪要等证据……大海集团等二十八家公司管理人申请珠海大海公司进入破产程序，并提供了该公司与山东大海集团有限公司存在关联关系的相关证据……"

六、金融机构应对建议

（一）实质合并破产风险的应对

1. 项目实施和管控要关注关联企业整体状况

一旦被实质合并破产，金融债权能否获得清收，不仅取决于债务人单个企业的资产与负债情况，还取决于关联企业的整体情况。随着实质合并破产的扩张适用，金融机构在对投资的安全性评估和项目管控中，不仅要关注目标公司的资产负债情况，而且要关注其关联企业、控股股东和实际控制人的整体状况。

2. 增加物保，对关联企业人保与股权质押之风险有所预期

实质合并破产的扩张适用无疑将增加关联企业人保与股权质押的不稳定性，基于此，建议金融机构增加物保等保障性比较高的担保措施。即便提供物保的担保人被纳入实质合并破产范围，但在其他物保之下，债权清偿仍具有一定保障。

3. 对投资的重资产公司可考虑以信托方式等进行破产隔离

《信托法》第 15 条规定："信托财产与委托人未设立信托的其他财产相区别。设立信托后，委托人死亡或者依法解散、被依法撤销、被宣告破产时，委托人是唯一受益人的，信托终止，信托财产作为其遗产或者清算财产；委托人不是唯一受益人的，信托存续，信托财产不作为其遗产或者清算财产；但作为共同受益人的委托人死亡或者依法解散、被依法撤销、被宣告破产时，其信托受益权作为其遗产或者清算财产。"

《九民纪要》第 95 条规定："【信托财产的诉讼保全】信托财产在信托存续期间独立于委托人、受托人、受益人各自的固有财产。委托人将其财产委托给受托人进行管理，在信托依法设立后，该信托财产即独立于委托人未设立信托的其他固有财产……当事人因其与委托人、受托人或者受益人之间的纠纷申请对存管银行或者信托公司专门账户中的信托资金采取保全措施的，除符合《信托法》第 17 条规定的情形外，人民法院不应当准许……"

从法律规定上讲，信托和信托财产的独立性，将明显有助于降低重资产债务人被单独破产或合并破产的风险。故投资之初，金融机构可以信托等进行隔离，降低目标公司被合并破产或强制执行的风险。

（二）实质合并破产的善用

1. 清偿率较低的情况下，可灵活运用实质合并破产提高清偿率

实质合并破产后，所有被合并企业视为一个主体，债权受偿率亦将统一。如果作为金融机构债务人的关联企业资产情况比较差、负债率比较高，若能将资产负债情况比较好的关联企业进行合并破产，将有助于提高金融机构债权的清偿率。

2. 破产重整投资或资产盘活的有效手段

如前所述，实质合并破产有助于对关联企业成员间产业链进行有效整合、

提高重整成功率。故金融机构在参与破产重整投资或资产盘活时，亦可考虑运用实质合并破产促成交易目的之达成。

第二节　破产债权确认中的热点问题

近年来，随着破产案件不断增多，破产债权确认中的争端及衍生诉讼随之大量增加。破产债权确认作为金融机构参与破产财产分配的前置条件，对于金融机构意义重大。本节将围绕破产债权确认中的热点争议问题展开分析，以期能为金融机构解决实务中的常见问题提供帮助。

一、逾期提起破产债权确认之诉是否导致债权消灭

《破产法司法解释三》第 8 条规定："债务人、债权人对债权表记载的债权有异议的，应当说明理由和法律依据。经管理人解释或调整后，异议人仍然不服的，或者管理人不予解释或调整的，异议人应当在债权人会议核查结束后十五日内向人民法院提起债权确认的诉讼……"鉴于我国《民事诉讼法》仅有上诉期间的规定，而没有起诉期间的规定，司法实践中对于前述"十五日"期间的性质及债权人逾期起诉是否导致债权消灭存在争议。

（一）过去司法实践的主流观点

过去相当长一段时间内，学术界和实务界有相当部分观点以"十五日"属于除斥期间[①]或诉讼时效或绝对的起诉期间，认为债权人超过《破产法司法解释三》第 8 条规定期间提起破产债权确认之诉的，法院可驳回其诉讼请求。而从司法实践看，对于"十五日"法定期限的性质，过去判例有诉讼时效说[②]、除斥期间说[③]、法定期限说[④]、附不利后果规定说[⑤]四种观点，其中持法定期限

---

① 池伟宏、冷帅达：《破产法司法解释（三）全面解读与分析（程序篇）——以债权人利益保护为视角》，载微信公众号"天同诉讼圈"，2019 年 4 月 25 日。

② 云南省迪庆藏族自治州中级人民法院（2019）云 34 民初 33 号案。

③ 四川省遂宁市中级人民法院（2019）川 09 民终 1156 号案。

④ 四川省高级人民法院（2020）川民申 917 号案。

⑤ 湖北省沙洋县人民法院（2020）鄂 0822 民初 879 号案。

说和附不利后果规定说的判例占比较高，[①] 但无论何种观点均认为债权人逾期起诉的，法院可对其债权不予确认。

《最高人民法院关于企业破产法司法解释（三）理解与适用》一书虽认为该期间属于诉讼法意义上的期间，而非除斥期间，逾期起诉并不导致实体权利消灭，但又指出，债权人逾期起诉，属于期间延误，除非有不可预见、不能避免并不能克服的法定正当理由（如自然灾害、重大疾病等），且债权人及时提出了顺延期间申请，否则，债权人将丧失提起破产债权确认之诉之权利。[②]

对此，多数地方法院亦持上述类似观点：

《山东省高级人民法院企业破产案件审理规范指引（试行）》第111条第1款规定："债务人、债权人对债权表记载的债权有异议的，应当说明理由和法律依据。经管理人解释或调整后，异议人仍然不服的，或者管理人不予解释或调整的，异议人应当在债权人会议核查结束后十五日内向人民法院提起债权确认的诉讼。逾期未起诉的，该债权确定。"

《广东省高级人民法院关于审理企业破产案件若干问题的指引》第78条第2款、第3款规定："债权人、债务人在债权人会议核查结束后15日后提出诉讼的，人民法院一般不予受理。因不可抗拒的事由或其他正当理由耽误期限的，可以依照《中华人民共和国民事诉讼法》第八十三条的规定申请顺延。债权未确认且债权人未按照规定提起诉讼的，重整计划与和解协议执行完毕后，债权人主张按照同类债权受偿比例清偿的，人民法院不予支持。"

《江西省高级人民法院关于印发企业破产案件审理规程（试行）的通知》第95条第2款规定："对于债权人会议核查的债权，如该债权有担保人的，管理人应将审查情况书面告知担保人。担保人有异议的，可以要求管理人更正。管理人不予更正的，担保人可以在收到不予更正决定之日起十五日内，向受理破产案件的人民法院提起债权确认诉讼。逾期未起诉的，该债权确定。"

但亦有少数法院认为，债权人未在"十五日"期间内提起确认之诉不会导致诉权丧失。例如，江苏省高级人民法院民事审判第二庭《破产案件审理指南（修订版）》第六部分第4条规定："前述不予确认债权通知书、复核通知书及债权表应当记载异议人提起债权确认之诉的权利及十五日起诉期间。债权人就

---

① 吴明：《普通破产债权确认之诉要点解析》，载微信公众号"审判研究"，2021年12月21日。

② 最高人民法院民事审判第二庭编著：《最高人民法院关于企业破产法司法解释（三）理解与适用》，人民法院出版社2019年版。

自身债权超过十五日起诉期间未提起诉讼的，起诉前已进行的分配，不再对其补充分配，起诉后进行分配的，应当根据争议债权金额作相应提存。债权人就他人债权超过十五日起诉期间提起异议诉讼，生效判决认定异议成立的，已分配的部分仍应当依法回转。”

（二）当前司法实践观点之转变

诉权丧失观点虽在相当长一段时间内为多数法院沿用，但却一直饱受学界诟病，尤其是其对《破产法》第 56 条立法精神的违背。《破产法》第 56 条规定：“在人民法院确定的债权申报期限内，债权人未申报债权的，可以在破产财产最后分配前补充申报；但是，此前已进行的分配，不再对其补充分配。为审查和确认补充申报债权的费用，由补充申报人承担。债权人未依照本法规定申报债权的，不得依照本法规定的程序行使权利。”按照前述规定，即便债权人未在破产程序中及时主张债权，其行为也仅导致丧失表决等程序性权利，而并不导致丧失实体权利。

2022 年，最高人民法院颠覆性地改变了过去的裁判观点，在多个判决或裁定中开始结合《破产法》第 56 条规定处理破产债权确认之诉中的逾期起诉问题，并转变确立新的裁判规则，认为即便债权人未在“十五日”期间内提起破产债权确认之诉，也不会导致诉权丧失，如（2022）最高法民再 95 号民事判决书、（2022）最高法民再 233 号民事裁定书（最高人民法院 2022 年第 12 期公报案例）、（2022）最高法民再 114 号民事判决书，等等。

最高人民法院在（2022）最高法民再 114 号案中更是对于十五日起诉期间的性质做了详尽说明：十五日起诉期间既不是除斥期间，也不是诉讼时效期间。除斥期间是法定权利的存续期间，因该期间经过而发生权利消灭的法律后果。如果该条规定的十五日起诉期间是除斥期间，那么未在该期间内起诉的债务人或债权人的实体权利消灭。该法律后果与《破产法》第 56 条关于“债权人迟延申报情形下，尚可在破产财产最后分配前补充申报”的规定相矛盾。而且即使债权人未依照《破产法》的规定申报债权，只是不得在破产程序中行使权利而已，也并非消灭实体权利。因此，该十五日起诉期间不是除斥期间。《民法总则》第 188 条规定，向人民法院请求保护民事权利的诉讼时效期间为三年，故诉讼时效期间应是法律规定的权利人向人民法院请求保护民事权利的期间，债权人在诉讼时效期间经过后再起诉的，将丧失胜诉权。如果将该十五日起诉期间认定为诉讼时效期间，会导致在破产程序中对债权人或债务人适用的诉讼时效期间与《民法总则》规定的诉讼时效期间不一致，并且也与《破产法》第56条关于“债权人迟延申报情形下，尚可在破产财产最后分配前补充申报”的规定相矛盾。因此，该十五日起诉期间也不是诉讼时效期间。基于上述理解，本条文规定的是起诉的合理期间，目的在于督促异议人行使合法权利，避免影响后续表决等程序的推进，而非消灭异议人的实体权利，故通耀公司上诉称建工公司的起诉违反《破产法司法解释三》第8条规定的理由不能成立。

最高人民法院在（2022）最高法民再233号案中对于逾期起诉的法律后果进行了明确：本院经再审认为，《破产法司法解释三》第8条规定的十五日期间，系附不利后果的引导性规定，目的是督促异议人尽快提起诉讼，以便尽快解决债权争议，提高破产程序的效率，防止破产程序拖延。异议人未在该十五日内提起债权确认的诉讼，视为其同意债权人会议核查结果，破产程序按债权人会议核查并经人民法院裁定确认的结果继续进行，给异议人财产分配和行使表决权等带来的不利后果，由其自行承担。但《破产法司法解释三》第8条规定的十五日期间并非诉讼时效、除斥期间或起诉期限，该十五日期间届满并不导致异议人实体权利或诉权消灭的法律后果。一二审法院以沙某英超过十五日起诉期限为由驳回起诉，适用法律错误。

随着最高人民法院判例的出现，地方法院亦开始转变观点，诸多地方法院判决亦开始逾期起诉并不导致诉权消灭之观点，但因部分地区的司法文件仍未纠正逾期起诉不予受理或债权确定之规定，相关地区法院部分判例仍较为保守地依据地方司法文件进行裁判。

二、提起破产债权确认之诉是否需履行管理人异议之前置程序

《破产法司法解释三》第8条规定：“债务人、债权人对债权表记载的债权有异议的，应当说明理由和法律依据。经管理人解释或调整后，异议人仍然不服的，或者管理人不予解释或调整的，异议人应当在债权人会议核查结束后十五日内向人民法院提起债权确认的诉讼……”前述规定并未明确债权人在提起破产债权确认之诉前应否先行向管理人提出异议，司法实践对此存在争议。

部分法院认为，债权人在提起破产债权确认之诉前，应先行履行向管理人提出异议的前置程序。例如，河北省高级人民法院发布的《破产案件审理规程（试行）》第62条规定：“债权人、债务人对债权表记载的债权向管理人提出异议后，管理人拒不更正或更正后仍有异议的，应当在债权人会议核查结束后

十五日内向人民法院提起债权确认之诉。债权人、债务人未在前款规定期限内提出债权确认之诉的，视为对债权表记载的债权无异议。”

亦有部分法院认为，债权人对于债权确认结果可直接提起破产债权确认之诉，无须履行向管理人提出异议的前置程序。例如，江苏省高级人民法院民事审判第二庭《破产案件审理指南（修订版）》第六部分第4条规定：“债权表经债权人会议核查，债权人对他人债权有异议的，可以在管理人确定的合理期限内向管理人提出异议，由管理人予以复核，异议成立的，应予采纳，异议不成立的，债权人可以自收到书面复核通知书之日起十五日内提起债权确认诉讼，债权人也可不经复核程序，自收到债权表之日起十五日内，以债务人及该他人为被告提起债权确认诉讼。”

对此，最高人民法院倾向性认为，为了减少不必要破产债权确认之诉的提起，减轻当事人诉累，实现案件分流，减轻法院压力，提高破产程序的效率，故《破产法司法解释三》第8条本意为债权人应先向管理人提出异议，管理人不能解决的，再向法院提起诉讼。①

三、破产债权确认之诉的诉讼费采取何种交纳标准

多数破产程序中，普通债权的清偿率往往较低，金融机构在决策是否提起破产债权确认之诉时，亦需评估回款可能性与诉讼费成本高低。但对于破产债权确认之诉如何交纳诉讼费，司法实践中存在多个争议。

（一）按照财产案件的标准还是非财产案件标准交纳诉讼费

《诉讼费用交纳办法》第13条对“财产案件”和“非财产案件”规定了不同的诉讼费交纳标准，其中前者按照诉讼请求金额或者价额的一定比例分段累计交纳，后者一般根据案件性质交纳50—300元不等的固定诉讼费。然而，《诉讼费用交纳办法》并未对“财产案件”和“非财产案件”进行定义。普通破产债权确认之诉中，债权人或异议人的请求通常是要求对破产债权的数额、是否享有优先权、债权顺位等进行确认，该等案件应当使用财产案件还是按照非财产案件交纳案件受理费，不同法院存有不同观点。②

一种观点认为，破产债权确认诉讼属于确认之诉，应当按非财产案件计收

---

① 最高人民法院民事审判第二庭编著：《最高人民法院关于企业破产法司法解释（三）理解与适用》，人民法院出版社2019年版。

② 吴明：《普通破产债权确认之诉要点解析》，载微信公众号“审判研究”，2021年12月21日。

诉讼费。例如，在（2019）桂03民初103号案中，广西壮族自治区桂林市中级人民法院即认为：确认被告周某强对第三人桂林金穗投资有限公司人民大厦南区某商品房购房款本金20,000元享有债权优先权，债权本金20,000元的利息为普通债权，确认被告周某强对第三人桂林金穗投资有限公司人民大厦南区某商品房购房款本金20,000元及利息为普通债权；驳回原告中国长城资产管理股份有限公司广西壮族自治区分公司的其他诉讼请求。案件受理费100元，由中国长城资产管理股份有限公司广西壮族自治区分公司负担50元，周某强负担50元。

另一种观点认为，破产债权确认之诉本质上属于财产性争议，应按财产性案件收费，根据诉讼请求或担保债权的金额确定诉讼费。例如，在（2018）苏01民终2153号案中，江苏省南京市中级人民法院则认为：撤销江苏省南京市溧水区人民法院（2017）苏0117民初3146号民事判决；确认北京淮钢经贸有限公司对南京润超铁路配件有限公司享有868,479.13元破产债权（包括本金796,635.85元，利息71,843.28元）；驳回北京淮钢经贸有限公司的其他诉讼请求。一审案件受理费12,566元，由淮钢公司负担116元，润超公司负担12,450元；二审案件受理费12,566元，由淮钢公司负担116元，润超公司负担12,450元。

从整体案件数量看，持第二种观点的案例多于第一种观点。

此外，部分地方性司法文件亦规定了破产债权确认之诉按照财产案件交纳诉讼费。比如，《浙江省高级人民法院关于统一破产债权确认纠纷案件受理费标准相关事宜的通知》第2条规定："管理人应当勤勉尽责审查债权，对申报的债权进行审查后提出审查意见，破产债权确认纠纷案件可以按照有争议部分（金额或者性质）的债权金额计算诉讼费"；《北京市高级人民法院企业破产案件审理规程》第175条规定："异议债权确认诉讼的案件受理费按照《诉讼费用交纳办法》规定的财产案件受理费标准收取……"

但需提示的是，从过往司法判例看，同一地区甚至同一法院的不同法官对于该问题的处理观点也并不绝对一致。例如，浙江省杭州市中级人民法院在（2020）浙01民终2411号破产债权确认案中判决按非财产案件标准的80元收取诉讼费，但在（2018）浙01民终8345号破产债权确认案中却判决按诉讼请求金额收取诉讼费。因此，金融机构在决策是否提起诉讼时，应当就诉讼费问题提前与破产法院进行沟通。

（二）按照有争议金额还是请求确认的债权全额交纳诉讼费

对于金融机构而言，破产债权审查中本金获得管理人确认的问题一般不大，破产债权确认之诉的争议主要集中在利息或违约金的计算方式，或担保债权的范围，但囿于诉讼请求的完整性，金融机构往往以“请求法院依法确认债权金额总计为（　）元，其中包含管理人已确认部分（　）元，管理人尚未确认部分（　）元”确定诉讼请求。此时，不同法院对于应当按照总金额还是争议金额即管理人尚未确认部分的金额交纳诉讼费存有不同理解。

对此，部分地方高级人民法院出台以下规定予以明确：

《浙江省高级人民法院关于统一破产债权确认纠纷案件受理费标准相关事宜的通知》第 2 条规定：“……破产债权确认纠纷案件可以按照有争议部分（金额或者性质）的债权金额计算诉讼费。”

《北京市高级人民法院企业破产案件审理规程》第 175 条规定：“……对债权数额无异议，但对债权的清偿顺序或者是否具有优先权有争议而提起的诉讼，应按照争议涉及的金额计算案件受理费。”

《广东省高级人民法院关于审理企业破产案件若干问题的指引》第 79 条第 2 款规定：“异议债权确认诉讼案件的诉讼费按照有异议部分的数额根据财产案件受理标准收取。对债权数额无异议，但对债权的清偿顺序有异议而提起诉讼的，按照争议所涉及债权的金额计算受理费。”

建议金融机构在提起诉讼之前，就前述问题提前与破产法院沟通确认。

第三节　破产债权清偿中的热点问题

近年来，庭外重组与破产重整中衍生的一系列新制度或操作，如金融债委会、上市公司破产中无让渡金融机构质押股票、债转股等，给金融机构债权实现带来了诸多挑战。本节将围绕破产债权清偿中的热点问题，对相关制度或操作中存在的法律问题进行分析。

一、金融债委会会议纪要对金融机构的影响

随着破产案件的攀升，金融机构债权人委员会（以下简称金融债委会）在困

难企业债务重组、预重整、破产重整与清算等工作中发挥越来越重要的作用。2020年年底，银保监会、国家发展和改革委员会、中国人民银行和证监会发布《金融机构债权人委员会工作规程》（银保监发〔2020〕57号），进一步规范、促进金融债委会制度的运行与发展。实践中，为稳妥化解风险，实现债务重组，金融债委会往往会通过形成债委会会议纪要或要求金融机构在会议纪要的基础上另行签署债权人协议（以下与债委会会议纪要统称“金融债委会会议纪要”），要求债委会成员联合维权、统一行动，不得单独对债务企业提起诉讼和查封资产，以及规定债务展期、利息减免等。但司法实践中对于前述规定的效力及金融机构能否越过债委会决议单独提起诉讼，存在较大争议。《最高人民法院公报》2022年第5期发布了一起关于金融机构不履行金融债委会决议、擅自起诉被法院驳回诉讼请求的案例，即招商银行股份有限公司济南分行诉临清新银河实业有限公司、中冶纸业银河有限公司金融借款合同纠纷案①（以下简称“招商银行案”），再次引发学术界与实务界的激烈讨论与争议。

从严格意义上讲，本节讨论的债权追偿问题是在破产重整之前，债权尚不能称之为“破产债权”，但鉴于债务人同样已面临较大的破产风险，以及该问题对于金融机构的意义重大，本节一并予以讨论，以期能为金融机构提供帮助。

（一）限制诉权之决议内容的效力

实践中，金融债委会会议纪要对于成员诉权的限制主要分为两种类型：一是单纯的限制诉权，而不规定债务展期等内容，通常仅规定债委会任何一方成员未经债委会同意，不得单独对债务人或担保人采取查封、冻结、扣押等强制性措施或提起诉讼；二是在债务重组之外另行设定的限制诉权，通常是在债务重组（一般设定债务展期或给予债务人债务履行宽限期）之外，另行明确债委会各委员未经债委会同意不得单独起诉。因第二种类型本质问题并非放弃诉权，而是债务展期或还款调整对于诉权的影响，故两种类型效力判断的考量因素并不一致，本节分别进行讨论。

1. 单纯限制诉权之决议内容效力的司法现状

从现行司法实践看，不同法院对于金融债委会会议纪要及相关文件规定的单纯限制诉权效力存在不同观点：

---

① 参见再审案号：最高人民法院（2021）最高法民申2707号；二审案号：山东省高级人民法院（2020）鲁民终450号；一审案号：济南铁路运输中级法院（2019）鲁71民初45号。

一种观点认为，金融机构签字确认的会议纪要对其有约束力，表明金融机构自愿对债务人及担保人暂缓行使诉权，其单独起诉有违诚实信用原则，故应驳回诉讼请求。在（2022）鲁06民终1804号案中，山东省烟台市中级人民法院即认为："2018年5月22日，为化解烟台经济技术开发区水产企业担保圈金融风险，包括上诉人上级华夏银行烟台分行在内的16家债权银行召开了福顺达集团（包括福顺达公司、忠水公司等）、嘉鸿集团（包括永康公司等）等五集团的债权银行会议，形成（2018）4号会议纪要，依据该会议纪要，载明各债权银行一致同意，统一对福顺达集团、嘉鸿集团等三家集团依法提起诉讼，对为福顺达集团，嘉鸿集团等三家集团提供担保的、生产经营及还本付息正常的企业暂不予起诉，但担保企业要在一定时限内落实担保履约责任。上述纪要，上诉人的上级行参与并签署，故上述会议纪要对上诉人具有约束力，一审审理期间，上诉人并没有提供证据证明上述纪要已不具有约束力，故上诉人向保证人主张保证责任受上述会议纪要限制，一审法院不予支持其请求并无不当。"

另一种观点认为，提起诉讼属于法律规定的诉讼权利，不可通过约定排除。在（2017）京0102民初29523号案中，北京市西城区人民法院认为："融资租赁公司提起诉讼属于法律规定的诉讼权利，不可通过约定排除。若融资租赁公司其他行为违反《债务框架协议》及债权人协议等约定，钢加公司可另行主张其违约责任，但即使融资租赁公司违反相关协议安排，具有违约行为，但亦不能据此判定该违约行为导致《融资租赁合同》的约定权利义务变更的效果。"

而最高人民法院自身对于该问题的看法似乎亦未统一，在"招商银行案"中，最高人民法院在公报中将该案的裁判要旨总结为"债委会会议纪要是债委会集体意志的体现，是债委会各成员单位的真实意思表示，不违反法律法规的规定，各成员单位应当遵照执行。债委会成员如承诺与其他成员一致行动、除经债委会同意外不得单独或联合其他方处置债权（包括但不限于起诉、查封、变卖、拍卖、扣划等）的，其在债务重组协议约定的履行期间届满前，未经债委会同意，单独起诉主张实现其债权的，人民法院应当判决驳回其诉讼请求"，似乎旨在明确，无论金融机构是否另行达成债务重组，金融机构债委会作出的关于限制诉权之决议，对于金融机构具有法律约束力。

但最高人民法院在其2022年1月26日公布的《最高人民法院关于政协第十三届全国委员会第四次会议第0362号（政治法律类056号）提案答复的函》中，针对政协委员提出的"在重组企业正常履行重组协议过程中，对债委会成员肆意提起诉讼、申请（恢复）执行或其他司法限制措施的，人民法院应不予支持”之建议，又指出：“在现有法律框架下，当事人有权利用法律规定的民事诉讼程序寻求对自身权利的保护和救济，除了法律有明确规定的情形之外，不宜限制当事人提起民事诉讼的权利。因此，如果债委会成员在重组企业正常履行重组协议过程中提起诉讼的，人民法院应当依法审查是否符合受理条件，符合的应当依法受理……另外，最高人民法院也将加强对下指导，要求各级人民法院在处理该类案件时，将对债务人的重组情况予以重点关注，做到案件处理与庭外债务重组协同推进。同时，我们也将进一步研究如何解决庭外重组中的财产保全问题以及债权人一致行动问题，尽力促成庭外重组成功。此外，我们在破产法修改建议稿中，将把您所建议的有关内容予以充分体现。”

上述两处观点并不一致。需要注意的是，“招商银行案”二审及再审之所以驳回金融机构的诉讼请求，除债委会会议纪要或债权人协议规定了“任何一方不得单方面或联合其他方与债务人就其债权达成除《补充方案》以外的任何协议，除经债委会同意外不得单独或联合其他方处置（包括但不限于起诉、查封、变卖、拍卖、扣划等）债务人的资产”外，债委会各委员也另行以签署重组协议或补充方案、出具说明等方式，表明以借新还旧等方式将贷款期限续为8年。故有学者指出，最高人民法院公报中的裁判摘要有些误导，令人误以为它表达了对前沿的金融债委会会议纪要效力问题的司法政策，但实际上该案并非如此：一是该案的会议纪要并未形成集体意志，它只是签字各银行个体意志的集合，与通常讨论的会议纪要的多数决机制无关；二是该案中，银行在签订了重组协议给予债务人履行宽限期、承诺不起诉后，又以对方违约为由单独起诉，是个单纯的违约认定问题，该案放在预约和本约的法律框架中解决更为合适，并不涉及债委会决议法律效力的认定。①

由此看来，现行司法实践对于单纯限制诉权的效力争议仍较大，最高人民法院似乎亦在“不支持限制诉权”与“推动庭外债务重组”之间左右徘徊。

2. 债务重组附带的限制诉权决议内容的效力之司法现状

该种类型问题本质上并非放弃诉权的问题，而是债务展期或还款调整对于诉权的影响。金融机构表决同意或签署会议纪要，或者另行签署债权人协议给予债务人履行宽限期，本质上是对一段时间内追究违约权利的放弃。在此之下，

---

① 奋力哥：《公报招行案并非债委会决议效力的典型案件》，载于微信公众号“简法 FinLegal”，2022年5月24日。

能否行使诉权的关键在于债委会会议纪要及其他协议中约定的债务重组是否成立、可存续等问题。对此，《最高人民法院关于政协第十三届全国委员会第四次会议第0362号（政治法律类056号）提案答复的函》指出，各级法院在处理该类案件时，应对债务人的重组情况予以重点关注，做到案件处理与庭外债务重组协同推进。而债务重组能否成立和被解除主要涉及债务重组协议与原债务关系是否属于同一法律关系、重组文件是否构成本约、债务人违约情况下金融机构能否恢复行使诉权三个问题。从现行司法实践看，各地法院对于这三个问题的认定标准并不一致：

（1）关于债务重组协议与原债务关系是否属于同一法律关系，债务重组协议是否影响金融机构依据原合同提起诉讼的问题。

部分法院认为，债务重组协议与原金融借贷关系并非同一法律关系，债务人不能以债务重组协议进行抗辩。例如，在“招商银行案”一审中，山东省济南铁路运输中级法院认为：“新银河公司、中冶银河公司提及的前述债务重组协议与本案诉争的金融借贷法律关系并非同一法律关系，如认为济南招行违反了债务重组协议的有关约定，可依法另寻其他途径解决纠纷。”但该观点在二审和再审中被山东省高级人民法院、最高人民法院改判。

（2）关于债权会议纪要或重组框架协议是预约还是本约，能否直接约束金融机构的问题。

部分法院认为，即便金融债委会形成的会议纪要、重组方案或其他文件对债务展期作出了明确规定，但相关内容的性质属于预约，具体本约应由金融机构与债务人另行签订债务展期协议，重组方案的相关内容不能直接作为确定债权债务关系的依据，金融机构违反债务重组协议约定的，债务人只能另寻其他途径解决违约问题，债务人可能据此抗辩金融机构无权提起诉讼。例如，在“招商银行案”一审中，山东省济南铁路运输中级法院认为：“2016年3月，中冶银河公司与新银河公司、中冶集团公司，以及含济南招行在内的多家银行签订《补充方案》，约定：各债权银行以各自现有在中冶银河公司挂账的债权本金余额为基数，以‘借新还旧’等方式向中冶银河公司发放重组贷款，专项用于偿还各自在中冶银河公司挂账的不良贷款本金；重组贷款期限为8年；新银河公司承接贷款到期后，在重组贷款本息结清前，各债权银行应采取‘借新还旧’等方式确保贷款到期续作；《补充方案》生效后，任何一方除经债委会同意外不得单独或联合其他方处置（包括但不限于起诉等）债务人的资产等事项……2018 年《借款合同》第 12 条是关于贷款展期的约定，意思表达明确、清晰。根据该条约定，济南招行如同意展期的，应与新银河公司另行协商签订展期协议。但济南招行并未与新银河公司签订展期协议，而是在借款到期后提起本案诉讼，已经以实际行动表示不再展期。”

但亦有部分法院认为，即便金融机构未与债务人另行签订债务展期协议，金融债委会形成的会议纪要或其他文件亦可直接约束金融机构。例如，在（2021）京 74 民初 224 号案中，北京金融法院即认为：“长城资管公司作为新疆庆华公司债权人，自愿加入在自治区政府、伊犁州政府支持下，在监管部门指导下成立的债委会，为防范金融风险，服务实体经济、维护全体债权人利益，长城资管公司应当遵守债委会的议事规则、合作协议和债委会会议纪要决议。根据债委会会议纪要决议的要求，各金融机构需一致行动，保证不单独对企业起诉；给予新疆庆华公司五年脱困期，暂不偿还本金；从 2017 年 12 月 21 日起各金融机构债权人统一将借款利率暂调整为 4. 41%，原合同利率与 4. 41%之间的息差部分，由中国信达资产管理股份有限公司新疆分公司牵头研究债转股方案；罚息部分予以豁免。议事规则、合作协议亦多次提出各成员单位一致行动，避免抽贷；不得擅自对债务人单独采取措施，损害债委会其他成员的利益。长城资管公司称上述决议内容不能约束该公司。但鉴于，其一，长城资管公司的主张与债委会议事规则、合作协议相悖；其二，依据其提交的《关于参加新疆庆华能源债委会并同意债委会相关事项的批复》内容显示，长城资管公司同意债委会相关事宜，并要求公司内部落实债委会会议纪要内容，故长城资管公司称，会议纪要内容不能构成对其公司的约束的意见，本院不予采信。会议纪要的上述约定实质系长城资管公司承诺并同意其对新疆庆华公司、中国庆华公司的该笔债权进行展期至 2022 年 12 月 20 日，并且向债务人及债委会其他成员承诺一致行动，不单独对债务人提起诉讼。针对 2017 年 12 月 21 日前的欠息部分，亦承诺通过转股或在脱困期内根据现金流情况逐年偿还。目前新疆庆华公司依据债委会决议按 4. 41%执行脱困期内向全体债权人支付利息，目前脱困期尚未届满，故长城资管公司对新疆庆华公司、中国庆华公司该笔债权尚未到期，其起诉新疆庆华公司、中国庆华公司要求偿付借款本金及利息、罚息、复利、违约金及实现债权的费用等诉讼请求，无事实依据，本院不予支持。”

（3）关于债务人违反债委会会议纪要或其他文件规定义务，金融机构能否恢复行使诉权。

对此，不同法院观点亦不一致。部分法院认为，债务人未履行债委会会议纪要或其他文件规定义务，不能导致债委会会议纪要丧失对金融机构的约束力，金融机构不能恢复行使诉权。例如，在（2022）鲁 06 民终 1804 号案中，山东省烟台市中级人民法院在金融机构提供一系列证据证明债务人没有履行过会议纪要的要求及责任的情况下，仍认为：“2018 年 5 月 22 日，为化解烟台经济技术开发区水产企业担保圈金融风险，包括上诉人上级华夏银行烟台分行在内的 16 家债权银行召开了福顺达集团（包括福顺达公司、忠水公司等）、嘉鸿集团（包括永康公司等）等五集团的债权银行会议，形成（2018）4 号会议纪要，依据该会议纪要，载明各债权银行一致同意，统一对福顺达集团、嘉鸿集团等三家集团依法提起诉讼，对为福顺达集团，嘉鸿集团等三家集团提供担保的、生产经营及还本付息正常的企业暂不予起诉，但担保企业要在一定时限内落实担保履约责任。上述纪要，上诉人的上级行参与并签署，故上述会议纪要对上诉人具有约束力，一审审理期间，上诉人并没有提供证据证明上述纪要已不具有约束力，故上诉人向保证人主张保证责任受上述会议纪要限制，一审法院不予支持其请求并无不当。”

但亦有部分法院认为，在审查金融机构是否有权突破债委会会议纪要单独提起诉讼时，应对于债务人是否存在对债委会会议纪要等文件的违约行为进行审查。例如，在“招商银行案”中，山东省高级人民法院即认为：“关于济南招行主张的新银河公司、中冶银河公司未按照债务重组协议约定进行资产分立、增资以及挂账贷款本金偿还，构成实质违约，造成贷款续作未获批准的问题。本院认为，新银河公司未按债务重组协议约定进行增资、中冶银河公司未按债务重组协议约定将优质资产纳入新银河公司等，确属构成违约，但 2019 年 5 月 22 日各方又签署了《会议纪要》，约定中冶银河公司、新银河公司尽快完成资产分立，6 亿元增资尽快到位，积极筹集资金于 6 月底前按在各行贷款余额千分之一的比例归还各债权银行贷款本金；各债权银行按照重组方案要求，及时通过借新还旧、展期等方式办理到期贷款的续作。济南招行等债权银行对中冶银河公司、新银河公司的违约行为给予了一定宽限期，并且中冶银河公司、新银河公司已按照《会议纪要》要求偿还了其他债权银行贷款余额千分之一的贷款本金，仅是因济南招行、聊城招行的原因未能偿还其贷款余额千分之一的贷款本金。故济南招行于 2019 年 7 月 15 日即提起本案诉讼，违反了债务重组协议。”

3. 本书观点

关于如何判断限制诉权之决议内容的法律效力，首先需关注以下四个方面的问题：

一是诉讼权利能否由当事人约定排除或限制？

诉权条款因交易安排可见于部分合同（如和解协议）中，大体可分为放弃诉权、限定诉权的行使时间或条件两种类型。法国、德国及我国台湾地区均认为诉权条款属于当事人对于诉权的契约化安排，只要表述清晰、明确、无歧义，且不存在其他无效情形，一般应认为有效。我国学界及实务界对于诉权条款的性质及效力则尚未形成一致看法，主要有三种观点：第一种观点认为，当事人放弃诉权系意思自治的表现，只要不违反法律禁止性规定，应当有效。[①] 第二种观点认为，诉权属于公权利，是国家赋予公民获得司法救济的基本权利，应当受到法律保护，当事人虽有处分权，可选择诉或者不诉，但不能通过事先约定的方式排除司法救济，关于不起诉的约定应属无效。[②] 第三种观点认为，诉权不能通过事先约定予以排除，但当事人可约定在一定期限内不提起诉讼，推迟诉权的行使，即诉权排除条款无效，诉权限制条款有效。[③]

对于上述观点，从以往判例看，最高人民法院似乎对于限期起诉条款的效力持积极态度，对于绝对排除诉权的效力之观点左右徘徊，但从《最高人民法院关于政协第十三届全国委员会第四次会议第 0362 号（政治法律类 056 号）提案答复的函》及正反观点判例数量看，最高人民法院似乎倾向于认为绝对排除无效。例如，最高人民法院在（2016）最高法民终 415 号案中认为：“《付款协议》中约定在付款期限内不得提起诉讼的条款，并非排斥重庆千牛公司的基本诉讼权利，该条款仅是限制重庆千牛公司在一定期限内的起诉权，而不是否定和剥夺重庆千牛公司的诉讼权利，只是推迟了重庆千牛公司提起诉讼的时间，超过双方当事人约定的时间 2015 年 8 月 25 日后，重庆千牛公司可以随时行使自己的诉讼权利。”在（2018）最高法民终 27 号案中认为：“起诉权属于法律赋予当事人程序意义上的诉权，是法定的权利，当事人不得自行约定排除，因

---

① 最高人民法院（2016）最高法行申 2385 号案。

② 最高人民法院（2019）最高法民再 327 号案。

③ 浙江省金华市中级人民法院（2021）浙 07 民终 1969 号案。

此原告起诉符合《民事诉讼法》第119条规定的起诉条件。”但在（2016）最高法行申2385号案中认为：“抛弃权利保护的方式包括单方向人民法院表示、单方向诉讼的另一方当事人表示，也包括当事人之间自愿达成合意。如果当事人在自愿抛弃权利保护之后再行实施诉权，则属出尔反尔，有违诚实信用原则。”

诉权条款的效力评价，本质上涉及诉权条款的定性问题，私法属性与公法属性各有其理。一方面，诉讼往往是民事主体的最后救济渠道，我国现有情况下，如肯定绝对排除诉权条款的效力，则势必导致合同强势缔约方利用其地位滥用诉权排除条款，剥夺弱势一方的救济路径。《民法典》虽然设置了合同可撤销制度，但举证难度往往较大。另一方面，《民事诉讼法》规定“当事人有权在法律规定的范围内处分自己的民事权利和诉讼权利”，诉权具有一定的私权属性，诉权的推迟行使并不违背意思自治的基本原则，且有助于困境企业的重组和盘活，如一概否定诉权条款的效力，则可能导致执行中的债务重组前功尽弃，损害其他债权人、困境企业及其职工等多数人利益。因此，结合学术界和实务界的看法、最高人民法院之观点，本书倾向于认为第三种观点，即诉权不能通过事先约定予以排除但可约定推迟行使，更符合我国目前客观情况。

综上，对于金融债委会决议或债权人协议语境下单纯限制诉权条款的效力，在不考虑是否具备其他有效意思表示要件的情况下，若限制诉权条款过于概括性、绝对性，本书倾向于对其效力作否定性评价；反之，若单纯限制诉权条款设定了具体的限制行使期间，或规定了金融机构可恢复行使诉权的具体情形，则本书倾向对其效力作肯定性评价。一般而言，恢复行使诉权的情形应包括客观情况导致重组或重整无法继续实施、债务人对债委会决议构成重大违约等情形。

二是债权会议纪要或重组框架协议是否构成本约？

实践中，金融债委会会议纪要等文件对于债务重组、限制诉讼的规定较为简单，因此，司法实践对于其是否属于本约、相关内容是否具有直接约束力、金融机构是否须另行签订具有约束力的具体协议等问题存在争议。《民法典》第495条第1款规定：“当事人约定在将来一定期限内订立合同的认购书、订购书、预订书等，构成预约合同。”关于预约合同与本约合同的区别，最高人民法院刘贵祥专委指出，预约合同与本约合同的区别以当事人是否具有对未尽事宜进一步磋商的真实意愿为要件，预约合同与本约合同的共同之处在于二者都具备了合同成立的要件，合同当事人、标的物数量等主要条款均已明确。然而，预约合同不同于本约合同的核心特征是，当事人通过预约合同赋予阶段性谈判成果以约束力的同时，保留就部分其他条款、合同细节进一步磋商决断或等待某种时机、条件的权利。故即便当事人在签订的文件中已就将来所订合同的全部实质性内容达成合意，只要当事人约定将来仍要订立合同，则其合意仍仅属于预约，但若双方在预约合同成立后已开始对“预约”进行履行则应另当别论。①

综上，对于金融债委会会议纪要或重组框架协议的定性，本书倾向于认为：如重组框架协议等明确具体权利义务需由金融机构与债务人另行签署协议，或重组框架协议不作为确定双方权利的依据，则重组框架协议属于预约，债务人不得直接依据协议约定的合同要素主张金融机构履行相关义务；如重组框架协议没有前述规定，且对于债务重组的具体内容约定明确、具体，则构成本约；如重组框架协议虽约定需另行签署合同，但各方已对重组框架协议实际履行，或金融机构对外明确表示愿受约束，则法院亦可能认为应按照《债务重组框架协议》继续履行。

三是债务人违反债委会会议纪要或其他文件规定的义务，金融机构能否主张中止履行债务重组协议并解除相关合同?

实践中，金融债委会会议纪要、债权人协议、《债务重组框架协议》等往往规定的内容较为简单，大多不会单独设定金融机构可中止债务重组、恢复行使诉权的具体情形。故而司法实践中，当债务人存在违反债委会会议纪要或其他协议的情形时，金融机构能否主张中止履行债务重组协议并解除相关合同的问题，不同法院存在不同看法。

《民法典》第527条规定：“应当先履行债务的当事人，有确切证据证明对方有下列情形之一的，可以中止履行：（一）经营状况严重恶化；（二）转移财产、抽逃资金，以逃避债务；（三）丧失商业信誉；（四）有丧失或者可能丧失履行债务能力的其他情形。当事人没有确切证据中止履行的，应当承担违约责任。”第528条规定：“当事人依据前条规定中止履行的，应当及时通知对方。对方提供适当担保的，应当恢复履行。中止履行后，对方在合理期限内未恢复履行能力且未提供适当担保的，视为以自己的行为表明不履行主要债务，中止

① 刘贵祥：《当前民商事审判中几个方面的法律适用问题》，载《判解研究》2022年第2辑（总第100辑）。

履行的一方可以解除合同并可以请求对方承担违约责任。”

依据前述法律规定，在债务人存在重大违约，并可能导致债务重组无法继续履行的情况下，金融机构有权要求中止履行债务重组协议。但需注意的是，设立金融债委会的困境企业一般资产和负债规模均较大，金融机构的单方行为往往可能“牵一发而动全身”，从而影响整个重组的进行，故在过往司法实践中，法院对于金融机构行使不安抗辩权的处理往往极为谨慎。基于此，本书建议，金融机构可向金融债委会提议，在债委会会议纪要、债权人协议或《债务重组框架协议》等文件中针对金融机构有权主张中止重组、恢复行使诉权的具体情形予以明确。

四是如债务人并未参与签署债委会会议纪要或债权人协议，其能否以前述文件主张权利？

实务中，金融债委会会议纪要或债权人协议一般形成于金融机构债权人之间，债务人大多并不参与相关文件的签署。由此产生的问题是，基于合同相对性原则，债务人能否以其未参与签署的文件向金融机构主张权利。从过去判例看，仅有“招商银行案”一审判决对此问题进行了分析，并认定债务重组协议与底层借款关系并非同一法律关系，其他判例均未对提及合同相对性的问题，而直接默认即便债务人未参与签署债委会会议纪要或债权人协议，金融机构在相关文件下的义务亦可直接转化为债务人权利。

关于该问题，《民法典》第465条第2款规定：“依法成立的合同，仅对当事人具有法律约束力，但是法律另有规定的除外。”第522条规定：“当事人约定由债务人向第三人履行债务，债务人未向第三人履行债务或者履行债务不符合约定的，应当向债权人承担违约责任。法律规定或者当事人约定第三人可以直接请求债务人向其履行债务，第三人未在合理期限内明确拒绝，债务人未向第三人履行债务或者履行债务不符合约定的，第三人可以请求债务人承担违约责任；债务人对债权人的抗辩，可以向第三人主张。”债委会会议纪要等规定内容，似乎有被解释为金融机构应向作为第三人的债务人履行的义务之空间。

综上，本书倾向于认为，在形成债委会会议纪要或债权人协议后，如金融机构向债务人另行出具承诺函表示愿受债委会会议纪要或债权人协议约束，则债务人有权以相关文件向金融机构主张权利。但如未出具，则债务人是否有权以相关文件向金融机构主张权利则可能存在争议。即便按照《民法典》第522条的规定，第三人直接主张权利亦需依据合同约定或法律规定，故在大部分债委会会议纪要或债权人协议并未作出前述约定的情况下，多数法院径直默认债务人可依据相关文件进行抗辩，存在一定的违法嫌疑。

综上所述，本书整体上认为：金融债委会会议纪要等形成的绝对排除诉权条款无效，但有具体期限的单纯推迟行使诉权条款有效，而关于债务重组附带的限制诉权效力，则需结合债务重组是否成立等综合判断。

（二）实体权利处理之决议内容的效力

1. 债务重组之决议内容的司法现状

如前所述，现行司法实践中，不同法院金融债委会会议纪要、债权人协议或债务重组协议作出的对金融机构实体权利的调整是否有效的裁判标准并不统一，相关争议主要集中在债务重组与原债务关系是否属于同一法律关系、重组文件是否构成本约、债务人违约情况下金融机构能否恢复行使诉权三个问题上。整体来看，多数判例认为一旦金融机构债委会通过会议纪要、重组协议等形式就债务偿还展期、利率调整等要素达成重组方案，金融机构对此表示同意的，债务重组方案即对金融机构具有约束效力，金融机构不得在债务宽限期内违反约定单方面向债务人追偿债务。

从过往判例来看，对于金融机构“同意”重组方案的标准，多数法院把握的尺度较为宽松，视为“同意”的具体情形包括：

一是金融机构参与签署债委会会议纪要。例如，在（2022）鲁06民终1804号案中，山东省烟台市中级人民法院认为：“上述纪要，上诉人的上级行参与并签署，故上述会议纪要对上诉人具有约束力，一审审理期间，上诉人并没有提供证据证明上述纪要已不具有约束力，故上诉人向保证人主张保证责任受上述会议纪要限制，一审法院不予支持其请求并无不当。”

二是签署债务重组协议，承诺与其他金融机构债权人一致行动，执行债委会的决定。“招商银行案”即该种情形。

三是金融机构向债委会或债务人出具同意进行债务重组的函件。在“招商银行案”中，作为其他债权人的中国农业银行股份有限公司临清市支行、中国工商银行股份有限公司临清支行和中国建设银行股份有限公司临清支行即以向金融债委会或债务人出具关于同意进行债务重组、不单独起诉函件的形式，表示同意进行债务重组。

四是金融机构已履行内部审批程序或债务重组方案实际履行。例如，在（2021）京74民初224号案中，北京金融法院认为：“依据其提交的《关于参加新疆庆华能源债委会并同意债委会相关事项的批复》，长城资管公司同意债委会相关事宜，并要求公司内部落实债委会会议纪要内容，故长城资管公司称，会议纪要内容不能构成对其公司的约束的意见，本院不予采信。会议纪要的上述约定实质系长城资管公司承诺并同意其对新疆庆华公司、中国庆华公司的该笔债权进行展期至2022年12月20日，并且向债务人及债委会其他成员承诺一致行动，不单独对债务人提起诉讼。针对2017年12月21日前的欠息部分，亦承诺通过转股或在脱困期内根据现金流情况逐年偿还。目前新疆庆华公司依据债委会决议按4.41%执行脱困期内向全体债权人支付利息，目前脱困期尚未届满，故长城资管公司对新疆庆华公司、中国庆华公司该笔债权尚未到期，其起诉新疆庆华公司、中国庆华公司要求偿付借款本金及利息、罚息、复利、违约金及实现债权的费用等诉讼请求，无事实依据，本院不予支持。”

2. 本书观点

本书倾向于认为，如重组框架协议等文件对于债务重组的具体内容约定明确，且协议不存在要求另行签署协议的相关约定，一旦金融机构以发函、提供内部审批文件等方式表示愿受约束，则债务重组等实体权利处理之决议内容可直接对金融机构和债务人产生效力。

（三）金融机构对于其不同意但表决通过的重组方案，是否受约束

对于金融机构投反对票但经有效表决通过的债委会决议事项或债务重组方案，金融机构是否受其约束？从既往判例看，法院在审查金融机构是否应受约束时，基本均会重点审查相关决议事项是否经金融机构同意，并将其作为论证金融机构应受约束的前提条件，而对于未经金融机构同意的决议事项，法院多认为决议对未同意方不发生效力，如在（2022）鲁02民再168号案、（2021）鲁08民初150号案、（2021）湘10民初21号案、（2020）湘01民初4号案中，法院均持前述观点。在（2021）湘10民初21号中，湖南省郴州市中级人民法院认为：“《会议纪要》系债委会六次会议并经各成员单位审议表决同意形成。但从现有证据来看，丰越公司并未举证证明其与原告已就《会议纪要》的相关内容达成合意或已实际履行，双方亦未重新签订协议对案涉借款合同约定的内容进行调整，不能证明该《会议纪要》对原告具有约束力，故五被告的该项主张缺乏事实和法律依据，本院不予支持。”

但从《金融机构债权人委员会工作规程》及最高人民法院在相关裁判文书中的论述来看，监管和司法机关似乎倾向于应以“少数服从多数”原则落实债

委会决议的约束力，金融机构一旦加入金融债委会，在其对债委会的议事规则、工作流程和决策机制进行确认后，只要相关决议经合法表决通过，即便金融机构投反对票，其亦应受其约束。具体为：

银保监会、国家发展和改革委员会、人民银行和证监会在《金融机构债权人委员会工作规程》第 10 条中规定："债委会应当按照约定的议事规则、工作流程和决策机制，就增加融资、稳定融资、减少融资、债务重组、破产重整等相关事项进行协商和决策。涉及重大事项的，主席单位、副主席单位应当召集成员机构举行债委会会议，按照约定的议事规则充分协商后作出决策，在依法合规的基础上，形成会议纪要，印发债委会全体机构执行。债委会会议对债务企业金融债务重组方案等重大事项的决策，原则上应当经占金融债权总金额三分之二以上的成员机构以及全体成员机构过半数表决同意，并且其所代表的债权额占无财产担保金融债权总金额半数以上，但债权人协议另有约定的除外。"监管机关明确决议应"印发债委会全体机构执行"。

最高人民法院在"招商银行案"再审裁定书中提道："《会议纪要》符合《中国银监会办公厅关于做好银行业金融机构债权人委员会有关工作的通知》（银监办便函〔2016〕1196 号）规定的债委会重大事项原则上应当同时符合经占金融债权总金额三分之二以上比例债委会成员同意以及经全体债委会成员过半数同意两个条件，2019 年 5 月 22 日《会议纪要》应为有效。在其他债权银行都没有提出异议的情况下，济南招行单方不履行《会议纪要》，单独提起诉讼，缺乏事实和法律依据。"似乎亦表达了经有效表决通过的债委会决议对全体委员均有约束力之观点。

对此，本书作者认为，对于经合法程序表决通过的债委会决议，即便金融机构投了反对票，其亦应受其约束。否则，将与金融债委会促成"债权人一致行动"与"债务人庭外重组"之设立目的背道而驰。

（四）金融债委会会议纪要对金融机构的主要不利影响

1. 债务重组或限制诉权之内容可能影响金融机构主张权利

如上文所述，现行司法实践中，部分法院认为一旦金融债委会形成限制诉权或债务重组等决议后，对于金融机构违反承诺单独提起的诉讼，应直接驳回其诉讼请求。

此外，即便金融债委会未形成债务重组或限制诉权之决议，金融机构虽可起诉，但起诉效果往往有限，主要表现在以下三个方面：

第一，一旦设立金融债委会，部分法院在处理相关案件时往往会征询金融债委会的意见，金融债委会的反对意见可能影响诉讼和执行程序的推进。例如，在（2020）沪0101执6496号之二民事裁定书中，上海市黄浦区人民法院认为："经调查，被执行人名下暂无其他可供执行的房产、车辆、证券、银行存款等财产。在关联案件中已向本院提供中国民生投资股份有限公司资产重组方案及中国民生投资股份有限公司金融机构债权人委员会反馈意见。上述情况已告知申请执行人，申请执行人也未能提供被执行人其他可供执行的财产线索……本院认为，因中国民生投资股份有限公司及其下属企业尚在重组进程中，查控在案的被执行人名下中民新能平定光伏发电有限公司的股权，目前暂不宜在本案中个别执行。被执行人现无其他可供执行的财产，本案暂不具备执行条件。"

第二，债务规模较大的企业在成立金融债委会的同时，往往会以法院集中管辖作为配套措施，如海航集团、雨润集团等，[①] 部分债权人协议更是将约定的管辖法院统一调整为债务人当地法院。结合以往经验，集中管辖或在债务人所在地管辖之下，法院对案件的处理往往会考虑重组情况，相关案件的立案、保全和执行都会面临一定障碍。

第三，面临地方政府压力，因相关案件涉及债权金额较大、涉及债权人较多，案件的处理往往会有统一政策，金融机构最终仍不得不回到统一政策的范围内解决争端。

2. 违反债委会决议，可能遭受监管处罚

对此，《金融机构债权人委员会工作规程》第15条规定："债委会成员机构存在不履行其在债委会中相关职责、不遵守债委会按照约定的议事规则所作出的决议、擅自退出债委会或者其他影响债委会工作的情形的，债委会或者自律组织可以采取内部通报等自律性惩戒措施。因上述情形造成严重后果的，金融管理部门可以采取约谈、向债委会成员机构总部通报等方式督促债委会成员机构规范行为。"

3. 违反重组协议或债权人协议，可能承担违约赔偿责任

一般而言，金融债委会主导之下签订的债权人协议或重组协议均会约定，如金融机构未经债委会同意采取抽回资金、单独或联合其他方处置（包括但不

---

① 申骏金融：《金融机构是否有必要加入债权人委员会？》，载于微信公众号"金融争议观察"，2022年5月6日。

限于起诉、查封、变卖、拍卖、扣划等方式）债务人的资产，构成违约，违约方应当向其他委员承担违约责任，并赔偿损失。故如金融机构不执行债委会决议，可能面临债委会内其他委员的追偿。

二、上市公司重整计划能否直接安排无偿让渡质押给金融机构的股票

上市公司股票质押是金融机构重要的债权担保手段。近年来，上市公司破产案件数量日益增多，大股东股票让渡成为上市公司破产重整中常用的股东权益调整方式。凯迪生态、庞大集团、新都酒店等多家上市公司均采用前述方式。但如股票存在金融机构质权，上市公司重整计划是否还能直接安排无偿让渡，司法实践中存在一定争议。这一问题的核心是，破产程序中重整计划之股权让渡安排与股权负担冲突如何解决，亦即在标的公司资不抵债的情况下，质押股票是否还有价值，股票质权能否对抗重整计划对出资人的权益进行调整？

（一）上市公司重整中质押股票无偿让渡之司法现状

1. 司法判例观点

关于在未获得质权人同意的情况下，上市公司重整计划能否直接安排无偿让渡质押给金融机构的股票，司法实践存在争议：

多数观点认为，在资不抵债的情况下，股权质押权已无实现的价值基础，不得对抗重整计划对股票无偿让渡的安排。例如，在（2021）最高法民申 6429 号案中，最高人民法院认为，破产企业处于严重资不抵债状态，出资人股权无实际价值，股权质押权已无实现的价值基础，重整计划将出资人股权无偿转让给重整投资人，没有损害质权人的实体权利及程序权利，不应被撤销。在云南省师宗县人民法院（2021）云 0323 破 2 号之九、江苏省南京市中级人民法院（2020）苏 01 执复 245 号、江西省新余市中级人民法院（2019）赣 05 破 1 号之十六、江苏省无锡市锡山区人民法院（2019）苏 0205 破 9 号之四、山东省淄博市临淄区人民法院（2016）鲁 0305 破 2 号之十八、江西省新余市中级人民法院（2015）余破字第 4-16 号案中，法院均认为股权质押不得对抗重整计划对股权无偿让渡的安排，并裁定解除股权所负质押、冻结措施，向有关登记机关发出协助执行通知。

但亦有部分判例认为，重整计划效力不及于质权人，重整计划不具有强制执行效力，权利冲突应由相关方协商解决。例如，在（2021）冀 0404 执异 12 号案中，河北省邯郸市复兴区人民法院认为，重整计划的效力不当然及于受限

股权的权利人，也不能对抗已发生法律效力的查封裁定，法院不予解除对质押股权的冻结措施。在（2019）渝05执异254号案中，质权人在重整程序后申请强制执行股权，管理人提出异议，重庆市第五中级人民法院认为，现行法律规定没有对破产企业股权禁止执行的规则，应当继续执行。

少数观点的主要逻辑为：出资人所持股权的质押权人本身并非破产企业债权人，重整计划的效力并不当然及于质权人，且根据《物权法》第226条[①]及登记机关规则[②]，股权出质后非经质押权人同意不得转让，质押登记一般仅能由质押权人申请解除。因此，如质押权人不同意配合解除质押登记，重整计划的执行将面临障碍，需由相关权利人协商解决，法院与登记机关不得径行解除质押、冻结措施。

2. 各地法院司法文件观点

从各地法院目前发布的司法文件看，多数法院倾向于优先保护重整计划的批准及执行，其中：关于质押权人异议对于重整计划草案批准的影响，广东省深圳市中级人民法院、重庆市第五中级人民法院文件规定，股权质押权人以出资人权益调整损害其担保权为由提出异议的，不影响重整计划草案的批准；关于股权质押、查封手续如何解除，山东省高级人民法院、河南省高级人民法院、重庆市第五中级人民法院文件规定，破产企业资不抵债情况下，质押权人应当配合办理解除股权质押手续，江苏省高级人民法院、湖南省高级人民法院、辽宁省沈阳市中级人民法院、福建省厦门市中级人民法院、河南省南阳市中级人民法院等法院文件明确规定，由法院出具解除查封、注销质押的协助执行通知书，通知市场监管部门协助解除查封、涤除质押，并办理股权变更登记。具体详见下表：

① 《物权法》（已失效）第226条第2款规定："基金份额、股权出质后，不得转让，但经出质人与质权人协商同意的除外。出质人转让基金份额、股权所得的价款，应当向质权人提前清偿债务或者提存。"

② 《中国证券登记结算有限责任公司深圳分公司证券质押业务指南》《中国结算北京分公司退市板块证券登记结算业务指南》《中国证券登记结算有限责任公司北京分公司投资者业务指南》。

表 2-1-3

序号	发布法院	文件名称	主要内容
1	山东省高级人民法院	《企业破产案件审理规范指引（试行）》	第 157 条第 1 款："重整计划对债务人、全体债权人有约束力。重整计划涉及出资人权益调整的事项，对债务人的全体出资人均有约束力。债务人资不抵债，重整计划所调整的股权已设定质押的，质押权人应当配合办理解除股权质押手续。"
2	四川省高级人民法院	《关于审理破产案件若干问题的解答》	4. 重整计划草案涉及出资人权益调整事项且该出资权益附有股权质押权，应当如何调整出资人及股权负担相关权利人的权益？ 答："……当债务人企业资不抵债时，所有者权益为负，出资人的权益价值为零，对出资人权益的调整由出资人行使表决权，股权价值调整为零，不影响出资人本应向股权负担相关权利人承担的债务偿还责任以及其导致质权人设立股权质押的目的落空所遭受损失的损害赔偿责任；当债务人企业资产大于负债，但又缺乏及时清偿能力的，出资人权益仍具有账面价值，出资人权益调整方案应同时兼顾股权质押权人的权益，股权质押权人对方案有异议的，受理破产重整的人民法院可以组织召开听证会听取各方利害关系人的意见，尽量通过协商解决，若协商不成，重整计划草案中的出资人权益调整方案应确保出资人权益调整后股权质押权人的利益，不低于调整前其就股权质押权可以获得的利益。"
3	广东省高级人民法院	《关于审理企业破产案件若干问题的指引》粤高法〔2019〕6 号	第 98 条："【债务人股权的处置】涉及调整债务人股权的，管理人或债务人在重整计划草案制定时应当与股东、对股权采取保全措施的权利人、对股权享有担保物权的权利人进行协商处置。协商不一致的，管理人或债务人应当在重整计划草案中提出股权处理意见。人民法院批准重整计划时，应当结合债务人资产价值、负债情况、重整计划中债务人受偿比例、调整后原股东保留权益大小等进行审查。经审查批准的，应当按照重整计划的规定执行。对股权采取查封措施的人民法院或登记机关不予执行的，管理人可以向人民法院申请协助执行。"

续表

序号	发布法院	文件名称	主要内容
4	江苏省高级人民法院	《关于做好破产企业登记事项办理优化营商环境的实施意见》	“5. 依法办理破产企业股东变更登记。根据人民法院裁定批准的破产重整计划，需要办理破产重整企业股东登记事项变更，但因企业原股东持有的股权已被质押或被法院查封，管理人无法申请办理股东变更登记的，破产法院可以采取出具协助执行通知书的方式，通知市场监管部门协助解除查封、涤除质押，并办理股权变更登记。查封解除或者质押涤除后，破产法院应当及时将有关情况告知质押权人和原采取保全措施的法院。”
5	河南省高级人民法院	《审理企业重整案件的工作指引》	“63. 重整计划所调整的股权未被质押与冻结，出资人应当配合办理股权转让手续。债务人进入重整程序前资不抵债，重整计划所调整的股权已设定质押的，质押权人应当配合办理解除股权质押手续。”
6	湖南省高级人民法院	《关于推进企业破产程序中公司登记便利化的实施意见》	六、规范破产重整企业变更股东登记 “破产重整企业因出资人权益调整需要变更股东事项，但企业原股东持有的企业股权被质押或查封的，由人民法院出具解除质押或查封协助执行通知书，管理人可持案件受理裁定书、批准重整计划裁定书、指定管理人（清算组）决定书以及人民法院出具的解除质押或查封协助执行通知书等材料到商事登记机关办理股权变更登记。”
7	广东省深圳市中级人民法院	《审理企业重整案件的工作指引（试行）》	第103条：“审查出资人权益调整事项时，股权质押权人以出资人权益调整损害其担保权为由提出异议的，不影响重整计划草案的批准。”
8	重庆市第五中级人民法院	《重整案件审理指引（试行）》	第90条：“审查出资人权益调整事项时，股权质押权人以出资人权益调整损害其担保权为由提出异议的，不影响重整计划或者重整计划草案的批准。”
9		《企业破产案件审理指南（试行）》	第127条第1款：“重整计划对债务人、全体债权人有约束力。重整计划涉及出资人权益调整的事项，对债务人的全体出资人均有约束力。债务人资不抵债，重整计划所调整的股权已设定质押的，质押权人应当配合办理解除股权质押手续。”

续表

序号	发布法院	文件名称	主要内容
10	辽宁省沈阳市中级人民法院	《关于优化办理破产企业股权登记事项服务营商环境的实施意见》	第1条第2款：“破产重整、和解程序中处置企业对外持股股权，企业对外持股股权被质押或查封、冻结的，管理人可持案件受理裁定书、指定管理人决定书、批准重整计划或认可和解协议裁定书以及破产案件受理法院出具的协助执行通知书、股权转让协议书到登记机关办理股权变更登记，登记机关予以办理。” 第3条：“破产重整或和解企业因出资人权益调整需要变更股东登记事项，但企业原股东持有的企业股权被质押或查封、冻结的，破产案件受理法院可以出具协助执行通知书，管理人持该协助执行通知书、破产案件受理裁定书、指定管理人决定书、批准重整计划或认可和解协议裁定书到登记机关办理股权变更登记，登记机关予以办理。”
11	福建省厦门市中级人民法院	《关于推进企业破产程序中办理注销登记等有关事项便利化的实施意见》	五、破产重整、和解企业股权变更登记 “人民法院裁定批准重整计划或和解协议后，因执行重整计划或和解协议需要调整出资人权益的，破产管理人可以向市场监督管理部门申请办理破产重整或和解企业的股权变更登记。破产重整或和解企业以股权存在被冻结、质押等情形的，由人民法院出具《协助执行通知书》（详见附件4），市场监督管理部门应当根据破产管理人的申请，在解除对破产企业股权的冻结、注销质押登记后，依法协助办理股权变更登记手续。破产重整、和解企业的外投资企业股权存在被冻结、质押等情形，且依法转让给受让人，需要办理股权变更登记手续的，参照本意见第四条第四款第三项规定处理。”
12	河南省南阳市中级人民法院	《关于推进企业破产程序中办理变更（注销）登记等有关事项便利化的实施意见》	四、破产重整、和解企业股东、股权等变更（备案）登记 “人民法院裁定批准重整计划或和解协议后，因执行重整计划或和解协议需要调整出资人权益的，破产管理人可以向市场监督管理部门申请办理破产重整或和解协议的股东、股权等变更（备案）登记。破产重整或和解协议企业的股权存在被冻结、质押等情形的，由人民法院出具《协助执行通知书》，市场监督管理部门根据破产管理人的申请，在解除对破产企业股权的冻结、注销质押登记后，依法协助办理股东、股权等变更（备案）登记手续。”

续表

序号	发布法院	文件名称	主要内容
13	四川省自贡市中级人民法院	《关于建立自贡市破产审判“1+N”协调联动机制的实施意见》	（四）人民法院裁定破产清算或重整的企业办理注销登记时，公司股东的股权存在质押的处理 “经人民法院裁定宣告破产或重整的企业，若其股东拥有的公司股权存在质押，无需质权人签字盖章，由管理人持人民法院破产案件相关裁判文书，向企业登记机关申请注销质押登记。企业登记机关应当及时办理……”

3. 最高人民法院法官观点

对于该问题，《破产重整程序中股权调减与股权负担协调问题刍议》① 一文指出，在资不抵债的情况下，不需要对股权负担人的利益特别考虑，对股权质押人之价值应服从于保障重整顺利进行之措施，即便股权质押人已经申请执行股权，执行亦应中止。其核心理由有三：（1）资不抵债情况下，公司股权价值已归零，对于质权人已无实际意义；（2）即便让渡的股权最终以一定金额抵债给债务人或支付给重整投资人，前述价格亦不是当下股权的实际价值，而是潜在的未来价值，该等效应实际是重整各方创造的，而与未参与重整的质权人关系不大，故质权人不应享受潜在价值；（3）即便是对于上市公司的“壳资源”，其发挥作用的前提是公司重整成功，公司重整失败时上市公司的股权价值仍然归零，所以保障重整成功仍然应优先于股权质押人的相关权利。

最高人民法院刘贵祥专委在其发表的《当前民商事审判中几个方面的法律适用问题》中亦指出，应从股权调整的法律性质出发厘清股权调整与质权的关系，在债务人资不抵债的情况下，股权实际价值为零，此时以相应股权为质押标的的质权失去部分或全部担保的价值，故而破产重整程序中的出资人权益调整是有益于债务人企业债权又不损害质权人合法权益的调整，破产重整程序中对质押的调整具有正当性基础。对于上市重整中的股权让渡问题，刘贵祥专委提出了不一样的观点。他指出：“破产重整企业虽然资产负债表显示资不抵债，但是上市公司的壳资源价值未被计入，故对于重整企业是否真的资不抵债这一事实判断存在争议，进而引发关于破产重整程序调整出资人权益会损害股权质

① 张勇健、杜军：《破产重整程序中股权调减与股权负担协调问题刍议》，载《法律适用》2012 年第 11 期。

押权人、已申请冻结该股权的债权人的担心。特别是，在债务人企业财产大于债务额、有丧失清偿能力可能而进入破产重整程序时，股权权益调整，特别是被强制清零的合理性、公平性，难免被股权质权人所质疑，产生争议。该问题的根本解决，一方面要通过改进计价方法来准确认定破产债务人的资产与股权价值。比如，在债务人资产负债表的基础上，通过结合运营价值来合理估值；另一方面，破产重整程序中，让债务人企业股权质权人等相关利益者参加协商谈判，在重整计划中通盘考察质权人等相关利益者的利益，并作出相应的安排；破产法院在确认重整计划时听取所有利益相关者意见，确保对出资人权益的调整是建立在充分考量各方利益基础上的合理方案，以避免产生不必要的争议，影响重整程序的进行，衍生不必要的民事诉讼。”①

不同于主流观点，刘贵祥专委认为，上市公司股票的价值判断，不能单纯依靠资产负债表，还应考虑“壳价值”的问题。

（二）上市重整实践中对质押股权让渡之处理方式

如上所述，多数破产法院及管理人直接在重整计划中安排出资人无偿让渡质押股权，后通过破产法院向登记机关发送协助执行通知的方式解除质押。

但实践中，亦有部分管理人认为应通过与质权人、重整投资人协商方式解决质押事宜，比如：

在庞大汽贸重整案中，对于对应非庞大集团债权的质押股权，重整计划安排由重整投资人与相关冻结申请人、质权人协商解除，最终由重整投资人向质权人支付了一定现金以推进解押事宜。

在“ST 飞马”② “ST 创智”③ 等重整案中，上市公司披露文件中亦显示，因股份设定质押、无法为重整投资人办理过户，由相关权利人进行协商解决。

（三）破产管理人的解押路径

结合以往经验，重整计划通过后，如担保权人不配合解除担保措施，管理人一般会通过如下路径予以解决：

---

① 刘贵祥：《当前民商事审判中几个方面的法律适用问题》，载《判解研究》2022 年第 2 辑（总第 100 辑）。

② 《深圳市飞马国际供应链股份有限公司关于回复深交所关注函的公告》，载巨潮资讯网 2021 年 1 月 30 日，http：//www. cninfo. com. cn/new/disclosure/detail？ orgId = 9900004061&announcementId = 1209216308&announcementTime = 2021-01-30。

③ 《重整计划执行进展》，载巨潮资讯网 2012 年 6 月 1 日，http：//www. cninfo. com. cn/new/disclosure/detail？ orgId = gssz0000787&announcementId = 61073941&announcementTime = 2012-06-01%2006：30。

一是先行向担保权人发函，要求担保权人配合解除担保措施（部分管理人可能直接略过）；

二是直接请求破产法院向金融机构/登记机关发送协执，要求解除质押。

（四）金融机构之应对建议

1. 非诉救济路径

刘贵祥专委在《当前民商事审判中几个方面的法律适用问题》一文关于上市公司股票壳价值的论述，与过去优先保护重整计划的批准及执行之观点有很大不同。

基于此，当面临类似情况时，金融机构可以与管理人、破产法院及其上级法院积极协商解决，争取获得更高补偿。在重整计划制订阶段，积极与管理人沟通，明确直接无偿划转股票违背最高人民法院观点，属于明显错误，适时可以追究管理人责任，向其施压，力争通过谈判解决问题。在重整计划表决通过后，可通过异议函方式向破产法院主张重整计划违法，提示法官应按最高人民法院观点审查重整计划的合法性。对于重整计划通过后可能发生的破产法院解除质押登记之强制执行行为，第一时间向破产法院提出异议，并以《最高人民法院关于民事、行政诉讼中司法赔偿的若干问题的解释》第 1 条关于“人民法院在民事、行政诉讼过程中，违法采取对妨害诉讼的强制措施、保全措施、先予执行措施，或者对判决、裁定及其他生效法律文书执行错误，侵犯公民、法人和其他组织合法权益并造成损害的，赔偿请求人可以依法向人民法院申请赔偿”规定之潜在国家赔偿责任，与法院沟通并促成其审查解押协执的合法性。

2. 司法程序路径

（1）关于申请或起诉撤销上市公司无偿让渡质押股票的重整计划之路径

《破产法》对撤销重整计划路径并无直接规定，现行法律体系下，撤销重整计划路径仅有撤销通过重整计划的债权人会议决议这一条，且该条的申请主体仅为债权人，质权人能否请求法院裁定撤销决议具有不确定性。《破产法》第 61 条规定：“债权人会议行使下列职权：……（六）通过重整计划；……债权人会议应当对所议事项的决议作成会议记录。”第 64 条第 2 款规定：“债权人认为债权人会议的决议违反法律规定，损害其利益的，可以自债权人会议作出决议之日起十五日内，请求人民法院裁定撤销该决议，责令债权人会议依法重新作出决议。”

（2）关于恢复行使担保物权之路径

《破产法》第 75 条第 1 款规定：“在重整期间，对债务人的特定财产享有的担保权暂停行使。但是，担保物有损坏或者价值明显减少的可能，足以危害担保权人权利的，担保权人可以向人民法院请求恢复行使担保权。”

故在重整计划拟无权让渡质押股票时，金融机构可以此主张担保物价值有灭失风险并向质押人管理人主张恢复行使质权，要求其尽快对股票进行处置。

（3）关于对上市公司管理人提起损害赔偿诉讼之路径

《破产法》第 130 条规定：“管理人未依照本法规定勤勉尽责，忠实执行职务的，人民法院可以依法处以罚款；给债权人、债务人或者第三人造成损失的，依法承担赔偿责任。”金融机构可主张上市公司破产管理人制定的关于无偿让渡质押股票之重整计划损害了自身权益，并依据该条要求破产管理人承担赔偿责任。

但鉴于重整计划（草案）需由债权人会议表决通过，且最终需由法院裁定批准，管理人可能以此进行抗辩。

（4）关于对破产法院强制解押之救济路径

《最高人民法院关于人民法院办理执行异议和复议案件若干问题的规定》第 5 条规定：“有下列情形之一的，当事人以外的自然人、法人和非法人组织，可以作为利害关系人提出执行行为异议：（一）认为人民法院的执行行为违法，妨碍其轮候查封、扣押、冻结的债权受偿的；（二）认为人民法院的拍卖措施违法，妨碍其参与公平竞价的；（三）认为人民法院的拍卖、变卖或者以物抵债措施违法，侵害其对执行标的的优先购买权的；（四）认为人民法院要求协助执行的事项超出其协助范围或者违反法律规定的；（五）认为其他合法权益受到人民法院违法执行行为侵害的。”依据前述规定，对于破产法院下发的解除股票质押登记之协助执行通知，金融机构可通过申请执行异议和复议之方式申请救济。

三、破产重整中债转股的相关问题

近年来，破产企业数量快速增多，债转股作为债权清偿方式和困境企业破产重整手段，被越来越广泛地运用。尽管债转股的做法已较为普遍，我国自 20 世纪 90 年代已开始出台多部法律文件引导债转股的实施，2016 年，国务院也发布了《关于积极稳妥降低企业杠杆率的意见》及其附件《关于市场化银行债权转股权的指导意见》。但由于破产立法的滞后性，我国现行法律对于债转股中的诸多问题并未规定，学术界和实务界对于债转股的定性、制度建构等尚未形成一致性意见，司法实践对于债转股相关问题如何处理存在争议。

（一）债转股的基本类型

从过去破产重整实践看，按照出资人权益调整方式的不同，债转股可大体分为两类：

第一类是以企业的资本公积金转增股本分配给债权人。例如，《ST 舜船重整计划》规定，在扣除以现金方式清偿的债权后，剩余 71 亿元普通债权以公司资本公积金转增的股票抵偿。

第二类是出资人让渡股份以清偿债权人。例如，《ST 华源重整计划》规定，华源股份原全体股东同比例缩减 25%股本，在此基础上，控股股东华源集团另行让渡其持有的 87%华源股份股票，其他股东分别让渡各自持有的 24%华源股份股票，原全体股东共计让渡约 18,650.41 万股股票，用于清偿上市公司债权及由重组方有条件受让。

（二）债转股的法律性质

对于破产程序中以债转股方式清偿债务的性质，主要存在三种观点：

第一种观点为“代物清偿说”，主张以出资人权益清偿债权构成代物清偿或专为清偿，破产程序中的债转股本质上是一个在债权人、债务人以及出资人等多方主体之间达成的以股抵债的自治式的代物清偿契约，应适用代物清偿的瑕疵担保规则。[①]

第二种观点为“债权出资抵销说”，主张债转股实质上是公司以增发的股权清偿债权人，债权人以对公司的债权作为出资抵销出资缴纳义务。故债转股具有债务清偿和债权出资投资等双重属性，应同时受破产法和公司法调整。鉴于债转股不是单纯的债务清偿，应贯彻自愿原则，不能适用债权人会议多数决的强迫原则，法院也不能以强制批准重整计划草案的方式迫使拟转股人中的反对者实施债转股。[②]

第三种观点强调破产重整中债转股的程序法属性，认为破产程序中的债转

---

① 韩长印：《破产法视角下的商业银行债转股问题》，载《法学》2017 年第 11 期。

② 王欣新：《再论破产重整程序中的债转股问题——兼对韩长印教授文章的回应》，载《法学》2018 年第 12 期。

股仅是在破产法语境下以出资人权益分配债务人财产以“清偿”债权的辅助分配措施，其解释和适用不涉及民法等实体法有关债权清偿的制度规范，而是需符合破产程序公平分配债务人财产的制度目标。①

对于上述三种观点，最高人民法院刘贵祥专委认为，前两种观点放在破产重整程序制度语境下说服力不够，不符合破产重整程序债转股的实际情况，破产程序中的债转股是基于破产法程序制度框架所作的安排，债转股并不发生债权消灭的法律后果，而只能发生债权人对债务人企业不再享有偿还请求权的法律后果，相对于其他债务人、担保人，债权只在已实际清偿范围内消灭。②

（三）能否强制金融机构接受债转股

《破产法》第 84 条第 2 款规定：“出席会议的同一表决组的债权人过半数同意重整计划草案，并且其所代表的债权额占该组债权总额的三分之二以上的，即为该组通过重整计划草案。”第 87 条规定，未通过重整计划草案的表决组拒绝再次表决或者再次表决仍未通过重整计划草案，但重整计划草案符合特定条件的，法院可以根据管理人或债务人申请批准重整计划草案。根据前述规定，涵盖债转股的重整计划草案实行多数决原则，并且即便未达多数同意，法院在满足特定条件下仍可强裁批准重整计划。然而司法实践中，部分债权人因自身特殊考虑无法接受债转股的情况时有发生，由此导致以下两个问题：一是金融机构对重整计划投了反对票，但重整计划仍经有效多数决通过，债转股对于金融机构有无约束力？二是如包含债转股的重整计划未经多数决通过，法院能否强制裁定批准？

1. 关于能否强制金融机构接受其投反对票但经有效表决通过的债转股方案？

对于该问题，学术界及实务界争议较大：

一种观点认为，债权人是否进行债转股有完全的自决权利，其主要理由为：债转股具有债务清偿和债权出资的双重属性，不属于破产程序概括执行的范围，超出了代“物”清偿的调整范围，变成了代“权”清偿，这种具有基础权利性质转换的清偿，因涉及债权人重大利益的调整，应当建立在每个转股人自愿的

---

① 邹海林：《透视重整程序中的债转股》，载《法律适用》2018 年第 19 期。

② 刘贵祥：《当前民商事审判中几个方面的法律适用问题》，载《判解研究》2022 年第 2 辑（总第 100 辑）。

基础上，而不能以债权人会议多数决的方式强迫。[①]

另一种观点认为，债转股适用多数决原则，其主要理由为：破产程序具有总括强制执行程序的特征，在破产程序中应否定个别债权人的个别执行行为，故破产程序中的债转股不同于股东权的行使，应当尊重破产程序所独有的多数决规则，只要债转股经债权人会议有效表决通过，即对全体债权人均有约束力。[②]

从过去的司法实践来看，对于债转股的处理多采用债权人会议表决通过及法院裁定批准的方式，重整方案一般并不给予债权人在现金清偿和债转股之间自由选择的权利，而多采取一定数额以下债权按比例现金清偿，一定数额以上按债转股进行清偿。但亦有部分重整计划草案提出现金清偿和债转股两种方案供债权人自由选择。对此，最高人民法院倾向于支持后一种做法，但并不否认前一种做法具有一定的现实合理性。[③]

2. 关于法院能否强制裁定批准债转股方案?

部分学者指出，债转股债权人可能承担公司后续经营风险以及退出风险，故强批规则适用于债转股重整应受控制。[④] 刘贵祥专委亦指出，对以债转股方式清偿债务，如果债权人会议没有表决通过，法院不宜以强裁确认重整计划。

（四）债转股是否影响金融机构主张担保责任

实践中，破产重整计划中载明的转股价格往往不是股权的真实价值，而是抵债价格，载明的清偿率往往亦非实际清偿率，而是“股权价值+豁免债务”之下的所谓清偿率。重整计划的乱象导致司法实践对于在债转股之后主债务的清偿金额产生争议，并进而引发担保债权具体金额的争议。

1. 重整计划关于清偿率的主要表述方式

（1）直接载明债权获全额清偿

《海航控股重整计划》载明：“股票抵债。即以海航控股 A 股股票抵债。每家债权人 35.61%债权由股票清偿，抵债价格为 3.18 元/股。通过上述安排，可实现普通债权全额清偿。预计其他普通债债权中，每 100 元可获得：约 11.20

① 王欣新：《企业重整中的商业银行债转股》，载《中国人民大学学报》2017 年 3 月；《再论破产重整程序中的债转股问题——兼对韩长印教授文章的回应》，载《法学》2018 年第 12 期。

② 韩长印：《破产法视角下的商业银行债转股问题》，载《法学》2017 年第 11 期。

③ 刘贵祥：《当前民商事审判中几个方面的法律适用问题》，载《判解研究》2022 年第 2 辑（总第 100 辑）。

④ 董新义：《强制批准规则在债转股重整中的控制适用》，载《中国政法大学学报》2020 年第 5 期。

股海航控股 A 股股票（不足 1 股的部分，按 1 股计算）清偿 35.61%，另 64.38%由关联方清偿。”（实际股价：约 2 元/股）

（2）按抵债价格计算实际清偿率

《ST 重钢重整计划》载明：“为最大限度地提升债权人的受偿水平，保护债权人的合法权益，根据重庆钢铁的实际情况，本重整计划将对普通债权的清偿比例作较大幅度的提高，具体调整方法如下：（1）每家普通债权人 50 万元以下（含 50 万元）的债权部分，按照 100%的比例以现金方式清偿；（2）每家普通债权人超过 50 万元的债权部分，每 100 元普通债权将分得约 15.990483 股重庆钢铁 A 股股票，股票的抵债价格按 3.68 元/股计算，该部分普通债权的清偿比例约为 58.844978%。按照上述方案清偿后未获清偿的债权部分，根据《破产法》第 94 条的规定，重庆钢铁不再承担清偿责任。”

（3）载明清偿率计算公式

《东北特钢重整计划》载明：“本重整计划规定的债转股属于债权清偿的方式，债转股完成后，权利人未实现清偿的部分不能再向东北特钢等三家公司主张，但对保证人和其他连带债务人的债权仍然可以依法主张。债转股部分的实际清偿率根据股权价格确定，清偿率可以参照如下公式计算：清偿率=（持股数量×每股价格/转股的债权金额），‘每股价格’是指重整后东北特钢的股权价值。”

2. 关于清偿率如何确定的主要争议

由于股权抵债价格包含了股权市场价值和豁免债务，司法实践中，不同法院对于债转股后的债权实际清偿率如何计算、破产债权人能向担保人主张清偿债务的具体金额存在争议。

争议一：重整计划载明的具体清偿率能否作为确定担保责任的依据。

一种观点认为，即便重整计划载明清偿率，但若抵债股票定价远超股票实际价值，清偿率应据实认定。例如，在（2020）鲁 02 民初 1505 号案中，ST 庞大重整计划载明：“除上述留债展期清偿的普通债权外，剩余普通债权由庞大集团在本重整计划执行期限内，以每 100 元普通债权分得约 16.722408 股庞大集团资本公积转增股票方式予以清偿，股票的抵债价格按 5.98 元/股计算，该部分普通债权的清偿比例为 100%”，山东省青岛市中级人民法院认为：“对于焦点三，被告和第三人均抗辩，原告享有的债权已通过重整程序获得 100%清偿。对此，本院认为，首先，作为上市公司股票，抵债股票在二级市场的收盘价是股票实际价值最客观、最权威的体现。而重整计划关于被告抵债股票的定价远超二级市场的收盘价。2019 年 12 月 9 日，重整计划被裁定批准时，ST 庞大收盘价为 1.32 元；2020 年本案立案时，ST 庞大收盘价为 1.15 元，均远低于重整计划确定的 5.98 元/股。因此，如果认定清偿率为 100%，则原告实际受偿的数额将远低于其合法权益。”

另一种观点认为，若重整计划载明清偿率，则视为债权人债权在相应比例内得到全额清偿，债权人不能就相应部分再向担保人追偿。在（2021）浙执复 8 号案中，《亿阳集团重整计划》载明：“超过 10 万元的债权部分，涉及香港亿阳油井设备抵押、融资租赁的债权（存在权利冲突的，以实际核算结论为准），参照本重整计划规定的有财产担保债权的调整及清偿方案予以调整和清偿；其余普通债权作为亿阳集团增资扩股出资，转为亿阳集团股份，约 9.14 元债权转为 1 元亿阳集团注册资本。增资扩股完成后，该部分普通债权视为 100%清偿。”浙江省高级人民法院认为：“哈尔滨市中级人民法院（2019）黑 01 破 5-4 号民事裁定批准‘亿阳集团重整计划’草案。依据《破产法》第 92 条之规定，经人民法院裁定批准的重整计划，对债务人和全体债权人均有约束力。之后，哈尔滨市中级人民法院作出（2019）黑 01 破 5-29 号民事裁定，明确《亿阳集团重整计划》执行情况已达到重整计划规定的执行完毕标准，裁定确认《变更后重整计划草案（万怡投资）》执行完毕。故亿阳信通关于本案对亿阳信通的执行条件未成就，不能对其采取强制措施的主张理由成立，应予支持。”（实际认为主债务已经过破产程序全额清偿）

争议二：即便重整计划载明清偿率计算公式，清偿率应按转股价格还是股权实际价值计算？

一种观点认为，无论重整计划是否对清偿率作出特殊约定，债权人按重整计划载明的转股价格接受债转股后，即可视为债权人已获得全额清偿。在（2020）内民终 88 号案中，内蒙古自治区高级人民法院认为：“中行赤峰分行剩余债权按照每 6.5158 元债权转为重整后东北特钢集团 1 元注册资本的比例向中行赤峰分行转股 7,970,644.14 股，中行赤峰分行的案涉保证债权已获得全部清偿。北京中企华资产评估有限责任公司上海分公司作出的《东北特殊钢集团有限责任公司股东全部权益价值分析报告》并非执行重整计划债转股时计算东北特钢集团每股价值的依据，中行赤峰分行以该报告为依据，认为其债权未实际受偿，事实依据不足，也与重整计划的内容不符。”

另一种观点认为，以股权抵偿债权不当然视为全额清偿，重整计划所载实际清偿率计算方式将股权市场价值作为计算依据的，实际清偿率应依照已通过的重整计划所载计算方式并参考市场价值确定。例如，在（2019）京02民初641号案中，东北特钢重整计划载明："债转股部分的实际清偿率根据股价价格确定。清偿率可以参照如下公式计算：清偿率=（持股数量×每股价格）/转股的债权金额，'每股价格'是指重整后东北特钢公司的股权价值。"北京市第二中级人民法院认为："北京中企华资产评估有限责任公司上海分公司出具的《东北特殊钢集团有限责任公司股东全部权益价值分析报告》，载明东北特钢公司的股东全部权益价值在本次特定假设前提下的市场价值。据此，应'按照东北特钢公司重整计划载明的债转股清偿率计算公式，结合东北特钢公司重整后的注册资本与股东权益价值分析报告载明的股东权益市场价值'计算实际清偿率。"

3. 最高人民法院最新观点

对于上述争议，刘贵祥专委在发表的文章中指出，确定担保人责任范围应以债转股实际清偿率为依据，如果破产重整计划已经基于专业评估机构评估而明确债转股的股权实际价值或实际清偿率，可作为确定担保责任范围的依据，但如果破产重整计划对股权价格或清偿率的确定，是以倒推方法作出的，不能体现债转股的股权实际价值或实际清偿率，法院可根据当事人请求委托专业评估机构评估，或通过听取专业机构专家意见，结合债务人企业清算价值、以现金清偿方式的清偿率、重整预期等情况综合判断担保责任范围。①

4. 金融机构应对建议

金融机构可考虑采取如下措施，以尽量降低重整计划不规范表述导致担保人脱责的风险：（1）加强与管理人沟通，当重整计划出现"全额清偿""清偿率100%"等不规范表述时，及时向管理人提出异议；（2）加强与管理人沟通，争取明确清偿率的具体计算公式，如清偿率=（抵偿获得的股权数量×每股价值）÷股权抵偿对应的债权金额，并明确"每股价格"的计算基准日与评估方法，争取协调由管理人委托评估确定单股实际价值；（3）与管理人沟通设定转股保管期/提存期，明确保管期间不视为清偿，并在保管期间尽快行使担保权利；（4）根据担保物价值和担保人的资信情况，考虑在破产程序中申报债权还

---

① 刘贵祥：《当前民商事审判中几个方面的法律适用问题》，载《判解研究》2022年第2辑（总第100辑）。

是直接起诉担保人。

（五）重整计划执行失败后债转股能否回转

对于重整计划执行失败后，选择债转股方式清偿的债权人债权能否回转，学术界和实务界存在较大争议：

第一种观点认为，能否回转取决于重整草案、债转股协议中是否有约定。

第二种观点认为，无论是否有约定，债权人债权都应当回转。理由主要有：第一，根据《破产法》第93条之规定，人民法院裁定终止重整计划执行的，债权人在重整计划中作出的债权调整的承诺失去效力。因此当重整失败，转为破产清算程序时，同意债转股的原债权人之承诺失效，股权应回转为债权；[①] 第二，债转股具有债权清偿的代物清偿属性，根据代物清偿的瑕疵担保规则，当代物清偿影响债权的实现时，原有债的关系因为当初消灭债权的原因归于消失而重新“复活”，债权人可以请求债务人再度负担原债务，即在重整失败转入清算程序后，债权要恢复原状而不受让步承诺的约束，并非从公司法的视角将债转股认定为永久性的股权出资，否则会抹杀债转股作为重整程序中“代物清偿”的首要属性，也与代物清偿的瑕疵担保责任相背离；[②] 第三，已经裁定通过的重整计划草案可视为债权人与债务人形成的股权投资协议，如重整企业直接转入破产清算，客观上合同目的已无法实现，应允许债权人解除合同，合同解除后应恢复到合同履行前的状态，并恢复债权人的债权。

第三种观点认为，债权人债权不应当回转。主要理由有：第一，债转股完成后债权人取得出资人地位，其债权相应消灭，无论终止执行重整计划的原因如何，债权人因执行重整计划规定的债转股方案所取得的清偿利益继续有效，不存在应当恢复原债权状态的问题。[③] 尤其是完成工商变更登记后，代物清偿已经履行完毕，债权已经消灭。第二，已完成股权变更登记后，应受公司法中资本维持原则调整，债转股股东对公司不得以恢复债权、消灭股权的方式抽逃出资，公司破产是股东必须自行承担的市场风险，无论重整计划对于债权回转是否有约定，都不能回转。第三，在债转股行为生效之后，企业因重整计划执行失败而发生破产的情况，也不属于股权代物清偿瑕疵担保责任，债权人只能另寻其他救济路径。第四，债转股并非所谓“专为清偿”，债转股的债权清偿

---

① 丁燕：《破产重整企业实施“债转股”的法经济学分析》，载《经济法学评论》2018年第1期。

② 韩长印：《破产法视角下的商业银行债转股问题》，载《法学》2017年第11期。

③ 邹海林：《透视重整程序中的债转股》，载《法律适用》2018年第19期。

实现未果是指债权未能通过工商变更登记转变为股权，当债权经过工商变更登记转为股权之后，已经充分实现清偿，“专为清偿”已经完成，债权已经消灭。在实现债转股后，公司破产风险是股东必须自行承担的市场风险。[①]

关于前述问题，学术界及实务界尚未形成一致观点。本书倾向于认为：在完成股权变更且重整计划已执行完毕的情况下，此时债权人债权归于消灭状态，债权人转化为公司股东应自行承担经营风险，不能再要求对债转股进行回转；但若重整计划尚未执行完毕或股权尚未完成变更登记，则债权人有权恢复债权行使。

因此，金融机构在选择债转股时，应充分考虑债务人重整后的基本情况、未来发展前景等多方面因素，作出有利于自身权益的选择。

---

① 王欣新：《再论破产重整程序中的债转股问题——兼对韩长印教授文章的回应》，载《法学》2018年第12期。

第二章　投资对赌协议纠纷中的前沿热点问题

近年来，对赌协议作为一种估值调整机制，因其能够一定程度弥合投融资双方对目标公司未来发展不确定性的观点差异，解决信息不对称及代理成本等问题，几乎已成为投资合同中的必备条款。但与之相对，我国司法实践对对赌协议的处理却长久以来处于争议之中，《九民纪要》虽对投资对赌协议的有效性进行了澄清，但却又引发了一系列履行层面的具体问题，尤其当涉及与目标公司对赌之时，股权回购与现金补偿应当如何履行、行权条件是否成就应当如何判断、回购款及违约款金额应当如何主张等问题仍然是困扰金融机构及融资方的疑难问题。2022 年度，部分司法实践案例体现了我国司法机关对于部分投资对赌协议纠纷争议问题的探索与回应，但同时，最新法律规范与司法政策的出台及适用，也让部分本已极具争议的问题更加具有不确定性。

本章将围绕投资对赌协议纠纷领域的常见争议问题，在总结、回顾以往规范规定及司法实践的基础上，梳理 2022 年度对对赌协议纠纷审理已经或可能产生重要影响的规范性文件，以及 2022 年度最高人民法院、各地高级人民法院以及部分基层人民法院值得关注的重要司法案例。虽然相关规范及部分司法案例仍不足以使得相关争议尘埃落定，也无法全面反映数量庞大、类型复杂的投资对赌协议纠纷全貌，但仍不失为一窥我国投资对赌协议纠纷背后司法理念及动态趋势的有效路径。最后，我们将展望 2023 年投资对赌协议纠纷争议解决的可能趋势，以供各位读者参考。

第一节　投资对赌协议纠纷常见法律问题及司法实践回顾

在我国的法学理论及司法实践中，甚少有问题能如投资对赌协议般引发如此长时间的激烈讨论，近十年来，学术界关于对赌协议的研究成果汗牛充栋，司法实践从“海富案”① “华工案”② 到“贸仲仲裁案”③ 也经历了持续的冲突与矛盾。随着研究的深入，投资对赌协议在商业上的独特价值和存在的现实必要性已得到了普遍认可，《九民纪要》出台后，投资对赌协议的效力争议逐渐消弭，但取而代之的履行层面的问题却显得更为疑难棘手。正如学者所总结的，投资对赌协议实质上属于与股权投资和债权投资并立的“第三种投资”类型，投资者寻求的是投资的中位利益和中位风险，是一种既有股权收益利益，又有债权限定风险的“两全”投资。④ 但目前的司法实践却很难灵活地回应此种投资类型，而仍陷于股权与债权二选一的定性困局中。一方面，司法机关依据投资者所具有的股东身份，出于保护外部债权人之考量，严格把握我国公司法所坚持的资本维持原则，严格限制公司分配盈余及回购自身股权，并坚持利润分配及股权回购均属于司法无法介入的公司自治领域，这使得在纠纷产生时相关争议难以通过司法强制途径解决，与目标公司对赌的商业需求很难得到司法层面的有效支持；另一方面，司法机关在对现金补偿款、股权回购款等款项进行定量处理时，又难以摆脱借贷观念的影响，实践中存在大量参照民间借贷利率上限调减回购款项的实例，投资方主张的款项性质争议，导致在现金补偿款、股权回购款能否同时主张、前述款项与违约金能否同时主张、相关款项是否以及应当如何调减、逾期付款利息及罚息的起算点如何确定等具体问题上产生了诸多分歧。以上种种，均使得投资对赌纠纷的司法处理极具不确定性。

一、投融资领域中的常见对赌协议类型

对赌协议虽均以估值调整为核心目的，但在投融资实践中，由于标的公司具体情况的不同亦发展出了不同类型：以义务履行方式区分，当目标公司无法实现对赌目标时，按照投资方可行使的权利类型，对赌协议可大致分为股权回购型对赌、现金补偿型对赌及股份补偿型对赌，其中又以股权回购型及现金补偿型对赌协议居多，部分对赌协议也可能约定投资方可以同时要求义务人回购股权及支付现金补偿款；以义务履行主体区分，按照目标公司是否需向投资方

---

① 最高人民法院（2012）民提字第 11 号案。

② 江苏省高级人民法院（2019）苏民再 62 号案。

③ 中国国际经济贸易仲裁委员会（2014）中国贸仲京裁字第 0056 号案。

④ 赵旭东：《第三种投资：对赌协议的立法回应与制度创新》，载《东方法学》2022 年第 4 期。

履行义务，对赌协议可大致分为与目标公司股东的对赌及与目标公司的对赌；从对赌目标出发，常见的对赌条件包括目标公司能否按期上市、能否在特定期间内实现约定的业绩（如净利润及营业额等）、能否取得特定生产经营资质等。此外，对赌协议对于投资方介入目标公司经营管理的程度也可能存在不同类型的约定，投资者可能要求实质介入经营管理，仅在某些重大事项上行使一票否决权，或基本放弃参与经营管理的权利。

投资对赌协议的类型化区分不仅是对商业实践的总结，也是快速判断相关约定能否产生预期法律效果的有效方法，例如涉及与目标公司之间的对赌较有可能在履行层面遇到障碍，以特定业绩目标为对赌条件的约定较有可能在业绩目标是否达成、举证责任分配方面产生争议，而若投资方在目标公司经营管理方面拥有较大权利，则对赌义务人往往将以投资方干扰对赌目标达成为由提出抗辩。熟悉不同类型的投资对赌协议背后的常见风险，将有助于提前化解潜在争议，即便在纠纷产生后，也可就相关请求能否得到司法机关支持作出相对准确的研判。

二、投资对赌协议的义务履行主体选择

（一）目标公司股东、非股东的第三人作为对赌协议履行主体

法学界和实务界对于与目标公司股东之间的投资对赌协议之效力并无明显争议，若无其他无效事由（除传统无效事由外，近期涉上市公司之对赌协议被认定无效的风险在司法实践中显著增加，相关司法转向将在后文详细论述），司法机关原则上将认定该等约定有效并支持实际履行。此外，司法实践亦普遍认可由非股东的第三人作为对赌协议的履行主体，如湖南省长沙市中级人民法院在（2021）湘01民终13790号判决中明确“法律亦未禁止公司股东以外的第三人（包括公司实际控制人）回购对赌的股权”，进而认可了相关股权转让协议的有效性。但需注意的是，由于《公司法》第71条规定了其他股东的优先购买权，若其他股东主张优先购买，则原对赌约定可能陷入履行不能的境地，但也因其他股东同意以同等条件受让股权，此时投资方的利益不会因此受到不利影响。

（二）目标公司作为对赌协议履行主体：仍存在显著法律风险

相较于目标公司股东、非股东的第三人对赌而言，投资方与目标公司之间的对赌则相对更具有不确定性，在《九民纪要》发布前，司法主流观点一度秉

持“与股东对赌有效，与公司对赌无效”的观点，投资方与目标公司之间关于对赌的约定有较大可能被认定为无效。然而，司法观点并未能完全影响遏制投融资实践中与目标公司对赌的商业需求。一方面，目标公司为投资款项的实际使用方，由其向投资者承担义务具有逻辑上的合理性，并非所有股东、实控人都愿意以自身财产为目标公司经营情况提供保障；另一方面，目标公司可能比股东、实控人更具有履行能力，仅凭股东、实控人的资信状况可能不足以完全打消投资方的投资顾虑。因此，即便与股东的对赌在效力及履行层面更具有确定性，与目标公司的对赌也始终未在商业实践中绝迹。

2019 年 11 月 8 日，《九民纪要》发布并正式实施，其中第 5 条明确规定，“投资方与目标公司订立的‘对赌协议’在不存在法定无效事由的情况下，目标公司仅以存在股权回购或者金钱补偿约定为由，主张‘对赌协议’无效的，人民法院不予支持，但投资方主张实际履行的，人民法院应当审查是否符合公司法关于‘股东不得抽逃出资’及股份回购的强制性规定，判决是否支持其诉讼请求”，至此，以目标公司为对赌协议履行主体的约定效力争议基本终结。但值得注意的是，《九民纪要》在肯定与目标公司对赌之效力的同时，也提出了严苛的履行层面的要求，目标公司进行股权回购、现金补偿需通过《公司法》第 35 条“股东不得抽逃出资”的规定及《公司法》第 166 条关于利润分配的强制性规定的审查，加之司法实践一贯对与目标公司的对赌持审慎态度，投资方要求目标公司履行对赌义务的请求仍存在较大的不被司法机关支持的风险。

首先，与目标公司对赌的约定效力仍有可能被司法机关否定。虽然在《九民纪要》发布后，司法机关仅以相关约定本身性质否认其效力的可能性显著降低，但相关约定仍可能因其他原因无法发挥效力。例如，法院可能以目标公司未事先就对赌出具股东会决议为由，认定与目标公司的对赌违反《公司法》第 142 条关于公司不得收购本公司股份等效力性强制性规定，进而否认与目标公司对赌约定之效力。[①] 又如，法院出于保护目标公司债权人之考量，可能更倾向于认定相关约定因欺诈、恶意串通损害他人合法权益等原因而无效或被撤销。虽然根据《最高人民法院关于适用〈中华人民共和国民事诉讼法〉的解释》第 109 条之规定，对于欺诈、恶意串通等事实的证明，人民法院应当在“确信该待证事实存在的可能性能够排除合理怀疑”后方可予以认定，在实务中，当合

① 上海市浦东新区人民法院（2021）沪 0115 民初 73103 号案。

同约定没有明显违背市场规律且没有明显超出正常商业风险范畴时，司法机关通常也将极为审慎地认定存在欺诈、恶意串通等影响合同效力的情形，但当对赌协议涉及目标公司作为履行义务主体时，确有法院仅以投资方具有观念主义的恶意[①]即认定存在恶意串通之合同无效情形。[②] 另外，当目标公司为上市公司，或经营范围涉及金融安全、市场秩序、国家宏观政策等公序良俗的，法院还可能结合监管强度、社会影响等要素，以损害公序良俗为由判令与目标公司之间的对赌协议无效。

其次，在对赌协议效力不被否认的前提下，如何诉请目标公司实际履行股权回购或现金补偿义务也是目前司法实践中的疑难问题。对于股权回购而言，根据《公司法》第142条之规定，目标公司回购股权目前仅可能通过减资程序进行。但在纠纷产生后，投资方作为小股东很难凭自身之力推动目标公司形成减少注册资本的决议（必须经出席会议的股东所持表决权的三分之二以上通过），主流司法观点也认为在公司自治的立法精神下，司法无法强制要求公司减资，[③] 且即便目标公司愿意配合减资，减资程序也可能因无法提前清偿债权人或提供担保而客观上无法进行。虽然在“华工案”中，江苏省高级人民法院认定了“案涉对赌协议约定的股份回购款项的支付不会导致扬锻公司资产的减损，亦不会损害扬锻公司对其他债务人的清偿能力，不会因该义务的履行构成对其他债权人债权实现的障碍”，进而直接判令目标公司支付股权回购款，但该案处理并不具有普遍性，绝大多数法院仍将以目标公司未完成减资程序为由驳回投资方的履行诉请。[④] 对于现金补偿而言，投资方需证明利润分配已经过目标公司内部决议，或者目标公司存在《公司法》第166条规定的可供分配的利润，[⑤] 但且无论投资方取得相关证据的困难程度，目标公司可较为轻易地通过不做分配决议、提取法定及任意公积金、增加经营投入等方式使得自身不满足现金补偿的条件，而投资方对此很难采取有效制止措施。

---

① 通常认为，恶意串通中的“恶意”要件需行为人“明知或应知该行为侵害国家、集体、第三人利益，即行为人主观上具有恶意”（参见陈全、皮治勇诉重庆碧波房地产开发有限公司、夏昌均、重庆奥康置业有限公司合同纠纷案，《最高人民法院公报》2010年第10期），换言之，即为意思主义的“恶意”。而一般认为观念主义的恶意无需考虑行为人主观上是否有加害故意，仅知悉行为的客观情况即可。

② 山东省德州市中级人民法院（2020）鲁14民终2840号案。

③ 最高人民法院（2020）最高法民终223号案等。

④ 上海市第二中级人民法院（2022）沪02民终3241号案；山东省济南市中级人民法院（2022）鲁01民终1438号案；广东省广州市中级人民法院（2021）粤01民终6009号案等。

⑤ 最高人民法院（2019）最高法民申6709号案。

最后，目标公司不履行对赌义务的风险很难通过违约责任、担保措施或事先协议安排完全转移风险。在违约责任方面，虽然投资方与目标公司可实现在对赌协议中约定若目标公司未来无法履行股权回购或现金补偿义务，则应当向投资方支付违约金，但该等违约金约定是否有效在司法实践中极具争议，即便在同一法院中也曾出现观点截然对立的司法裁判。如北京市高级人民法院在（2020）京民终549号案中认为，若支持目标公司承担回购义务或支付基于回购义务而产生的违约金，均相当于让目标公司股东变相抽逃或部分抽逃出资，有违法律强制性规定，法院不应予以支持；[①] 但北京市高级人民法院在（2021）京民终495号案中却又认为，目标公司未履行符合《公司法》规定的减资程序导致投资方未能及时收到赎回价款，投资方要求目标公司承担逾期付款违约金具有合同依据，法院最终予以支持。[②] 在担保措施方面，若目标公司无法履行股权回购或现金补偿义务，投资者能否要求提供担保的主体承担担保责任同样极具争议。最高人民法院在（2020）最高法民申6234号案中认为目标公司履行不能时，投资方可以要求股东按照合同约定代为履行股权回购义务；但在（2020）最高法民申2957号案中，却认为因目标公司减资程序未完成，故主合同回购义务的履行条件尚未成就、相应的担保义务亦未成就，投资方无法要求担保方承担担保责任。截至目前，无论是增加担保措施或是完善违约条款，似都无法完全规避目标公司不履行对赌义务而产生的风险，对此，最高人民法院民事审判第二庭在编纂的《〈全国法院民商事审判工作会议纪要〉理解与适用》亦未予以正面回应，而仅是概括性地指出，“我们认为，投资方对目标公司投资签协议时，就应在协议中把有关问题约定好”，但对于相关约定可详细到何种程度、能否预先约定制式的减资股东会决议、相关事先安排是否有效及如何履行等问题，司法实践的态度仍然模糊。

（三）目标公司作为对赌协议履行的担保主体

就与投资方与目标公司股东对赌、目标公司为股东履行义务提供担保的情形，《九民纪要》并未作出明确规定，目标公司提供担保的约定是否有效，目标公司提供的担保究竟应参照适用与目标公司对赌的相关法律规定，抑或是按照《公司法》及《民法典担保制度解释》中关于公司对外担保效力的相关规定

---

① 北京市高级人民法院（2020）京民终549号案。

② 北京市高级人民法院（2021）京民终495号案。

进行效力认定，目前司法实践并未形成明确的裁判规则。

对此，司法实践中主要存在担保条款无效、担保责任履行参照适用与目标公司对赌的相关规范、担保责任有效且可实际履行这三种观点。最高人民法院在（2018）最高法民终111号案中支持了湖南省高级人民法院的二审观点，认为目标公司承担担保责任将导致股东退出后的出资款由目标公司支付的法律后果，将违反我国公司法中禁止股东从公司抽逃出资的规定，因此，目标公司为股东履行对赌义务提供担保的约定为无效条款，目标公司不承担担保责任。在《九民纪要》发布后，该等观点也被部分法院用以否认目标公司担保责任。[①] 第二种观点的典型案例包括（2020）最高法民终762号案，该案中，最高人民法院认为连带付款责任意味着目标公司需承担回购本公司股权、支付投资方投资收益的付款责任，法院应当按照《公司法》第35条关于“公司成立后，股东不得抽逃出资”的规定和第166条关于利润分配的强制性规定进行审查，最高人民法院特别指出原审法院关于“中航公司（即目标公司）所承担的是保证责任而非股权回购责任，中航公司的责任承担无须以其完成减资为前提”之观点属于适用法律不当。第三种观点则认为若目标公司按照《公司法》及章程约定恰当地履行了内部决议程序（但需注意关联股东回避等问题），债权人作为善意第三人对目标公司内部决议进行了适当审查，则目标公司提供的担保应认定为有效。[②]

随着公司对外担保的相关规范日益完善、裁判共识逐渐形成，我们认为现行司法裁判趋势相对倾向于遵循公司对外担保效力的逻辑审查相关条款有效性，若投资方能够取得目标公司同意为股东提供担保的有效内部决议，则要求目标公司承担担保责任之诉请仍有可能得到司法机关的支持。

三、投资对赌协议行权条件的设置

（一）关于对赌目标的约定及常见争议

投资对赌协议中，常见的对赌目标类型包括目标公司上市、目标公司在特定期间内达到约定业绩目标（净利润、营业额或其他财务数据）及目标公司取得关键生产经营资质等。对赌目标是否实现看似为纯事实问题，但在纠纷解决

---

① 福建省南安市人民法院（2020）闽0583民初366号案；山东省济南市中级人民法院（2021）鲁01民初1556号案等。

② 河南省高级人民法院（2020）豫民终591号案；最高人民法院（2016）最高法民再128号案等。

中，时常成为各方争议的焦点。不同对赌协议对于对赌目标的具体约定各异，但整体而言，以下几个方面尤其易引发争议，值得从业者特别关注：

第一，因对赌目标概念不清晰而引发的争议。例如，在上市对赌中，因我国资本市场具有层次性，包括上海证券交易所、深圳证券交易所等传统的A股上市、新三板挂牌，以及区域性股权交易市场（也称“新四板”）挂牌等，不同的层次的资本市场挂牌、上市条件均有所区别，若投融资双方仅简单约定以“挂牌上市”为对赌目标，则仅新三板、新四板挂牌是否满足条件可能引发争议。[①] 而在业绩对赌中，相关财务指标如何选取、计算如何进行等若约定不明均可能引发争议。

第二，因对赌目标是否发生变更而引发的争议。在投资后目标公司经营管理过程中，为实现上市或其他经营目标，投资方可能需配合目标公司签署部分协议、达成部分安排，但需注意相关协议、安排可能在纠纷发生后被司法机关认定为对原对赌目标的变更，进而影响投资方在原对赌协议项下的权益。例如，在（2022）京民申3543号案中，北京市高级人民法院认为投资方在VIE架构下签署了新的股权回购条款，原补充协议项下的回购条款已不适用，投资方无法基于原合同主张股权回购。在（2022）京民申123号案中，北京市高级人民法院认为投资方在主张股权回购后，又在后续召开的股东会中主导通过了涉及组建新的临时经营团队、引入战略投资人等内容的股东会决议，表明投资方已改变了之前作出的股权回购的意思表示，又选择了继续合作而不是退出目标公司，故投资方无法再要求回购其持有的目标公司股权。

第三，因举证责任分配而引发的风险。司法实践基本认为，投资方需承担对赌目标未达成的举证责任。在业绩对赌中，常见的条款表述方式为目标公司在特定期间内经审计后的净利润（或其他财务指标）需达到约定数额，否则对赌条款即被触发。但若目标公司未进行审计，投资方将难以尽到相应举证责任。如在湖北省高级人民法院审理的（2020）鄂民终495号案中，目标公司并未完成净利润数额审计，而投资方委托进行的司法审计因被告不提供所涉年度相关财务报表及其他相关资料而无法进行，法院最终以投资方未能尽到举证责任为由驳回了投资方诉请。

（二）关于投资方行权期限的约定及常见争议

关涉投资对赌协议投资方行权的另一常见争议问题为投资方是否在约定的

---

① 北京市第三中级人民法院（2019）京03民终9876号案。

期限内行使权利。即便在投融资双方就行权期限进行了明确约定的情况下，司法实践中的争议仍未能消弭。因相关行权期限约定通常表述为投资方“有权”在一定期限内回购，而对于“一定期限”内“有权”之表述，司法实践存在不同理解，部分法院认为该等表述不是对投资方行使对赌条款项下权利的限制，[①]但也有法院认为该等约定意味着投资方未在约定期限内行使相关权利即告丧失。[②]

而若投融资双方未对相关权利的行使期限作出明确期限约定，则司法实践中大致存在三种认定方法：第一种认定将投资方要求回购股权/现金补偿的权利视为普通债权，认定适用诉讼时效的相关规定，起算时点为投资方知道或应当知道行权条件成就之日；[③] 第二种认定为投资方需在合理期限内行权，典型如上海市第二中级人民法院在《2015—2019 年涉“对赌”纠纷案件审判白皮书》中提出的“审判实践中原则上认为，未约定回购期限情形下，权利方要求对方履行回购义务应受到合理期限的限制，而合理期限的判定应结合行权的可行性、时间间隔、股价波动等因素，在均衡双方当事人利益的基础上，作个案的判断”；第三种认定则将投资方要求回购股权/现金补偿的权利视为未约定履行期限的债权，投资方可随时要求履行，即使回购条件成就至债权人主张权利期间间隔较长，司法机关仍应当支持投资方的诉请。[④]

（三）对赌义务履行主体的其他常见抗辩事由

实践中，对赌义务履行主体还可能从多个方面抗辩自身无须继续履行对赌条款项下股权回购/业绩补偿义务，常见的争议点包括投资方对于未达成对赌目标具有过错（即投资方阻碍了对赌目标的实现）、对赌期间目标公司经营受到不可抗力影响、应适用情势变更规则调整对赌目标等。

关于投资方存在的过错，对赌义务履行主体提出的常见的理由包括投资方排除了创始股东对目标公司的经营管理权[⑤]、投资方未积极履行必要的资金支持义务导致目标公司未能实现约定的净利润[⑥]、投资方实际控制公司并存在严

---

① 安徽省高级人民法院（2022）皖民终 65 号案。

② 上海仲裁委员会（2019）沪仲案字第 2727 号案。

③ 新疆维吾尔自治区高级人民法院（2022）新民申 400 号案。

④ 最高人民法院（2020）最高法民申 1513 号案；北京市第三中级人民法院（2022）京 03 民终 15417 号案等。

⑤ 江苏省无锡市锡山区人民法院（2021）苏 0205 民初 6556 号案等。

⑥ 江苏省高级人民法院（2021）苏民申 3066 号案等。

重经营决策失误[①]、投资方恶意以低价售出涉案股票[②]、投资方指派的高管离职、投资方恶意阻碍目标公司决议通过等。但从现有司法实践情况看，司法机关能否认可前述事由存在较强的不确定性，以创始股东被排除出目标公司经营为例，江苏省无锡市锡山区人民法院在（2021）苏 0205 民初 6556 号案中认为只有创始股东持续享有标的公司的经营管理权，才能实现其对公司发展目标的承诺，对赌义务人对标的公司享有经营管理权是承担对赌责任的前提条件；而广东省深圳市中级人民法院则在（2018）粤 03 民终 17606 号案中认为，被告未能证明创始股东被免除职务与目标业绩未实现之间的因果关系，对于相关抗辩理由不予采信。

关于目标公司受不可抗力影响或对赌目标应适用情势变更规则加以调整之抗辩，常见的具体理由包括 IPO 暂停审查[③]、市场或监管政策发生了变化[④]、目标公司发生了特殊事件（如遭遇火灾）、遭受了金融风暴等。从过往司法实践来看，司法机关对于不可抗力及情势变更的认定极为审慎，通常认为相关情形与对赌目标未实现之间不具有关联性，或者属于融资方可预见的正常商业风险，司法机关基于不可抗力或情势变更调整对赌目标的案例极为有限。但新冠疫情作为情势变更事由具有一定的特殊性，下文将另行阐述。

四、投资对赌协议履行中的定量问题

如上文所述，如何保障目标公司实际履行股权回购或现金补偿义务是目前法学理论界与实务界的重大疑难问题，但除此之外，投资对赌协议履行过程中股权回购款或现金补偿款的数额计算等定量问题也将显著影响投资方权益，在司法实践中也颇具争议。

（一）股权回购款与现金补偿款能否同时主张

投资对赌协议中可能同时约定投资方要求股权回购及要求现金补偿的权利，若纠纷发生后投资方的前述两项权利行使条件同时成就，投资方能否同时要求两笔款项，司法实践对此争议较大。部分法院认为同时支持业绩补偿和股权回购并不会脱离设置对赌协议的初衷，两者之间并无抵触或冲突，投资方是否保

① 最高人民法院（2021）最高法民申 7581 号案等。
② 最高人民法院（2020）最高法民终 1161 号案等。
③ 北京市第一中级人民法院（2018）京 01 民终 8570 号案等。
④ 山东省高级人民法院（2018）鲁民初 98 号案等。

持股东身份亦不相关，投资方可以同时主张；[①] 但也有法院认为，投资方要求进行业绩补偿的前提是投资方保持股东身份，但要求回购股权实质是退出目标公司不再拥有股东身份，两者之间存在一定矛盾，投资方只能择一行使；[②] 另有法院同样认为投资方仅能择一行使，但具体理由为对赌协议防控的风险是对目标公司未来发展的不确定性、因不参与目标公司的经营而与目标公司信息不对称的风险，而不是为了让投资方获得确定的保障或者获取较高的投资回报，故无论是股权回购，还是业绩补偿，均是估值调整的安排，对投资人的司法保护应限定在其实际投资本金及适当的资金占用补偿之和范围内。[③]

（二）股权回购款、业绩补偿款是否适用违约金调减规则

《民法典》第 585 条第 2 款规定，当事人“约定的违约金过分高于造成的损失的，人民法院或者仲裁机构可以根据当事人的请求予以适当减少”，在投资对赌语境中，投资方主张的股权回购款、业绩补偿款能否适用违约金调减规则，在司法实践中存在一定的争议。主流司法观点认为，股权回购及现金补偿本身即独立的合同义务，而并非违约责任，故不适用违约金调减的相关规则，如广东省广州市中级人民法院在（2019）粤 01 民终 2210 号案中即支持了投资方按照年化 30%的收益率主张股权回购款。但亦有法院认为对赌协议约定的股权回购价格过分加重了股权回购方的义务，进而参照民间借贷利率上限对回购款项进行调减，[④] 在部分案件中，法院甚至可能将投资期间的收益调减为零，即仅支持原价回购。[⑤]

（三）主张股权回购款、业绩补偿款后能否再主张违约金

最高人民法院在（2021）最高法民申 7581 号案中明确违约金和溢价款的性质不同，违约金是因回购义务人违反合同约定而应当承担的违约责任，原审法院同时支持股权回购款及违约金并无不当。主流司法观点亦认可在有约定的情况下，投资方可单独主张违约金，但因股权回购款中已包含投资溢价，司法机关普遍会对违约金进行适当调减，调减后的金额通常在一倍贷款市场报价利率

---

① 最高人民法院（2019）最高法民申 5691 号案；北京市高级人民法院（2021）京民终 102 号案等。

② 北京市第一中级人民法院（2017）京 01 民初 814 号案。

③ 上海市浦东新区人民法院（2020）沪 0115 民初 93539 号案等。

④ 浙江省温州市中级人民法院（2015）浙温商初字第 20 号案等。

⑤ 上海市第二中级人民法院（2020）沪 02 民初 125 号案。

左右，[①] 但亦不乏司法机关支持年10%以上的违约金利率。[②]

（四）股权回购、业绩补偿中的其他定量问题

在股权回购、业绩补偿的具体履行中，还可能涉及其他定量问题，如若目标公司净利润为负，投资方主张的补偿金额能否高于投资款？若约定的计算方式未扣减以往年度已支付的现金补偿款项，投资方能否主张不予扣除？股权回购款的利息应当自投资日还是回购日开始计算？[③] 逾期付款利息的计算基数只包括本金，还是可包括本金及投资回报……限于篇幅原因，本书不再展开分析，但从前述问题中，已可窥见相关问题在司法实践中的复杂性。因相关问题并无绝对化的裁判标准，司法机关通常将综合投资对赌条款的逻辑、各方当事人权益平衡、融资成本控制与投资方保护之政策导向等因素进行相关款项的裁量，根据过往经验，在争议解决过程中，向司法机关展示所主张款项的合理性或为取得理想案件结果的关键。

第二节　2022年度投资对赌协议纠纷领域的重要规范性文件及影响

投资对赌协议纠纷涉及合同法、公司法、金融法等多个法学领域，且司法机关在争议问题的处理上受司法政策影响较为显著，鉴于对赌协议的履行时间通常长达数年，了解最新的司法动向及趋势，对于投资对赌条款的设计、风险预先防范及纠纷产生后的权益维护均具有重要意义。截至目前，立法机关及最高人民法院并未针对投资对赌协议纠纷发布专门规范性文件，但在2022年度，仍有部分司法规范性文件、法律及司法解释修改草案值得从业者特别关注。

---

① 福建省高级人民法院（2020）闽民终444号案；北京市第一中级人民法院（2021）京01民终10673号案等。

② 浙江省高级人民法院（2019）浙民初39号案；江苏省苏州市中级人民法院（2019）苏05民终10148号案等。

③ 如北京市高级人民法院在（2021）京民终975号案中认定回购价款的利息应当自合同约定的回购日开始计算，而该案一审法院认为应当自投资日即开始计算。

一、《新三板保障意见》

（一）规范内容

2022年6月23日，最高人民法院印发《新三板保障意见》，其中第9条要求，“在上市过程中，对于为获得融资而与投资方签订的‘业绩对赌协议’，如未明确约定公司非控股股东与控股股东或者实际控制人就业绩补偿承担连带责任的，对投资方要求非控股股东向其承担连带责任的诉讼请求，人民法院不予支持。在上市公司定向增发等再融资过程中，对于投资方利用优势地位与上市公司及其控股股东、实际控制人或者主要股东订立的‘定增保底’性质条款，因其赋予了投资方优越于其他同种类股东的保证收益特殊权利，变相推高了中小企业融资成本，违反了证券法公平原则和相关监管规定，人民法院应依法认定该条款无效”。

（二）潜在影响

定向增发是资本市场中上市公司常见的融资手段。早在2020年2月14日，证监会便已经于修订后的《上市公司非公开发行股票实施细则》中明确要求：“上市公司及其控股股东、实际控制人、主要股东不得向发行对象作出保底保收益或变相保底保收益承诺，且不得直接或通过利益相关方向发行对象提供财务资助或者补偿。”但《上市公司非公开发行股票实施细则》的发布并未对司法实践中定增保底协议的效力产生显著影响。一方面，《上市公司非公开发行股票实施细则》性质上属于部门规章，并未达到法律或行政法规之效力层次，且司法实践普遍认为投资方与股东之间的对赌属于当事人意思自治的范畴，并不会损害上市公司及上市公司债权人的利益，司法机关无否认之必要；[①] 另一方面，因对赌期间通常可达数年，《上市公司非公开发行股票实施细则》发布后较长时间内纠纷所涉的对赌协议均发生于细则颁布前，司法机关一般基于法不溯及既往的理念，为保护当事方的信赖利益而认定定增保底条款有效。[②]

但在司法保障意见发布后，因最高人民法院明确投资方即便仅与上市公司股东对赌，也将变相推高中小企业融资成本、违反证券法公平原则和相关监管规定，并明确给出了人民法院“应依法认定该条款无效”的指导意见，定增保

---

① 北京市高级人民法院（2020）京民终253号案；最高人民法院（2017）最高法民终492号案等。

② 最高人民法院（2020）最高法民终1161号案等。

底条款所面临的无效风险将显著增加。此外，因司法保障意见不属于《立法法》第93条规定的不具有溯及力的规范类型，而仅是对法律适用观点的进一步明确，司法机关可能认为其于生效之日就应适用于审判实践，[①] 故即便签署于司法保障意见发布前的对赌协议也有较大可能被认定为无效。

二、《最高人民法院关于依法妥善审理涉新冠肺炎疫情民事案件若干问题的指导意见（二）》

（一）规范内容

2020年5月15日，最高人民法院发布《关于依法妥善审理涉新冠肺炎疫情民事案件若干问题的指导意见（二）》，其中第14条第1款规定："对于批发零售、住宿餐饮、物流运输、文化旅游等受疫情或者疫情防控措施影响严重的公司或者其股东、实际控制人与投资方因履行'业绩对赌协议'引发的纠纷，人民法院应当充分考虑疫情或者疫情防控措施对目标公司业绩影响的实际情况，引导双方当事人协商变更或者解除合同。当事人协商不成，按约定的业绩标准或者业绩补偿数额继续履行对一方当事人明显不公平的，人民法院应当结合案件的实际情况，根据公平原则变更或者解除合同；解除合同的，应当依法合理分配因合同解除造成的损失；'业绩对赌协议'未明确约定公司中小股东与控股股东或者实际控制人就业绩补偿承担连带责任的，对投资方要求中小股东与公司、控制股东或实际控制人共同向其承担连带责任的诉讼请求，人民法院不予支持。"

（二）潜在影响

该指导意见虽发布于2020年，但因对赌协议通常具有较长的履行周期，近年来因新冠疫情影响要求调整对赌目标或解除对赌而引发的争议方逐渐在司法实践中显现。从过往裁判情况看，司法机关对于新冠疫情影响的认定整体较为审慎，基于疫情因素判令解除合同或直接调整对赌目标的案例较少，司法机关的理由大致包括无论是否存在新冠疫情影响对赌目标均无法实现[②]、目标公司未充分举证证明新冠疫情对未实现对赌目标具有直接关联性[③]、新冠疫情影响

---

① 最高人民法院（2018）最高法民申5614号案。

② 北京市朝阳区人民法院（2021）京0105民初20091号案；北京市高级人民法院（2022）京民申4650号案。

③ 福建省龙岩市新罗区人民法院（2020）闽0802民初5966号案等。

可以通过目标公司的积极努力而被克服①，或仅简单论述因新冠疫情影响调整对赌目标或解除合同缺乏依据②等等。但值得注意的是，2022 年确有部分司法机关基于新冠疫情因素影响对对赌协议进行了调整，尤其是上海国际经济贸易仲裁委员会作出的（2022）沪贸仲裁字第 0134 号裁决在业内引发了一定程度的反响。鉴于 2022 年复杂的新冠疫情状况，2023 年进入审理的投资对赌纠纷受新冠疫情影响的程度更深，对赌义务人基于新冠疫情影响要求解除合同或调整对赌目标的案例在实践中可能有所增加，司法机关如何具体适用上述指导意见、如何把握新冠疫情影响的裁量尺度值得从业者持续关注。

三、《公司法（修订草案）》及《公司法（修订草案）（二次审议稿）》

2021 年 12 月 24 日，全国人大常委会发布了《公司法（修订草案）》，2022 年 12 月 30 日，《公司法（修订草案）（二次审议稿）》发布。虽然相关修订草案并未直接调整投资对赌协议相关问题，但其所涉的公司法整体制度及理念的变化，如授权资本制、类别股、无面额股等，均可能对投资对赌协议相关争议产生深远的影响，也或可为投资对赌协议条款的设计及风险预先防范提供新的思路。

（一）《公司法（修订草案）》中的授权资本制

《公司法（修订草案）》第 97 条规定："公司章程或者股东会可以授权董事会决定发行公司股份总数中设立时应发行股份数之外的部分，并可以对授权发行股份的期限和比例作出限制。"第 164 条规定："公司章程或者股东会授权董事会决定发行新股的，董事会决议应当经全体董事三分之二以上通过。发行新股所代表的表决权数超过公司已发行股份代表的表决权总数百分之二十的，应当经股东会决议。"但《公司法（修订草案）（二次审议稿）》删除了前述相关规定。

我国《公司法》自 1993 年颁布以来，虽历经多次调整，资本实缴要求也逐渐被认缴所取代，但法定资本制却始终得以贯彻，法定资本制与授权资本制之间的权衡、从资本信用到资产信用的演变一直是公司法学界讨论的重点及热点

---

① 湖南省株洲市天元区人民法院（2022）湘 0211 民初 39 号案等。

② 浙江省宁波市北仑区人民法院（2022）浙 0206 民初 3011 号案等。

问题。本次《公司法（修订草案）》颠覆性地在法律层面引入了授权资本制（科创板、创业板和北京证券交易所此前已出台了类似授权发行股份的规则），将发行新股的权力一定程度下放到了董事会，有着便于公司设立、便于公司更灵活高效筹措资金等积极意义。一般认为法定资本制更倾向于保护债权人的利益，而授权资本制则更侧重于股东利益，授权资本制及配套制度的引入是否意味着注册资本在公司信用判断方面的价值有所降低，进而不再受到法定资本制下如此严格的限制？目前投资对赌协议履行层面的症结大多在于法定资本制下资本维持的强制性要求，若相关观点有所转变，投资对赌协议的履行难题或可迎刃而解。

（二）《公司法（修订草案）》中的无面额股制度

《公司法（修订草案）》第155条规定："公司的资本划分为股份。公司的全部股份，根据公司章程的规定择一采用面额股或者无面额股。采用面额股的，每一股的金额相等。公司可以根据公司章程的规定将已发行的面额股全部转换为无面额股或者将无面额股全部转换为面额股。采用无面额股的，应当将发行股份所得股款的二分之一以上计入注册资本。"《公司法（修订草案）（二次审议稿）》第142条保留了前述表述。

在本次公司法修订中，我国首次放开了对发行无面额股的限制，是我国公司法与国际接轨的一次重要改革。对于投资对赌协议而言，引入无面额股制度或许将在以下三个方面产生影响：第一，无面额股制度同样体现了对法定资本制的突破，反映了资产信用取代资本信用的整体趋势，当债权人难以再依赖面额判断公司信用状况，为保护债权人信赖利益而产生的对赌协议履行障碍或将有所减轻。第二，无面额股制度将为公司治理结构的设计带来更大的空间。通常情况下，股东权利大小直接取决于其出资数额，而无面额股制度可让公司创始股东在实际出资较少的情况下仍保留对公司的控制权，实际出资比例较大的投资方也可通过恰当的安排使得自身免于过度干预公司经营的质疑。此外，无面额股制度让投资方在出资计入注册资本与计入资本公积金的比例方面拥有一定的裁量空间，目前，我国部分案例认可资本公积金的返还不受抽逃出资的限制，[①] 投资方或可通过比例设计减轻目标公司履行不能的风险。第三，无面额股制度将使得公司再融资更为便利，搭配授权资本制度，或可为目标公司履行

---

① 山东省高级人民法院（2014）鲁商初字第25号案。

对赌协议提供新的思路，如投资方与目标公司股东在投资前预留一定比例的授权股份，在对赌目标无法实现时通过董事会以折价发行的方式便捷地获得股份补偿。

（三）《公司法（修订草案）》中的类别股制度

《公司法（修订草案）》第157条规定："公司可以按照公司章程的规定发行下列与普通股权利不同的类别股：（一）优先或者劣后分配利润或者剩余财产的股份；（二）每一股的表决权数多于或者少于普通股的股份；（三）转让须经公司同意等转让受限的股份；（四）国务院规定的其他类别股。公开发行股份的公司不得发行前款第二项、第三项规定的类别股；公开发行前已发行的除外。"《公司法（修订草案）（二次审议稿）》第144条保留了前述表述。

本次公司法修订中正式引入了类别股制度，回应了长期以来商业实践对于股东异质化的强烈需求，其积极意义已有大量文章阐释探讨，本书不再赘述。某种意义上，类别股的开创性在于允许对原先依附于股权的收益权、表决权等进行重新排列组合，此等框架对于投资对赌协议的设计亦具有启发性。例如，投资方可考虑在投资协议中约定若对赌目标未达成，目标公司股东的利润分配将进行调整，利润分配不再按照股权比例进行而是由投资方优先受偿直至达到约定数额。在类别股框架下，商业实践将会发展出何种新型的投资对赌安排、司法实践又将如何回应或将成为新一轮的争议焦点问题。

（四）《公司法（修订草案）》中的公司回购股权及利润分配制度

现行《公司法》第142条第1款规定："公司不得收购本公司股份。但是，有下列情形之一的除外：（一）减少公司注册资本；（二）与持有本公司股份的其他公司合并；（三）将股份用于员工持股计划或者股权激励；（四）股东因对股东大会作出的公司合并、分立决议持异议，要求公司收购其股份；（五）将股份用于转换上市公司发行的可转换为股票的公司债券；（六）上市公司为维护公司价值及股东权益所必需。"第166条第4款规定："公司弥补亏损和提取公积金后所余税后利润，有限责任公司按照本法第三十四条的规定分配；股份有限公司按照股东持有的股份比例分配，但股份有限公司章程规定不按持股比例分配的除外。"

从上述规定可见，我国《公司法》对公司回购股权、公司向股东分配利润进行了严格限制，公司仅在特定情形下方有权回购股权、分配利润，这也直接导致现行立法下，目标公司为履行对赌义务而回购股权实际仅可通过减资进行，投资方要求目标公司依据对赌协议进行现金补偿也困难重重。法学理论界已有诸多学者对减资与股权回购之间的关系、现金补偿与利润分配规则之间的关系进行了深入探讨，部分观点认为，减资与股权回购之间并无必然的逻辑关系，投资者要求目标公司支付现金补偿款也不应受到利润分配规则的限制，并呼吁在《公司法》修订中将因对赌条件触发而进行的回购作为单独的公司回购股权事由，同时明确目标公司依据对赌协议向投资者支付现金补偿款无须通过利润分配规则审查，至于对外部债权人的保护，则可通过工商登记系统改造，使得对赌协议相关约定能在公示系统显现进行解决。若前述建议能被立法机关采纳，则投资对赌协议纠纷目前所涉争议的不确定性将得到显著改善。

遗憾的是，《公司法（修订草案）》及《公司法（修订草案）（二次审议稿）》均未对现行《公司法》中的公司回购股权及利润分配制度进行实质调整。但现有审议稿并非最终生效的修正案，相关条款最终是否将予以修订仍有待观察。

四、《民法典合同编通则解释（征求意见稿）》

（一）规范内容

2022 年 11 月 4 日，最高人民法院发布《民法典合同编通则解释（征求意见稿）》，内容涉及合同解释、合同效力、合同履行、合同变更等多个方面。

其中，第 12 条规定："法律、行政法规规定合同应当办理批准等手续，负有报批义务的当事人未根据合同约定或者法律、行政法规的规定办理申请批准等手续，对方请求其履行报批义务的，人民法院依法予以支持；对方请求解除合同，并请求其承担合同约定的违反报批义务的违约责任的，人民法院应予支持。合同获得批准前，当事人一方起诉请求对方履行合同约定的主要义务，经释明拒绝变更诉讼请求的，人民法院应当驳回诉讼请求，但是不影响其另行提起诉讼。人民法院判决当事人一方履行报批义务后，其拒绝履行，经强制执行仍未履行，对方请求解除合同并请求其承担违反合同的违约责任的，人民法院依法予以支持。法律、行政法规规定合同应当办理批准等手续，负有报批义务的当事人已办理申请批准等手续或者已履行生效判决确定的报批义务，批准机关决定不予批准，对方请求其承担赔偿责任的，人民法院不予支持。但是，因当事人迟延履行报批义务等导致合同未获批准，对方请求赔偿因此受到的损失的，人民法院应当依据民法典第一百五十七条处理。"

（二）潜在影响

上述司法解释中关于批准生效合同的法律适用之规定，可能对涉国资、金融等强监管领域的对赌协议之效力产生直接影响，值得从业者特别关注。《中华人民共和国民法典合同编理解与适用》一书中已明确未经批准的合同效力为未生效合同，当事人既不能基于有效合同提出继续履行或主张违约责任，也不能请求确认合同无效或主张损害赔偿责任，而只能基于未生效合同提出相应诉讼请求。司法实践中对此定性争议不大，仅在某一具体义务是否构成需审批之情形方面（如为履行对赌协议而进行的股权回购是否需由国资监管部门进行审批），不同法院可能存在不同理解。

但即便不同法院对于合同未生效之定性基本达成共识，仍有其他争议可能影响最终各方当事人权利义务的认定，如守约方基于合同不生效主张的缔约过失责任，部分法院认为可包括善意相对人的交易机会损失等间接损失，[①] 但部分法院可能不予支持；又如，能否适用《民法典》第159条“附条件的民事法律行为，当事人为自己的利益不正当地阻止条件成就的，视为条件已成就；不正当地促成条件成就的，视为条件不成就”之规定，尤其是在生效判决已判令当事人履行报批义务、当事人仍拒不履行时，司法机关可否认定合同已生效从而使得另一方享有违约损害赔偿请求权，不同法院之间分歧较大；[②] 再如，未履行报批义务的，当事人能否要求强制履行，司法实践中可能有由相对人自行办理报批[③]、向行政机关发函要求司法协助[④]，或认定不能强制执行报批义务等不同处理方式。

若投资对赌协议约定的股权回购因相对方未履行（甚至故意不履行）报批义务而无法生效，投资方能否向司法机关起诉要求强制报批、能否基于合同已视为生效进而主张违约责任、合同未生效导致的缔约过失责任范围如何划定等等均取决于司法实践对于上述争议问题的态度，《民法典合同编通则解释（征求意见稿）》的重要性可见一斑。

---

① 最高人民法院（2016）最高法民终802号案。

② 最高人民法院（2015）民一终字第321号案；北京市高级人民法院（2021）京民终184号案；北京市高级人民法院（2014）高民（商）终字第4839号案；贵州省遵义市中级人民法院（2018）黔03民终7045号案；广西壮族自治区贵港市中级人民法院（2017）桂08民终1421号案；山东省枣庄市薛城区人民法院（2020）鲁0403民初924号案等。

③ 北京市高级人民法院（2017）京执复122号案。

④ 最高人民法院（2017）最高法执监136号案。

第三节　2022 年度投资对赌协议纠纷领域重要司法案例及影响

综观 2022 年度投资对赌纠纷领域的司法实践，不难发现部分疑难问题仍具争议，但部分争议问题随着理论界及实务界对于对赌研究的深入，司法裁判共识正逐渐形成，此外，对于部分问题，各地典型案例似乎暗示着司法观点正悄然变化，为当事方尤其是投资方带来新的不确定性及风险。

一、江苏省苏州市中级人民法院发布典型案例：上市公司股票认购保底收益承诺无效

（一）基本案情及裁判观点

2012 年，某机电股份公司在创业板上市。2016 年，机电股份公司增发股份。机电股份公司的股东某机电公司与某投资公司签署了《差额补足协议》，约定投资公司认购机电股份公司发行的股份，由机电公司承诺保底投资公司认购的股份年化收益率不低于 10%。协议签订后，投资公司认购机电股份公司 1 亿元股。后，因机电股份公司股价长期低于认购价，各方就差额补足问题产生争议，投资公司诉至法院，请求确认《差额补足协议》的效力。

一审判决经审理认为，《差额补足协议》对上市公司股票作出保底收益约定，违反了证券市场秩序管理的行政规章，损害了社会公共利益，应属无效。遂判决确认《差额补足协议》无效。

二审法院经审理认为，涉案《差额补足协议》保证投资公司无论股票涨跌都能获得收益，规避了投资公司的投资风险，违反了《证券法》关于证券发行、交易活动必须公开、公平、公正的原则及投资者风险自担的原则规定，也违反了证券市场的相关监管规定。该行为严重影响其他投资者对上市公司股票的判断，对正常的证券交易秩序造成不良影响。由此，一审法院判决确认《差额补足协议》无效，并无不当。故判决驳回上诉，维持原判。

（二）典型意义及影响

2022 年 6 月，江苏省苏州市中级人民法院发布《2019—2021 年度苏州法院

公司类纠纷案件审判白皮书暨典型案例》，本案即为典型案例之一。[①] 本案中江苏省苏州市中级人民法院的观点与最高人民法院2022年6月发布的《新三板保障意见》中关于定增保底条款效力的观点几乎一致。上市公司股东或实控人在上市公司定增中为投资者提供保本保收益承诺是实践中极为常见的投资安排，在该司法保障意见发布前，司法实践普遍认为因证监会2020年2月发布的《上市公司非公开发行股票实施细则》并非法律或行政法规而仅系部分规章，不会对定增保底收益条款的效力产生影响。山东省高级人民法院在2022年6月作出的（2022）鲁民终576号案中阐述的观点仍为涉案回购约定存在于股东之间，是对投资估值的一种调整方式，约定的是股东与股东之间的权利，股东履行回购义务不会影响目标公司的利益、不影响目标公司治理结构的稳定性，亦不损害公司其他投资人的利益，进而认定回购约定有效并支持履行。本案裁判，是最高人民法院最新司法观点的一次典型实践。

除上述司法转向外，本案仍有几方面值得从业者特别关注：

第一，本案中目标公司于深圳证券交易所创业板上市，而非北京证券交易所挂牌公司。《新三板保障意见》出台的直接背景为“保障深化新三板改革、设立北京证券交易所顺利推进”，但江苏省苏州市中级人民法院在本案中的司法裁判实质拓展了最高人民法院最新司法观点的适用范围，在司法实践中，司法机关态度或将演变成任何资本市场层级中的定增保底收益条款均应认定为无效。

第二，本案中定向增发发生于2016年，当时生效的《证券发行与承销管理办法》并未明确规定目标公司股东或实控人不能提供保底保收益或变相保底保收益承诺，相关规定系在2020年2月《上市公司非公开发行股票实施细则》发布后方被明确。按照《立法法》关于规范溯及力的基本规定，部门规章不具有溯及力，但江苏省苏州市中级人民法院仍以损害公共利益为由认定2016年的相关投资安排无效，不免有违背各方信赖利益之嫌。江苏省苏州市中级人民法院如此处理的妥当性虽仍可探讨，但本案作为典型案例发布，也客观上意味着因最高人民法院司法保障意见而产生的风险不仅影响2020年2月后新订立的相关投资对赌协议的效力，还同样涉及之前已产生的定增保底保收益安排。

第三，江苏省苏州市中级人民法院并未明确引用《上市公司非公开发行股票实施细则》或《证券发行与承销管理办法》中的具体监管规定，可能影响合

---

① 《护航企业发展 优化营商环境｜苏州中院发布公司类纠纷案件审判白皮书和典型案例》，载微信公众号“苏州市中级人民法院”，2022年6月30日。

同效力的监管规则范围在司法实践中被扩大。根据《九民纪要》中关于“违反规章的合同效力”之规定，司法机关基于规章认定合同无效时，“要在考察规范对象基础上，兼顾监管强度、交易安全保护以及社会影响等方面进行慎重考量，并在裁判文书中进行充分说理”。从公示的法院说理来看，江苏省苏州市中级人民法院似乎并未对监管强度（尤其是2016年定增发生时）、交易安全保护等相关因素进行充分说理，甚至并未指出合同无效系因违反了哪条具体的监管规则。在本案的示范作用下，无法排除监管规定与合同效力被进一步混淆、民事责任与行政责任被进一步模糊的风险。

二、上海市高级人民法院：在上市公司IPO股权投资中，与股票市值挂钩的对赌协议无效

（一）基本案情及裁判观点

2015年房某、梁某以1∶9的比例出资成立某持股平台，占公司总股本的35.49%。2016年，南京某投资合伙企业认购某持股平台新增出资，认购后，南京某投资合伙企业占合伙比例13.0833%。其间，南京某投资合伙企业与房某、梁某签署了若干协议，并设定了上市后回售条款，约定在目标公司完成IPO之日起6个月届满之日，南京某投资合伙企业有权通知房某、梁某、某持股平台要求回购其合伙份额，并以其发出上市后回售通知之日前30个交易日目标公司在二级市场收盘价算术平均值作为回售价款计算依据。2019年目标公司在科创板挂牌上市交易，上市后半年内目标公司股价高涨。2020年，南京某投资合伙企业发出《回售通知书》，要求房某、梁某、某持股平台按上市后回售条款回购其所持全部合伙份额。因对方未在约定时间内支付相应回购价款，南京某投资合伙企业遂提起诉讼。

上海市第二中级人民法院在一审中认为，根据涉案上市后回售权条款约定，南京某投资合伙企业主张的回售价格的计算方式直接与目标公司发行上市后的股票交易市值挂钩，且回购时间节点完全由回购权人掌控，该种计价方式涉及破坏证券市场秩序、损害社会公共利益、违反公序良俗之情形，应属无效条款。鉴于价格条款是系争回购条款的核心要件，对于南京某投资合伙企业的诉请不予支持。上海市高级人民法院在二审中维持了一审关于回购条款无效的认定。

（二）典型意义及影响

本案系上海市第二中级人民法院评选的2022年度十大典型案例之一，后又

被最高人民法院民事审判第二庭评选为2022年度全国法院十大商事案件。IPO实践中，证券监管部门普遍要求对赌等涉及股东特殊权利的事项完成彻底清理，与目标公司市值挂钩的对赌协议更是明确不属于可豁免的范围，但即便如此，通过抽屉协议等方式暗度陈仓的上市案例仍客观存在，并在纠纷发生后，相关协议效力并不必然被司法实践所否认。本案的典型意义在于通过重申司法实践认定结果与证监部门监管的一致性，堵上了变相规避“必须清理的对赌协议”的漏洞，进而保障金融监管要求不被架空。若根据本案体现的司法与监管结果相一致的裁判理念，许多在先投资安排均可能面临效力质疑。

但同时值得关注的是，本案的事实亦具有一定的特殊性：第一，本案投资方要求对赌义务人以7倍投资本金的价格回购，回购款数额极高；第二，目标公司2019年12月股票发行价为46.78元，2020年7月股价突破400元，法院认定存在潜在人为操作股价的可能性；第三，目标公司及股东已因在IPO过程中向监管机关隐瞒上市后回售安排而受到监管机关处罚。我们理解，若股权回购义务不涉及股票市值、不为上市监管规范中明确要求清理的对赌协议类型（即便实践中可能被要求清理），或对赌义务人承担的是投资本息与股票卖出价格之间的现金补偿义务（即不直接涉及股票市值），或目标公司股价走势并无明显人为操纵痕迹，不排除司法机关的态度将有所区别的可能性。

三、上海贸仲：目标公司业绩受疫情影响，对赌义务人可要求调减对赌责任

（一）基本案情及裁判观点

2018年8月10日，深圳证券交易所上市公司深圳开立生物医疗科技股份有限公司收购了上海威尔逊光电仪器有限公司、上海和一医疗仪器有限公司100%股权，并与原股东签署对赌协议，约定两家目标公司2018年至2020年度归属于母公司净利润合计应不低于8,919.456万元，否则原股东应当承担现金补偿义务。根据会计师事务所出具的业绩完成情况鉴证报告，2018年至2020年度，两家目标公司根据股权转让协议约定的口径计算的归属于母公司股东的净利润合计为4,735.23万元，未达到业绩承诺利润，根据股权转让协议约定，原股东应当向开立医疗支付“利润差额÷承诺业绩利润×交易对价-已实际补偿额（最高不超过8,000万元）”的补偿款，最终计算为80,000万元。原股东向上海国际经济贸易仲裁委员会（上海国际仲裁中心）提起仲裁申请，基于新冠疫情以

及相关新冠疫情防控措施造成的影响，要求裁决变更股权转让协议、确认原股东无义务向开立医疗支付业绩补偿款。

2022 年 2 月，上海国际经济贸易仲裁委员会作出（2022）沪贸仲裁字第 0134 号裁决，将原股东应支付的业绩补偿款数额调减为 4，000 万元。

（二）典型意义及影响

近年来，新冠疫情对我国经济的冲击有目共睹，实体行业尤甚。虽然全国人大常委会法工委在 2020 年 2 月答记者问时明确新冠疫情对于不能履行合同当事人属于不能预见、不能避免并不能克服的不可抗力，最高人民法院于 2020 年 5 月发布的《关于依法妥善审理涉新冠肺炎疫情民事案件若干问题的指导意见（二）》中也规定了人民法院可以基于新冠疫情影响，结合案件的实际情况，根据公平原则调整对赌协议内容或判令解除对赌协议，但在相关意见、政策发布后的较长时间内，得益于我国有效的防控措施，新冠疫情长期处于平稳态势，加之当时引发纠纷的对赌协议大部分履行期间均不属于新冠疫情期（对赌期间通常长达数年），司法实践对于新冠疫情影响的认定通常较为审慎，司法机关倾向于以无论是否存在新冠疫情影响对赌目标均无法实现①、目标公司未充分举证证明新冠疫情对未实现对赌目标具有直接关联性②、新冠疫情影响可以通过目标公司的积极努力而被克服③等理由，驳回对赌义务人调减业绩目标或解除对赌协议的请求或在简单论述因新冠疫情影响调整对赌目标或解除合同缺乏依据④后驳回。

但随着新冠疫情影响的持续，司法机关的态度亦在产生变化。继 2022 年 2 月上海贸仲在本案中调减对赌义务方的对赌责任后，2022 年 3 月，上市公司爱迪尔发布公告称其于 2018 年收购的千年珠宝的原股东以新冠疫情影响业绩为由诉请法院调整对赌协议中“累计承诺净利润数”及“补偿方式”事项，法院最终支持了原股东的诉讼请求，在调减对赌协议约定的承诺净利润数额的同时，也指令将新冠疫情影响对千年珠宝造成的资产损失在原股东应补偿的金额中扣除。鉴于 2022 年的新冠疫情情况，2023 年进入审理的投资对赌纠纷受新冠疫情

---

① 北京市朝阳区人民法院（2021）京 0105 民初 20091 号案；北京市高级人民法院（2022）京民申 4650 号案等。

② 福建省龙岩市新罗区人民法院（2020）闽 0802 民初 5966 号案等。

③ 湖南省株洲市天元区人民法院（2022）湘 0211 民初 39 号案等。

④ 浙江省宁波市北仑区人民法院（2022）浙 0206 民初 3011 号案等。

影响的程度更深，届时可能出现大批基于新冠疫情影响要求调整解除合同或调整对赌目标及对赌责任的案例，目标公司处于批发零售、住宿餐饮、物流运输、文化旅游等行业的投资方应当尤其关注相关风险。

四、最高人民法院：国有企业签订的对赌协议中的股权回购条款，无须国资管理部门审批即可生效

（一）基本案情及裁判观点

2010年4月，投资方与目标公司、目标公司股东（国有企业）等签订《增资协议》，约定由投资方认购增发新股，《增资协议》经各方签署且经相关部门审批后生效。各方于同日签订的《备忘录》中约定了若目标公司未能在三年内实现上市则目标公司股东回购投资方股权，并约定《备忘录》自各方签署且《增资协议》经相关部门审批后生效。后因目标公司未能按约定上市，投资方诉请目标公司股东履行回购义务，而目标公司股东认为本案回购条款由于未经国资管理部门审批而处于未生效状态，投资方的主张不应得到支持。

一审法院认为，《备忘录》中的股权回购条款独立于《增资协议》，且涉及国有独资企业、国有全资企业的重大资产调整，故应当单独地履行报批手续。投资方关于《备忘录》中未约定需经相关部门批准后生效的约定即应视为不需要经过审批的意见，于法无据，不能成立。《备忘录》因欠缺国有资产监督管理部门审批这一生效要件而未生效，在备忘录未经审批、未生效的情形下，给付股权转让款的合同义务尚不具有可履行性，投资方要求股东按照《备忘录》约定支付股权回购款的诉讼请求法院不予支持。

二审法院认为，《公司法》第66条、《企业国有资产法》第30条和《企业国有资产监督管理暂行条例》第21条第1款、第24条等规定均无法得出股权回购事项应当经过审批的结论，因此，《备忘录》不属于法律、行政法规规定应当办理批准、登记等手续才能生效的合同，目标公司股东应当依约履行回购股权的义务。

2022年4月，最高人民法院在再审中维持了二审法院的观点。

（二）典型意义及影响

当对赌双方涉及国有企业时，因履行对赌协议而导致的目标公司股权变动，可能落入国有资产监督管理相关规范的规制范围。鉴于股权回购通常以溢价方式进行，若投资方为国有企业，在国有资产流失问题并不显著的情况下，司法

实践倾向于肯定回购约定效力。而若目标公司原股东为国有企业，且股权回购未经过审批、评估、进场交易等国有资产监督管理要求，相关约定的效力如何、能否支持履行在司法实践中存在较大争议，本案涉及的股权回购条款是否在审批后方可生效即是系列争议中的一个典型问题。

在本案发布前，不乏高层级的法院裁判认为股权回购需履行国有资产监管部门的审批手续、未履行审批手续的合同并未生效、投资方无法基于未生效合同要求回购，[①] 最高人民法院在（2016）最高法民申474号案中，更是曾明确阐述“盐业集团（目标公司股东，亦为本案回购义务人）系江苏省国资委独资的国有企业，其因对外重大投资而签订的案涉股权买卖合同需经国资管理部门审批后，合同才能生效”。若本案观点成为之后类似案件的裁判共识，与国有企业之间投资对赌安排的安全性或将得到显著增强。

五、最高人民法院：股权投资对赌不构成名股实债或显失公平情形的，不适用公平原则进行干预调整

（一）基本案情及裁判观点

2016年9月，投资方与目标公司股东（乙方）就投资事项签订《补充协议》，其中第6条乙方的陈述与保证约定：“业绩承诺及估值调整：第6.1.1条2016年度业绩承诺及估值调整，若公司经具有证券期货从业资格会计师事务所审计的2016年度实际净利润未达到最低承诺业绩20,000,000元的90%，则甲方有权要求乙方对甲方以其自有资金、现金分红或自筹资金进行补偿现金或股权方式补偿（择其一）。现金补偿公式为现金补偿金额=甲方各自的投资额×（1-2016年度实际净利润/20,000,000）；”与上述内容同理，第6.1.2条、第6.1.3条分别约定了2017年度、2018年度的业绩承诺及估值调整。后目标公司未能完成前述业绩承诺，经计算，依据《补充协议》约定目标公司股东应支付的业绩补偿款总额高出投资本金，平均至各年度增幅占比为61.75%。目标公司股东认为业绩补偿本质为估值调整机制，若投资方利用该机制获得远超估值的收益，人民法院应当结合具体情况进行调整，以实现合同权利义务对等，实现公平正义的现实需要。

---

① 上海市高级人民法院（2012）沪高民二（商）初字第S1号案；江苏省高级人民法院（2015）苏商终字第0010号案等。

2022年6月，最高人民法院再审认为，《补充协议》本质上是投资方与融资方达成的股权性融资协议，其目的是解决交易双方对目标公司未来发展的不确定性、信息不对称以及代理成本而设计的包含了股权回购、金钱补偿等对未来目标公司的估值进行调整的协议，系资本市场正常的激励竞争行为，双方约定的补偿金计算方式是以年度净利润在预定的利润目标中的占比作为计算系数，体现了该种投资模式对实际控制人经营的激励功能，符合股权投资中股东之间对赌的一般商业惯例，不构成“名股实债”或显失公平的情形，依法不应适用《合同法》第5条的公平原则对当事人约定的权利义务进行干预调整。此外，《补充协议》约定如果目标公司未达到既定业绩目标由股东对投资方支付业绩补偿款本质上是合同义务所附条件，而不是一方不履行合同义务的违约责任，依法不应适用《合同法》第114条有关违约金调整的规定。最高人民法院驳回了目标公司股东的再审申请。

（二）典型意义及影响

投资对赌协议中约定的股权回购款、现金补偿款是否具有违约金性质，司法实践中曾经出现过较大争议：最高人民法院在（2015）民二终字第204号案中认为“回购实质上是在双赢目标不能达成之后对投资方权益的一种补足，而非获利，故其回购条件亦应遵循公平原则，在合理的股权市场价值及资金损失范围之内，不能因此鼓励投资方促成融资方违约从而获取高额赔偿”，进而认定各方对于回购价款的约定性质上属于违约责任，法院可对此作统一调整和权衡；广东省高级人民法院在（2016）粤民申2202号案中亦认为现金补偿系投资方各方对目标公司未达到利润目标而设定的补偿款项，其性质符合违约金的法律特征。但随着理论界与实务界对于对赌协议的研究分析不断深入，主流裁判观点已倾向于认为股权回购及现金补偿本身即是独立的合同义务，而并非违约责任，故不适用违约金调减的相关规则，但仍有少数法院依据自身对于公平原则的理解调减股权回购款、现金补偿款，在部分案件中，法院甚至将投资期间的收益调减为零，即仅支持原价回购。[①] 最高人民法院在本案中重申了对赌协议的价值功能，明确强调公平原则在对赌领域应保持谦抑，当事人约定的权利义务应得到司法机关尊重，我们认为将有助于进一步消弭目前裁判实践中的相关争议。

---

① 上海市第二中级人民法院（2020）沪02民初125号案。

第四节　投资对赌协议纠纷未来司法趋势预测及应对建议

商业实践中，目标公司实际情况不同，投融资需求各异，每项投资对赌安排都具有一定的特殊性。但基于过往投资对赌协议纠纷司法实践情况，综合2022年的新规范及司法案例动向，本书认为以下整体性建议或值得投资方参考：

第一，依据最新规范及司法裁判趋势梳理存量项目风险，妥善选择不良债权处置方式。以下两方面的风险尤其值得特别关注：（1）从2022年最高人民法院、各地法院发布的典型案例看，司法实践对于涉上市公司对赌的协议效力认定将更为审慎，司法与监管的评价结果将一定程度趋同，大股东保底条款的效力开始遭受司法机关的质疑，若投资方存量项目发生于上市公司定增过程中或IPO上市前，且未如实告知证监部门并获得许可，本书认为该等项目中的对赌约定可能产生较大效力争议；（2）若目标公司处于受新冠疫情影响较大的行业，则纠纷产生后对赌义务人提出的因新冠疫情不可抗力调减对赌目标、对赌责任的请求有一定可能得到司法机关支持，甚至无法完全排除对赌协议被判令解除的可能。在综合考量的基础上，必要时投资方可优先考虑通过债务重组方式化解风险。

第二，适度介入目标公司经营管理，切勿忽视知情权的行使。实践中，部分投资方在投资完成后不再持续关注目标公司的财务、经营状况，以致纠纷产生后无法就对赌目标是否完成进行举证，当涉及目标公司是否受新冠疫情影响等争议问题时，也无法对原股东所述情况的真实性提出反证，继而因无法尽到举证责任而遭受不利诉讼后果。若对赌目标需以审计结果为依据，建议督促目标公司及时完成相关审计程序并取得审计报告，若审计暂有阻碍，可要求目标公司提供其他财务资料及经营情况说明，以争取法院认定对赌目标是否实现的举证责任已转移至对方。当然，投资方介入经营管理的程度亦需适当，避免因过度介入而导致原股东于对赌协议项下的义务被认定为豁免。

第三，关注公司法的修订进程及最新制度规定。如上文第二节中所述，本次公司法修订中的授权资本制、无面额股制度、类别股制度等均可能为投资对赌协议带来新的履行空间。投资者届时可考虑通过类别股设置及转化、授权资本预留及折价发行等方式尽可能保障自身权益的实现。

第四，与目标公司对赌的履行风险依然显著，若确需目标公司介入，建议尽可能将目标公司设定为担保主体。若股东拒绝成为对赌义务履行主体，也尽可能协调约定目标公司履行不能时其应承担的违约责任，同时对目标公司履行不能时其自身应承担的违约责任亦加以约定。鉴于最高人民法院在本年度再次重申了司法机关原则上不应基于公平原则调整当事人于投资对赌协议项下的权利义务，投资方可考虑适当提高股权回购款或现金补偿款的溢价数额，以平衡承受的目标公司履行不能之风险。

第三章　新虚假陈述解释发布后证券公司责任的热点问题[①]

据统计，近年来虚假陈述纠纷已成为证券公司涉诉的主要案由[②]，且相关案件数量仍在快速增长，其中涉及债券的虚假陈述案件更是从无到有，引发实务界和学术界的广泛关注。

对于证券公司而言，证券虚假陈述的风险防控与应对安排已成为业务开展过程中重点关注的问题。一方面，在证券保荐和资产重组财务顾问业务中，上市公司或重大资产重组中的交易相对方违法模式不断更新演变，证券公司在其中往往存在故意或重大过失，亦成为投资者追责对象或证监会重点调查对象；另一方面，在债券承销业务中，债券违约事件频发，但是债券一旦违约，很多债券发行人早已没有可供执行的财产甚至面临破产，基本无力偿还债务，故大部分债券持有人除以债券违约为由向发行人或担保人请求支付债券本金及利息、违约金外，如果所涉的债券发行或披露文件存在虚假记载，持有人往往也会以发行文件存在虚假记载为由向作为债券承销商的证券公司提起虚假陈述诉讼并要求其承担法律责任。

2022 年 1 月 22 日起，最高人民法院发布的《新虚假陈述司法解释》正式施行，在已施行 19 年的 2003 年版《原虚假陈述司法解释》的基础上进行了进一步细化与修订。同时，为促进《新虚假陈述司法解释》的有效实施，最高人民法院和证监会积极协同，发布《关于适用新虚假陈述司法解释的通知》。新规范体系下，与相关责任主体的过错程度相适应以体现“过罚相当”原则已经被许多人民法院所接受[③]，但如何体现“过罚相当”是审判实务难点，也是证

① 本章内容部分节选自本书作者撰写的编号为 2022SACKT115 的中国证券业协会 2022 年重点课题。

② 通过威科先行、Alpha 数据库以及中国裁判文书网等平台统计，近三年案由显示，证券虚假陈述责任纠纷为排位第一的案由。

③ 刘贵祥：《当前民商事审判中几个方面的法律适用问题》，载《判解研究》2022 年第 2 辑（总第 100 辑）。

券公司的风险防范要点。

基于此，我们以新虚假陈述司法解释的条文为纲要，结合《民法典》总则编和侵权责任编、《证券法》《九民纪要》《债券纠纷会议纪要》《〈关于审理证券市场虚假陈述侵权民事赔偿案件的若干规定〉的理解与适用》等法律法规、司法政策、司法观点，并通过热议和重点案件以案说法，从司法实践的普遍现状和自身经验出发，探究《新虚假陈述司法解释》发布后证券公司证券虚假陈述风险防范的相关问题，并结合业务实践就证券公司在从事证券保荐业务、证券承销业务、资产重组财务顾问业务过程中应注意的问题提出风险防范与应对的相关建议。

第一节 虚假陈述诉讼中证券公司的“行为”认定与风险防控

一、虚假陈述民事赔偿责任中的“行为”要件的立法历程

从侵权法的角度来看，行为违法是指行为人实施的行为在客观上违反法律规定，因此，对“行为”要件涉及的法律、法规、司法解释的立法历程进行梳理有利于加深对“行为”要件的理解。

我国关于虚假陈述行为的界定，最早见于1993年国务院证券委员会发布的《禁止证券欺诈行为暂行办法》（已失效）。该办法第11条①以概括的方式界定了虚假陈述行为，第12条②以列举式的方式规定了发行人、证券经营机构在证

① 《禁止证券欺诈行为暂行办法》（已失效）第11条规定：“禁止任何单位或者个人对证券发行、交易及其相关活动的事实、性质、前景、法律等事项作出不实、严重误导或者含有重大遗漏的、任何形式的虚假陈述或者诱导、致使投资者在不了解事实真相的情况下作出证券投资决定。”

② 《禁止证券欺诈行为暂行办法》（已失效）第12条规定：“前条所称虚假陈述行为包括：（一）发行人、证券经营机构在招募说明书、上市公告书、公司报告及其他文件中作出虚假陈述；（二）律师事务所、会计师事务所、资产评估机构等专业性证券服务机构在其出具的法律意见书、审计报告、资产评估报告及参与制作的其他文件中作出虚假陈述；（三）证券交易场所、证券业协会或者其他证券业自律性组织作出对证券市场产生影响的虚假陈述；（四）发行人、证券经营机构、专业性证券服务机构、证券业自律性组织在向证券监管部门提交的各种文件、报告和说明中作出虚假陈述；（五）在证券发行、交易及其相关活动中的其他虚假陈述。”

券发行相关文件中的虚假陈述行为。此后，随着我国证券市场的持续发展与相关理论的不断完善，《禁止证券欺诈行为暂行办法》被2005年《证券法》代替。此后，经过历次修改，2019年《证券法》第85条明确规定虚假陈述行为所包含的4种类型。其中，"未按照规定披露信息"系新增加的内容，这与2019年《证券法》增设信息披露为专门章节的修订所体现的对信息披露的重视这一立法理念一脉相承。

此外，《原虚假陈述司法解释》第17条亦采取了"类型化"的处理方式，将虚假陈述行为区分为四种类型并进一步厘清相应的概念定义。

综上，从虚假陈述行为的立法变迁来看，对于虚假陈述行为的界定方式逐渐由"概括列举"转向为"类型化"的方式。正如德国民法学家拉伦茨所言，当抽象一般概念及其逻辑体系不足以掌握某生活现象或意义脉络的多样形态时，辅助的思考形式就是"类型"①。在《新虚假陈述司法解释》出台以前，从2019年《证券法》以及《原虚假陈述司法解释》来看，虚假陈述行为逐渐形成了虚假记载、误导性陈述、重大遗漏、未按照规定披露信息四种类型。

二、《新虚假陈述司法解释》项下的"行为"类型与认定标准

如前所述，《证券法》第85条将证券虚假陈述行为分为了四种，《原虚假陈述司法解释》亦对四种虚假陈述行为进行了定义。关于其中第四种虚假陈述行为"未按规定披露"，《原虚假陈述司法解释》之所以将其列为虚假陈述行为的一种类型，主要是"由于提前披露的行为以及方式不当的披露行为会遭受行政处罚"②，在《原虚假陈述司法解释》设置了行政处罚或刑事处罚前置程序的情况下③，"未按规定披露"行为也"必然会引发民事赔偿责任"。

但也有观点认为④，上述理由不足以支撑将"未按规定披露"列为一种单独的虚假陈述行为，且存在诸多不合理之处。一方面，若延迟披露的信息具有重大性则其可被归类为重大遗漏；另一方面，尽管方式不当的披露可能会导致行政责任，但提前披露与方式不当的披露通常无法诱使被陈述人从事证券交易行为，因此并不会导致民事赔偿责任。

---

① ［德］卡尔·拉伦茨：《法学方法论》，黄家镇译，商务印书馆2020年版，第577页。

② 程啸：《证券市场虚假陈述侵权损害赔偿责任》，人民法院出版社2004年版，第138页。

③ 《新虚假陈述司法解释》取消了行政处罚或刑事处罚前置程序，具体分析将在下文展开。

④ 程啸：《证券市场虚假陈述侵权损害赔偿责任》，人民法院出版社2004年版，第138页。

从条文本身出发，从虚假陈述行为的类型来说，《新虚假陈述司法解释》沿袭了此前2019年《证券法》以及《原虚假陈述司法解释》规定的类型划分方式，但在此基础上亦有所取舍，仅仅定义了虚假记载、误导性陈述、重大遗漏三种类型。据此，下文也将主要围绕这三种类型的虚假陈述行为进行分析。

（一）虚假记载：核心考量是真实性，多为财务数据

《原虚假陈述司法解释》和《新虚假陈述司法解释》对虚假记载的界定都将“真实性”[①]作为核心考量因素。就“真实性”而言，有学者认为可从客观性、一致性、规范性三个方面来判断。具体来说，客观性要素注重考察披露的信息是否客观存在，一致性要素主要审查公开的信息与其所反映的内容是否一致，而规范性是指公开的不同性质信息须符合证券法所规定判断标准。[②]

司法实践中，认定虚假记载的案例多为针对财务数据的虚假记载，而《新虚假陈述司法解释》第4条在对虚假记载定义进行修改时亦强调了“相关财务数据进行重大不实记载”。可见在这一类虚假陈述行为认定中，财务数据的真实性考量尤为重要，也是各类案例中的核心争议焦点之一。

作为A股历史上最大的财务造假案，广州市中级人民法院（2020）粤01民初2171号“康美药业案”就是一起财务数据虚假记载典型案例，主要涉及在年报中的巨额营业收入和利润虚增行为。具体而言，“康美药业”2016年、2017年、2018年连续三年的年报披露均存在造假，分别虚增营业收入89.99亿元、100.32亿元、84.84亿元，影响的投资者人数众多，最终法院判决“康美药业”对5万余名投资者损失承担近25亿元的赔偿责任，相关董事、监事、高级管理人员和中介机构按比例承担连带赔偿责任。本案中，证券公司亦收到广东证监局的行政监管事先告知书，因证券公司被监管部门判定在本案相关投行业务中存在违规行为，监管机构对证券公司采取了“暂停保荐机构资格、暂不受理债券承销业务有关文件”等行政监管措施，此外，对直接责任人员也进行了相应处罚。

除了上述在保荐业务里对年报财务数据的重大不实记载，在债券承销业务中也存在着大量的虚假记载行为，主要表现为不符合发行条件，以虚假财务数据骗取债券公开发行核准，如浙江省杭州市中级人民法院（2020）浙01民初

---

① 《证券法》第29条、第82条、第163条等亦多次体现了对信息披露的真实性、准确性、完整性要求，实际上亦构成了对虚假陈述行为的三个重要认定标准。

② 鲁菁菁：《论发起人虚假陈述行为及表现》，载《现代商贸工业》2010年第9期。

1691号“五洋债案”、北京市高级人民法院（2021）京民终244号“亚太案”。此外，在重大资产重组业务中，大量的虚假记载行为主要为虚增置入资产评估值、虚增年度营业收入，如上海金融法院（2019）沪74民初1049号“中安科案”、广东省高级人民法院（2019）粤民终2080号“保千里案”。

（二）误导性陈述：核心考量因素是准确性，多为影响决策信息

相比《原虚假陈述司法解释》，《新虚假陈述司法解释》对“误导性陈述”的构成要件进行了更为清晰的定义，其中“完整性”和“准确性”是行为判定的重要考量因素，而从最终判断的落脚点“误导性”来看，其核心考量因素是“准确性”。此外，有学者主张对于误导性的判断需遵守一定的顺序①，具体而言，若在法律层面存在明确的信息公开的标准，则应根据法定标准进行公开；如果不存在法定的要求，则应当根据文字含义进行公开；如果完全是由于信息接收人原因而导致的信息误判，则应认定相关陈述不存在“误导性”。

司法实践中，一些针对影响投资者决策的关键性信息如股权结构（是否国有控股）、重大收购信息等的不完整、不准确陈述往往会被认定为误导性陈述。例如，在（2019）吉民终458号“吉粮债案”中，吉粮集团工商变更于2014年1月23日，但实际股权结构在2013年12月31日前已经发生变化，吉粮收储公司作为全资子公司，对于股权变化情况却未进行详细说明，仅是在管理风险中作了概括性陈述，吉林省高级人民法院判定该陈述对投资人安信证券构成了误导性陈述；在（2018）浙01民初2330号“祥源文化案”中，浙江省杭州市中级人民法院认为上市公司在自身资金准备不足、相关金融机构融资尚待审批，存在极大不确定性的情况下，以空壳公司收购上市公司且贸然予以公告，对市场和投资者产生严重误导。

（三）重大遗漏：核心考量因素是完整性，多为不利的重要信息

对于重大遗漏这一类型的虚假陈述行为，《原虚假陈述司法解释》及《新虚假陈述司法解释》都将“完整性”作为核心考量因素。从《新虚假陈述司法解释》来看，重大遗漏的判定需满足四项构成要件：行为要件、信息要件、重大性要件及结果要件。②

---

① 廖升：《虚假陈述侵权责任之侵权行为认定》，载《法学家》2017年第1期。

② （1）行为人违反了关于信息披露的规定；（2）该信息属于应当披露的信息；（3）该信息属于重大事件或者重要事项；（4）行为人未予披露，构成了应当披露信息的缺失。

在司法实践中，重大遗漏的信息往往是一些不利于发行人或上市公司的重要信息。具体来说，主要包括以下几种情形：（1）遗漏关联交易信息，如新疆维吾尔自治区高级人民法院（2022）新民终10号“汇嘉时代案”；（2）遗漏对外担保情况，如吉林省高级人民法院（2019）吉民终458号“吉粮债案”、四川省高级人民法院（2020）川民终293号“华泽钴镍案”；（3）遗漏资金被占用情况，如最高人民法院（2020）最高法民申5021号“丹东欣泰案”；（4）遗漏股份转让情况，如云南省高级人民法院（2020）云民终1054号“昆机公司案”；（5）遗漏实际控制人及控制权产生重大影响的协议或安排以及控股股东变化等，如湖南省高级人民法院（2019）湘民终599-602号“方正证券案”；（6）遗漏融资的不确定性因素，如浙江省杭州市中级人民法院（2018）浙01民初2330号“祥源文化案”。

三、《新虚假陈述司法解释》针对“行为”要件的新变化

相比此前立法，关于虚假陈述行为，《新虚假陈述司法解释》如下变化及细化内容值得关注：

（一）在司法解释层面正式取消前置程序，正式明确不再依赖于行政处罚

长期以来，由于虚假陈述行为的判定需要依赖专业知识，我国司法机关对于虚假陈述赔偿案件的受理及虚假陈述行为的认定等方面，都非常重视监管部门的意见，《原虚假陈述司法解释》甚至明确规定行政处罚决定或者刑事裁判文书为法院受理案件的程序前置条件之一。而在较早的司法实践中，来自监管部门和公安部门的调查结果曾被视为认定发行人及承销商虚假陈述行为的必要证据。

但值得注意的是，《原虚假陈述司法解释》虽然自2022年才被《新虚假陈述司法解释》所替代，但其中第6条在司法实践中早已发生变化。受立案登记制度改革的影响，虚假陈述损害赔偿案件在实践中不再以行政处罚和刑事判决作为立案前置条件。此外，《债券纠纷会议纪要》第9条也对此作出了类似规定。[①] 因此，《债券纠纷会议纪要》明确变更了原有《虚假陈述若干规定》中关于案件受理的限制前提性条件。该纪要的生效进一步明确了虚假陈述诉讼无须再以行政处罚或刑事判决为前提。虽然在现有实践中，法院依旧会将监管部门

---

① 《债券纠纷会议纪要》第9条规定：“……欺诈发行、虚假陈述行为人以债券持有人、债券投资者主张的欺诈发行、虚假陈述行为未经有关机关行政处罚或者生效刑事裁判文书认定为由请求不予受理或者驳回起诉的，人民法院不予支持。”

意见作为重要参考依据。例如，在作为债券虚假陈述第一案的（2020）浙01民初1691号“五洋债案”中，法院在论述虚假陈述行为时就大量引用监管意见。但是，在《新虚假陈述司法解释》已经提供了明确认定规则的情况下，这种现象或将逐渐改变。

（二）着重关注“重大性”判定，《新虚假陈述司法解释》更重视交易价格或交易量的变化

《新虚假陈述司法解释》第10条新增了关于“重大性”的实质判断规定，以便法院在取消前置程序的情况下更加精准地认定虚假陈述侵权行为。重大性判断向来是证券虚假陈述行为违法性的核心判断标准之一。一个信息如果不具有重大性，即便构成虚假记载、误导性陈述、重大遗漏或未按照规定披露，都不会对投资者造成损失，因而也就丧失了追责基础①。

从条文出发，《新虚假陈述司法解释》第10条规定了重大性的认定标准，即“法律、行政法规推定标准”和“价格、交易量变化标准”。特别地，针对“法律、行政法规推定标准”，《新虚假陈述司法解释》认为如未导致相关证券交易价格或者交易量明显变化的，同样不具有重大性。

《原虚假陈述司法解释》项下，虚假陈述案件的重大性主要是指是否受到行政处罚，而行政处罚前置程序的取消让重大性的认定成为司法实践中法院不得不面临的问题。对此，在《新虚假陈述司法解释》的理解与适用中，一方面，最高人民法院认为重大性属于民事责任的构成要件之一，这就意味着法院在审判过程中必须对重大性进行判定；另一方面，《新虚假陈述司法解释》第10条明确了重大性的认定标准，其中“交易价格或者交易量的明显变化”这一要件较为重要。由此可知，《新虚假陈述司法解释》项下虚假陈述的重大性不再只是《原虚假陈述司法解释》项下行政监管认定的重大性，这也赋予了被告特别是证券公司抗辩行政处罚不等于“重大性”的可能性。

以既往观之，由于《新虚假陈述司法解释》取消了虚假陈述案件受理的前置程序，行政处罚及刑事判决不再是判断重大性的唯一标准，相关争议势必不断增加。为此，为了明确重大性的判断标准，《新虚假陈述司法解释》对重大性的认定要件作出了明确规定。但如前所述，重大性认定虽有3种情形，但前

---

① 李有星、钱颢瑜、孟盛：《证券虚假陈述侵权赔偿案件审理制度研究——新司法解释的理解与适用高端论坛综述》，载《法律适用》2022年第3期。

两种情形亦需满足“交易价格或者交易量的明显变化”这一要件，可见《新虚假陈述司法解释》对这一要件的重视。

（三）区分虚假陈述行为与预测性信息行为，《新虚假陈述司法解释》设定免责的安全港条款

从比较法来看，针对预测性信息的安全港制度，1979 年，美国证管会（SEC）根据 1933 年《证券法》第 175 条规则与 1934 年《证券交易法》第 3b-6 条规则建立；1995 年，美国国会通过的《证券民事诉讼改革法案》进一步完善了该制度。①

作为重要的虚假陈述行为违法性阻却事由，安全港条款亦在《新虚假陈述司法解释》中首次被设定。从条文出发，《新虚假陈述司法解释》将提供预测性信息的行为与虚假陈述行为进行了区分，为信息披露文件中的盈利预测、发展规划等预测性信息设定安全港条款。同时，《新虚假陈述司法解释》第 6 条亦为预测性信息不构成虚假陈述设定了 3 个除外情形②，较好地兼顾了投资者与披露者之间的利益平衡。

以既往观之，《原虚假陈述司法解释》并无此规定，该规定也是新法解释的重要突破之一。一方面，该规定将激励发行人或证券公司披露更多具有未来导向的信息，提高信息披露质量；另一方面，除外情形的规定也将进一步明确安全港条款的适用边界。

四、证券公司的应对及风险防控建议

基于上述分析，在证券公司从事证券投资活动有关的业务以及涉诉后的抗辩项下，从虚假陈述行为要件的层面，我们有如下建议：

（一）证券公司应重视陈述真实性、完整性、准确性、公开性、披露正当性

陈述内容的真实性、准确性、完整性、公开性、披露正当性在法律和案例中并无清晰的表述，但实际上贯穿于虚假陈述行为认定的标准。结合《新虚假陈述司法解释》的规定和司法实践，证券公司在保荐人、承销商、财务顾问三个角色项下，应具体注意如下问题：

---

① 程啸：《证券市场虚假陈述侵权损害赔偿责任》，人民法院出版社 2004 年版，第 250 页。

② 三个除外条件分别为：“信息披露文件未对影响预测实现重要因素进行充分风险提示的”“所依据的基本假设、选用的会计政策等编制基础明显不合理的”“所依据的前提发生重大变化时，未及时履行更正义务的”。

首先，要重视对财务数据的真实性核查，特别是对营业收入、利润、资产等重要财务指标予以重点关注。财务造假一直是发行和交易市场的“毒瘤”，司法和行政处罚案例中亦不乏通过虚构交易虚增利润、虚增货币资金等财务造假情形。因此，证券公司在从事相关业务时，识别发行人或上市公司财务造假是必修课。一方面，应当聘请合适的会计师事务所进行重点核查；另一方面，证券公司亦不能仅依赖于会计师事务所的意见，因司法实践中亦有案例[①]认为在募集说明书等文件中存在虚假陈述，即便证券公司的虚假陈述系基于会计师事务所的专业意见作出，亦不能免除其应承担的赔偿责任。

其次，要重视对影响投资者决策的关键性信息（如是否国有控股、重大收购信息）以及一些具有不利性的重要信息（如对外担保、资金占用、关联交易）的准确性和完整性核查。特别是近年来上市公司资金占用问题频发，证券公司应严格依据《保荐人尽职调查工作准则（2022年）》的规定进行核查，一方面，要核查验证相关资金的来源或去向，充分关注相关会计核算是否真实、准确，判断是否通过体外资金循环虚构业绩[②]；另一方面，要重点关注募集资金投向产生的关联交易及可能产生的资金占用；涉及收购资产或购买股权的，应调查交易价格是否公允，判断收购资产或购买股权的必要性和合理性[③]。

最后，判定虚假陈述行为，除了真实性、完整性、准确性标准外，还有一个隐含的标准就是公开性及披露行为的正当性。“公开性的标准乃是区分虚假陈述信息与内幕信息的关键所在[④]。”从规范层面来看，《证券法》第86条便对披露的信息的公开作出了相应规定。另，《原虚假陈述司法解释》中规定的第四种虚假陈述行为即是“不正当披露”。从文义解释来看，上述两条要求信息披露需满足如下要件：（1）形式的公开性；（2）时间的及时性；（3）方式的法定性。虽然《新虚假陈述司法解释》并未在虚假陈述行为定义部分对“不正当披露”进行定义，但是在第5条对“未按照规定披露信息”的三种责任承担进行了界定。因此，证券公司对需要向投资者予以公开披露的信息仍然应当充分重视信息披露形式的公开性、时间的及时性、方式的法定性。

（二）后前置程序时代，重大性是重要的抗辩要素

除了上述界定虚假陈述行为的四个认定标准，重大性标准也是非常重要的

① 山东省高级人民法院（2020）鲁民终2712号案。
② 参见《保荐人尽职调查工作准则（2022年）》第66条“内控鉴定”。
③ 参见《保荐人尽职调查工作准则（2022年）》第55条“募集资金投向产生的关联交易”。
④ 廖升：《虚假陈述侵权责任之侵权行为认定》，载《法学家》2017年第1期。

虚假陈述行为判定标准，亦为证券公司在涉诉后重要的抗辩要素。在《新虚假陈述司法解释》颁布之前，行政处罚决定、刑事裁判等文书不仅是证券虚假陈述民事诉讼的受理条件，还是认定重大性的主要依据。在取消行政前置的背景下，《新虚假陈述司法解释》明确规定了“法律法规推定”和“客观价格、交易量认定”两种证明重大性的路径①，交易价格以及交易量的变化成为关键争议焦点。

在司法实践中，证券价格、交易量的变化已成为法院判定虚假陈述行为是否具有重大性的重要依据。例如，在四川省高级人民法院（2021）川民终177号案中，由于上市公司的虚假陈述导致其价格与同期创业板指数相比连续跌停，法院认定，金亚科技公司披露的事项，已对投资者的交易行为及交易价格产生了明显影响，具有重大性。新疆维吾尔自治区高级人民法院于2022年2月作出二审判决的（2022）新民终10号案中，一审法院以案涉虚假陈述行为是《上市公司信息披露办法》第71条规定的应当披露的信息且发行人因此受到行政处罚为由，认定虚假陈述行为具有重大性。二审判决于《新虚假陈述司法解释》施行后作出，新疆维吾尔自治区高级人民法院认定该公司的股票价格在揭露日至基准日期间并未下跌，反而呈上升趋势，交易量亦未超出正常区间，故该虚假陈述不具有重大性。此后，上海金融法院也发布认定虚假陈述行为不具有重大性的示范判决，并据此驳回原告全部诉讼请求。② 在该案中，发行人同样受到了证监会的行政处罚，上海金融法院不仅考察了“实施日、揭露日、基准日”相关时点的证券价格与交易情况，还考察了案涉公司2013—2018年长达六年的股票价格，纵向考察公司的历史股价变动情况，法院经分析认为，发行人股价主要是受证券市场系统风险和资产重组失败等因素影响，虚假陈述行为并未导致股价明显变化。价量影响标准的适用已开始对司法实践产生重要影响。

特别需要提示的是，在司法实践中，法院通常还会对财务造假这一虚假记载是否对公司业绩和重要财务指标产生实质影响进行考量。例如，最高人民法院在（2021）最高法民申100号“尔康制药案”中认为，尔康制药公司2015

---

① 注：根据《新虚假陈述司法解释》的规定，价格及交易量在重大性的判断中作用主要有二：其一，价格及交易量作为虚假陈述行为重大性的兜底条款；其二，根据第10条第2款的规定，针对原告依据第10条第1款第1项、第2项主张具有重大性的虚假陈述行为，被告可以提交证据进行反证，即通过证明虚假陈述并未导致证券交易价格或者交易量明显变化，否定虚假陈述行为的重大性。

② 参见《要案速递丨新规后首个示范判决！上海金融法院运用价格影响标准这么判》，载微信公众号“上海金融法院”，2022年8月3日。

年年度财务报表虚增营业收入和虚增净利润的行为没有对公司的业绩和重要财务指标产生实质影响。因此，如果证券公司因对财务数据的虚假记载而被投资者起诉，亦可以造假数据所占比例过低，主张虚假陈述对公司业绩和重要财务指标没有产生实质影响。

因此，可以预见，将行政处罚作为认定重大性主要标准的时代将过去，重大性亦不再是无须争辩的诉讼前提，而是虚假陈述案件的重要争议焦点。而作为证券公司，在涉及虚假陈述诉讼时，亦可以虚假陈述行为不具有重大性为由，进行行为层面的抗辩，例如，举证证明虚假陈述未导致证券交易价格、交易量的明显变化或虚假记载未对公司业绩和重要财务指标产生实质影响。

（三）证券公司预测信息允许失真，但要避免构成《新虚假陈述司法解释》的三个除外情形

在重大资产重组业务中，重大资产重组方会编制盈利预测报告，证券服务机构在审核与评估后也会出具盈利预测审核、评估报告。基于此，证券公司作为独立财务顾问对标的公司作价出具财务顾问报告，而财务顾问报告中的盈利预测以及其他预测性信息也构成了证券公司承诺的重要部分。

如前所述，信息披露要求具有真实性和准确性，但如果对发行人、上市公司抑或是证券公司的盈利预测信息亦要求绝对的真实与准确，明显缺乏合理性。因此，《新虚假陈述司法解释》第 6 条新增了“预测性信息安全港”制度，允许信息披露义务人不必然因此承担虚假陈述责任，这减轻了证券公司的盈利预测审核压力，是一项利好。

需要注意的是，并非所有的预测信息都不构成虚假陈述行为，证券公司可因此免责。例如，在（2020）沪民终 666 号“中安消案”中，招商证券作为独立财务顾问，已经知悉“班班通”项目 3.42 亿元的预测营业收入当年无法实现，在后续更新的财务顾问报告中，仍然认可了之前的收益、预测数据和评估值，未及时采取有效行为，据此，上海市高级人民法院仍然认定该预测性信息构成虚假陈述行为。此外，基于此前的实践经验，《新虚假陈述司法解释》亦规定了预测性信息不构成虚假陈述的三种除外情形，证券公司需要注意避免。

第二节 虚假陈述诉讼中证券公司的“过错”认定与风险防控

一、虚假陈述民事赔偿责任中的“过错”要件

（一）民法视角下的“过错”要件内涵

根据《证券法》第85条之规定，证券公司等证券服务机构以及发行人的控股股东、实际控制人、董事、监事、高级管理人员就发行人虚假陈述对外承担赔偿责任的前提是自身具有“过错”，第163条规定了过错推定责任。

关于“过错”要件，我国法律认为其包含两种情形：一为故意，即故意制作或出具包含虚假陈述内容的信息披露文件，或明知披露内容存在虚假陈述情形而放任该等信息发布；二为过失，即在信息披露文件的形成或者发布过程中存在严重违反注意义务的情形。因“故意”证明标准较高、主观恶性较强，故意欺诈的主体需承担赔偿责任既符合惩恶扬善的朴素正义观，也能从侵权法“共同侵权”等理论中找到充分依据，且在实践中，证券公司等主体“故意”配合发行人进行虚假陈述的情况相对较为罕见，故相关争议较小。因此，“过错”要件内涵引发的争议一般不涉及“故意”情形，而主要集中于“过失”认定层面。

从民法的视角来看，我国《民法典》及其他法律规范虽区分了重大过失与一般过失，但并未对区分标准进行详细阐释。传统民法理论认为，重大过失违反的是普通人皆具有的注意的义务，而一般过失违反的是“善良管理人”（大陆法系）抑或是“一般理性人”（英美法系）之义务，即重大过失相对应的注意义务仅是最低限度的，应不包括更高专业能力所带来的谨慎、勤勉等义务。另有观点认为，重大过失的构成应当要求行为人主观上认识到了行为将高度盖然性地带来风险及产生损害，若行为人无此等内心确信，则仅构成一般过失①。

（二）证券公司的“过失”认定与注意义务来源

违法主体的过失来源于对注意义务的违反。就证券公司而言，《证券法》

① 叶名怡：《重大过失理论的构建》，载《法学研究》2009年第6期。

规定的注意义务来源为“相关业务规则”，即将各类业务实施细则、信息编报规则、工作指引规则等规范性文件均包含在内。《债券纠纷会议纪要》所规定的注意义务来源在法律、行政法规、部门规章、行业执业规范等之外，甚至还进一步包含了“职业道德”。《新虚假陈述司法解释》也明确证券服务机构应遵守规章、规范性文件以及相关行业执业规范的要求。

另外，需要注意的是，随着资本市场的发展，相关规定不断细化且修订频繁，仅2022年第一周，证监会即发布新规对信息披露内容与格式等重大问题进行了多处修订。可见，证券市场各主体的注意义务来源不仅繁杂，且持续处于快速动态变化之中。

虽然我国法律规范已基于各违法主体的专业能力对其注意义务做了二元化区分，但该等区分是不彻底的。《公司债券发行与交易管理办法》第49条第3款虽试图区分证券服务机构的特别注意义务与普通注意义务，但却并未对“一般注意义务”与“特别注意义务”的区分标准进行阐释。《新虚假陈述司法解释》一定程度体现了最高人民法院将各主体责任与其工作范围及专业领域相结合的努力，但因相关抗辩事由普遍需满足严苛的前提条件，各违法主体的注意义务并未明显限缩。例如，《新虚假陈述司法解释》第18条第2款虽规定了“证券服务机构的责任限于其工作范围和专业领域……”，但前提是证券公司已进行了审慎核查、必要调查及复核，并可排除职业怀疑。相较于美国、日本、我国香港地区法律普遍认可各违法主体对非专业事项可以信赖专家出具的意见，通常情况下无须进行独立复核的模式①，我国的二元化区分对各主体注意义务的限制并不明显。

值得注意的是，对于证券公司注意义务来源的规定难以在上位法中找到充分支持，在法理层面也存在较大争议。尽管证券市场“看门人”职能及声誉资本理论在法学界已非新概念，但我国规范体系始终未对证券服务机构、发行人、投资者之间的法律关系进行过明确界定，如何理解证券服务机构对投资者的义务性质始终未有定论。我国监管实践虽一定程度上体现出控股股东及实际控制人对发行人负有诚信义务②，但该等义务无法在《公司法》中找到原则性规定支持，“诚信义务”的内涵也并不清晰。就董事、监事、高级管理人员而言，

① 沈伟、沈平生：《注册制改革背景下中介机构勤勉尽责责任研究——“看门人”理论的中国版本和不足》，载《洛阳理工学院学报（社会科学版）》2021年第3期。

② 郑彧：《上市公司实际控制人法律责任的反思与构建》，载《法学研究》2021年第2期。

《公司法》仅规定其对公司负有勤勉义务及忠实义务，而并未规定董事、监事、高级管理人员对外承担赔偿责任的一般性条款（董事、监事、高级管理人员仅在抽逃出资、公司清算等特定情形下可能对外承担赔偿责任）。故某种程度上可认为，将监管机构规定的各类执行规范、工作指引等直接作为注意义务来源已构成了对《公司法》规定的突破，导致了监管机构权力过度扩张[①]。

二、《新虚假陈述司法解释》发布后的“过错”要件

（一）《新虚假陈述司法解释》对“过错”的认定

1. 《新虚假陈述司法解释》项下的“过错”认定仍以合规为重要标准

证券公司在存在“过错”的情况下对外承担赔偿责任，而“过错”背后的注意义务来源为相关业务规则及职业道德，这导致我国的过错认定标准呈现出很强的合规导向。从条文来看，《新虚假陈述司法解释》亦未脱离上述立法的窠臼，仍以合规为过错认定的重要标准，亦即，若相关主体能在各个方面均达到合规标准，则无过错。

那么，以合规为判断标准，是否意味着证券公司一旦存在违规，哪怕轻微违规，则大概率将难逃过错之认定。从实务来讲，一旦证券公司存在轻微的违规或过失行为，即认定其具有过错，显然并不合理。在事后追责已知违规披露的视角中，总能发现工作底稿中存在蛛丝马迹，如证监会在“蓝山科技案”中认定华龙证券未勤勉尽责[②]进而对其采取了公开谴责的监管措施，理由包括其“未能发现工作底稿中某公司的电话号码与蓝山科技相关公司的号码明显临近”等，但若该类瑕疵还将导致相关主体对外承担高昂的赔偿责任，则未免过于严苛。

2. 《新虚假陈述司法解释》起草者倾向于认为程度较轻的过失不会产生巨额民事赔偿责任

我国法律认为“过错”包括“故意”和“过失”两种类型，其中“过失”又包括重大过失与轻微过失。而关于虚假陈述的过错是否仅限于故意或重大过失，如前所述，轻微过失是否构成过错，成为理论界和实务界一直关注的问题，也构成了虚假陈述案件中的重要争点之一。

---

① 陈洁：《实际控制人公司法规制的体系性思考》，载《北京理工大学学报（社会科学版）》2022年第5期。

② 参见中国证券监督管理委员会〔2021〕88号行政处罚决定书。

那么，《新虚假陈述司法解释》对过错的界定是否仅限于故意和重大过失？从文义解释来说，《新虚假陈述司法解释》第 14 条、第 16 条、第 17 条至第 19 条等规定中，“勤勉尽责”“职业谨慎”“审慎核查”等词汇无不反映着行为人注意义务与其职业角色和专业能力之间的紧密关联，该等规定也并未对行为时行为人的内心认识进行任何特殊限制，加之《新虚假陈述司法解释》第 13 条第 2 项后半句表述仅为“存在过失”而非“存在重大过失”，似乎并未仅限于故意和重大过失。

《新虚假陈述司法解释》刚发布时，很多解读文章关注到，《新虚假陈述司法解释》第 13 条第 2 项“严重违反注意义务”和“过失”的表述似乎相互矛盾，可能并未排除“一般过失”。针对该问题，最高人民法院法官（同时也是司法解释起草者）在理解与适用中明确支持了“对中介机构而言，应当区分是否有故意或重大过失，如果是轻微的过失，不应当承担责任”的观点。① 同时，从体系解释、比较法及一贯的司法传统等视角阐释了《新虚假陈述司法解释》不包括“一般过失”的原因。具体而言，从体系解释来看，《新虚假陈述司法解释》需与《证券法》第 85 条、第 163 条等法律条文保持内在自洽；从比较法来看，《新虚假陈述司法解释》吸收了美国证券法中“过失不包括一般过失”的概念以及德国、日本和我国台湾地区关于过失的立场；从一贯的司法传统来看，《新虚假陈述司法解释》需与此前的《关于审理涉及会计师事务所在审计业务活动中民事侵权赔偿案件的若干规定》《债券纠纷会议纪要》等司法解释和司法政策一脉相承。因此，通过司法解释起草者在理解与适用中对“过失”的解读，可以看出最高人民法院仍然倾向于认为程度较轻的过失并不会产生巨额的民事赔偿责任。

（二）《新虚假陈述司法解释》项下证券公司关于“过错”的认定及抗辩事由

1.《新虚假陈述司法解释》规定了三种认定证券公司没有过错的情形

我国证券虚假陈述赔偿诉讼对证券公司等服务机构采用过错推定的归责原则，即相关主体必须主动证明自身无过错，其后方可免责。从条文出发，《新虚

---

① 林文学、付金联、周伦军：《〈关于审理证券市场虚假陈述侵权民事赔偿案件的若干规定〉的理解与适用》，载《人民司法》2022 年第 7 期。

假陈述司法解释》第 17 条[①]规定，证券公司作为保荐机构和承销商，提交的尽职调查工作底稿等证据能够证明符合三种情形，则可被认定为无过错；《新虚假陈述司法解释》第 18 条[②]规定，证券公司作为证券服务机构，其责任限于其工作范围和专业领域，证明自身无过错的前提为“所依赖的基础工作或者专业意见经过审慎核查和必要的调查、复核，排除了职业怀疑并形成合理信赖的”一种情形，实际上可以被第 17 条列举的第三种情形所吸收。

以既往观之，《新虚假陈述司法解释》明显借鉴了《债券纠纷会议纪要》第 30 条中规定的债券承销机构的 4 个免责抗辩事由，同样强调了执业规范等的重要性，同样按照“对信息披露文件中是否有服务机构专业意见支持”区分了免责抗辩事由，但删去了“尽职调查工作虽然存在瑕疵，但即使完整履行了相关程序也难以发现”这一实现较为困难的事由。

2.《新虚假陈述司法解释》对过错抗辩事由的规定较为严苛

根据《新虚假陈述司法解释》第 17 条和第 18 条，证券公司证明自身无过错的前提为“已经按照各项规范要求对相关信息披露内容进行了审慎尽职调查”“对自身专业范围内的意见经过了审慎尽职调查及独立判断”“对非自身专业范围内的意见已经经过审慎核查及必要调查复核，已合理地排除了职业怀疑”。

首先，从上述条文可以看出，《新虚假陈述司法解释》规定的抗辩事由较为严苛。首先，该条几乎不可能适用于证券公司的持续督导阶段，因为在债券发行后，证券公司还需在承销期间对发行人规范运作履行督导义务，不可能日

---

① 《新虚假陈述司法解释》第 17 条第 1 款规定：“保荐机构、承销机构等机构及其直接责任人员提交的尽职调查工作底稿、尽职调查报告、内部审核意见等证据能够证明下列情形的，人民法院应当认定其没有过错：（一）已经按照法律、行政法规、监管部门制定的规章和规范性文件、相关行业执业规范的要求，对信息披露文件中的相关内容进行了审慎尽职调查；（二）对信息披露文件中没有证券服务机构专业意见支持的重要内容，经过审慎尽职调查和独立判断，有合理理由相信该部分内容与真实情况相符；（三）对信息披露文件中证券服务机构出具专业意见的重要内容，经过审慎核查和必要的调查、复核，有合理理由排除了职业怀疑并形成合理信赖。”

② 《新虚假陈述司法解释》第 18 条规定：“会计师事务所、律师事务所、资信评级机构、资产评估机构、财务顾问等证券服务机构制作、出具的文件存在虚假陈述的，人民法院应当按照法律、行政法规、监管部门制定的规章和规范性文件，参考行业执业规范规定的工作范围和程序要求等内容，结合其核查、验证工作底稿等相关证据，认定其是否存在过错。证券服务机构的责任限于其工作范围和专业领域。证券服务机构依赖保荐机构或者其他证券服务机构的基础工作或者专业意见致使其出具的专业意见存在虚假陈述，能够证明其对所依赖的基础工作或者专业意见经过审慎核查和必要的调查、复核，排除了职业怀疑并形成合理信赖的，人民法院应当认定其没有过错。”

常随时随地进行“尽职调查”；其次，针对证券公司，我国执业规范（尤其是工作指引等规范）中充斥着大量细节性规定，不同于通常意义上法律仅规定最低限度的义务，此等规范具有明显的倡导性，因股票发行和债券承销过程中往往涉及大量事项的审查，对应的工作底稿数量亦极为庞大，在事后追责的视角下，证券公司的工作总能发现些许瑕疵，进而被认定为未勤勉尽责；最后，现行抗辩事由中规定证券公司对其他主体出具的专业意见仍负有特殊注意义务，但往往因经济成本问题难以在实践中具体操作。

3.《新虚假陈述司法解释》规定的过错抗辩事由未考虑证券公司不同角色的特殊性

对于证券公司而言，作为保荐及承销机构的过错抗辩主要规定于《新虚假陈述司法解释》第 17 条；作为独立财务顾问的过错认定及抗辩主要规定于《新虚假陈述司法解释》第 18 条。仅从条文来说，证券公司在作为保荐及承销机构的过错认定与抗辩与证券公司在作为独立财务顾问的过错认定与抗辩并无明显差异，落点均为证券公司是否依照相关法律法规、监管部门制定的规章和规范性文件的要求勤勉尽责，即“合规性”。

而事实上，在保荐人和承销商角色项下，证券公司履职主要依赖于上市公司或发行人的信息披露，相关业务活动由证券公司直接服务的上市公司和发行人主导；而在财务顾问角色项下，上市公司都处于信息弱势地位，相比于保荐和承销业务，会更加依赖证券公司。因此，亦有实务界人士认为，独立财务顾问业务具有特殊性，有“相对大于 IPO 业务中承销保荐角色的工作难度”①。因此，《新虚假陈述司法解释》并未考虑细化不同业务场景的不同抗辩事由，值得商榷。本文也期待，在坚持实施过错推定的同时，在区分不同角色与业务的基础上，对抗辩事由进行完善，以解决当前证券公司抗辩空间显著不足的问题。

三、证券公司的应对及风险防控建议

基于上述分析，在证券公司从事证券交易活动等业务的过程中，从虚假陈述过错要件的层面，我们有如下建议：

（一）证券公司在展业时应加强自身行为与行业执业规范的对照

《新虚假陈述司法解释》第 17 条、第 18 条规定关于证券公司从事保荐、承

---

① 江翔宇：《证券虚假陈述纠纷中介机构民事责任承担的焦点问题研究》，载微信公众号“上海市法学会 东方法学”，2022 年 3 月 25 日。

销等业务时是否勤勉尽责的判断依据，除了法律法规、行政规章和规范性文件外，还包括行业执业规范。而行业执业规范往往具有更强的可操作性和指引性，具有较强的指导性，而以往的展业过程中，行业执业规范也是证券公司在合规审查比较容易忽略的文件。

此外，实务中，例如（2020）川民终293号“华泽钴镍案”中，一审、二审法院对证券公司等中介机构担责比例的认定存在重大分歧，主要分歧在于过错要件。一审法院认为，中介机构承担的责任应与其主观过错程度相匹配，应只在过错范围内承担连带责任。二审法院则认为，若证券公司只需按照执业准则尽到最基本注意义务，即可发现发行人虚假陈述行为的，构成重大过失，属“知道或者应当知道”的情形，应与发行人承担全额连带责任。可见，即便在《新虚假陈述司法解释》出台前，执业准则仍是影响法官心证的重要因素。

因此，鉴于《新虚假陈述司法解释》仍坚持以合规性为导向以及司法实践中的具体情况，证券公司在展业过程中更加重视遵守行业执业规范，在最大限度内勤勉履职。但值得注意的是，行业执业规范并不存在清晰明确的界定，一些业务中法律责任体系配套的行业执业规范目前仍在细化过程中，因此在实践层面，亦会增加证券公司的履职困难。

（二）轻微过失不影响专业意见的合理性，证券公司可主张不构成过错

我国虚假陈述民事赔偿诉讼中的“过错”认定呈现出明显的合规导向，可能使得包括证券公司在内的相关主体的民事责任被不恰当地扩张，《新虚假陈述司法解释》起草者亦认为，轻微的过失不应当承担责任。基于此，若证券公司在展业过程中，如有客观违规情况或轻微过失，可向法院主张，该等轻微违规或过失不影响其作出的专业意见的合理性，不构成“重大过错”，并据此主张免责。

但值得注意的是，对于一般过失与重大过失的界限，并无法条予以明确规定，此处的立法空缺使得证券公司通过“已勤勉尽责”“主观过错较小”等理由进行抗辩越发困难。解决该问题需依赖于司法实践的不断摸索，更有赖于法官基于不同案情的自由裁量，并据此抽象出更为明确的裁判规则。

（三）证券公司引用其他机构专业意见，应履行审慎核查和调查复核程序

实务中，证券公司尽职调查时往往依赖于其他中介机构出具的专业意见，但值得注意的是，由于证券公司在债券交易活动中发挥的重要作用，我国法律规定证券公司不能通过引用其他中介机构专业意见而免除自身所应负担的审慎

核查与尽职调查等工作的义务。

从《新虚假陈述司法解释》分析，证券公司无论作为保荐机构、承销机构，抑或是独立财务顾问，针对其他证券服务机构的相关专业意见并不能不加审查地予以引用，只有在其根据法律法规的要求进行审慎核查并且达到“排除了职业怀疑并形成合理信赖”的情形下对相关信息的使用才不构成过错。从业务规则来说，以保荐业务为例，相关规则均已规定了“合理信赖”原则。证监会发布的《证券发行上市保荐业务管理办法》第 22 条和第 23 条、中国证券业协会发布的《证券公司保荐业务规则》第 35 条和第 37 条，均区分了保荐机构审查和注意义务。从司法实践来说，在（2020）鲁民终 2712 号案中，《募集说明书》载明的担保事项存在虚假陈述，证券公司抗辩其仅是合理利用了其他中介机构的专业意见，不存在过错。但是，山东省高级人民法院认为，债券承销商的尽职标准应严于其他中介机构，不可以其他机构出具的专业意见主张免除自身的尽职调查义务或降低尽职调查的标准，证券公司应连带赔偿投资人损失。

基于此，证券公司应谨慎对待、利用其他机构出具的专业意见。一方面，不应依赖于其他机构意见任意改变工作计划或者省略尽调步骤；另一方面，对其他中介机构出具的专业意见与自身尽调结果不一致之处，证券公司应尽一般注意义务，及时进行复核、调查。此外，鉴于复核和调查程序是重要的过错抗辩事由，证券公司应注意在工作底稿就“审慎核查和必要的调查、复核”相关程序的履行予以留痕。

第三节　虚假陈述诉讼中的“因果关系”认定与风险防控

在虚假陈述民事赔偿诉讼中，“因果关系”的认定包含两个层次：第一层次，虚假陈述与投资者损失之间是否具有交易因果关系及损失因果关系；第二层次，在多因一果的情况下，还需分别从交易因果关系与损失因果关系角度论证包括证券公司在内的各主体对投资者损失的原因力，进而确定各被告的责任份额。

一、新虚假陈述司法解释发布后的“因果关系”要件

（一）交易因果关系：首次规定，采用事先推定制，但规定不成立的 5 个情形

为强调未受欺诈的投资者不享有索赔的权利，避免民事责任制度异化为保险制度，在理解与适用中，最高人民法院在总结上海金融法院（2018）沪 74 民初 1185 号案、重庆市大足区人民法院（2018）渝 01 民初 259 号案、浙江省宁波市中级人民法院（2018）浙 02 民初 967 号案等司法实践的基础上，在《新虚假陈述司法解释》第 11 条中首次将交易因果关系明确规定为虚假陈述的构成要件，弥补了《原虚假陈述司法解释》没有相关规定的遗憾。当然，值得注意的是，在此前的司法实践中，法院在判定相关主体是否承担虚假陈述民事责任时早已将交易因果关系考虑在内，如在（2018）最高法民再 339 号案件中，法官明确将因果关系作为判断虚假陈述责任承担的构成要件。

对于交易因果关系，《新虚假陈述司法解释》采用了事先推定制，抗辩事由主要包括重大性抗辩、交易期间抗辩、交易原因抗辩等。从条文出发，《新虚假陈述司法解释》第 11 条规定了交易因果关系成立的 3 个要件，同时，《新虚假陈述司法解释》第 12 条规定了交易因果关系不成立的 5 个情形。总之，以既往观之，《原虚假陈述司法解释》并未区分“交易因果关系”与“损失因果关系”，《债券纠纷会议纪要》亦未明确规定，但从实践需求来看，很多案件都涉及二者的区分，故《新虚假陈述司法解释》在此处的区分系对实践需求的回应。同时，针对交易因果关系，《新虚假陈述司法解释》第 11 条沿袭了《原虚假陈述司法解释》第 18 条的信赖推定原则。但体例上更为完备，不仅明确规定了交易因果关系成立的 3 个情形，亦扩充了交易因果关系不成立的 5 个情形，其中第 5 项兜底条款在未来司法实践中的应用或将值得关注。

（二）损失因果关系：进一步细化系统性和非系统性风险，扩大了抗辩事由

关于损失因果关系，《新虚假陈述司法解释》并没有规定损失因果推定，但是在第 31 条规定了多项可以作为免除或减免虚假陈述赔偿责任的系统性和非系统性因素，一定程度上扩大了被告的抗辩事由。

关于系统性风险，鉴于实践中部分法官容易望文生义，故《新虚假陈述司法解释》将《原虚假陈述司法解释》中的“系统风险”的表述改为“证券市场的风险”。此外，对于非系统性风险，《新虚假陈述司法解释》首次明确了构成非系统性风险的判定因素。

对于损失因果关系，不同于《原虚假陈述司法解释》未对诱空型虚假陈述进行规定的情况，《新虚假陈述司法解释》在第27条和第28条分别规定了诱空型虚假陈述和诱多型虚假陈述下的投资差额损失计算方法，但允许各被告通过举证存在系统性风险、非系统性风险及其他影响因素从而相应减轻或免除责任。

虽然学界对于损失因果关系是否属于推定以及各项风险因素的扣减计算等问题仍存在争议，但在《新虚假陈述司法解释》的规定里损失因果关系的认定框架已基本形成。

（三）《新虚假陈述司法解释》中未对原因力进行明确规定，但规定了“重大性”这一原因力要素

此前，我国的法律规范中未对原因力进行明确规定，《债券纠纷会议纪要》第24条仅提及需审查各风险因素对损失的原因力而未提及不同违法行为对损失的原因力，故在规范层面，我国对于原因力的认定规则是缺失的。在规范未提供充分裁判依据的情况下，即便法院实际考虑了不同虚假陈述行为与损失之间的因果关系，也难以在裁判理由中进行详细呈现。例如，在（2019）川01民初3029号“华泽钴镍案”一审中，成都市中级人民法院仅简单说理认为会计师事务所出具的审计报告对投资者有更深远的影响，故相较于证券公司而言应当承担更高的责任。在适用比例连带责任的案例中，法院也基本仅简单给出比例数额，而不会对该数额的得出进行论证分析。

虽然《新虚假陈述司法解释》依然未对原因力进行明确规定，但《新虚假陈述司法解释》对“重大性”的明确规定，或可作为原因力的认定要素。《新虚假陈述司法解释》第三章标题即为“重大性及交易因果关系”，可见“重大性”除了是判断是否构成“虚假陈述行为”的重要因素，还对交易因果关系的推定亦有重要作用。但值得注意的是，我国现行的“重大性”认定规则或可处理单一主体信息披露违规，但在涉及多个违法主体、多项信息披露违规时，若仅从虚假陈述本身认定“重大性”，而不对各违法行为的原因力加以考虑，则可能导致推定交易因果关系的失真。例如，在“五洋债案”中，证券公司和律师事务所被认为在“沈阳五洲出售事项”的核查结果中存在虚假陈述，但相关问题已被资产评估机构的文件在一定程度上披露，投资者可通过资产评估机构的文件了解到虚假陈述所涉事项的真实信息，在此情况下，证券公司和律师事务所虚假陈述涉及虽为重大事项，但实际对交易所产生的原因力是较弱的。

二、证券公司的应对及风险防控建议

如前所述，交易因果关系和损失因果关系的区分已成为学界通说且被《新虚假陈述司法解释》吸收，因此本文也将从因果关系的两个层面，在证券公司作为保荐机构、承销机构或财务顾问机构的角色项下，提出应对建议。

（一）交易因果关系层面的应对建议

由于《原虚假陈述司法解释》从规则层面并没有对交易因果关系予以单独规定，实践中有部分法院认为，当事人无法就交易因果关系提出抗辩。例如，（2015）粤高法民二终字第1091号“佛山照明案”中，一审法院认为《原虚假陈述司法解释》对因果关系并未进行区分，因此佛山照明提出所谓交易关系超出现行法律规定的框架。[①] 而在《新虚假陈述司法解释》项下，交易因果关系已被正式纳入规定，因此上述问题也可以得到解决。

尽管将原因力作为交易因果关系认定时的考量因素有利于实现虚假陈述纠纷处理结果的妥当性，但不可否认的是，交易因果关系以及交易因果关系中的原因力必然涉及对投资交易时主观状态的回溯，作为被告的证券公司[②]对此不具有举证能力，但可以提出抗辩或质疑。具体如下：

1. 证券公司可主张机构投资者应对交易因果关系承担初步举证责任

基于欺诈市场理论建立的信赖推定制度的核心原因在于解决普通投资者举证困难的问题，但对于专业的投资机构，法律是否仍有必要通过信赖推定给予其特殊保护存有疑问。一方面，专业的投资机构具备专业分析研究能力和风险识别能力，其交易决策通常不会仅依据证券/债券市场价格而是会对投资者价值进行实质判断，故其本身不是欺诈市场理论设定的“价格被动接受者”。另一方面，专业投资机构在决策交易时往往因受到各项合规义务（如基金管理人对委托人负有信义义务）约束而会制作论述其投资依据的文件，其内部风险控制流程亦相对健全，故要求其证明投资时决策的依据也不会明显超出其能力范围。此外，从价值导向上，专业投资机构本非《证券法》欲给予特殊保护的投资者[③]，相反地，研究表明专业投资机构的投资决策能够对普通投资者的投资行

---

① 广东省高级人民法院（2015）粤高法民二终字第1091号案。

② 注：在保荐机构、承销机构或财务顾问机构的角色项下，虚假陈述案件中，证券公司多为被告。

③ 洪艳蓉：《从雷曼迷你债券案看香港证券业专业投资者制度》，载《金融服务法评论》2010年第1卷。

为产生影响，甚至可以对发行人本身的规范运行起到促进作用[①]，故在个案中，证券公司可主张对专业投资机构提出更高的举证要求。

此外，证券公司可主张，考虑到专业投资机构在市场中的能力及角色，要求其对交易因果关系承担初步举证责任具有可行性及法理上的正当性，并不会明显加重专业投资机构的负担，而相关初步证据的提交也将有助于法院查明各违法行为对交易因果关系的原因力大小，进而对该要件进行精细化的认定。但鉴于《新虚假陈述司法解释》并未对机构投资者应否被推定因果关系这一长久争议问题予以明确回应，故机构投资者是否一定要对交易因果关系承担初步举证责任仍待司法实践的进一步确认。

2. 证券公司可从交易期间、重大性、交易原因等方面提出抗辩

关于交易期间抗辩在司法实践中是最为常见且易于判断的交易因果关系抗辩，亦早已在司法实践中有体现。例如，在（2016）最高法民申 502 号案件中，最高人民法院认为，虚假陈述实施日甚至揭露日后，投资者仍在进行买入卖出行为，不产生交易因果关系。

关于重大性抗辩，如前所述，“重大性”是交易因果关系推定成立的前提条件。根据现行规定，若虚假陈述的内容属于法律法规及执业规范中规定的重大事件、重要事项，则推定虚假陈述内容具有重大性，继而使得交易因果关系推定成立，除非各被告可通过证券价格、换手率等市场数据从价格敏感性角度予以推翻。例如，在（2019）沪民终 275 号“界龙实业案”中，上海市高级人民法院认为上市公司股价在虚假陈述揭露日后的走势与上证指数走势基本一致，证明虚假陈述行为对交易决策没有产生实质影响。

《新虚假陈述司法解释》对于交易原因抗辩也作出了相应规定。实践中，一些专业机构投资者进行投资时，往往会有严密的决策流程以及决策记录文件。故虚假陈述案件中，当证券公司作为被告时，可以申请法院要求机构投资者提供投资决策记录文件，以方便在个案中从交易原因的层面判定交易因果关系。实际操作过程中，虽然该路径会面临来自投资者的阻力与障碍，但不失为值得尝试的方式。

此外，在司法实践中，投资者的交易习惯也可能是重要的交易原因，亦可

① 参见刘维奇、刘新新：《个人和机构投资者情绪与股票收益——基于上证 A 股市场的研究》，载《管理科学学报》2014 年第 3 期；谭劲松、林雨晨：《机构投资者对信息披露的治理效应——基于对机构调研行为的证据》，载《南开管理评论》2016 年第 5 期。

作为交易因果关系项下的抗辩要素，例如，在（2018）京02民初262号案中，北京市第二中级人民法院认为投资者证券账户的买入卖出记录显示其具有频繁买卖股票的操作规律，已经形成其交易习惯，该交易习惯和相应的交易规模在实施日之后、揭露日之后均保持持续性和稳定性，因此虚假陈述行为并未对投资者的交易决定产生重大影响。

（二）损失因果关系层面的应对建议

在损失确定的层面，最重要的一个考量因素即为“介入的原因”。事实上，在证券虚假陈述赔偿案件中，投资者的损失并非全部由虚假陈述所致，其也受到其他“介入的原因”之影响。此种“介入的原因”，是指在虚假陈述行为发生之后影响原先因果关系链条的外在事件。[①] 在《新虚假陈述司法解释》关于损失因果关系的构建上，根据第31条第2款规定，被告如能举证证明投资者的全部或部分损失系由其他因素导致的，则法院可以相应地减轻或免除责任，可见对“介入的原因”的证明与举证正是损失因果关系认定的核心。根据《新虚假陈述司法解释》和司法实践，证券公司可对如下“介入的原因”予以关注，并举证证明。

1. 证券公司可从证券市场风险、上市公司内外部经营环境等方面提出抗辩

关于“证券市场风险”，如前所述，即《原虚假陈述司法解释》中的系统性风险，多适用于股票类虚假陈述案件，一般是指由于金融政策或突发事件引发的整个市场或者市场某个领域所有参与者所共同面临的风险。从此前的司法实践[②]来看，“系统风险”判定主要为股票的综合指数及/或行业指数，而法院在审理后通常会将系统性风险予以扣除。例如，在“康美药业案”中，法院便认为部分投资损失系证券市场系统因素造成，该部分损失应予剔除；在“雅博公司案”中，法院直接根据计算系统的结果在赔偿责任中将20%的系统性风险予以剔除。因此，该项主张亦是证券公司涉诉后的重要抗辩，且该抗辩属于证券公司的专业领域，具有举证上的相对便利性。

关于“上市公司内外部经营环境”，该抗辩系《新虚假陈述司法解释》突破性的增加。对此，我们认为，该增加更符合债券类虚假陈述的特点，近年来

---

① 程啸：《证券市场虚假陈述侵权损害赔偿责任》，人民法院出版社2004年版，第217页。

② 参见湖北省武汉市中级人民法院（2014）鄂武汉中民商初字第00061号、吉林省长春市中级人民法院（2015）长民四初字第74号、甘肃省兰州市中级人民法院（2011）兰法民二初字第00095号案等。

因债券违约而引发的虚假陈述案件屡见不鲜，而债券违约实际上与所述行业板块的经济政策、外部经济环境、发行人的经营状况更息息相关。故当证券公司在作为债券承销商时，应重点关注该抗辩因素，并进行举证，如搜集关于发行人内外部经营环境的行业数据、权威媒体报道等。

2. 证券公司可要求法院对损失范围及自身行为导致的损失数额进行核定

一方面，证券公司可要求法院聘请专业机构或根据双方主张对剔除各类系统性（证券市场风险）及非系统性风险，以确定投资者总体的损失范围；另一方面，在损失因果关系的认定中，如前所述，司法实践[①]已经关注到，不同违法主体各自的违法行为在何种程度上导致了投资者的损失数额应当纳入责任考量。据此，证券公司可主张自身并非全部参与了上市公司或发行人所有的虚假陈述行为，或主张自身的虚假陈述行为仅是“多因一果”中的原因之一，以此请求法院在酌定证券公司赔偿责任时进行比例上的扣减。

关于核定方式，司法实践中亦有法院会聘请一些专业机构进行上述核定。例如，在（2018）沪74民初1399号“普天公司案”中，上海金融法院委托上海交通大学金融研究院对虚假陈述行为与投资者损失之间的因果关系进行核定，该机构的金融、会计、数学、计算机编程专家，采用“多因子模型法”，综合虚假陈述行为涉及的规模、充电桩等十一项因素，对虚假陈述行为所造成的损失进行了核定，该案件亦成为上海金融法院2020年十大典型案例。因此，股票类的虚假陈述案件应诉时，一方面，证券公司可以积极主张由法院委托专业机构就系统性风险导致的损失进行专业测算；另一方面，证券公司应结合有关交易数据、案件具体情况自行估算系统性风险导致的损失，若与专业机构测算结果差异明显，可及时提出异议。

当然，法院仍有权酌定损失比例，并非一定要依赖第三方专业机构。例如，在（2021）京民终956号案中，北京市高级人民法院在其2022年2月25日作出的民事判决书中认为，《新虚假陈述司法解释》第31条以及《关于适用新虚假陈述司法解释的通知》都没有规定，将所谓委托第三方专业机构对证券市场的风险扣除比例进行核定作为强制性制度设计，法院有权综合判断后自行酌定。此外，（2020）沪民终581号“大智慧案”中，上海市高级人民法院亦是在被告对风险扣除比例进行主张的基础上，自行酌定。因此，证券公司可基于自身

---

① 上海金融法院（2019）沪74民初1049号案；广东省高级人民法院（2019）粤民终2080号案等。

的专业优势对系统性风险等因素进行客观剔除，以核定最终的损失范围；可基于对事实的分析，选择采用前述“中安科案”适用的“金额认定法”及“保千里案”适用的“内部控制认定法”以完成对自身行为导致损失的比例核定，并据此提交法院以维护自身合法权益。

第四节 虚假陈述诉讼中的损失认定、责任形态与风险防控

一、新虚假陈述司法解释发布后的“损失”要件

（一）《新虚假陈述司法解释》关于“损失”要件规则的变化

1.《新虚假陈述司法解释》明确损失以实际损失为限，排除了资金利息作为损失赔偿范围。

《新虚假陈述司法解释》一方面延续了《原虚假陈述司法解释》中关于投资者因虚假陈述获赔的损失以实际损失为限的原则，另一方面不再规定资金利息属于实际损失。从法理角度分析，证券投资带有一定的风险性，其不同于储蓄投资以获得利息为主要利润来源，因此将资金利息从虚假陈述诉讼中法定的损害赔偿范围剔除，不仅能够促使投资者审慎投资，还有利于强化证券市场中“买者自负”的理念①。

值得注意的是，《债券纠纷会议纪要》规定资金利息属于债券欺诈发行造成的损失②，而场内交易的公司债券也属于《新虚假陈述司法解释》的调整范围③，这是否意味着《新虚假陈述司法解释》调整了《债券纠纷会议纪要》的规则，从此虚假陈述案件中，投资者持有的债券的利息也不再纳入损害赔偿范围。对于该问题，还有待实践观察。

2.《新虚假陈述司法解释》沿用“换手率”作为基准日确定标准，并新增

---

① 汤欣、李卓卓：《新虚假陈述民事赔偿司法解释评析》，载《法律适用》2022年第3期。

② 参见《全国法院债券纠纷案件座谈会纪要》第22条。

③ 林文学、付金联、周论军：《关于审理证券市场虚假陈述侵权民事赔偿案件的若干规定理解与适用》，载《人民司法》2022年第7期。

“合理期间”的规定。

对于基准日的确定，《新虚假陈述司法解释》在沿用“换手率标准”的基础上，还新增了结合固定期限确定“合理期间”的规定。[①]《新虚假陈述司法解释》实际上为“合理期间”确定了上限和下限：合理期间最短不能短于10个交易日，最长不能超过30个交易日。《新虚假陈述司法解释》对合理期间的确定予以规范，可以避免揭露日至基准日的期间过短或过长，进而为基准价的准确性提供一定程度的保障。此外，有专门知识的人的专业意见对于确定基准日也有重要意义。

3.《新虚假陈述司法解释》规定更正日的确定不再需履行停牌手续。

《原虚假陈述司法解释》将虚假陈述行为人履行停牌手续之日作为更正日。[②] 事实上，股票是否停牌与虚假陈述行为是否被揭示并无必然关系，停牌本身的设置目的并非在于证明更正虚假陈述，而是防止更正信息后的股价波动。[③] 过往司法实践中，部分法院亦未将股票是否停牌作为判断更正日的条件。[④] 基于此，《新虚假陈述司法解释》不再将履行停牌手续作为认定更正日的条件。

4.《新虚假陈述司法解释》将“主要门户网站、行业知名的自媒体”列入虚假陈述揭露途径。

《原虚假陈述司法解释》将符合披露要求的媒体限定在“在全国范围发行或者播放的报刊、电台、电视台”。随着近年来传媒形态的变化，尤其是门户网站及自媒体的崛起，越来越多的虚假陈述行为系经网络或者自媒体揭示，该规定已经不再能满足实践需求。因此，2019年出台的《九民纪要》将媒体的要求放宽为“权威媒体”。事实上，在《新虚假陈述司法解释》出台前的“康美案”中，广东省广州市中级人民法院更是将网络自媒体发布质疑财务信息造假文章的日期认定为揭露日。《新虚假陈述司法解释》的本次修改，也是顺应了以往司法实践的需求。[⑤]

---

① 夏东霞、杨婷、王琦：《新〈虚假陈述司法解释〉解读之四：关于证券虚假陈述侵权损失的认定》，载微信公众号“金杜研究院”，2022年1月29日。

② 《原虚假陈述司法解释》第20条第3款规定：“虚假陈述更正日，是指虚假陈述行为人在中国证券监督管理委员会指定披露证券市场信息的媒体上，自行公告更正虚假陈述并按规定履行停牌手续之日。”

③ 樊健：《我国证券市场虚假陈述民事责任理论与实际的新发展》，法律出版社2021年版，第157-165页。

④ 上海市高级人民法院（2016）沪民终519号案。

⑤ 广东省广州市中级人民法（2020）粤01民初2171号案。

5.《新虚假陈述司法解释》增加对诱空型虚假陈述的规制，并确定了其损失判断标准。

由于实践中诱空型虚假陈述案件的不断增加，《新虚假陈述司法解释》新增了对诱空型虚假陈述的规制。[①] 在《新虚假陈述司法解释》出台前，因当时法律并未对诱空型虚假陈述进行规定，曾有法院认为，诱空型虚假陈述中，投资者的损失与虚假陈述之间不具有因果关系，进而驳回了投资者的诉讼请求。[②] 对诱空型虚假陈述欠缺规制，遭到诸多学者的质疑。[③]《新虚假陈述司法解释》出台后，诱空型虚假陈述受害者的权益亦能得到保护。

关于诱空型虚假陈述损失的具体判断和计算标准，《新虚假陈述司法解释》亦进行了规定。《新虚假陈述司法解释》以投资者在揭露日至基准日期间是否买回股票为区分标准，分别根据买回价格或基准价格与平均卖出价的差价计算投资损失[④]。易言之，具体法条规范可以总结为如下公式：诱空型虚假陈述案件中，当事人投资损失=（买回平均价格-卖出平均价格）×买回股数+（基准价格-卖出平均价格）×未买回股数。

（二）《新虚假陈述司法解释》项下投资者"损失"的具体认定标准：以"三日一价"为核心

《新虚假陈述司法解释》第25条明确规定了虚假陈述民事赔偿案件中投资者损失的范围。实践中，关于虚假陈述民事赔偿案件损失的争议主要集中在如何认定投资差额损失。就法律规范分析，《新虚假陈述司法解释》在第27条[⑤]

---

① 汤欣、李卓卓：《新虚假陈述民事赔偿司法解释评析》，载《法律适用》2022年第3期。

② 广东省高级人民法院（2015）粤高法民二终字第1058号案。

③ 赵国平、文杰：《论我国证券虚假陈述民事责任制度的完善》，载《商业时代》2009年第34期。

④ 《新虚假陈述司法解释》第28条规定："在采用集中竞价的交易市场中，原告因虚假陈述卖出相关股票所造成的投资差额损失，按照下列方法计算：（一）原告在实施日之后、揭露日或更正日之前卖出，在揭露日或更正日之后、基准日之前买回的股票，按买回股票的平均价格与卖出股票的平均价格之间的差额，乘以买回的股票数量；（二）原告在实施日之后、揭露日或更正日之前卖出，基准日之前未买回的股票，按基准价格与卖出股票的平均价格之间的差额，乘以未买回的股票数量。"

⑤ 《新虚假陈述司法解释》第27条规定："在采用集中竞价的交易市场中，原告因虚假陈述买入相关股票所造成的投资差额损失，按照下列方法计算：（一）原告在实施日之后、揭露日或更正日之前买入，在揭露日或更正日之后、基准日之前卖出的股票，按买入股票的平均价格与卖出股票的平均价格之间的差额，乘以已卖出的股票数量；（二）原告在实施日之后、揭露日或更正日之前买入，基准日之前未卖出的股票，按买入股票的平均价格与基准价格之间的差额，乘以未卖出的股票数量。"

及第 28 条[1]规定了较为明确的计算标准。从条文内容来看，投资差额损失的确定主要依靠虚假陈述诉讼中的“三日一价”确定。“三日一价”确定后，投资差额损失即可确定。所谓“三日”即虚假陈述实施日、揭露日、基准日，所谓“一价”即损失计算的基准价格。[2] 下文将结合《新虚假陈述司法解释》的规定以及过往司法实践，对“三日一价”确定规则进行论述。

1. 实施日的确定

如果投资者买入证券的时间早于虚假行为实施日，则投资者的损失与虚假行为之间没有因果关系，投资者无法获得任何赔偿。故虚假行为实施日在虚假陈述造成的损失认定上具有非常重要的作用。关于虚假陈述实施日，《新虚假陈述司法解释》第 7 条明确了积极和消极的虚假陈述实施日的确定规则，简言之，对于积极的虚假陈述，以信息披露义务人在相关全国性平台上公告或公布日为实施日。对于消极的虚假陈述，《新虚假陈述司法解释》则参考了过往司法实践，[3] 规定应当以披露相关信息期限届满后的第一个交易日为实施日。

2. 揭露日的确定

《新虚假陈述司法解释》与《原虚假陈述司法解释》在确定损失的逻辑上相同，都是以揭露日之后的价格变化作为确定投资者实际损失的依据[4]。故，对于虚假陈述诉讼中损失以及损失因果关系的确定，如何确定揭露日是一个前提问题。如何准确判断虚假陈述行为是否被揭露经常是司法实践中的争议焦点和难点所在，也是理论界研究的重点问题。[5] 《新虚假陈述司法解释》相较于《原虚假陈述司法解释》，充分吸收了既有司法实践所形成的共识，在揭露日认

---

① 《新虚假陈述司法解释》第 28 条规定：“在采用集中竞价的交易市场中，原告因虚假陈述卖出相关股票所造成的投资差额损失，按照下列方法计算：（一）原告在实施日之后、揭露日或更正日之前卖出，在揭露日或更正日之后、基准日之前买回的股票，按买回股票的平均价格与卖出股票的平均价格之间的差额，乘以买回的股票数量；（二）原告在实施日之后、揭露日或更正日之前卖出，基准日之前未买回的股票，按基准价格与卖出股票的平均价格之间的差额，乘以未买回的股票数量。”

② 蔡黎、李多：《最高院新〈证券虚假陈述若干规定〉简析》，载微信公众号“君合法律评论”2022 年 1 月 23 日。

③ 湖北省武汉市中级人民法（2014）鄂武汉中民商初字第 00061 号案。

④ 林文学、付金联、周论军：《关于审理证券市场虚假陈述侵权民事赔偿案件的若干规定理解与适用》，载《人民司法》2022 年第 7 期。

⑤ 曹明哲：《债券纠纷司法实务精解》，中国法制出版社 2022 年 7 月版，第 135 页。

定规则上作出了更为丰富的规定。《新虚假陈述司法解释》第 8 条[①]对揭露日进行了明确定义，从该规定来看，并结合过往司法实践，法院认定揭露日，主要会考虑以下几个因素：

其一，揭露内容的相关性。揭露日的意义在于警示证券市场[②]，因此，对于揭露日的确定要首先考察揭露行为是否能充分揭示投资者风险。例如，在“大智慧案”[③] 中，由于公司发布的公告内容并未能对投资者发出足够警示，因此法院最终未将公告披露之日认定为揭露日。

值得注意的是，尽管现行规定对揭露日施以“确定性”及“揭示投资风险”的要求，但这并不意味着揭露的精确程度需达到“镜像规则”的要求[④]，《九民纪要》第 84 条亦明确规定揭露的程度无需达到“全面、完整、准确”的程度。[⑤] 司法实践亦普遍认可该观点，如在“金正大案”[⑥] 中，山东省青岛市中级人民法院认为：“审计报告中未列明的虚减应付票据行为亦是与前述虚构贸易业务有关。对比证监会对金正大公司虚假陈述行为的认定，金正大公司 2019 年 4 月 30 日系列公告披露的内容已基本涵盖了证监会认定的信息披露违规的主要情形。鉴于揭露日的认定不以‘镜像规则’为必要，从披露内容上来讲，该日符合揭露日认定的要求。”

其二，揭露主体的权威性。《新虚假陈述司法解释》虽然放宽了对揭露主体的要求，但仍将揭露主体进行了严格的限定[⑦]，故《新虚假陈述司法解释》仍

---

① 《新虚假陈述司法解释》第 8 条规定：“虚假陈述揭露日，是指虚假陈述在具有全国性影响的报刊、电台、电视台或监管部门网站、交易场所网站、主要门户网站、行业知名的自媒体等媒体上，首次被公开揭露并为证券市场知悉之日。人民法院应当根据公开交易市场对相关信息的反应等证据，判断投资者是否知悉了虚假陈述。除当事人有相反证据足以反驳外，下列日期应当认定为揭露日：（一）监管部门以涉嫌信息披露违法为由对信息披露义务人立案调查的信息公开之日；（二）证券交易场所等自律管理组织因虚假陈述对信息披露义务人等责任主体采取自律管理措施的信息公布之日。信息披露义务人实施的虚假陈述呈连续状态的，以首次被公开揭露并为证券市场知悉之日为揭露日。信息披露义务人实施多个相互独立的虚假陈述的，人民法院应当分别认定其揭露日。”

② 青海省高级人民法院（2021）青民终 187 号案。

③ 上海市第一中级人民法院（2016）沪 01 民初 679 号案。

④ 孙超：《证券虚假陈述中三个时间基点的意义与认定》，载《人民司法》2018 年第 17 期。

⑤ 《九民纪要》第 84 条规定：“虚假陈述的揭露和更正，是指虚假陈述被市场所知悉、了解，其精确程度并不以‘镜像规则’为必要，不要求达到全面、完整、准确的程度。原则上，只要交易市场对监管部门立案调查、权威媒体刊载的揭露文章等信息存在着明显的反应，对一方主张市场已经知悉虚假陈述的抗辩，人民法院依法予以支持。”

⑥ 山东省青岛市中级人民法院（2022）鲁 02 民初 317 号案。

⑦ 《新虚假陈述司法解释》将揭露主体限制为“具有全国性影响的报刊、电台、电视台或监管部门网站、交易场所网站、主要门户网站、行业知名的自媒体等媒体”。

要求揭露主体具有一定的权威性。实践中，对于政府部门、交易所的揭露是否具有权威性实践中争议不大，但对于媒体的披露是否具有权威性、是否足以认定为揭露日争议较大。例如，在“康芝药业案”中，法院即认为，“21 世纪网并非全国范围发行的媒体”，从而未将 21 世纪网报道的日期认定为揭露日。这一认定也在理论界面临诸多质疑：在信息技术发达的当今社会，信息以人们难以想象的速度在传播，随着互联网的普及，一家媒体或网站上发布的信息可以迅速被传递至无数平台，因此，单纯以“非全国性媒体”为理由否定揭露日的存在并不合理，还应结合转载量、转载速度等相关数据综合判定该报道是否具备了全国性的影响。① 可以预见，关于揭露主体权威性的争议，仍会在具体案件中出现。

其三，揭露时间的首次性。《新虚假陈述司法解释》明确规定，揭露日应为“首次被公开披露”。事实上，虚假陈述行为的揭露并不是一步到位的，往往在一定期间内涉及多次不同程度的披露，市场对该披露的反应也各不相同。通常来讲，市场对虚假信息首次公开后的反应最为强烈，股票价格变动最为剧烈。出于最大限度保护投资者权益的角度，《新虚假陈述司法解释》强调了揭露时间的“首次性”，进一步扩大了投资者的可索赔范围。

其四，揭露的虚假陈述行为为证券市场知悉。《新虚假陈述司法解释》第 8 条规定，虚假陈述行为的揭露需要为“证券市场知悉”，司法实践中，法院通常以虚假陈述行为被揭示之后证券价格是否发生大幅变动来判断证券市场对虚假陈述行为的反应程度。例如，在“圣莱达案”② 及“中国高科案”③ 中，在揭露日后，股价大幅下降，法院因此认定该日对市场起到了足够的警示作用，将该日认定为揭露日。

值得注意的是，《新虚假陈述司法解释》还将虚假陈述行为人被监管部门立案调查及证券交易所等自律管理组织采取自律管理措施的信息公开之日推定为虚假陈述揭露日。④ 但考虑到，实践中，部分立案调查通知书载明的事实可

---

① 杨旭、何积华：《证券虚假陈述民事案件裁判规则研究》，北京大学出版社 2018 年版，第 167 页。

② 浙江省宁波市中级人民法院（2021）浙 02 民再 54 号案。

③ 北京市高级人民法院（2021）京民终 956 号案。

④ 《新虚假陈述司法解释》第 8 条第 3 款规定：“除当事人有相反证据足以反驳外，下列日期应当认定为揭露日：（一）监管部门以涉嫌信息披露违法为由对信息披露义务人立案调查的信息公开之日；（二）证券交易场所等自律管理组织因虚假陈述对信息披露义务人等责任主体采取自律管理措施的信息公布之日。”

能不够全面和具体[①]，未揭露相关的虚假陈述行为，不满足揭露内容相关性的要求，《新虚假陈述司法解释》亦规定，当事人可以提供相反证据反驳。

3. 基准日的确定

根据《新虚假陈述司法解释》第 26 条第 1 款的规定，[②] 对于证券虚假陈述诉讼中损失的确定，基准日具有举足轻重的作用。如前所述，《新虚假陈述司法解释》沿用了《原虚假陈述司法解释》“换手率”的标准来确定基准日，且《新虚假陈述司法解释》第 6 条明确了基准日确定的遵循规则。

可以看出，《新虚假陈述司法解释》对基准日的确定有着较为明细的规定。但值得注意的是，《新虚假陈述司法解释》第 6 条规定的“交易日”系指“证券市场开市日”还是指“被虚假陈述影响的证券可以进行集中交易日”，并无法律法规明确规定。实践中，如果虚假陈述被揭露后，涉及证券即宣告停牌，那么基准日此时应该如何确定？一种观点认为，该交易日指的是“被虚假陈述影响的证券可以进行集中交易日”即应该等该证券复牌后，才开始计算合理期间；另一种观点则认为，如果证券停牌导致无法得出基准日，从而无法计算证券基准价格，应该根据《新虚假陈述司法解释》第 26 条第 5 款规定处理，即根据专业人士的估值意见来确定基准价格。[③] 何种观点会被法院采纳，还有待实践观察。

4. 基准价格的确定

因为股价的变动受多种因素的影响，如果仅用买价减去股价最低点的差额作为投资人的损失，是不公平且不合理的，因此各国在规定虚假陈述损害赔偿范围时都要确定一个合理期间来限定损害赔偿的范围。根据基准日计算出的基准价格是一个拟制的股票不再受虚假陈述影响的“正常”价格，可用于判断投资者的差额损失。[④]

---

① 樊健：《我国证券市场虚假陈述民事责任理论与实际的新发展》，法律出版社 2021 年版，第 165 页。

② 《新虚假陈述司示解释》第 26 条第 1 款规定：“投资差额损失计算的基准日，是指在虚假陈述揭露或更正后，为将原告应获赔偿限定在虚假陈述所造成的损失范围内，确定损失计算的合理期间而规定的截止日期。”

③ 夏东霞、杨婷、王琦：《新〈虚假陈述司法解释〉解读之四：关于证券虚假陈述侵权损失的认定》，载微信公众号“金杜研究院”，2022 年 1 月 29 日。

④ 李国光主编：《最高人民法院关于审理证券市场虚假陈述案件司法解释的理解与适用》，人民法院出版社 2015 年版，第 308-309 页。

二、《新虚假陈述司法解释》发布前后的责任形态认定

（一）《新虚假陈述司法解释》发布前中介机构责任形式的司法现状

关于证券公司在虚假陈述诉讼中承担的责任形态，虽然《证券法》第85条[①]、第163条[②]以及《原虚假陈述司法解释》均明确规定，具有过错的中介机构应当与发行人承担“连带赔偿责任”。但实践中，中介机构承担的责任形态并未有统一的裁判观点，比较常见的裁判观点有三种：全额连带责任/刚性连带责任、比例连带责任、补充赔偿责任。

1. 全额连带责任

此种责任承担方式符合我国现行《证券法》第85条、第163条中关于“连带赔偿责任”的明确规定。根据我国《民法典》规定的连带责任赔偿制度，赔偿权利人有权要求任何一个赔偿义务人承担全部的赔偿责任。[③] 在早期的司法实践中，“金亚科技案”“沈机集团案”等案件的裁判文书均可代表法院“中介机构存在过错，构成共同侵权，基于《证券法》的规定以及共同侵权理论需承担连带赔偿责任”的观点。亦即，证券公司无论是故意还是过失，无论是重大过失还是轻微过失，均需就投资者的全部损失与发行人承担连带责任。

2. 比例连带责任

因为全额连带责任，并未区分证券中介机构的故意或过失，导致证券中介机构可能因为轻微过失而承担巨额赔偿责任，造成中介机构收取的报酬和其承担的赔偿责任不成比例。近年来，随着《债券纠纷会议纪要》的发布，法院内部开始出现平衡保护投资人利益和中介机构法律责任的倾向性意见。[④] 最高人

---

① 《证券法》第85条规定：“信息披露义务人未按照规定披露信息，或者公告的证券发行文件、定期报告、临时报告及其他信息披露资料存在虚假记载、误导性陈述或者重大遗漏，致使投资者在证券交易中遭受损失的，信息披露义务人应当承担赔偿责任；发行人的控股股东、实际控制人、董事、监事、高级管理人员和其他直接责任人员以及保荐人、承销的证券公司及其直接责任人员，应当与发行人承担连带赔偿责任，但是能够证明自己没有过错的除外。”

② 《证券法》第163条规定：“证券服务机构为证券的发行、上市、交易等证券业务活动制作、出具审计报告及其他鉴证报告、资产评估报告、财务顾问报告、资信评级报告或者法律意见书等文件，应当勤勉尽责，对所依据的文件资料内容的真实性、准确性、完整性进行核查和验证。其制作、出具的文件有虚假记载、误导性陈述或者重大遗漏，给他人造成损失的，应当与委托人承担连带赔偿责任，但是能够证明自己没有过错的除外。”

③ 程啸：《侵权责任法（第三版）》，法律出版社2021年版，第389页。

④ 秦悦民、郑润镐、于焕超：《比例连带责任之反思：目标、困境及替代方案》，载《金融法苑》2021年第3期。

民法院的法官在访谈中也专门强调中介机构的责任承担应过罚相当，体现出对全额连带责任的反思。①

近年司法裁判中，除了全额连带责任之外，法院逐渐探索出一种新型的责任承担方式——比例连带责任。在该种责任承担方式下，中介机构得以根据自身的过错程度、原因力大小就特定比例与发行人承担连带赔偿责任。比例连带责任最开始出现在“中安科案”。该案中，上海市高级人民法院考察中介机构的过错程度及原因力最终认定担任财务顾问的证券公司在发行人赔偿责任的25%的范围内承担连带赔偿责任。此后，在“五洋债案”“康美药业案”等新一批虚假陈述案件中，法院基本采取“比例连带责任”的裁判思路，根据过错程度和原因力大小判决各中介机构在具体比例范围内承担连带赔偿责任。

3. 补充赔偿责任

除全额连带责任以及比例连带责任之外，实践中亦有案例认定证券中介机构应当根据过错程度承担补充赔偿责任。在“保千里案”中，法院在确定评估机构的责任时，参照适用《最高人民法院关于审理涉及会计师事务所在审计业务活动中民事侵权赔偿案件的若干规定》第 10 条②的规定，判令评估机构承担补充赔偿责任③。法院认为，证券中介机构对责任承担方式及比重应该取决于其行为的性质、主观过错程度。在此基础上，法院判定评估机构承担补充赔偿责任。值得注意的是，与全额连带责任和比例连带责任相比，适用补充赔偿责任的案例较少，截至目前，除前述“保千里案”之外，尚未有其他案例采纳该观点。

关于责任形式，在四川省高级人民法院（2021）川民终 201 号“金亚科技案”、云南省高级人民法院（2020）云民终 952 号“沈机集团案”等早期案件中，法院适用全额连带责任的倾向较为明显，但在相关主体并非故意进行虚假

---

① 刘贵祥：《对“看门人”坚持过错与责任相一致过罚相当》，载中证网 2021 年 3 月 9 日，https://www.cs.com.cn/xwzx/hg/202103/t20210309_6145455.html。

② 《最高人民法院关于审理涉及会计师事务所在审计业务活动中民事侵权赔偿案件的若干规定》第 10 条规定：“人民法院根据本规定第六条确定会计师事务所承担与其过失程度相应的赔偿责任时，应按照下列情形处理：（一）应先由被审计单位赔偿利害关系人的损失。被审计单位的出资人虚假出资、不实出资或者抽逃出资，事后未补足，且依法强制执行被审计单位财产后仍不足以赔偿损失的，出资人应在虚假出资、不实出资或者抽逃出资数额范围内向利害关系人承担补充赔偿责任。（二）对被审计单位、出资人的财产依法强制执行后仍不足以赔偿损失的，由会计师事务所在其不实审计金额范围内承担相应的赔偿责任。（三）会计师事务所对一个或者多个利害关系人承担的赔偿责任应以不实审计金额为限。”

③ 参见最高人民法院民事审判第二庭编著：《最高人民法院关于会计师事务所审计侵权赔偿责任司法解释理解与适用》，人民法院出版社 2015 年版，第 377 页。

陈述的情况下，全额连带责任极易引发过责适当的问题，显然并非最佳的责任承担形式，为使得过错、因果关系等要件的影响能在最终的责任承担中得到体现，并增加法院在个案处理时的灵活性，目前实务界及学界普遍在比例连带责任或补充赔偿责任中为包括证券公司在内的证券中介机构的责任寻求依据。

（二）《新虚假陈述司法解释》发布后中介机构责任形式的展望

关于《新虚假陈述司法解释》规定的证券中介机构承担责任形式，有两处变化值得重点注意：

第一，《新虚假陈述司法解释》未明确规定证券中介机构应与发行人承担连带责任。如前所述，《新虚假陈述司法解释》并未保留《原虚假陈述司法解释》第 27 条规定中关于“连带赔偿责任”的表述，仅在第 23 条明确了责任主体之间的追偿规则。①《新虚假陈述司法解释》对“证券中介机构应当承担连带责任”的留白，似乎暗示着《新虚假陈述司法解释》并不当然认为证券中介机构应当与发行人承担全额连带赔偿责任。事实上，最高人民法院民事审判第二庭表示在《新虚假陈述司法解释》的修订过程中，确实曾尝试规定，证券中介机构在主观过失情形下，不适用连带责任，而适用按份责任，但“惜乎如此规定有直接冲撞《证券法》规定之嫌”，于是最终发布稿仅在第 23 条第 1 款中出现按《民法典》第 178 条处理的表述。②

第二，《新虚假陈述司法解释》对《证券法》第 85 条、第 163 条规定的“过错”进行了限缩。根据《新虚假陈述司法解释》第 13 条的规定，只有在故意或“严重违反注意义务”的情况下，证券中介机构才构成《证券法》第 85 条及第 163 条规定的“过错”。③ 实践中，有观点认为，从体系解释的角度，若坚持不论过错程度，中介机构都应承担全部连带赔偿责任，那么《新虚假陈述司法解释》区分“故意”与“过失”显然没有意义。④《新虚假陈述司法解释》对《证券法》项下的“过错”进行限缩，修正了现行《证券法》下的全额连带责任，符合过错与责任承担一致的要求。⑤

---

① 《新虚假陈述司法解释》第 23 条第 1 款规定：“承担连带责任的当事人之间的责任分担与追偿，按照民法典第一百七十八条的规定处理……”

② 郭雳、吴韵凯：《虚假陈述案件中证券服务机构民事责任承担再审视》，载《法律适用》2022 年第 8 期。

③ 陈洁：《虚假陈述民事赔偿制度的新发展理念及其规范实现》，载《法律适用》2022 年第 3 期。

④ 《〈新虚假陈述司法解释〉十大修订》，载微信公众号“雷继平法律订阅”，2022 年 1 月 24 日。

⑤ 陈洁：《虚假陈述民事赔偿制度的新发展理念及其规范实现》，载《法律适用》2022 年第 3 期。

从上述变化可以看出，不区分中介机构的过错即承担全额连带责任的裁判观点不再符合司法实践的需求，《新虚假陈述司法解释》已开始通过解释论的路径，重新诠释《证券法》规定的连带责任。可以预见，比例连带责任甚至补充赔偿责任的裁判观点可能将成为司法裁判的趋势。

三、证券公司的应对及风险防控建议

（一）损失层面的应对建议

基于上述分析，在证券公司从事相关业务以及涉诉后的抗辩项下，从虚假陈述损失层面，我们建议如下：

第一，证券公司应当充分了解《新虚假陈述司法解释》中对于“损失”规则的变化，从而设计出更容易被法院接受的诉讼策略，避免承担本不应承担的损失。例如，《新虚假陈述司法解释》明确规定的“利息损失”不再属于法定的赔偿范围，再如，更正日的确定不再以股票停牌为前提，这些都会影响到证券公司最终承担的赔偿责任。可参照本章第一节相关内容。

第二，在应对虚假陈述民事诉讼中，证券公司在确定损失时，应当提前咨询有专门知识的人的意见，并了解行业投资时的通常估值方式。如前所述，《新虚假陈述司法解释》明确规定，当无法确定基准价格时，法院应当参考有专门知识的人的意见，因此证券公司应当提前做好准备。

（二）责任形态层面的应对建议

我国虚假陈述民事赔偿诉讼中各违法主体的责任形式亦存在可研究探讨的空间，如前所述，《新虚假陈述司法解释》对责任形式实际进行了“留白”处理。对于证券公司的民事赔偿责任而言，司法实践中存在全额连带责任、比例连带责任、补充赔偿责任等不同处理方式，相关判决或基于《证券法》“连带责任”之表述，或考虑过错与责任相适应之审判需要，或立足于共同侵权的侵权法基本理论，裁判共识尚未形成。

基于此情况，在个案中，证券公司可在抗辩时主张，一味判处全额连带责任存在明显缺陷固然不可取，但相较于比例连带责任而言，补充赔偿责任具有不削弱故意欺诈方责任、法理上易于解释、可实现各被告之间责任协调等优势，也不会明显导致赔偿诉讼对证券公司失去威慑力，或为更合理的责任形式，法院可借鉴“保千里案”进行裁判。

第四章　受托人责任中的适当性义务热点问题

在受托人责任纠纷案件中，投资者以受托人/管理人未尽到适当性义务要求承担赔偿责任越发常见。无论是基金、信托、证券、保险公司均会涉及适当性义务问题。2022 年，金融机构因未尽到适当性义务而承担赔偿责任的比比皆是。一方面，部分金融机构推介人员急于成单，刻意忽视对投资者的风险提示，导致未尽到适当性义务，另一方面，裁判机关越来越重视对金融消费者的保护。故，笔者就在本章对金融机构的适当性义务进行详细论述。

第一节　适当性义务概述

一、适当性义务的概念

适当性义务是针对金融产品发行人、销售者及金融服务提供者的义务规则，要求金融机构将适当的金融产品或服务销售给适当的投资者，这对于实现金融市场中“卖者尽责，买者自负”、打破“刚兑”具有重要意义。金融机构适当性义务原为道德义务，由美国证券业自律组织于 19 世纪 30 年代创设，但及至当代，英国、日本、澳大利亚、韩国、欧盟等国家与地区均已将适当性义务写入成文法，使之转化为法定适当性义务。在我国，适当性义务业已呈现向法定义务转化的显著趋势。

二、适当性义务的历史沿革

一般认为，原中国银行业监督管理委员会（以下简称银监会）2005 年 9 月 24 日公布的《商业银行个人理财业务管理暂行办法》（已失效）是我国第一部明文规定适当性义务的法规，其中第 37 条第 1 款规定：“商业银行利用理财顾问服务向客户推介投资产品时，应了解客户的风险偏好、风险认知能力和承受能力，评估客户的财务状况，提供合适的投资产品由客户自主选择，并应向客户解释相关投资工具的运作市场及方式，揭示相关风险。”此后，各监管部门、行业自律组织陆续出台了关于适当性义务的规范性文件。

2012 年 12 月 28 日，《证券投资基金法》修订发布。该法标志着我国第一次在法律层面规定了适当性义务，其中第 99 条规定：“基金销售机构应当向投资人充分揭示投资风险，并根据投资人的风险承担能力销售不同风险等级的基金产品。”但遗憾的是，该法仅规定了基金销售机构违反适当性义务应承担的行政责任，并未规定基金销售机构应向投资者承担民事责任。

因适当性义务导致的民事责任相关规范的缺失，在适当性义务相关诉讼案件中，多数法院仍坚持合同自由、买者风险自担的裁判思路，导致投资者在适当性诉讼中屡屡碰壁，难以得到司法救济。①

直到 2015 年 12 月 24 日，《最高人民法院关于当前商事审判工作中的若干具体问题》提出：“金融市场上的信息不对称加上投资者自身的知识和能力局限，使得投资者在购买投资性金融产品或接受相关服务时往往无法真正理解其中的风险和收益，其主要依赖产品销售者和服务提供者的推介和说明。一般情况下交易双方缔约能力处于不对等地位。因此，必须依法确定卖方机构的‘适当性’义务，确保金融消费者在充分了解投资标的及其风险的基础上作出自主决定，实现契约正义。”我国第一次在司法层面上规定了金融机构应承担适当性义务。

2018 年 4 月 27 日，中国人民银行、银保监会等部委联合发布《资管新规》，其中第 6 条规定：“金融机构发行和销售资产管理产品，应当坚持‘了解产品’和‘了解客户’的经营理念，加强投资者适当性管理，向投资者销售与其风险识别能力和风险承担能力相适应的资产管理产品。禁止欺诈或者误导投资者购买与其风险承担能力不匹配的资产管理产品。金融机构不得通过拆分资产管理产品的方式，向风险识别能力和风险承担能力低于产品风险等级的投资者销售资产管理产品。金融机构应当加强投资者教育，不断提高投资者的金融知识水平和风险意识，向投资者传递‘卖者尽责、买者自负’的理念，打破刚性兑付。”

---

① 最高人民法院民事审判第二庭编著：《〈全国法院民商事审判工作会议纪要〉理解与适用》，人民法院出版社 2019 年版，第 410 页。

2019 年 11 月 8 日，为了依法保护金融消费者的合法权益，规范卖方机构的经营行为，推动形成公开、公平、公正的市场环境和市场秩序，最高人民法院发布了《九民纪要》，第 72 条至第 78 条全面梳理了适当性义务的概念、法律适用规则、责任主体、举证责任分配、损失的审判规则，为各级法院审理适当性义务相关案件，提供了详尽的裁判指引。

2019 年 12 月 28 日，修订的《证券法》第 88 条规定："证券公司向投资者销售证券、提供服务时，应当按照规定充分了解投资者的基本情况、财产状况、金融资产状况、投资知识和经验、专业能力等相关信息；如实说明证券、服务的重要内容，充分揭示投资风险；销售、提供与投资者上述状况相匹配的证券、服务。投资者在购买证券或者接受服务时，应当按照证券公司明示的要求提供前款所列真实信息。拒绝提供或者未按照要求提供信息的，证券公司应当告知其后果，并按照规定拒绝向其销售证券、提供服务。证券公司违反第一款规定导致投资者损失的，应当承担相应的赔偿责任。"至此，修订的《证券法》第一次将证券公司违反适当性义务承担民事赔偿责任上升到法律层面，明确投资者有权对违反适当性义务的行为提起民事诉讼，进一步加大了对投资者的保护力度。

三、适当性义务的特征

（一）适当性义务的责任主体

《九民纪要》第 74 条规定："金融产品发行人、销售者未尽适当性义务，导致金融消费者在购买金融产品过程中遭受损失的，金融消费者既可以请求金融产品的发行人承担赔偿责任，也可以请求金融产品的销售者承担赔偿责任，还可以根据《民法总则》第 167 条的规定，请求金融产品的发行人、销售者共同承担连带赔偿责任。发行人、销售者请求人民法院明确各自的责任份额的，人民法院可以在判决发行人、销售者对金融消费者承担连带赔偿责任的同时，明确发行人、销售者在实际承担了赔偿责任后，有权向责任方追偿其应当承担的赔偿份额。金融服务提供者未尽适当性义务，导致金融消费者在接受金融服务后参与高风险等级投资活动遭受损失的，金融消费者可以请求金融服务提供者承担赔偿责任。"

根据上述规定，承担适当性义务的主体为金融产品的发行人和销售者以及金融服务提供者。实践中，较为容易引起争议的问题是证券投资顾问以及托管银行是否承担适当性义务。

关于证券投资顾问是否承担适当性义务，最高人民法院在《〈全国法院民商事审判工作会议纪要〉理解与适用》中指出，“金融服务提供者特指为金融消费者参与融资融券、新三板、创业板、科创板、期货等投资活动提供服务的证券公司、期货公司，而不包括其他金融服务机构。依法理，提供投资咨询和顾问机构的金融服务机构，实际上对投资者不负有法律上的适当性义务，自然不构成违反适当性义务的民事责任主体。”① 但《证券投资顾问业务暂行规定》第15条规定：“证券投资顾问应当根据了解的客户情况，在评估客户风险承受能力和服务需求的基础上，向客户提供适当的投资建议服务。”《证券期货投资者适当性管理办法》第3条规定：“向投资者销售证券期货产品或者提供证券期货服务的机构（以下简称经营机构）应当遵守法律、行政法规、本办法及其他有关规定，在销售产品或提供服务的过程中，勤勉尽责，审慎履职，全面了解投资者情况，深入调查分析产品或者服务信息，科学有效评估，充分揭示风险，基于投资者的不同风险承受能力以及产品或者服务的不同风险等级因素，提出明确的适当性匹配意义，将适当的产品或者服务销售或者提供给适合的投资者，并对违法违规行为承担法律责任。”实践中，广州市天河区人民法院在（2019）粤0106民初12847号案中亦认为，“被告中方公司提供证券咨询服务的对象系高龄老人（68岁），原则上被告中方公司应更为谨慎地履行推荐、销售及提供适当服务产品的义务”。由此可见，虽然《〈全国法院民商事审判工作会议纪要〉理解与适用》排除了投资顾问机构对适当性义务的适用，但在监管和司法领域，对此依然存在争议。

实践中另一个比较有争议的问题是托管行是否承担适当性义务。从现行监管规定来看，托管行的职责主要在于安全保管受托财产以及对管理人的投资进行监督，并不负担适当性义务。银保监会2022年12月29日发布的《商业银行托管业务监督管理办法（征求意见稿）》第21条第1款第3项更是明确禁止托管行“代替产品管理人进行投资者适当性管理”。故从现行监管规定来看，托管行并不负担适当性义务。

（二）适当性义务的客体

根据《九民纪要》的规定，适当性义务的客体为金融消费者。关于何为金

① 最高人民法院民事审判第二庭编著：《〈全国法院民商事审判工作会议纪要〉理解与适用》，人民法院出版社2019年版，第410页。

融消费者，在监管层面，《中国人民银行金融消费者权益保护实施办法》第2条第3款规定："本办法所称金融消费者是指购买、使用银行、支付机构提供的金融产品或者服务的自然人。"依据该规定，金融消费者仅包括自然人，并不包括法人及其他组织。

但是在司法层面，《九民纪要》并未明确规定金融消费者仅为"自然人"，故在适当性义务相关案件中，适当性义务的客体是否仅为自然人，不包含法人及其他组织，可能会面临一定争议。从现有司法案例来看，法院更倾向于认为，金融消费者仅为自然人，而不包含法人及其他组织。例如，在（2021）沪0109民初8308号案中，上海市虹口区人民法院认为，"金融消费者是指购买、使用金融机构提供的金融产品和服务的自然人"。在（2020）京0102民初8101号案中，北京市西城区人民法院亦持有相同观点。

（三）适当性义务的内容

根据《九民纪要》第72条①规定，适当性义务的内容主要是指卖方机构在向金融消费者推介高风险等级金融产品以及提供高风险等级服务中需要了解客户、了解产品、将适当的产品（或者服务）销售（或者提供）给适合的金融消费者。卖方机构承担适当性义务的目的在于，确保金融消费者能够充分了解相关金融产品、投资活动的性质。值得注意的是，此处"高风险"并非金融学意义上的高风险，根据《〈全国法院民商事审判工作会议纪要〉理解与适用》一书的观点，高风险指"可能遭受本金损失"。

（四）适当性义务相关举证责任

根据《九民纪要》第75条②规定，适当性义务相关案件实行举证责任倒

---

① 《九民纪要》第72条规定："适当性义务是指卖方机构在向金融消费者推介、销售银行理财产品、保险投资产品、信托理财产品、券商集合理财计划、杠杆基金份额、期权及其他场外衍生品等高风险等级金融产品，以及为金融消费者参与融资融券、新三板、创业板、科创板、期货等高风险等级投资活动提供服务的过程中，必须履行的了解客户、了解产品、将适当的产品（或者服务）销售（或者提供）给适合的金融消费者等义务。卖方机构承担适当性义务的目的是为了确保金融消费者能够在充分了解相关金融产品、投资活动的性质及风险的基础上作出自主决定，并承受由此产生的收益和风险。在推介、销售高风险等级金融产品和提供高风险等级金融服务领域，适当性义务的履行是'卖者尽责'的主要内容，也是'买者自负'的前提和基础。"

② 《九民纪要》第75条规定："在案件审理过程中，金融消费者应当对购买产品（或者接受服务）、遭受的损失等事实承担举证责任。卖方机构对其是否履行了适当性义务承担举证责任。卖方机构不能提供其已经建立了金融产品（或者服务）的风险评估及相应管理制度、对金融消费者的风险认知、风险偏好和风险承受能力进行了测试、向金融消费者告知产品（或者服务）的收益和主要风险因素等相关证据的，应当承担举证不能的法律后果。"

置，即金融机构需证明其充分履行投资者适当性义务，而金融消费者仅需对购买的产品、遭受的损失等承担举证责任。举证责任倒置的原因在于，金融交易具有一定的复杂性和专业性，而金融消费者因自身获取证据能力不足，证明金融机构违反适当性义务的事实方面往往面临很大的困难，故要求金融机构来证明自身履行了适当性义务，不存在过错。

（五）适当性义务的损失金额

根据《九民纪要》第77条[①]规定，金融机构违反适当性义务需赔偿金融消费者的实际损失，实际损失为金融消费者损失的本金和利息，其中利息按照中国人民银行发布的同期同类存款基准利率计算。如果金融机构还构成欺诈，则对金融机构应课以更重的赔偿责任，即利息可以按照相关合同、广告宣传资料记载的预期收益率、业绩比较基准进行计算，如果相关材料未载明前述标准，则利息按照全国银行间同业拆借中心公布的贷款市场报价利率计算。值得注意的是，即使金融机构构成欺诈，因金融消费不属于《消费者权益保护法》的调整范围，不适用三倍罚则的规定。

（六）适当性义务相关免/减责事由

根据《九民纪要》第78条[②]规定，金融机构违反适当性义务的免责事由有两类。第一类：因消费者自身的过错导致购买的产品或者接受的服务不适当。例如，消费者提供虚假信息、拒绝听取金融机构的建议。在这种情形之下，因

---

① 《九民纪要》第77条规定："卖方机构未尽适当性义务导致金融消费者损失的，应当赔偿金融消费者所受的实际损失。实际损失为损失的本金和利息，利息按照中国人民银行发布的同期同类存款基准利率计算。金融消费者因购买高风险等级金融产品或者为参与高风险投资活动接受服务，以卖方机构存在欺诈行为为由，主张卖方机构应当根据《消费者权益保护法》第55条的规定承担惩罚性赔偿责任的，人民法院不予支持。卖方机构的行为构成欺诈的，对金融消费者提出赔偿其支付金钱总额的利息损失请求，应当注意区分不同情况进行处理：（1）金融产品的合同文本中载明了预期收益率、业绩比较基准或者类似约定的，可以将其作为计算利息损失的标准；（2）合同文本以浮动区间的方式对预期收益率或者业绩比较基准等进行约定，金融消费者请求按照约定的上限作为利息损失计算标准的，人民法院依法予以支持；（3）合同文本虽然没有关于预期收益率、业绩比较基准或者类似约定，但金融消费者能够提供证据证明产品发行的广告宣传资料中载明了预期收益率、业绩比较基准或者类似表述的，应当将宣传资料作为合同文本的组成部分；（4）合同文本及广告宣传资料中未载明预期收益率、业绩比较基准或者类似表述的，按照全国银行间同业拆借中心公布的贷款市场报价利率计算。"

② 《九民纪要》第78条规定："因金融消费者故意提供虚假信息、拒绝听取卖方机构的建议等自身原因导致其购买产品或者接受服务不适当，卖方机构请求免除相应责任的，人民法院依法予以支持，但金融消费者能够证明该虚假信息的出具系卖方机构误导的除外。卖方机构能够举证证明根据金融消费者的既往投资经验、受教育程度等事实，适当性义务的违反并未影响金融消费者作出自主决定的，对其关于应当由金融消费者自负投资风险的抗辩理由，人民法院依法予以支持。"

消费者自身存在过错，金融机构的责任应当减轻甚至免除。第二类：基于消费者自身的背景，其足以独立作出自主决定。例如，金融消费者过往买过同样的产品、金融消费者系专业投资者对该类产品风险非常熟悉等。在这种情形之下，虽然金融机构违反适当性义务，但并未影响消费者作出决定，金融机构不用承担责任。

第二节　适当性义务的内涵

一、了解客户义务

了解客户主要指金融机构应对客户进行风险测评，通过了解其个人信息、投资经历、财产状况、风险承受能力等情况，将其识别为普通投资者或者合格投资者。

实践中存在的问题主要包括：风险测评表设计不合理，未对投资者流动性状况、信用状况、投资状况、风险承受能力进行全面测评，不能真实反映投资者风险承受能力；风险测评流于形式，甚至未实际进行测评，由投资者在空白的风险测评表上签字，其他内容由业务人员自行代为填写；在委托合作机构销售时，对合作机构是否进行转委托销售审核不严，对合作机构如何进行风险测评、风险提示监管不到位，甚至在诉讼过程中无法举证证明进行过风险测评与提示。

例如，在（2021）京 74 民终 482 号案中，金融机构在基金成立后才对投资者进行风险测评，北京金融法院认为："本案中，虽然在中融鼎新公司募集基金产品时，尚无法律或者相关政策明确规定适当性义务的履行时点，但是本院认为，中融鼎新公司至迟亦应当在'白羊 1 号'基金产品正式成立之前向投资者充分告知投资风险并完成投资者风险承受能力评估，否则基金财产按照计划转入托管账户进行投资后，再发现不符合合格投资者要求的情况，相应资金即存在难以全部退出的风险。本案基金产品成立于 2015 年 4 月 3 日，同日中融鼎新公司从基金募集清算账户向托管账户划款 2.04 亿元，中信建投证券向中科招商定增预交款项缴款账户划款 2.007 亿元。而根据本院认定的事实，中融鼎新公司于2015年4月15日才对董某远进行风险承受能力评估并确定其属于高风险承受能力投资者，明显晚于基金成立的时间。虽然经过评估，董某远在评估时点符合案涉基金产品的合格投资者要求，但是中融鼎新公司未及时进行投资者适当性评估的过失无法通过事后补充提供来弥补，其销售产品过程中的不当行为难以嗣后治愈。即使投资者后续评估符合要求，或者充分认识风险并同意继续申购，都无法抵消中融鼎新公司未及时履行自身义务的过错。一审法院仅考察了进行风险承受能力评估时投资者是否已签署《基金合同》并知晓相应风险，并认为投资者可以拒绝签署合同而退出认购，但未考虑此时《基金合同》已经成立且基金产品已经开始运作的实际情况，有失片面，本院予以纠正。”

再如，在（2019）京03民终10501号案中，投资者的风险等级系金融机构工作人员手动填写，北京市第三中级人民法院认为：“根据《商业银行个人理财业务管理暂行办法》《商业银行理财业务监督管理办法》等文件的规定，银行在推介理财产品时应履行风险提示和评估义务。本案中，崔某峰对交通银行对其进行了风险评估并不认可。交通银行亦未提交风险评估报告的原件予以证明，且在其提交的业务申请表中，其‘风险等级激进型’的字样为交通银行工作人员添加，而崔某峰本人签字在上方，不能证明其对评估结果的认可。”

二、了解产品义务

了解产品义务要求金融机构应当充分了解其所推荐的金融产品或服务的特性、交易结构和风险等，不能推荐自己不了解、不熟悉的产品。有的金融机构在推介材料中介绍资管产品投资结构时，机械引用第三方机构对被投企业的预测分析，并声明对相关数据的真实性、准确性、完整性不做保证，由此引发投资者认为销售机构不了解产品甚至存在销售误导的纠纷。

例如，在（2020）粤03民终26388号案中，推介人员在不知情基金是否存在杠杆的情况下推介产品，广东省深圳市中级人民法院认为：“《证券期货投资者适当性管理办法》第15条规定，经营机构应当了解所销售产品或者所提供服务的信息，根据风险特征和程度，对销售的产品或提供的服务划分风险等级。第17条规定，产品或服务存在下列因素的，应当审慎评估其风险等级，其中一项为：存在本金损失的可能性，因杠杆交易等因素导致本金大部分或者全部损失的产品或服务。由此可见，金融产品是否存在杠杆是影响产品风险的重要因素，而从徐某芬提交的案涉基金发生亏损后，其与凯恩斯公司基金推介人员雷某媚的微信聊天记录的内容来看，对于案涉基金存在杠杆，雷某媚称其也不知道。雷某媚作为案涉基金的具体推介人员，其向徐某芬推介产品的行为系职务行为，由此证实凯恩斯公司并未尽到了解产品的义务。然而，案涉基金是否存在杠杆，是基金产品的重要内容，对风险和收益都有非常大的影响，凯恩斯公司推介人员在不知道的情况下推介该产品，严重误导了投资者对案涉基金的判断和决策。”

再如，在（2019）粤01民终6278号案中，银行代销未经批准代销的第三方理财产品，并未能发现该产品宣传资金由该银行监管，广东省广州市中级人民法院认为：“根据广东银监局的核查，清科凯盛基金不属于建行总行批准代销的第三方理财产品，上诉人建行越秀支行存在对员工行为和营业场所管理不到位，以及对被上诉人清科公司筹措资金过程中缺乏跟踪监督，未能及时发现被基金机构宣传资料冠以‘该资金监管账户的监管机构’，在发现他人利用建行名义对外宣传营销时未果断制止，未采取相关法律措施，上诉人建行越秀支行的失职行为对被上诉人陈某芬造成的损失负有间接责任。”

三、风险匹配义务

风险匹配义务要求金融机构根据客户的风险承受能力向其推荐相应风险等级的产品或服务。有的金融机构在投资者与其投资产品风险等级不匹配甚至未进行风险测评的情况下，仅凭投资者签署的自担风险的承诺，即将高风险资管产品销售给投资者；或者向投资者提供有关风险测评问题的答案，引导投资者作出高风险承受能力的回答，甚至在投资者风险测评不合格时，私自涂改投资者风险测评问卷答案。投资者提出金融机构违反适当性义务的，应由金融机构承担相应的举证责任。

例如，在（2018）京01民终8761号案中，基金的风险评估结果与招募说明书的内容不符，并且缺乏客观性，北京市第一中级人民法院认为：“本案中，建行恩济支行对王某进行风险评估，是其了解王某实际情况、投资态度以及对承受风险能力的有效途径，而风险评估结论的得出显然依赖于王某对评估问卷的回答，王某在评估问卷中明确表明了其投资态度是保守投资，不希望本金损失，其投资目的为资产稳健增长，并且在本金出现10%以内的损失时会出现明显焦虑，故建行恩济支行对王某的上述投资风格及风险承受能力应为明知。根据基金招募说明书显示，建行恩济支行向王某推介的涉诉基金为股票型基金，属证券投资基金中较高风险、较高收益品种，该基金类型明显与王某风险评估问卷的回答及评估结果不符。建行恩济支行虽主张海通证券对涉诉基金的风险等级评估确定为中风险，但基金管理人、托管人及代销机构等对基金的风险评级因存在一定程度的利害关系而缺乏客观性，并且评估结果与招募说明书中载明的内容不符，故建行恩济支行该项主张本院不予采信。建行恩济支行在明知王某的投资目的、投资态度等风险偏好的情况下，推介其购买不适宜投资的较高风险的股票型基金，存在重大过错。”

四、告知说明义务

告知说明义务指金融机构在推销资管产品时，应该充分说明与产品有关的风险及合同主要内容，以便投资者对产品有足够的认识从而作出投资决定，属于金融机构在销售阶段的信息披露义务。实践中，金融机构应当在销售过程中完整披露资管产品投资对象的财务状况，避免在推介材料中选择性披露被投企业财务数据，隐瞒被投企业经营状况、对外负债以及担保等重要情况，夸大盈利数据，美化收益预测。

关于具体告知说明的内容，部分监管机关已经出台相关规则，可作为参考。例如，《证券期货投资者适当性管理办法》第 23 条规定：“经营机构向普通投资者销售产品或者提供服务前，应当告知下列信息：（一）可能直接导致本金亏损的事项；（二）可能直接导致超过原始本金损失的事项；（三）因经营机构的业务或者财产状况变化，可能导致本金或者原始本金亏损的事项；（四）因经营机构的业务或者财产状况变化，影响客户判断的重要事由；（五）限制销售对象权利行使期限或者可解除合同期限等全部限制内容；（六）本办法第二十九条规定的适当性匹配意见。”

关于告知说明义务履行的判断标准，根据《九民纪要》第 76 条应采用主客观相结合的判断标准，即以一般人能够理解的客观标准为主+以特定金融消费者能够理解的特别标准为辅。一般而言，金融消费者对在购买金融产品时对卖方机构的信赖程度，与自身的专业能力和风险承受能力成反比。实践中，针对一般投资者，有法院认为，纸质文件上的风险提示不足以证明金融机构履行了告知说明义务，金融机构应当向投资者进行特别说明。① 但如投资者系专业投资

① 参见广东省深圳市中级人民法院（2020）粤 03 民终 26388 号案。

者且购买过类似的产品，有法院认为，相关合同及风险揭示书披露了相关风险足以说明金融机构履行了告知说明义务。①

例如，在（2020）沪 74 民终 461 号案中，金融机构未向投资者充分告知项目公司不能上市以及投资者退出等风险，上海金融法院认为："就告知说明义务的履行而言，《资管合同》中虽有投资收益风险提示，但对于项目公司不能上市的风险以及投资退出等风险并未充分告知投资者。且正如一审法院所述，华设资管上海公司员工给常某人的邮件中虽然提示了项目的未来具有不确定性等风险，但同时又通过项目背景、市场前景等介绍，客观淡化了项目介绍中的风险描述，一审法院据此认定华设资管上海公司在告知说明义务的履行方面存在瑕疵并无不当。常某人在资管计划到期前以及到期后多次联系华设资管上海公司，要求按期退出等事实，能够反映常某人对于投资期限非常关注，并影响其投资决策，而案涉基金存在不能按期退出的巨大风险，华设资管上海公司在未充分了解常某人风险偏好的情况下向其推荐该产品，违反了投资者适当性义务。"

再如，在（2020）粤 03 民终 26388 号案中，除合同文本之外，金融机构未向投资者特别说明本金和收益可能发生的最大损害的风险，广东省深圳市中级人民法院认为："风险告知说明义务是适当性义务的核心，是金融消费者能够真正了解产品的投资风险和收益的关键。由于普通的金融消费者与基金的销售方在金融专业知识方面的悬殊以及信息的不对称，告知说明义务不仅限于基金合同的风险提示条款等格式内容，还应以投资者能够理解的方式向投资者告知产品的运作方式以及可能产生的最大风险。本案中，凯恩斯主张案涉基金合同中有关于杠杆、投资风险等的告知，除此之外，凯恩斯公司未提交任何证据证明其向徐某芬推介案涉基金时将投资本金和收益可能发生的最大损失风险向其作出了特别说明，故其并未尽到风险告知义务。"

---

① 参见上海金融法院（2021）沪 74 民终 1012 号案。

第三节　适当性义务领域中的前沿争议问题

一、销售人员或机构不具有从业资格是否违反适当性义务

关于销售人员不具有从业资质是否违反适当性义务，部分法院认为销售人员是否具有从业资格跟金融机构是否履行适当性义务并无关联。例如，在（2020）京0105民初13632号案中，北京市朝阳区人民法院认为："镶宜公司是否具备基金销售业务资格与其是否向孙某芬说明了投资风险、进行了风险评估没有关联性。"

但部分法院认为，销售人员是否具有从业资格是履行适当性义务的考量因素之一。例如，在（2019）粤01民终21112号案中，广东省广州市中级人民法院认为："犇鑫公司在五号基金的募集和运营过程中未尽到投资者适当性管理义务，存在风险评估不规范、未向谢某披露基金相关信息、使用无资质人员参与募集等多项违约违规行为，应承担相应的赔偿责任。犇鑫公司使用无资质人员参与募集，且未对投资者谢某的风险识别能力和风险承担能力进行评估即接受谢某认购中高风险等级的投资品种，存在明显过错。"

二、投资者过往的投资经历能否免除或减轻金融机构的适当性义务

关于投资者的过往投资经历能否免除或者减轻金融机构的适当性义务，部分法院认为，投资者过往的投资经历并非减轻适当性义务的因素。例如，在（2021）豫民申7914号案中，河南省高级人民法院认为："适当性义务的履行既是'卖者尽责'的主要内容，也是'买者自负'的前提和基础。舒某华是否有过投资理财经验、是否具有一定的投资认知水平等，并不是法定减轻或免除中行濮阳分行适当性义务的因素，原审判决并未加重中行濮阳分行的适当性义务。"

但部分法院认为，投资者过往的投资经历可以减轻甚至免除金融机构的适当性义务。例如，在（2018）最高法民申5679号案中，最高人民法院认为："根据查明的事实，卢某明、肖某芬及王某珍、李某洪作为投资者的情况并不相

同。卢某明系上市公司的主要股东，有过购买银行理财产品的投资经历，了解购买通常的银行理财产品的操作流程和风险评估程序，并在2013年间曾办理过与案涉纠纷相同的业务，而王某珍、李某洪的既往投资经验、受教育程度等事实原审并未查证，且王某珍、李某洪未办理过与案涉纠纷相同的业务，再审合并审理时，应结合具体情况分别确定银行金融机构履行适当性义务的标准。”

三、金融机构未进行冷静期投资回访是否承担赔偿责任

关于金融机构未进行冷静期投资回访是否需要承担赔偿责任，部分法院认为，金融机构未进行冷静期投资回访，仅属于适当性义务的履行瑕疵，不影响投资者自主决策，金融机构不承担赔偿责任。例如，在（2020）豫0191民初11012号案中，河南省郑州高新技术开发区人民法院认为：“《私募投资基金募集行为管理办法》第30条规定，募集机构应在投资冷静期满后，指令本机构从事基金销售推介业务以外的人员以录音电话、电邮、信函等适当方式对原告进行投资回访，……回答应当包括但不限于以下内容：（一）确认受访人是否为投资者本人或机构；（二）确认投资者是否为自己购买了该基金产品以及投资者是否按照要求亲笔签名或盖章；（三）确认投资者是否已经阅读并理解基金合同和风险揭示的内容；（四）确认投资者的风险识别能力及风险承担能力是否与所投资的私募基金产品相匹配；（五）确认投资者是否知悉投资者承担的主要费用及费率，投资者的重要权利、私募基金信息披露的内容、方式及频率；（六）确认投资者是否知悉未来可能承担投资损失；（七）确认投资者是否知悉投资冷静期的起算时间、期间以及享有的权利；（八）确认投资者是否知悉纠纷解决安排。被告未提交证据证明其已进行投资回访，系被告在履行适当性义务时的瑕疵，但该瑕疵并不能影响原告作为成熟投资者在投资时作出的自主决定。本院认为，投资行为的风险和收益本身就是并存的，在同种情形下，在取得收益时，将收益归己所有，在发生损失时，要求他人赔偿损失，也违背了民法中的公平以及诚实信用原则。”

部分法院认为，金融机构未进行冷静期投资回访，属于违反适当性义务的情形，金融机构应承担赔偿责任。例如，在（2022）鲁民终404号案中，山东省高级人民法院认为：“卷宗证据表明，恒信公司在涉案基金销售过程中，没有恰当地履行风险识别能力和风险承担能力评估、风险揭示、冷静期投资回访等适当性义务，导致李某良购买涉案基金产品而遭受损失，一审法院判决恒信公

司承担相应的赔偿责任并无不当。”

四、产品未经清算是否影响适当性义务责任

关于产品未经清算是否影响金融机构承担违反适当性义务的赔偿责任，部分法院认为，产品未清算，不影响确定金融机构违反适当性义务而产生的赔偿责任，例如在（2020）粤03民终27204案中，广东省深圳市中级人民法院认为：“而在久久益资产、招财猫资产违反适当性义务应承担相应赔偿责任的情况下，涉案基金是否完成清算和分配，并不影响本案的实体处理。需要说明的是，无论是久久益资产还是招财猫资产，在承担赔偿责任后，承担责任方可按照承担责任的比例主张享有涉案基金中李某名下的相应权益。”

部分法院认为，产品未清算，因违反适当性义务造成的损失无法确定。例如，在（2020）晋02民终1723号案中，山西省大同市中级人民法院认为：“本案中，被上诉人在诉讼中提交的相关证据不能证明其履行了适当性义务，应当承担举证不能的法律后果，应认定为被上诉人未履行适当性义务，故依据《合同法》第42条的相关规定，被上诉人应承担因其未履行适当性义务而给上诉人造成的相应损失。但是，由于被上诉人已对债务人进行了追偿，且该案并未实际执行完毕，导致该集合理财产品无法最终清算，因而上诉人的损失现仍无法确定，上诉人可在该集合理财产品清算完毕，其损失最终确定后，另行提起诉讼要求被上诉人依法承担赔偿责任。”

五、过失相抵原则是否适用于适当性义务纠纷案件

关于过失相抵原则是否适用于适当性义务纠纷案件，部分法院认为，过失相抵原则不应适用于金融机构违反适当性义务纠纷的案件。例如，在（2016）苏01民终1563号案中，江苏省南京市中级人民法院认为：“本案中，林某系一名普通中年妇女，数年来在某行下关支行处一直购买的是保本型理财产品，作为缺乏专业知识的金融消费者其并不当然知晓案涉基金产品是否最合乎自己的需求。但某行下关支行在推介案涉基金产品时未能根据案涉基金产品的风险和林某的实际状况履行适当的告知说明义务，未能确保林某在充分了解投资标的及其风险的基础上自主决定，具有重大过错。相比较而言，林某疏于依照自身状况进行合理投资的过失较为轻微。因此，为强化专业金融机构履行保护金融消费者权益的责任，提升金融消费者信心，维护国家的金融安全和稳定，本院

对林某关于本案不适用过失相抵的上诉请求予以支持，对一审判决认定的责任比例予以纠正，依法认定由某行下关支行对林某的实际损失承担全部赔偿责任。”

但部分法院认为，在确定金融机构违反适当性义务的赔偿范围时，应考虑投资者的过错。例如，在（2019）京02民终5844号案中，北京市第二中级人民法院认为：“鉴于其此前亦有过投资理财经验，作为有一定投资认知水平的完全民事行为能力人，王某兰更应当知晓签字确认行为之效力。而结合上述因素，考虑到投资发生亏损的直接原因是金融市场的正常变化和波动所致，并非工商银行龙潭支行的代理行为导致，故本院认定王某兰亦应对自己投资之损失承担一定的责任。综合考虑双方当事人陈述及本案现有证据，本院认为工商银行龙潭支行在销售案涉产品过程中存在侵害王某兰财产权益之行为，故酌情确定其对王某兰所主张的本金之损失承担约30%的赔偿责任，即工商银行龙潭支行应赔偿王某兰主张的财产损失中的本金7万元。”

六、金融消费者主动购买风险等级高于其承受能力的产品，金融机构是否违反适当性义务

《证券期货投资者适当性管理办法》第19条规定：“经营机构告知投资者不适合购买相关产品或者接受相关服务后，投资者主动要求购买风险等级高于其风险承受能力的产品或者接受相关服务的，经营机构在确认其不属于风险承受能力最低类别的投资者后，应当就产品或者服务风险高于其承受能力进行特别的书面风险警示，投资者仍坚持购买的，可以向其销售相关产品或者提供相关服务。”第22条规定：“禁止经营机构进行下列销售产品或者提供服务的活动：……（三）向普通投资者主动推介风险等级高于其风险承受能力的产品或者服务……”

证监会新闻发言人在《证券期货投资者适当性管理办法》正式实施答问中表示：“如果投资者主动要求购买风险等级高于其风险承受能力的产品，经过特别的风险警示程序后，经营机构仍然可以向其销售产品，投资者买卖股票的权利不受影响，可见《办法》并未限制投资者交易自由，而是让合适的投资者购买适当的产品。”①

---

① 《证监会新闻发言人就〈证券期货投资者适当性管理办法〉正式实施答问》，载中国政府网2017年6月28日，http：//www.gov.cn/xinwen/2017-06/28/content_5206543.htm。

《证券公司代销金融产品管理规定》第 12 条第 2 款规定：“证券公司认为客户购买金融产品不适当或者无法判断适当性的，不得向其推介；客户主动要求购买的，证券公司应当将判断结论书面告知客户，提示其审慎决策，并由客户签字确认。”

根据上述规定，关于证券期货类产品及服务，可以得出以下结论：第一，证券期货类金融机构不得主动向金融消费者推介风险等级高于其风险承受能力的产品；第二，风险承受能力最低类别的金融消费者不能购买风险等级高于其风险承受能力的产品；第三，其他类别的金融消费者可以购买风险等级高于其风险承受能力的产品，但是金融机构需要进行特别的书面风险警示。

故，如证券期货类金融消费者并非处在风险承受能力最低类别，其主动购买风险等级高于其风险承受能力的产品，金融机构在进行书面风险警示后，其仍坚持购买，金融机构并不违反适当性义务。

司法实践中，亦有案例支持上述观点，例如在（2022）京 01 民终 7051 号案中，北京市第一中级人民法院认为：“其在签署的《资产管理计划交易类业务申请表》和《个人投资者风险属性评估问卷》中，均有产品风险等级超出其风险承受能力时仍然购买该产品的意思表示，在‘如果您所购买产品的风险等级超出您的评测结果，您是否同意继续购买’的提问中选择‘是’，亦有李某梅手持身份证和基金合同并口述合同相关内容的视频，故一审法院结合在案其他证据认定钱景公司已尽适当性义务，向李某梅推介产品并非向不特定对象推介私募基金，已尽到提示告知及了解产品的义务等并无不当。”在（2017）苏民申 765 号案中，江苏省高级人民法院认为：“沈某锡购买涉案基金时，其风险承受能力评估结果虽已超过有效期，但建行桃花坞支行在《证券买入委托单》上明确载明：‘您尚未进行风险承受能力评估，该基金风险等级可能高于您的承受能力范围，如您仍需交易请签字’，沈某锡签字确认购买基金，故建行桃花坞支行作为基金代销机构已经向沈某锡就其风险承受能力评估及基金风险等级作出提示，一审、二审法院认定建行桃花坞支行已经尽到合理的风险提示和告知义务，并无不当。”

值得注意的是，除上述规定之外，尚无其他现行有效的监管规定，允许投资者购买风险等级高于其自身风险承受能力的产品。

2005 年原银监会发布的《商业银行个人理财业务风险管理指引》（已失效）第 23 条规定：“对于市场风险较大的投资产品，特别是与衍生交易相关的投资产品，商业银行不应主动向无相关交易经验或经评估不适宜购买该产品的客户推介或销售该产品。客户主动要求了解或购买有关产品时，商业银行应向客户当面说明有关产品的投资风险和风险管理的基本知识，并以书面形式确认是客户主动要求了解和购买产品。”但2018年银保监会出台《商业银行理财业务监督管理办法》，将前述规定删除，并在第29条第1款明确规定：“商业银行只能向投资者销售风险等级等于或低于其风险承受能力等级的理财产品，并在销售文件中明确提示产品适合销售的投资者范围，在销售系统中设置销售限制措施。”

故，在实践中，对于除证券期货类产品及服务之外的金融消费者，如其主动购买风险等级高于其风险承受能力的产品，金融机构是否违反适当性义务，将会存在一定争议。

第四节 金融机构履行适当性义务的建议

一、金融机构应充分履行适当性义务

关于了解客户义务，笔者建议金融机构应当完善客户信息和风险评估。包括身份信息、联系信息、交易信息、财务状况、教育程度、投资经验、投资目标、风险偏好等方面，帮助客户判断其是否具备相应的风险认知与承受能力。在推介理财产品前对客户风险承受能力作评估，不向客户主动推介超出其风险承受能力的理财产品；风险承受能力评估应由客户自行完成，从保存证据角度考虑，强烈建议评估问卷以纸质版完成并让客户签字并由银行留存，不建议仅通过网银系统在线完成。

关于了解产品义务，笔者建议金融机构统一产品准入、销售、管理标准，制定自营产品、代销产品审核标准、销售流程与售后管理要求，对代销产品合作机构采取白名单管理，确定代销产品风险级别时，应充分考虑产品流动性、到期时限、杠杆情况、结构复杂性、投资单位产品最低金额、募集方式等因素，综合判定产品的风险等级。

关于风险匹配义务，笔者建议金融机构推介理财产品要与客户风险承受能

力相匹配，符合其投资期限、投资品种等要求，对于不符合准入要求的，不得推介和销售产品。

关于告知说明义务，笔者建议金融机构推介和销售产品，应完整揭示风险事项，包括但不限于产品信息、重点特征、风险状况、产品费用等方面；风险揭示过程和客户确认反馈应进行录音录像；通过电子渠道购买产品，风险揭示内容应纳入电子签约前的风险提示流程。产品推介过程中应注意充分提示产品风险及产品亏损时金融机构的责任；对于开放式理财产品，应提示客户赎回时间等重要信息。

二、金融机构应保留好相关证据

因金融机构需要对自身履行了适当性义务承担举证责任，故金融机构应留存好相关证据，具体而言：

关于了解客户义务，重要的证据：风险调查问卷（包含投资者基本信息、财务状况、投资目标、过往投资经历、可承受的损失等内容）、双录视频（记录投资者亲自填写风险测评问卷）；

关于了解产品义务，重要的证据：产品尽职调查报告、底层资产财产评估报告；

关于风险匹配义务，重要的证据：判断产品风险等级的依据、判断投资者风险承受能力等级的依据、判断产品风险等级与投资者风险承受能力相匹配的依据；

关于告知说明义务，重要的证据：风险提示文件、产品宣传资料、双录视频（记录销售人员就投资产品风险、投向、权利限制、交易结构等合同重要条款等事项向投资者进行详细介绍，投资者表示清楚知悉）、销售人员与客户的沟通往来记录；

其他重要的证据：电话回访录音或者视频回访记录。

第五章 名股实债中的热点问题

第一节 名股实债交易中名义股东权利的行使

名股实债并非严格的法律概念，也无统一的交易模式，是指投资人以受让股权、增资等方式为目标公司提供融资，以期到期收回本金并获得固定收益的交易模式。在司法实践中，法院对于名股实债性质的认定通常需结合当事人的交易目的、权利义务等因素进行综合判断。司法案例认为，如果投资人目的在于取得目标公司股权，且享有参与公司的经营管理权利的，应认定为股权投资，投资人是目标公司股东；反之，投资人目的并非取得目标股权，而仅是获取固定收益，且不参与公司经营管理的，应认定为债权投资，投资人是目标公司或有回购义务的股东的债权人。① 那么，投资人作为名义股东、实质上的债权人能否行使股东权利呢？

一、从某公司解散纠纷二审判决看名义股东权利问题

（一）案件信息

某信托公司就其投资的目标公司提起的公司解散纠纷

二审案号：（2021）京01民终10730号

二审法院：北京市第一中级人民法院

判决日期：2022年3月15日

（二）案情简介

2011年，案涉信托公司与目标公司股东签署股权转让协议，与目标公司及目标公司股东签署合作协议，约定由信托公司受让目标公司股权，并认缴注资

① 山东省高级人民法院（2020）鲁执复339号案。

2亿元，注资完成后目标公司注册资本由1000万元增加至2000万元。信托期满后，信托公司有权要求原股东以优先级信托资金+优先级预期收益+信托费用的价格回购目标公司股权。如原股东未能回购股权，信托公司享有向第三方出售项目公司股权、停止对原股东日常经营管理的授权、召开股东会并重新选举董事、作出降价出售项目房产等公司资产的股东会决议、解散清算目标公司等权利。信托公司亦根据监管协议向目标公司委派了监管人员，并共管目标公司公章、银行U盾等章照印鉴。

2017年，因融资期满后信托公司未顺利收回融资款，信托公司先后申请公证债权文书强制执行、提起股权转让纠纷之诉，要求原股东回购目标公司股权，信托公司的执行申请及诉讼请求受到法院支持，并已进入执行程序。

由于信托公司一直未从上述执行程序中获得回款，其要求更换目标公司管理团队也无法获得其他股东同意，其与目标公司股东意见存在分歧导致公司经营管理发生严重困难，于是，信托公司于2020年提起本案诉讼，诉请解散目标公司。本案一审判决驳回信托公司的诉讼请求，二审维持原判。

（三）裁判理由

法院认为，本案当事人关于权利义务的架构设计属于典型的股权让与担保，案涉信托公司仅系目标公司的名义股东，并不享有股东的实质性权利。虽然本案的特殊之处在于合作协议赋予了信托公司在未能收回股权回购款时享有解散、清算目标公司等权利，但是该等约定也仅是为信托公司的信托资金（即案涉融资款）不受减损的目的而订立的，因此，与股东应享有的各项权利有实质性区别，范围较小，行使条件也受到限制。

本案中，信托公司在信托期满时并未直接选择行使合作协议约定的解散目标公司等权利以收回信托资金，而是要求原股东回购股权，该诉求已经生效裁判文书认可并进入执行阶段，信托公司收回款项后亦应将其名下的目标公司股权返还给原股东。

因此，一审、二审法院均认为信托公司不享有目标公司股东的实质性权利，无权以股东身份要求解散目标公司。

（四）案例简评

在名股实债的交易中，投资人仅登记为公司名义股东，一般不享有实际股东权利。但是投资人与融资方选择名股实债的融资模式也是出于多方面的商业考虑。站在融资方的角度，目标公司可能通过名股实债的交易安排维持低负债率，同时，目标公司引入实力雄厚、风控管理完善的大机构作为名义股东能进一步获得交易对手的信赖。而从投资人的视角出发，除部分投资人为了规避放贷限制等监管政策以及严格的民间借贷利率上限而选择名股实债的融资模式外，有的投资人持有目标公司股权也是为了通过股权让与担保的形式保障融资款的清偿，有的投资人虽不主导目标公司经营但也作为名义股东通过共管公司印鉴、任命董事监事、在公司对外担保等交易中享有否决权等方式，来控制融资方的经营风险，保障其还款能力以及让与担保的股权价值稳定。正因如此，在名股实债交易中，投资人（即名义股东）能否享有并行使选举和被选举权、参与重大决策权、知情权、公司解散请求权等股东权利通常存在争议。反之，如交易文件约定了投资人享有部分股东权利，这是否会影响到名股实债关系的认定也常常是司法实践中争议较大的问题。

本案中，法院并未因交易文件约定了投资人向项目公司委派财务副总监及财务副经理、在到期未能收回融资款时可行使部分股东权利而否认案涉交易具有名股实债、股权让与担保的性质。同时，法院也没有因为认定投资人为名股实债交易中的名义股东而直接否认上述对投资人参与目标公司管理、行使股东权利约定的效力。但法院在裁判观点上仍然倾向于限制名义股东行使股东权利的范围和条件，法院认为在投资人已选择通过要求原股东回购股权的方式获得清偿时，即使投资人尚未获清偿、股权仍登记在其名下，也应视为其选择了要求原股东回购而非行使合同约定的股东权利的方式获得清偿，并认定其已放弃了合同约定的股东权利。

以下我们便从上述案例出发，就名股实债交易中股东权利行使的具体问题进行探讨。

二、投资人享有股东权利是否影响名股实债的认定？

投资人获得固定本息回报、不承担股权投资风险是认定名股实债的核心要素，但司法实践中，投资人未实际行使股东权利也作为法院认定名股实债性质的标准之一。[①] 反之，如果投资人享有、行使股东权利是否会影响名股实债的认定，这在实践中的裁判尺度不一。

部分案例认为投资人享有股东权利与名股实债的本质相悖，故因此否认当

---

① 沙洵、靳轶：《新三板股权投资交易中“名股实债”的认定标准及裁判思路》，载微信公众号“上海金融法院”，2021 年 6 月 18 日。

事人之间构成名股实债。例如，北京市东城区人民法院（2021）京 0101 民初 22576 号案认为，投资人指派董事及财务总监、共管公司章照册，目的是获得股权从而参与项目开发运营，未认定案涉交易构成名股实债。北京市第二中级人民法院（2021）京 02 民初 300 号案也持相同观点。

也有案例认为投资人享有股东权利不影响名股实债性质的认定。一方面，当事人约定投资人通过向目标公司融通资金获得相对股东的资金收益，这与一般意义上为获取具有或然性的长期股权收益而实施的入股行为不同。① 另一方面，投资人的股东权利是受限的，通常集中于对于目标公司资金的监管、重大风险控制等方面，不足以认定投资人全面参与公司经营、享有股东权利。②

根据我们的检索结果，多数案例持后一种观点，即投资人享有股东权利并不影响名股实债的认定。该裁判观点根据实践中当事人的诉讼请求和抗辩意见的不同一般会对当事人之间权利义务的认定产生以下影响：

其一，在股东资格确认纠纷中，法院通常不会仅因合同约定投资人享有限制性的股东权利就认定投资人具有股东资格。

其二，根据《民法典担保制度解释》第 69 条关于股权让与担保的名义股东不承担出资不实的法律责任之规定，债权人根据《公司法司法解释三》第 13 条③要求投资人在出资不实范围内对公司债务不能清偿的部分承担补充赔偿责任，一般不会获得支持。值得注意的是名股实债并不等同于股权让与担保，名股实债更侧重于融资交易中投资人的权利是债权而非股权属性，并未突出股权在其中的担保作用，就名股实债的投资人在无明确的情况下能否就其名下的股权享有优先受偿权这一问题，可能也会出现一定争议。④ 而《民法典担保制度解释》第 69 条规定："股东以将其股权转移至债权人名下的方式为债务履行提供担保，公司或者公司的债权人以股东未履行或者未全面履行出资义务、抽逃出资等为由，请求作为名义股东的债权人与股东承担连带责任的，人民法院不予支持。" 2020 年《公司法司法解释三》在《民法典》及其配套司法解释出台

---

① 最高人民法院（2019）最高法民终 1532 号案。

② 最高人民法院（2018）最高法民申 4165 号案；山东省青岛市中级人民法院（2022）鲁 02 民终 4547 号案。

③ 《公司法司法解释三》第 13 条第 2 款规定："公司债权人请求未履行或者未全面履行出资义务的股东在未出资本息范围内对公司债务不能清偿的部分承担补充赔偿责任的，人民法院应予支持；未履行或者未全面履行出资义务的股东已经承担上述责任，其他债权人提出相同请求的，人民法院不予支持。"

④ 郑小敏主编：《重塑金融规则：〈民法典〉对金融业务的影响及应对》，北京大学出版社 2021 年版，第 59 页。

的背景下进行修订时，并未修改第 27 条第 1 款关于“公司债权人以登记于公司登记机关的股东未履行出资义务为由，请求其对公司债务不能清偿的部分在未出资本息范围内承担补充赔偿责任，股东以其仅为名义股东而非实际出资人为由进行抗辩的，人民法院不予支持”的规定。那么，如果合同中没有关于股权让与担保或投资人可就其名下股权享有优先受偿权的明确约定，名股实债的投资人是否需要根据《公司法司法解释三》第 26 条第 1 款承担出资不实的法律责任呢？对此，我们认为，此时也应适用《民法典担保制度解释》第 69 条之规定，即投资人不承担责任，因为《公司法司法解释三》规定的名义股东就出资不实承担法律责任主要考虑的情形是名义股东存在协助抽逃出资、名义股东与实际出资人之间存在隐名投资协议或名义股东明知股东抽逃出资仍受让股权等情形，而《民法典担保制度解释》第 69 条考虑的是名义股东本身具有债权人的地位，并不具有出资义务。无论是否认定名股实债交易中包含股权让与担保的法律关系，名股实债中名义股东的实质法律地位是债权人这一点均与股权让与担保是相同的。[①] 并且，法院也一般倾向于认为名股实债交易中包含股权让与担保关系，并不着重审查合同中是否就担保的意思表示进行明示约定。[②]

其三，法院不会因为合同约定投资人享有部分股东权利而认定投资人不承担目标公司经营风险、到期获得固定本息回报的约定无效。对此，最高人民法院民事审判第二庭法官会议纪要也指出，在名股实债中，投资人在退出前享有股权，退出后享有债权，本质上属于股转债，并不违反股债不能并存的法理。因此不存在因矛盾条款而合同无效的问题。[③]

其四，在法院认定案涉交易构成名股实债的情况下，可能会进一步认定案涉交易属于“名为股权投资，实为民间借贷”，则需要适用《民间借贷司法解释》关于合同效力、利率上限等规定。

---

① 最高人民法院民事审判第二庭著：《最高人民法院民法典担保制度司法解释理解与适用》，人民法院出版社 2021 年版，第 571-576 页。

② 同上注。另参见北京市高级人民法院（2021）京民终 896 号案；北京市第一中级人民法院（2021）京 01 民终 10730 号案。

③ 贺小荣主编：《最高人民法院民事审判第二庭法官会议纪要：追寻裁判背后的法理》，人民法院出版社 2018 年版，第 68 页。该引注中所谓的因矛盾条款而无效的问题是指，如合同中的某一条款与合同整体内容相冲突，且此种冲突难以通过合同解释得以消除，该条款即为矛盾条款，应认定该条款无效。例如，委托理财合同中的保底收益条款就因其属于矛盾条款而无效。

三、投资人作为名义股东能否行使股东权利?

在认定股权让与担保的名义股东能否行使股东权利时，首先，要区分目标公司和其他股东是否知道股权让与担保的存在——如果目标公司不知道股权让与担保的存在，那么应当视为投资人取得了实际股东权利，所谓名股实债和股权让与担保的关系仅发生于投资人和实际股东之间，不能对抗公司。如果目标公司对股权让与担保明知且同意，或者公司是股权让与担保交易的当事人，那么即使投资人登记为名义股东，其股东权利也受到制约。[①] 在一般的名股实债交易中，目标公司通常也是融资的主体，有时也是签署交易文件的相对人，一般对于名股实债交易是明知且同意的。

其次，有观点认为应当区分股东的自益权和共益权。自益权，是指股东获得投资收益的权利，包括剩余财产分配请求权和红利分配请求权，是财产性权利。即使目标公司和其他股东知道名股实债的事实，也应当参考股权质押[②]的规定，赋予名义股东相应自益权。共益权是指股东参与公司经营管理的权利，主要表现为表决权和知情权。认定名义股东是否享有共益权则需要进一步考察当事人之间有无明确约定。[③]

最后，要区分当事人是否明确约定名义股东行使权利的范围，在当事人对股权行使范围有约定的场合，名义股东应依合同约定行使股权。在合同没有明确约定时，名义股东行使股权应受合同目的及股权让与担保信托属性的框架限制。[④]

（一）合同约定名义股东享有股东权利，该约定是否有无效风险?

虽然多数观点认为，在当事人明确约定名义股东享有股东权利并约定股权行使范围的场合，名义股东应依合同约定行使股权，[⑤] 但是仍有以下问题值得探讨——在名义股东和实际股东对于目标公司的重大事项存在分歧，且合同约

---

① 葛伟军:《股权让与担保的内外关系与权利界分》，载《财经法学》2020 年第 6 期；广东省深圳市福田区人民法院（2019）粤 0304 民初 48138 号案。

② 《民法典》第 430 条规定:“质权人有权收取质押财产的孳息，但是合同另有约定的除外。前款规定的孳息应当先充抵收取孳息的费用。”

③ 钱进、钱玉文:《股权让与担保的法律构成及效力建构》，载《河南财经政法大学学报》2022 年第 1 期。

④ 司伟、陈泫华:《股权让与担保效力及内外部关系辨析——兼议〈民法典担保制度解释〉第 68 条、第 69 条》，载《法律适用》2021 年第 4 期。

⑤ 同上注。

定的名义股东所享有的权利已经远远超越了其作为一般债权人、担保权人享有的权利范围时，应当如何处理？此时是否应当限制名义股东行使权利，合同关于名义股东享有股东权利约定的效力是否存在瑕疵？

支持应当限制名义股东权利的观点认为：名股实债中的名义股东实际上仅享有债权人、担保权人的地位，即使合同约定其享有股东权利，权利范围也应当是限制性的、以监管目标公司从而保障其投资安全为目的的。有时合同约定的名义股东所享有的权利已经远远超越了其作为一般债权人、担保权人享有的权利范围。例如，前述北京市第一中级人民法院（2021）京01民终10730号案中的当事人就约定了如原股东未能回购股权，名义股东享有向第三方出售项目公司股权、停止对原股东日常经营管理的授权、召开股东会并重新选举董事、作出降价出售项目房产等公司资产的股东会决议、解散清算目标公司等权利，这实际上已经使得名义股东取得了实际股东的地位，已背离了名股实债的交易，这类约定在法律效果上也类似于流质型股权让与担保。那么，这样的约定就可能被认定因为属于矛盾条款而无效，即合同的整体内容为名股实债的交易模式，而合同赋予名义股东的权利已使得其享有了实际股东的地位，与合同整体内容相冲突，且此种冲突难以通过合同解释得以消除，该约定属于矛盾条款，应当被认定为无效。① 此外，本案合同约定的名义股东在不能收回投资时所享有的股东权利允许名义股东在其债权不能获得清偿时任意处置股权、控制目标公司、处分目标公司的财产，甚至解散目标公司，名义股东已经实际享有了股权，在法律效果上类似于流质型股权让与担保，该等约定也可能因为违反禁止流质的规定而无效。② 本案中，法院虽然并未直接认定当事人对于名义股东在未能收回股权回购款时享有解散、清算目标公司等权利的约定无效，但首先该案强调了即使当事人约定名义股东享有股东权利，该等权利与股东应享有的各项权利也有实质性区别，范围较小，行使条件也受到限制；其次法院基于本案的特殊情形认定名义股东并未在信托期满时直接选择行使合作协议约定的解散目标公司等权利以收回信托资金，而是要求原股东回购股权，因此已不再符合行使解

---

① 贺小荣主编：《最高人民法院民事审判第二庭法官会议纪要：追寻裁判背后的法理》，人民法院出版社2018年版，第68页；最高人民法院民事审判第二庭编著：《〈全国法院民商事审判工作会议纪要〉理解与适用》，人民法院出版社2019年版，第248页。

② 关于禁止流质型让与担保，《民法典担保制度解释》第68条第2款规定："债务人或者第三人与债权人约定将财产形式上转移至债权人名下，债务人不履行到期债务，财产归债权人所有的，人民法院应当认定该约定无效，但是不影响当事人有关提供担保的意思表示的效力……"

散公司权利的条件。该判决也体现了法院认为即使合同明确约定了名义股东享有股东权利，但若约定的权利范围远远超越了其作为一般债权人、担保权人应当享有的权利时，应当加以限制的观点。

支持应当尊重当事人对名义股东权利作出约定之效力的观点认为：当事人选择名股实债的交易模式而非法定的“借款合同+股权质押”的交易模式就是以牺牲法律效力上的确定性为代价来换取交易上的灵活性，满足交易双方的多样化需求。从另一个角度上讲，虽然我们将一类交易简单地概括为名股实债，但在很多名股实债交易中，股、债投资的区分是模棱两可的，股权转让既是投资担保的手段，其本身也可能就是投资的重要目的之一。因此，在司法实践中，没有必要见到名股实债类交易就将其内容拆分为债权投资+股权让与担保，并削足适履地参照典型合同的相关规定作出判决，从而认定当事人在交易中约定的、与典型合同相应规范不一致的部分无效；而是应当尊重合同约定，避免刻意格式化的裁判思路。[①]

（二）合同未约定名义股东享有股东权利，名义股东能否行使权利？

一般观点认为，若当事人对目标公司和其他股东披露了名股实债的事实，而合同并未明确约定名义股东享有表决权、知情权等股东权利，则名义股东自身并不享有相应股东权利。[②] 名义股东应依据合同目的和诚实信用原则，根据实际股东的意志参与目标公司管理或决策，根据实际股东的授权向公司行使知情权或提起股东代表诉讼。[③]

但值得讨论的是，在名股实债的交易中，投资人取得目标公司股权的目的之一则是以股权担保自身投资款的清偿，而如目标公司在实际股东的控制下进行对外担保、重大关联交易等可能减损作为担保财产的股权价值、损害名义股东作为投资人利益的交易，那么此时是否应当认可名义股东对相关事项享有表决权呢？

例如，在笔者曾经办理的一起案件中，某信托公司通过名股实债的方式投资某房地产项目公司，并向项目公司委派了董事。项目公司在签署案涉债务加

① 李志刚：《股权让与担保的多维透视与法律适用》，载《法律适用》2021 年第 5 期。

② 钱进、钱玉文：《股权让与担保的法律构成及效力建构》，载《河南财经政法大学学报》2022 年第 1 期；北京市第三中级人民法院（2020）京 03 民终 5136 号案。

③ 司伟、陈泫华：《股权让与担保效力及内外部关系辨析——兼议〈民法典担保制度解释〉第 68 条、第 69 条》，载《法律适用》2021 年第 4 期。

入合同时，并未经过公司董事会、股东会决议。本案中，项目公司主张，根据《公司法》第16条之规定，公司对外担保、债务加入应当经公司有权机关决议，而案涉债务加入未经决议。债务加入的相对人签署合同时亦未审查相关决议，并非善意相对人。且项目公司的实际股东和实际控制人未经作为投资人的名义股东同意加入他人债务，增加了项目公司的负债进而减损了用来进行让与担保的项目公司股权价值，损害了投资人的利益。因此，案涉债务加入约定不应对项目公司发生效力。而债务加入的交易相对人则主张，项目公司的实际股东明知并同意债务加入交易，信托公司只是项目公司的名义股东，对公司重大事项不享有表决权，因此项目公司债务加入有效。最终，法院认可了案涉债务加入的效力，但却回避了双方所争议的上述问题，而是以项目公司在原审中未提出案涉交易属于债务加入、未经公司机关决议对其不发生效力的主张为由，未支持项目公司的观点。

而在（2017）最高法民再210号案中，最高人民法院则认为，在股权让与担保中，名义股东取得公司股权的目的在于保证自身的借款安全，如果允许实际股东不经其同意即以公司资产对外提供担保，可能损及担保财产的价值，从而导致该担保目的不能实现。因此，法院认为公司的实际股东、法定代表人以公司名义为其父亲的个人债务提供担保，该行为超出了其担任法定代表人的特定目的范围，违反《公司法》第16条的规定，应当认定该担保行为系越权行为，亦属于故意损害名义股东、担保权人利益的侵权行为。

四、应对建议

基于上文分析，笔者建议名股实债的投资人在股东权利的问题上关注以下几点：一是对于名股实债的投资人能够享有的股东权利范围、行使条件、相关限制作出具体且具有可操作性的约定。二是可在合同中明确提示，合同约定名股实债的投资人享有股东权利并不导致其具有出资义务、承担股权投资的风险。三是尽量将目标公司、目标公司全部股东、目标公司实际控制人均作为签署合同的主体，以解决名股实债内外部关系不一致的问题。四是建议名股实债的投资人在出现投资风险时积极利用行使股东权利等方式维护自身利益，避免出现北京市第一中级人民法院（2021）京01民终10730号案中投资人失权的情况。

第二节　名股实债交易中能否由目标公司支付本息回报?

名股实债交易并无统一的交易模式，不同的交易融资方是转让股权的原股东还是目标公司、投资款是通过股权转让款的方式支付还是通过增资等方式支付、投资本金及收益是通过原股东回购股权的方式支付还是由目标公司支付等方面均存在差异。而关于本息回报的支付方式，司法实践就名股实债交易中能否由目标公司支付固定收益并在投资期限届满后通过回购股权等方式清偿投资本金的问题常常存在争议。

一、由一则判决引出本篇讨论的问题

（一）案件信息

王某某、沈某某等合同纠纷案

二审案号：（2022）闽02民终3443号

二审法院：福建省厦门市中级人民法院

判决日期：2022年6月24日

（二）案情简介及裁判要旨

本案一审法院并未认定案涉交易构成名股实债，进而认为根据《九民纪要》第5条之规定，案涉《股权转让协议》约定了目标公司回购股权条款，现有证据不能证明目标公司已经完成了减资程序，因此目标公司投资人王某某要求目标公司返还投资款及利息，依据不足。

二审法院认为，根据案涉《股权转让协议》的约定，投资人王某某不得参与目标公司的运营管理，仅能提供建议，且满两年后王某某即可要求目标公司按照固定回报回购股权。结合在案证据，王某某虽取得目标公司的股权，但并未实际参与经营管理。在案涉款项转账两年后，王某某即积极向目标公司的原股东主张还款，该情形均表明王某某投资的目的仅是获得收益，而非取得目标公司股权。因此，本案王某某与目标公司之间的交易应认定为名股实债。据此，二审法院认为在合同约定的期限到期后，投资人王某某要求目标公司返还借款并支付利息，于法有据，应予支持。

（三）案例简评

该案法院认为，在投资人进行股权投资的情况下，合同约定到期由目标公司向投资人支付本息回报，该约定的效力和可履行性应参照《九民纪要》第5条关于投资人与目标公司对赌的规定进行认定，即该约定本身有效，但投资人主张实际履行的，法院应当依据《公司法》第35条关于“股东不得抽逃出资”的规定或者第142条关于股份回购的强制性规定进行审查。经审查，目标公司未完成减资程序的，不应判令目标公司向投资人支付本息回报。而在名股实债交易中，目标公司在债务到期后向名义股东支付投资本息回报则不需要受到减资程序的限制，不构成抽逃出资。

该案的裁判观点从合同关系的角度出发，认为名股实债中名义股东实际上是目标公司的债权人[①]，并不具有实际股东的地位。那么，名义股东作为债权人要求债务人目标公司到期偿还债权本息并不存在任何问题。但与一般借贷关系不同，名股实债交易中的投资人毕竟登记为目标公司的名义股东，因此投资人不仅和目标公司形成了债权债务的合同关系，也和目标公司的其他股东形成了公司法上的联系，且名股实债交易对目标公司的交易相对人也可能产生影响。因此，在实践中，回答能否由目标公司向名义股东支付投资本息回报这一问题，并非如此理所当然、轻而易举的。

二、资本三原则与商事外观主义对目标公司支付本息回报的影响

（一）资本三原则和商事外观主义的概念

资本三原则包括资本确定原则、资本维持原则和资本不变原则，是公司资本制度的理纲，是公司法对债权人利益最重要的制度保障。其中，资本确定原则是指公司在设立时须在章程中对资本总额作出明确规定，并由股东全部认足。资本维持原则是指公司在存续过程中应当维持公司章程规定的资本总额相应的财产。资本不变原则是指公司资本总额确定后，非经法定程序不得任意变动。[②]

---

① 本篇中我们讨论的名股实债仅限于目标公司是融资主体的情形，但从交易安排上，这可能体现为投资人通过向目标公司增资的方式支付投资款、投资款虽然是以投资人应付目标公司原股东股权转让款的名义支付但投资款实际上却由目标公司进行使用等多种形式。

② 王霞：《论公司法上债权人保护制度》，载《河北法学》2004第6期；朱慈蕴：《中国公司资本制度体系化再造之思考》，载《法律科学》2021年第3期。

根据资本三原则，《公司法》第35条规定公司成立后，股东不得抽逃出资。第142条严格限制了公司回购本公司股份的情形，只有在减资、合并、将股份用于员工持股计划或者股权激励、股东对公司合并分立决议持异议、将股份用于转换可转债、上市公司为维护公司价值及股东权益所必需的六种法定情形下，公司方能回购自身股份。第43条、第103条、第177条规定了公司减少注册资本的法定程序，公司减资不仅需要股东会、股东大会三分之二以上决议，还需要通知债权人并进行公告。

商事外观主义，是指商事登记事项因公示而取得公信力，旨在保护第三人的信赖利益。按商事外观主义理论，为了防止登记义务人在登记事项发生变化时不及时申请登记，故当已发生的法律事实与登记的事项不一致时，掌握登记主动权的登记义务人应承担对自己不利的后果，即善意第三人有权选择按登记的法律事实或者已实际发生的事实处理法律关系。①

在名股实债交易中，如果认为投资人的地位只是目标公司的债权人，则无须受到资本维持、资本不变原则的约束。但如果考虑到外部关系，名股实债能否对抗目标公司其他对交易实质不知情的股东、债权人的信赖利益，这则进一步涉及商事外观主义适用边界的问题。

（二）穿透式审判思维与商事外观主义的博弈

在司法实践和学术争鸣中，关于名股实债交易中能否由目标公司支付本息回报的争议体现了穿透式审判思维与商事外观主义的博弈。

在司法实践中，部分案例认为，应当以穿透式审判思维认定投资人和目标公司之间的权利义务关系，名股实债的本质是债权债务关系，那么投资人按照约定支付了投资价款，在投资期限已经届满的情况下，其根据合同约定要求目标公司支付收益、回购股权是行使其作为债权人要求债务人到期清偿本息的权利，应当予以支持。②

亦有相反案例认为，即使在名股实债交易中，目标公司向名义股东支付款项、回购股权也应遵守资本维持原则，保护目标公司的债权人对登记的信赖。如浙江省湖州市吴兴区人民法院（2016）浙0502民终1671号案认为，在名实

---

① ［德］C. W. 卡纳里斯：《德国商法》，杨继译，法律出版社2006年版，第93页。

② 参见最高人民法院（2019）最高法民终1532号案；山东省高级人民法院（2020）鲁执复339号案；青海省高级人民法院（2021）青民终74号案；黑龙江省哈尔滨市中级人民法院（2019）黑01民初1722号案。

股东的问题上要区分内部关系和外部关系，对内部关系产生的股权权益争议纠纷，可以当事人之间的约定为依据，或是隐名股东，或是名股实债；而对外部关系上不适用内部约定，第三人不受当事人之间的内部约定约束，而是以当事人之间对外的公示为信赖依据。①

在学术上，有观点认为："对于名股实债中的股权回购而言，只要股权回购不损及公司资本，债权人即无法以利益受损为由否认回购条款的效力。"② 这实际上还是认为名股实债的名义股东从目标公司取得本息回报仍应尊重资本维持原则。但就如何认定"不损及公司资本"，该观点似乎采取了较为灵活的态度，该文认为："若回购条款中还附有确保偿债能力和持续经营能力的证据和内容来作证回购后依然能保障债权人债权的实现，则可更为灵活、弹性地认定回购条款对债权人权利的影响。"③

类似的，有观点认为："'名股实债'中股权回购是确保投资方实现资本退出的重要途径，投资方因股权回购而获利益，系基于其使公司受益的投资行为，如因坚持公司资本维持原则而否定公司作为回购主体的效力，则显失公允。"该文同时也指出："在公司确因投资行为而受益的情形下，且符合《公司法》有关公司回购股权的规定时，约定公司作为回购主体的回购条款之效力应当予以认可。"④

从上述观点可以看出，无论是司法实践还是学术观点均在应当给予名股实债的债权人还是目标公司的其他债权人更多的保护之间摇摆。

从利益衡量角度，一方面，名股实债的投资人本质上是目标公司的债权人，在地位上与目标公司的其他债权人无异；目标公司因名股实债投资而获益，这笔投资很可能是目标公司通过常规的金融借款等方式无法获得的，对目标公司的经营发展至关重要，名股实债融资可能也惠及了目标公司其他的债权人；且投资人仅获得固定收益并不享有股权投资可能获得的分红、股权溢价等收益，风险与收益应当相平衡。因此，从这个角度，更倾斜于保护名股实债的投资人

---

① 本案新华信托股份有限公司不服一审判决提起上诉，二审调解结案，二审案号为（2016）浙05民终1555号。类似观点亦参见浙江省高级人民法院（2020）浙民申3721号案；最高人民法院（2020）最高法民终1182号案。

② 黄维平、成卓玲：《明股实债的司法审查：标准选择与裁判逻辑的反思》，载《证券法苑》2021年第2期。

③ 同上注。

④ 吴潇敏、孙美华、郑扬：《"名股实债"的司法裁判路径探析——以"新华信托—港城置业"案为例》，载《法律适用》2019年第12期。

似乎无可厚非。另一方面，名股实债的投资人持有目标公司股权并经过公示登记，尤其是在投资人通过增资方式入股目标公司的情况下，目标公司的注册资本亦发生了变化，目标公司的交易相对人对此将产生信赖利益；此外，名股实债的交易模式是投资人自行选择的，一般为了满足其通过法定的借贷+担保的交易模式无法实现的商业考量和商业利益，那么投资人对于选择名股实债交易可能产生的不利法律后果也应当有较为清晰的认识。因此，目标公司的其他债权人的信赖利益亦值得保护。

从司法政策和司法理念的角度，上述争议体现了穿透式审判思维与商事外观主义的博弈。在涉及交易以外第三人的场合，是应当基于穿透式审判思维探求交易当事人之间的实质法律关系和真实意思，还是应当基于商事外观主义保护第三人对交易当事人之间形式上法律关系的信赖利益，是司法实践中的两难选择。

（三）司法及立法倾向：从《九民纪要》到《民法典担保制度解释》

1.《九民纪要》第5条：区分效力及可履行性

关于实践中一直争议颇大、与名股实债交易具有相似性的对赌问题，《九民纪要》就投资人与目标公司对赌是否有效、投资人要求目标公司回购股权或进行金钱补偿应否支持，作出了明确规定："投资方与目标公司订立的'对赌协议'在不存在法定无效事由的情况下，目标公司仅以存在股权回购或者金钱补偿约定为由，主张'对赌协议'无效的，人民法院不予支持，但投资方主张实际履行的，人民法院应当审查是否符合公司法关于'股东不得抽逃出资'及股份回购的强制性规定，判决是否支持其诉讼请求。投资方请求目标公司回购股权的，人民法院应当依据《公司法》第35条关于'股东不得抽逃出资'或者第142条关于股份回购的强制性规定进行审查。经审查，目标公司未完成减资程序的，人民法院应当驳回其诉讼请求。投资方请求目标公司承担金钱补偿义务的，人民法院应当依据《公司法》第35条关于'股东不得抽逃出资'和第166条关于利润分配的强制性规定进行审查。经审查，目标公司没有利润或者虽有利润但不足以补偿投资方的，人民法院应当驳回或者部分支持其诉讼请求。今后目标公司有利润时，投资方还可以依据该事实另行提起诉讼。"

《九民纪要》第5条区分了对赌协议的效力和对赌协议的可履行性。一方面，就与目标公司对赌约定的效力，该规定从合同法的角度尊重当事人之间的真实意思表示，不轻易否定目标公司对赌失败时投资人要求目标公司回购股权、承担金钱补偿义务之约定的效力；另一方面，就与目标公司对赌约定的可履行性，该规定从公司法资本维持、资本不变原则的角度要求投资人和目标公司履行上述约定时不得构成股东抽逃出资。

我们认为，《九民纪要》第5条区分约定效力和可履行性的做法是可取的，也可以运用到名股实债当中。该条关于投资人与目标公司对赌有效的规定亦可适用于名股实债交易中由目标公司支付固定收益、到期回购股权的情形，但是该条关于目标公司未完成减资程序、不符合利润分配条件时，不得直接判令目标公司履行股权回购和金钱补偿义务的规定直接适用于名股实债交易则有所不妥。因为对赌和名股实债的区别在于，对赌本质上还是股权投资，是指投资人与融资方在达成股权型融资协议时，为解决交易双方对目标公司未来发展的不确定性、信息不对称以及代理成本而设计的，包含了股权回购、金钱补偿等对未来不确定的目标公司的估值进行调整的协议；[①] 而名股实债则是债权投资，投资人以获得固定收益为投资目标。那么，既然名股实债中的投资人并非目标公司的实际股东，也不具有出资义务，亦不应受到资本维持、资本不变原则的约束，不涉及抽逃出资的问题。

2.《九民纪要》引言：外观主义向穿透式审判的转变

《九民纪要》引言部分指出："注意处理好民商事审判与行政监管的关系，通过穿透式审判思维，查明当事人的真实意思，探求真实法律关系；特别注意外观主义系民商法上的学理概括，并非现行法律规定的原则，现行法律只是规定了体现外观主义的具体规则，如《物权法》第106条规定的善意取得，《合同法》第49条、《民法总则》第172条规定的表见代理，《合同法》第50条规定的越权代表，审判实务中应当依据有关具体法律规则进行判断，类推适用亦应当以法律规则设定的情形、条件为基础。从现行法律规则看，外观主义是为保护交易安全设置的例外规定，一般适用于因合理信赖权利外观或意思表示外观的交易行为。实际权利人与名义权利人的关系，应注重财产的实质归属，而不单纯地取决于公示外观。总之，审判实务中要准确把握外观主义的适用边界，避免泛化和滥用。"

有观点认为，"穿透式审判的首要任务是还原法律事实，进而对真实权利人的权益予以保护，法律并非刻意保护交易第三人。商事外观并非现行法定之原则，其只是为了保护交易安全而设置的例外规定"，无论是《九民纪要》引言

① 最高人民法院民事审判第二庭编著：《〈全国法院民商事审判工作会议纪要〉理解与适用》，人民法院出版社2019年版，第114页。

部分的上述内容所体现的司法理念，还是近些年一些法条所体现出的立法倾向，均体现了由外观主义向穿透式审判思维方式的转变。[①]

3.《民法典担保制度解释》第69条：名义股东不具有出资义务

《民法典担保制度解释》第69条规定："股东以将其股权转移至债权人名下的方式为债务履行提供担保，公司或者公司的债权人以股东未履行或者未全面履行出资义务、抽逃出资等为由，请求作为名义股东的债权人与股东承担连带责任的，人民法院不予支持。"该条规定了股权让与担保中名义股东不具有出资义务，不承担出资不实、抽逃出资的责任。

该条虽然并未明确规定在股权让与担保或名股实债交易中，名义股东可以未经目标公司减资程序或在未满足利润分配条件的情况下从目标公司直接获得投资本息的清偿，但根据该条款，在股权让与担保的情况下，名义股东不再适用《公司法司法解释三》第26条第1款关于"公司债权人以登记于公司登记机关的股东未履行出资义务为由，请求其对公司债务不能清偿的部分在未出资本息范围内承担补充赔偿责任，股东以其仅为名义股东而非实际出资人为由进行抗辩的，人民法院不予支持"之规定。这似乎体现了，在名股实债的问题上，司法解释采取了当事人之间的实质法律关系优于商事外观主义的观点。[②]

三、司法审判的裁量空间和不确定性

上文的分析看似梳理出了一条较为清晰的脉络，即在名股实债类案件的审判中，穿透式审判思维优于商事外观主义的适用，对于名股实债交易当事人之间关于债权融资约定的尊重优于对于目标公司的交易相对人的保护，但是，在名股实债未来的司法实践中，审判者仍存在着较大的自由裁量空间，裁判结果也存在着不确定性。这些不确定性可能来源于以下方面。

一是对穿透式审判思维的反思。穿透式思维首先出现在金融监管领域，目前在金融监管和审判方面适用较为广泛。穿透式审判思维的价值主要体现在两方面，一则，法官透过纷繁复杂的交易形式找寻当事人的真实意思、找到法律关系的实质，进而同样的法律实质适用相同的法律规则，从而实现实质正义。

---

① 胡正民：《穿透式审判思维的适用规则与界限——基于要件事实理论勾勒三阶七步穿透法》，载《山东法官培训学院学报（山东审判）》2022年第4期。

② 《公司法司法解释三》第26条第1款的法理基础即为商事交易中的公示主义与外观主义原则。参见《最高人民法院关于公司法解释（三）、清算纪要理解与适用》，人民法院出版社2014年版，第408-418页。

二则，在当事人通过交易结构的设计绕开监管甚至规避法律法规的强制性规定的情况下，法官穿透合法形式给予当事人之间违法违规的交易安排以否定性的评价，打击名为金融创新实则规避监管的融资行为，使得司法审判与行政监管形成一致价值和有效衔接。[①] 但是，穿透式审判思维也并非没有边界，各界对于穿透式审判的滥用也展开了反思。一方面，在司法审判向实质转向的过程中，仍需为形式外观主义留有一席之地，保护第三人的信赖利益和交易安全。另一方面，要尊重当事人之间多样化、个性化的商业安排，允许非典型合同的存在，不应刻意将当事人之间的法律关系格式化为典型合同并削足适履地适用相关规定作出裁判。[②]

二是名股实债交易模式的多样性和案件情况的复杂性也给法院裁判留下了较大的裁量空间和不确定性。其一，名股实债交易具有多样性，这给法院对交易实质如何进行定性留下了较大的空间。[③] 例如，在前述福建省厦门市中级人民法院（2022）闽02民终3443号案中，一审法院认定交易为股权投资，而二审法院则认定交易属于名股实债，是债权投资。有时，法院在裁判时可能也并非严格按照法律逻辑先对交易的法律关系是股是债进行定性，再进一步认定能否判令目标公司支付收益、回购股权，而是先综合案件情况形成一个相对能实现各方利益平衡的裁判结果，然后再基于这个裁判结果进行反推，对交易的法律关系进行认定。在此情形下，法院可能基于对目标公司交易相对人利益的考量，依据投资人享有部分股东权利等因素直接将交易的法律关系认定为股权投资，从而回避名股实债中目标公司能否支付收益、回购股权的问题。其二，名股实债类案件个案情况也不尽相同，在不同案件中，目标公司的财务和经营情况、名股实债投资对于目标公司经营发展的影响、法院所要平衡的各方利益等也有所不同，这最终也可能对裁判造成影响。例如，最高人民法院（2019）最高法民终1532号案并不直接涉及目标公司的交易相对人，该案中法院认为：

---

① 胡正民：《穿透式审判思维的适用规则与界限——基于要件事实理论勾勒三阶七步穿透法》，载《山东法官培训学院学报（山东审判）》2022年第4期；陈广辉：《资管纠纷“穿透式审判”的适用路径与方法》，载《中国法律评论》2022年第6期；谷昔伟：《穿透式审判思维在民商事案件中的运用与界限》，载《山东法官培训学院学报（山东审判）》2022年第4期。

② 谷昔伟：《穿透式审判思维在民商事案件中的运用与界限》，载《山东法官培训学院学报（山东审判）》2022年第4期；李志刚：《股权让与担保的多维透视与法律适用》，载《法律适用》2021年第5期。

③ 黄维平、成卓玲：《名股实债的司法审查：标准选择与裁判逻辑的反思》，载《证券法苑》2021年第2期；赵育才：《名股实债司法裁判实务的总结与反思》，载《金融法苑》2018年第1期。以上文章对比了多个名股实债类案例，可以看出法院对于相似的交易结构的法律关系可能作出不同的认定。

"因本案系涉案协议各方当事人之间的内部纠纷，相关权利义务需要根据协议约定进行确认。但在国通公司未通过法定程序完成股权退出之前，因内部约定并不具有外部效力，如存在善意第三人基于信赖缤购城公司对外公示的股权结构、工商登记信息而导致利益受损情形，其可以通过诉讼另案解决"，并最终认定目标公司未完成减资程序的，也可以判令目标公司清偿名股实债的债权。而浙江省湖州市吴兴区人民法院（2016）浙0502民终1671号案为破产债权确认之诉，涉及所有破产债权人的平等保护，法院认为："本案不是一般的借款合同纠纷或股权转让纠纷，而是港城置业破产清算案中衍生的诉讼，本案的处理结果涉及港城置业破产清算案的所有债权人的利益，应适用公司的外观主义原则。"陕西省宝鸡市中级人民法院（2022）陕03民终11号案是债权人要求追加名义股东为被执行人的执行异议之诉，本案一审法院认为，案涉名股实债所涉及的增资、减资均发生在债权人的债权形成之后，因此不影响债权人的信赖利益，债权人无权以抽逃出资为由追加名股实债股东。①

四、结论及应对建议

根据我们的案例检索结果，在司法实践中，多数案例认为名股实债交易中关于由目标公司向投资人支付本息回报、到期回购股权的约定有效，且该约定的履行不受资本维持、资本不变原则约束，即使目标公司未完成减资程序或利润分配程序也可履行。从《九民纪要》到《民法典担保制度解释》所体现的司法、立法倾向和发展似乎也体现了上述结论。但值得注意的是，这并不意味名股实债的投资人从目标公司获得本息回报的交易安排便具有了和普通借贷关系相当的确定性。在名股实债交易的审判中，基于商事外观主义对目标公司的交易相对人之信赖利益的保护仍是裁判者进行利益衡量时所要考虑的重要价值，尤其是在目标公司破产的情形中，在对破产债权人集中清偿和平等保护的语境下，对于目标公司交易相对人信赖利益的保护更是裁判者所无法回避的问题。因此，名股实债的投资人能否从目标公司直接获得本息回报仍存在较大的不确定性，相关风险值得投资人关注。

对此，我们建议投资人在设计交易结构时考虑以下几点：一是在退出方式

---

① 本案二审认为："故长安信托公司作为目标公司即汽车工业园公司的名义股东，其实质为汽车工业园公司有担保的债权人。本案上诉人马某云请求追加长安信托公司为被执行人，并向其承担股东抽逃出资的相应责任，缺乏依据。"

上尽量约定多种且可由投资人选择的退出方式，而非仅由目标公司回购的单一方式。如退出方式既有目标公司回购，又有原股东或实际控制人回购，我们建议避免将目标公司回购作为主债务，其他主体为该债务进行保证担保的交易安排，避免因主债务无效或不能履行影响从债务的履行。二是在融资安排方面，投资人可考虑股+债、部分增资计入目标公司资本公积、融资款以股权转让款的形式支付但明确约定股权转让款由目标公司使用并对此进行监管等模式，尽量减少目标公司的注册资本、实缴资本因名股实债投资而大幅增加，避免交易第三人由此产生较大的信赖利益。三是在参与交易的主体方面，尽量将目标公司、目标公司全部股东、目标公司实际控制人均作为交易主体，如有可能亦可向目标公司的交易相对人适当披露名股实债的实质。

第三节　名股实债是否适用民间借贷的相关规定？①

所谓名股实债，是指名为股权投资，实为债权融资的交易模式。但倘若深究名股实债中的“债”到底是什么，该债权融资是否就是借贷关系，该债权债务关系是否应当适用《民间借贷司法解释》关于资金来源、利率上限的规定等一系列问题，我们便会发现司法实践中对于名股实债的法律关系和法律适用问题难以形成完全统一的认识。

一、两则案例对比

（一）案例一：名股实债实为借贷关系，适用民间借贷相关规定

1. 案件信息

汪某某与某投资公司股权转让纠纷

---

① 在名股实债交易中，投资人可能是金融机构，在此情况下，即使认为当事人之间构成借款法律关系，亦非民间借贷。本篇所讨论的主要问题是名股实债应否认定为借款关系、适用借款合同的相关规定，因名股实债案例中以是否构成民间借贷的争议居多，而当事人主张构成金融借款合同的案例相对较少，因此，本篇将讨论的主题笼统地定为“名股实债是否适用民间借贷的相关规定”。但值得注意的是，司法实践中关于金融借款是否也应参照适用《民间借贷司法解释》一直存在较大争议。例如，2020 年《民间借贷司法解释》修订后，判例对于金融借款的利率上限为 24%还是参照《民间借贷司法解释》中的四倍贷款市场报价利率的问题尚未形成统一的观点。

二审案号：（2021）京民终896号

二审法院：北京市高级人民法院

判决日期：2021年12月22日

2. 案情简介及裁判要旨

案涉交易是目标公司股权转让+到期回购的名股实债融资模式。合同约定投资人受让目标公司股权满24个月后，目标公司原股东、实际控制人按照本金+年利率20%的标准收购投资人持有的股权。

法院认为，投资人在股权回购后可以获得固定的回报，且投资人并未实际行使股东权利或参与目标公司的经营管理。由此可见，投资人无须承担经营风险，不符合利益共享、风险共担的股权投资法律关系的特征，本案所涉法律关系的性质应为民间借贷法律关系。据此，法院根据2020年第二次修正的《民间借贷司法解释》认定，股权回购的期内利息以及截至2020年8月19日的逾期利息按照合同约定的年利率20%计算，2020年8月20日之后的逾期利息按照一年期贷款市场报价利率的四倍计算。

（二）案例二：名股实债中的“债”并非特指借贷关系，不适用民间借贷相关规定

1. 案件信息

某投资控股公司所涉合同纠纷

二审案号：（2021）京民终724号

二审法院：北京市高级人民法院

判决日期：2022年1月21日

2. 案情简介及裁判要旨

案涉投资人为私募基金管理人，其募集私募基金通过增资扩股+股东借款方式向目标公司提供融资，融资期满后由目标公司实际控制人按照本金+固定收益回购股权。

本案被告主张，案涉交易本质符合借款法律关系的特征，故案涉合同从性质上看应为借款合同，双方权利义务亦应适用借款合同的法律规定予以处理。投资人以非自有资金开展借贷业务，且其作为私募股权投资基金管理人开展借贷业务不符合监管的合规性要求，应认定合同无效。

对此，法院认为，名股实债中的“债”并非特指借贷合同关系，而是指因合同中允诺产生的付款义务，故本案所涉应为债权投资关系，因涉案合同并非

法律规定的有名合同，故双方之间为合同关系。案涉合同并不违反法律、行政法规的强制性规定，且系各方当事人的真实意思表示，故案涉合同合法有效，各方当事人应依约履行各自的合同义务。

二、案件评析

提到名股实债，很多人率先想到的名股实债的法律关系实质上是借贷关系，从而理所当然地认为《民间借贷司法解释》关于以非自有资金提供贷款无效、利息罚息违约金等综合利率不得超过利率上限之类的规定应当适用于名股实债交易。

但实际上，从上文我们列举的两则案例可以看出，即使在交易结构和投资人权利义务相似的情况下，即使法院均认为案涉交易为债权融资，法院对于名股实债中的“债”到底是什么、是否就是借贷关系、是否适用《民间借贷司法解释》等问题，也存在不同看法。

我们认为法院在不同案件中对于以下两个方面的考量可能影响其在个案中对于名股实债的法律关系和法律适用的认定。

一是法院对穿透式审判思维的适用和反思。我们在前文也讨论过，法官通过穿透式审判透过纷繁复杂的交易形式找寻当事人之间法律关系的实质，进而实现同案同判，打击以金融创新为名、行规避监管和强制性规定之实的行为。[①] 但是，穿透式审判亦不应被滥用，既然穿透式审判的目的便是还原当事人之间的真实意思，那么在运用穿透式审判的理念时便要注意不应刻意将当事人之间的法律关系格式化为典型合同并削足适履地适用相关规定作出裁判，而应当尊重当事人之间多样化、个性化的商业安排。[②]

依据穿透式审判的理念，在名股实债交易中，裁判者将法律关系定性为民间借贷，有利于规制当事人通过交易结构的创新来规避法律及司法解释对于民间借贷资金来源和利率限制的规定，具有可取性。但是在部分交易中，当事人之间的约定细致、明确、具有创新性，是简单的借贷关系所无法准确描述的，

① 胡正民：《穿透式审判思维的适用规则与界限——基于要件事实理论勾勒三阶七步穿透法》，载《山东法官培训学院学报（山东审判）》2022 年第 4 期；陈广辉：《资管纠纷“穿透式审判”的适用路径与方法》，载《中国法律评论》2022 年第 6 期；谷昔伟：《穿透式审判思维在民商事案件中的运用与界限》，载《山东法官培训学院学报（山东审判）》2022 年第 4 期。

② 谷昔伟：《穿透式审判思维在民商事案件中的运用与界限》，载《山东法官培训学院学报（山东审判）》2022 年第 4 期；李志刚：《股权让与担保的多维透视与法律适用》，载《法律适用》2021 年第 5 期。

交易结构在融资方式和退出方式上和一般的借贷关系也有所区别，那么此时法院可能倾向于尊重当事人之间的合同约定，而非将名股实债格式化为借贷关系。

二是虽然裁判者一般按照“事实查明→法律关系认定→法律适用→确定法律后果”的法律逻辑审理案件，但事实上有时裁判结果在很大程度上受到裁判者内心利益衡量的影响。例如，在名股实债的案例中，法院似乎对于适用《民间借贷司法解释》以出借资金不属于投资人的自有资金为由认定无效一般持有非常谨慎的态度，而对于依据《民间借贷司法解释》调减投资人的收益率便少了很多顾虑。这很可能是由于法官内心认为，否认合同效力将全盘否定当事人之间的交易安排和权利义务的稳定性；而调减利率并未严重背离当事人之间的约定和期待，亦可纠正和规制当事人利用交易创新规避监管的行为。此外，我们注意到，在私募股权基金投资目标公司并约定通过到期股权回购获得固定收益的情况下，法院对于否认合同效力也是非常慎重的，[①] 这可能是因为基金背后还有众多投资人的利益，认定合同无效不仅背离案涉当事人之间的期待，还可能减损基金背后投资人的利益。

三、应对建议

尽管名股实债并不一定会被认定为借贷合同法律关系，但实践中仍存在大量将其认定为借贷关系并适用《民间借贷司法解释》的案例。[②]《民间借贷司法解释》规定了利息、逾期利息、违约金等的综合利率上限，且根据该解释，投资人以非自有资金投资存在无效风险。因此，我们提示名股实债的投资人关注上述风险，注重投资的合规性，合理预期并约定收益率。

---

① 部分案例认为名股实债交易不构成借贷法律关系，不适用《民间借贷司法解释》的规定；部分案例认为禁止私募基金进行名股实债投资的规定并非法律法规的强制性规定，不影响合同效力；部分案例在合同约定当事人到期仅获得固定收益的情况下仍将交易定性为股权投资而非债权融资，从而回避了合同效力的问题。参见北京市高级人民法院（2021）京民终724号案；辽宁省高级人民法院（2021）辽民终1648号案；北京市第二中级人民法院（2021）京02民初300号案；北京市东城区人民法院（2021）京0101民初22576号案。

② 北京市高级人民法院（2021）京民终896号案；山东省临沂市中级人民法院（2022）鲁13民终1064号案；广东省中山市中级人民法院（2021）粤20民终10114号案；山东省济南高新技术产业开发区人民法院（2021）鲁0191民初7660号案；深圳市罗湖区人民法院（2021）粤0303民初29456号案；广东省广州市中级人民法院（2020）粤01民终7352号案。

第六章　诉讼保全责任保险中的热点问题

诉讼保全责任保险是责任保险制度与民事诉讼保全担保制度结合的产物，在保障民事诉讼当事人合法权益、解决执行困难问题、维护司法权威等方面发挥了积极的作用。近年来，随着金融争议解决案件的频发，诉讼保全责任保险发挥着越发重要的作用。相应地，涉及诉讼保全责任保险的财产保全损害责任纠纷也逐渐增加。诉讼保全责任保险自诞生起就具有不同于一般财产保险的特征和运行逻辑，难以完全套用一般财产保险的制度规则，其中的难点和问题亦值得关注。本章将围绕有关诉讼保全责任保险的基本问题及针对主要问题的司法裁判观点进行介绍、梳理，并针对保险公司的业务实践提出建议。

第一节　诉讼保全责任险视角下的财产保全损害责任纠纷概况

诉讼保全责任险是指被保险人向仲裁机构或法院提起财产保全申请后，如财产保全错误致使被申请人遭受损失，需要由被保险人承担赔偿责任的，保险人按照保险合同约定为被保险人赔偿的险种。《民事诉讼法》第 103 条、第 104 条规定，人民法院采取保全措施，可以责令申请人提供担保，申请人不提供担保的，裁定驳回申请；对于诉前财产保全，申请人应当提供担保，不提供担保的，裁定驳回申请。诉讼保全责任险已成为当事人向法院提供财产保全担保的重要手段之一。

但在 2012 年以前，市面上还并无诉讼保全责任险相关产品，诉讼保全申请人主要通过担保公司提供担保函或以自有财产提供担保。2012 年，原云南省保监局同意诚泰保险股份有限公司在云南试点运行财产保全责任保险。2015 年，中国平安财产保险股份有限公司推出具有创新意义的诉讼保全责任保险产品。

2016年2月，北京市第四中级人民法院引入诉讼保险担保责任保险。2016年10月，最高人民法院审判委员会审议并通过《最高人民法院关于人民法院办理财产保全案件若干问题的规定》，其中第7条首次明确，保险人以其与申请保全人签订财产保全责任险合同的方式作为财产保全担保，应向人民法院出具担保书。此后，诉讼保全责任险因其办理便利、成本低廉、赔付能力强的特点，在司法实践中被广泛认可和推广，现已成为保全申请人向法院提供担保的主要方式之一。

按照申请保全的时间点，诉讼财产保全可分为“诉前财产保全”“诉讼财产保全（指诉保同步）”与“诉后财产保全（指在案件受理后再提出保全申请）”。我国现行的案由制度将这三种保全引发的纠纷统一归入“因申请财产保全损害责任纠纷”案由。该类纠纷中，通常由被保全人以保全申请人和保险公司为共同被告起诉，案件总量上呈逐年上升趋势。

以“威科先行”为检索平台①，2022年我国法院共审结“因申请财产保全损害责任纠纷”共684件，其中保险公司为当事人的有332件，约占比48.54%。从历年发展趋势上看，2021年我国法院共审结“因申请财产保全损害责任纠纷”1,143件，其中保险公司为当事人的有473件，约占比41.38%；2020年我国法院共审结该类纠纷717件，其中保险公司为当事人的有182件，约占比25.38%；2019年我国法院共审结该类纠纷686件，其中保险公司为当事人的有131件，约占比19.10%。

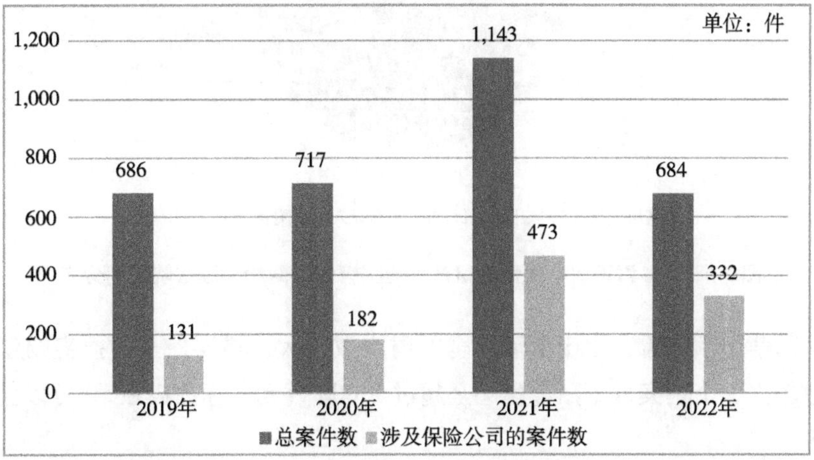

图2-6-1 2019—2022年“因申请财产保全损害责任纠纷”案件数量变化

---

① 本节案例数据最终检索时间均为2023年2月2日。

由此可见，在短短四年的时间里，保险公司作为当事人的“因申请财产保全损害责任纠纷”案件数量在同类纠纷中的占比从 19. 10%上升至 48. 54%，案件数量增速很大。这一方面说明，诉讼保全责任险作为一种诉讼保全担保手段正发挥着越来越重要的作用，当事人越来越倾向于投保诉讼保全责任险作为保全担保手段。但另一方面也暴露了全国范围内诉讼保全错误纠纷频发的问题，提示保险公司不断优化业务流程和控制审核风险。

2022 年，保险公司作为当事人的财产保全损害责任纠纷分布于上至最高人民法院下至各地基层人民法院的各级法院，案件数量大小和法院层级高低呈反相关，法院层级越高，审理案件数量越少。其中，最高人民法院审结 1 件，各地高级人民法院共审结 18 件，各地中级人民法院共审结 112 件，各地基层人民法院共审结 201 件。从审级来看，在各地审理的 332 件相关案件中，一审案件占 215 件，二审案件占 105 件，上诉率近 50%，当事人一审服判意愿不高，一定程度上也反映出该类案件中双方争议分歧和审理难度均较大。

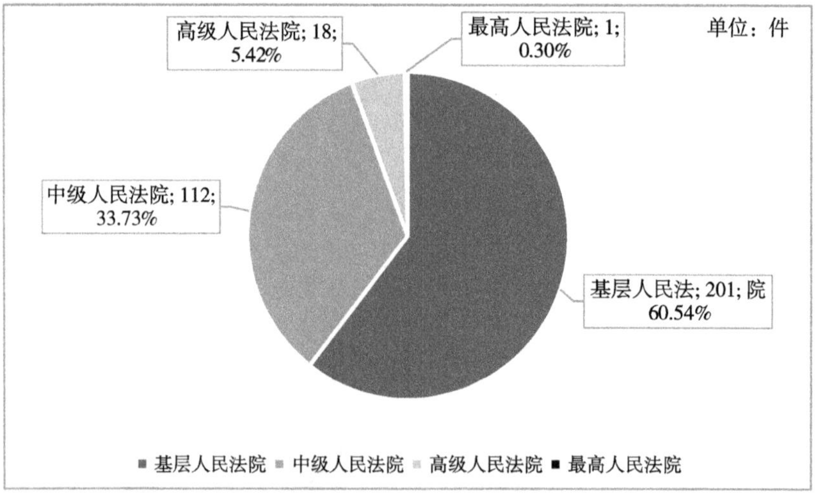

图 2-6-2　涉诉讼保全责任险财产保全损害责任纠纷审理法院级别分布

从赔偿金额来看，由于申请保全的财产数额大，错误保全的损害赔偿数额整体也较高，个别案件索赔金额甚至超过 1, 000 万元，标的额在 50 万以上的案件约占三成。

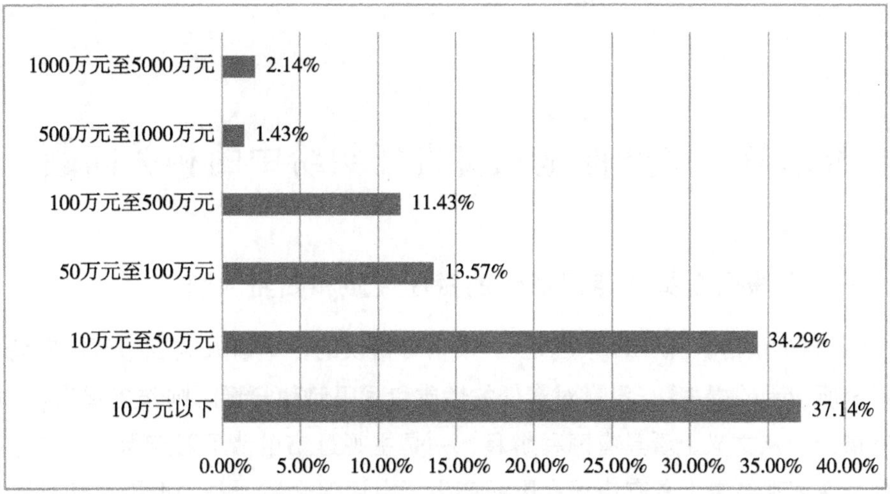

图 2-6-3　涉诉讼保全责任险财产保全损害责任纠纷标的金额占比

财产保全损害责任纠纷中，主要争议焦点集中在“诉讼保全申请人是否尽到了合理注意义务”，典型的“未尽合理注意义务”的情形如诉讼请求明显缺乏依据、明知或应知诉讼请求得不到支持而重复起诉、明显超标的额保全、未及时申请解除保全等。

此外，双方也会就损失赔偿数额的计算产生争议。保全标的不同，错误保全所造成的损失类型、范围、计算方式也会有所不同，而这些均无明确的法律规定或裁判指引，增加了案件审理难度。例如，对于冻结存款的保全错误，司法实践一般认为该错误保全行为影响了被申请人的资金周转，倾向于按照银行同期贷款利率计算直接损失；但对于错误冻结证券等导致的违约损失、跌价损失、止盈止损不能等间接损失，是否属于错误保全损失赔偿范围，实践中尚未形成统一观点。

诉讼保全责任险是保险产品和民事诉讼程序相结合的产物，经过几年的试点与实践，主要产品模式和业务模式已趋于成熟，在此基础上，其他承保法律诉讼风险的保险产品也陆续诞生（如继续执行责任保险、解除财产保全保证保险等），相关学理研究、制度规范也越发完善。但保全错误客观上难以避免，随着案件数量不断增长、争议实施越发复杂、审理难度不断加大，保险公司承担赔偿责任的情形也越来越多，对保险公司核保、应诉、追偿等各个环节也提出了更高的要求。

第二节　财产保全损害责任纠纷中的相关问题

一、申请保全错误赔偿责任的责任性质和归责原则

《民事诉讼法》第 108 条规定，“申请有错误的，申请人应当赔偿被申请人因保全所遭受的损失”，没有对责任的性质和适用何种归责原则作出规定。“申请有错误”从文义上看具有两种解释，一是主观过错申请了财产保全；二是财产保全在客观结果上具有错误，因而产生了申请保全错误是一般侵权还是特殊侵权、应适用过错归责原则还是无过错归责原则的争议。

目前实践中的主流观点认为，申请保全错误为一般侵权行为，由此产生的责任为一般过错侵权责任。理由主要有三：

第一，从体系解释来看，《民法典》第 1165 条、第 1166 条规定，侵权损害赔偿责任以过错责任为原则，以过错推定或无过错责任为例外，无过错责任仅在法律有明确规定的情况下才产生，如产品责任、环境污染和生态破坏责任等。而《民事诉讼法》第 108 条并无申请人承担无过错责任的明确表述，不应直接解释为无过错责任。

第二，从无过错责任产生基础来看，无过错责任通常产生于行为人持有的物品或从事的行为本身具有潜在的高度危险，而他通过持有危险物品或从事危险行为获利的情形下，为合理分配损失、预防损害发生，不问行为人是否具有错过，均由其承担赔偿责任。而申请诉讼保全系申请人正当合法的程序权利，通常情况下不会出现保全错误致损的情形，与无过错责任的责任基础截然不同。

第三，从民事诉讼的固有风险来看，囿于举证能力、法律知识、分析判断能力等因素，申请人所主张的诉讼请求未必与法院的裁判结果一致，这是民事诉讼的固有风险。若适用无过错责任，则只要出现败诉的结果，申请人就要对保全行为给被申请人造成的经济损失承担赔偿责任，将对善意的权利人申请财产保全造成不当限制，无法发挥财产保全制度的制度功能。

综上所述，申请保全错误赔偿责任为过错规则原则下的一般侵权责任，只有申请人对保全错误具有主观上的故意或重大过失的情况下，保险人才承担相

应的保全担保责任。因此，申请人主观上是否具有过错，是承保阶段的核保重点，保险人应对此充分关注。

二、“申请保全错误”赔偿责任的构成要件分析

《民事诉讼法》第 108 条规定，“申请有错误的，申请人应当赔偿被申请人因保全所遭受的损失”。但该条规定过于简单，《保险法》及其司法解释也未对诉讼保全责任保险作出专门规定，赔偿责任的性质、“申请有错误”的认定以及损失赔偿范围的确定等问题均未明确。在法律规定不明确的情况下，如何尽可能准确把握“申请保全错误”赔偿责任的构成要件，是保险人承保、核保、理赔的难点和重点。

申请保全错误赔偿责任既然为一般侵权责任，就应符合一般侵权责任的构成要件，即申请财产保全错误的行为、申请人对此具有主观过错、被申请人因错误保全遭受了损失、被申请人的损失与申请人申请财产保全错误的行为之间具有因果关系。

主流司法实践亦持此观点，即财产保全损害赔偿责任在性质上属于侵权损害赔偿责任，适用过错责任原则，其构成要件应符合一般侵权法律关系的构成要件：（1）人民法院依据申请人的申请对被申请人的财产进行了保全；（2）财产保全被申请人遭受了损失；（3）保全行为与损失之间存在因果关系；（4）是申请人申请财产保全存在过错。①

（一）申请保全错误的“行为”

错误申请财产保全的行为，指的是申请人所实施的侵害被申请人财产权益的行为，即申请财产保全的行为，而非财产保全行为本身。与其他一般侵权行为直接作用于损害结果不同，财产保全的申请行为和损失的发生之间介入了法院采取的财产保全行为。虽然法院裁定财产保全是基于申请人的申请，但错误申请财产保全的行为应当仅限于申请人错误的保全申请行为，包括申请保全金额错误、申请保全对象错误等。法院违法采取保全措施导致被申请人损失的，不应属于诉讼保全责任保险的承保范围，被申请人可按照《国家赔偿法》的相关规定申请国家赔偿。

---

① 如江苏省盐城市中级人民法院（2014）盐民终字第 2352 号案、北京市高级人民法院（2022）京民终 123 号案、陕西省高级人民法院（2021）陕民终 1006 号案。

错误申请财产保全的行为应当具有不法性。“不法”意味着不符合法律的规定，即违反了国家关于保护民事主体民事权益的保护性法律规范或禁止性法律规范。因财产保全行为的正当性基础在于保障将来生效判决的顺利执行，故对错误申请保全的行为而言，“不法”应指申请人违反了民事诉讼诚信原则，启动了不适当的财产保全程序，不合理地限制了被申请人的财产权益。客观来说，申请人申请财产保全的内容本应与其在法律上可得到支持的诉讼请求相同或相当。如申请人的诉讼请求未得到或未全部得到法院支持，其启动的财产保全程序在客观上无法实现保障生效判决执行的制度目的，在裁判结果和诉讼请求偏差的范围内构成“错误申请保全的行为”。

（二）申请保全错误的“过错”

但如前所述，申请人是否承担赔偿责任，不能仅以裁判结果论，否则会不当限制善意的申请人正当行使申请财产保全的程序权利，对民事诉讼当事人来说是一种苛责，而应审查分析申请人在申请财产保全时是否具有故意或者重大过失。

一般认为，故意是指申请人明知行为会发生侵害被申请人权益的后果仍然有意为之的主观心理状态，重大过失则是程度最为严重的一类过失，是指申请人仅需尽到最基本的注意义务就能够预见或应当预见行为会侵害被申请人民事权益却没有预见的主观心理状态。在没有法律特别规定的情况下，原则上一般侵权以一般过失为主观构成要件，但考虑到诉讼和申请保全本身就是风险行为，不应对申请人的注意义务过分苛责，否则可能不当限制其行使诉权和申请财产保全的法定权利，故实践中一般以故意或重大过失为申请人过错构成要件。只有在申请人未尽谨慎合理的注意义务，对自己的权利缺乏合理评估且过分轻视财产保全可能给被申请人造成的权利限制时，才认为申请人具有过错。

尽管在侵权构成要件的认定顺序上，只有在满足了客观要件即侵权行为、损害、因果关系后，才有讨论主观过错的必要，但是随着过错判断标准日趋客观化，实践中法院往往先论述侵权行为和过错，然后才论述损失及因果关系，故本文也将过错要件的讨论前置于此，先于损失和因果关系进行讨论。

1. 过错判断应采一般当事人标准

过错判断的客观化，意味着对主观过错的判断应当采取客观标准而非主观标准，即在具体判断时，需要将“故意”或“重大过失”客观外化，按照法律、法规等规范性文件所确立的民事诉讼当事人的注意义务以及一个合理、谨慎的人所应当具有的注意义务，考察申请人行使申请财产保全的权利是否谨慎、合理，是否过分轻视并不当侵害了被申请人的财产利益。

尽管相当一部分民事诉讼案件当事人均委托了律师代理进行诉讼活动、申请财产保全，但律师系受申请人的委托，在授权事项范围内或接受申请人的指示，以申请人的名义参加诉讼，所为诉讼活动的法律后果仍由申请人承担。并且，律师的专家注意义务基于法律服务关系而产生，在判断申请人是否尽到对被申请人的注意义务时，仍应以当事人的认知能力和水平为标准，而非其委托的律师的知识能力和水平。

此外，诉讼存在固有风险无法避免，申请人基于对有争议的法律或事实问题的错误认识而申请保全的，不应认定具有过错。一般人的法律知识、举证能力和对法律关系的分析判断能力各不相同，对诉争事实和权利义务的判断与人民法院及鉴定机构的专业判断之间难以实现一致。申请人所主张的诉讼请求及其对所依据的事实和法律的判断与法院生效裁判的认定和专业鉴定机构所作出的鉴定意见之间存在差距较为常见。因此，对于一般当事人无法准确识别、需要依赖于专业机构鉴定或由法院审理认定的事实问题和法律争议，即使申请执行人存在错误认识，也不宜从事后视角认定申请人申请财产保全时具有主观过错。①

2. 两个主观过错的客观化判断标准

（1）起诉是否具有合法性和合理性

合法性要求申请人提起诉讼应具有法律依据，不违反法律的强制性规定；合理性则要求其诉讼主张应具有基本的事实依据和证据支持。《民事诉讼法》第 67 条、第 122 条规定，起诉应当具有事实和理由，并有责任提供相应证据。一般而言，起诉不具有合法性或合理性的典型情形如下：

第一，诉讼请求明显缺乏证据支持或没有事实根据。财产保全直接限制他人财产权利的行使，当事人应慎重行使保全他人财产的权利，避免滥用权利，否则应当承担相应的赔偿责任。若申请人所主张的诉讼请求明显缺乏证据支持，或者申请人所主张的基本事实已经生效判决作出相反认定，则其起诉和申请保全的行为明显缺乏对他人权利的审慎注意，通常被认定具有过错。此外，若申请人明知自己的诉讼请求缺乏依据，仍不断增加诉讼请求、扩大保全范围，也

① 如北京市高级人民法院（2022）京民终 106 号案。

可认定其主观上具有明显过错[①]。值得注意的是，不能强求当事人对证据证明力的认识达到裁判者的认知水平，而应以一般人的认知水平判定申请人是否具有过错。若当事人对自己的诉讼请求提供了初步的证据，能够进行合理的说明，则不能认定其具有过错。

第二，未对权利有效性尽合理注意义务。此类情形多产生于专利侵权案件中。例如，若专利本身面临无效性审查，或实用新型专利效力稳定性未经评价，或在明知专利权效力不稳定的情况下未申请解除保全或提供担保，则申请人可能被认为未对他人的合法权益尽到合理谨慎的注意义务，其申请保全的行为具有可归责性。[②]

第三，超过诉讼时效。实践中，若起诉时明显超过诉讼时效，存在法院认定构成申请保全错误的可能。但是，不应对申请人苛以过于严格的注意义务，若其基于自身的合理认识，认为未超过诉讼时效，即使最终法院认定超过时效并驳回其全部诉讼请求，也不应认定其申请保全具有过错。

第四，重复起诉。重复起诉行为不仅浪费司法资源，更是对诉权的不当行使甚至是滥用，应当得到法律的否定性评价，故若当事人明知或应知其构成重复起诉而申请了财产保全，该申请保全的行为也不具有正当性，其主观具有错误保全的故意[③]。但是，若并无证据证明申请人明知或应知其构成重复起诉，或是否重复起诉存在重大法律争议，则即使最终被法院认定构成重复起诉而败诉，也不构成申请财产保全错误，否则对当事人的注意义务过于苛责[④]。

第五，明显不合理的撤诉。当事人撤诉意味着案件其诉讼请求未经法院实体审理，撤诉的法律后果视同当事人并未提起诉讼。当事人一旦撤诉，发挥保证日后生效判决得以执行、保护起诉主体诉讼利益最终实现作用的财产保全的目的和正当性基础均将不复存在。此时，若当事人撤诉行为明显无正当理由，一定程度上可印证明知其诉讼请求亦缺乏合理性基础，可能作为法院认定是否构成申请保全错误的考量因素[⑤]。

（2）保全是否具有适当性

保全适当性强调的是申请人申请财产保全的行为是否适当，包括申请保全

---

① 如最高人民法院（2021）最高法民终587号案。

② 如最高人民法院（2020）最高法知民终521号案。

③ 如北京市第二中级人民法院（2022）京02民终6044号案。

④ 如北京市高级人民法院（2022）京民终106号案。

⑤ 如安徽省高级人民法院（2022）皖民终207号案。

的对象是否正确，申请保全的金额是否与其诉请金额大致相当，对能予活封的财产申请进行死封等。因法院不对财产保全申请做实质审查，故申请人应对其申请行为负责，对其申请保全的内容尽到基本的调查核实和注意义务，否则可能被认定为具有过错。

此外，保全是否适当的判断可贯穿财产保全持续的整个阶段，并从作为和不作为两个方面来评价：作为方面，不仅包括首次申请保全的行为是否适当，还包括是否不合理地增加保全金额和延长保全期限；不作为方面，包括未依据法律规定及时申请全部或部分解除保全措施、在被保全财产不适宜保全的情况下拒绝解除保全或更换保全财产等。若保全不具有适当性，说明申请人主观上缺乏合理谨慎的注意义务，故意追求或者放任结果发生，具有可归责性。

当然，申请人无过错的主观状态也可能向有过错的主观状态转化，如经鉴定其所起诉依据的担保合同中担保人的签章系伪造，申请人未对鉴定结果提出异议且拒绝对担保人的保全金额进行调减，法院可能基于此认定申请人具有一定过错。

实践中，参见的保全不具有适当性的情形如下：

第一，超标的保全。超标的保全有两种情形：一是前案中，法院仅支持了原告的部分诉讼请求，则其所申请保全的金额超过实际有权主张的金额，构成超标的保全；二是当事人申请保全的财产价值大于其诉请请求的金额，也属于超标的保全。若发生前述两种情形之一，且超额保全金额巨大，超出了必要、合理和可预见的范围，或在被申请人多次提出异议、申请人明知超额保全的情况下，申请人并未调整保全金额、申请部分解封或拒绝提供担保，此种不作为行为可认定申请人对财产保全错误存在故意或重大过失，即具有过错。

第二，保全对象错误。保全对象错误又可以分为两种情况，一是被申请人错误；二是所申请保全的财产实际不属于被申请人的财产。第一种情况属于主体认识错误，如被申请人是合伙人/股东时申请保全合伙企业/公司的财产，或者申请保全被申请人的关联主体、近亲属名下的财产等。第二种情况属于客体认识错误，通常发生在申请人未对申请保全的特定物的权属状态履行事实调查义务，此时法院通常认定申请人申请保全时未尽审慎注意义务，具有过错。

第三，保全对象不适当。财产保全应当遵循善意和损害最小原则，实践中，保全对象不适当的情形常见于在可以冻结其他财产时冻结了被申请人生产经营所需的物资，或申请人无正当理由拒绝被申请人的置换要求。该种行为可能被法院认定为具有过错。

第四，怠于解除保全。《最高人民法院关于人民法院办理财产保全案件若干问题的规定》第23条第1款规定了申请人应当及时申请解除保全的六种情形，第3款规定，“申请保全人未及时申请人民法院解除保全，应当赔偿被保全人因财产保全所遭受的损失”。据此，特定情形下，申请人负有及时申请法院解除保全的作为义务，若不作为，应认为具有过错。

申请人是否具有错误申请保全的过错的判断是一个综合考察的过程，且很多情况可能在诉讼过程中才发生，保险人在承保时并无从掌握，而保单保函一旦出具就覆水难收，建议保险人可在保险合同中提前作出相应安排。

（三）申请保全错误的“损失”

1. 确定损失的基本原则及损失类型

侵权损害赔偿责任以“填平”为基本原则，无论是直接损失，还是间接损失，凡被侵权人所受损失与侵权行为有相当因果关系的，均应当得到赔偿。如此才能充分保护被害人的合法权益，促使民事主体谨慎行使权利。因申请保全错误给被申请人造成的损失可以分为直接损失和间接损失。

直接损失，是指现有财产的减少，既包括积极财产的减少，又包括消极财产的增加。前者如错误保全不宜长期保存的商品致使临近或经过保质期导致的货物贬值损失，或保存方式不当造成的财产毁损灭失。后者如错误保全家用车辆导致被申请人另行租车产生的租金，或者错误保全银行存款导致被申请人另行贷款产生的贷款利息损失，又或者保全造成停产停业期间产生的职工工资、水电费等经常性费用等。

间接损失，即可得利益损失，是指被申请人因财产保全导致本应获得的利益无法获得而产生的损失。即，若未发生财产保全，按照被申请人所做的准备或采取的措施，具有极大可能性可以获得但因为财产保全而无法获得的利益。比如，被申请人因财产被保全导致无法履行既定的合同，产生的履行利益损失。又如，上市公司股东因所持股票被冻结而无法进行买卖操作产生的止盈止损不能损失。

但值得注意的是，股票与其他财产权不同，其市场价值会随着公司经营状况、市场行情等因素的变化而变动，具有较高的不确定性，股票实际价值的实现也与投资者的交易习惯、在冻结期间是否发出过交易指令或产生具体的交易意图等情况密切相关，实践中法院对于错误冻结股票是否产生损失以及该等损失的范围等问题尚未形成统一的观点，但通常会结合被申请人的具体行为和市场行情的变化等因素，综合考虑损失发生的可能性及损失的可预见性进行判断。

2. 从财产类型看常见的损失范围

（1）被保全财产为银行账户中的存款

被冻结资金的损失应当根据资金数额、资金性质、资金用途等因素综合认定。根据损益平衡原则，一般情况下的资金占用费计算方式为中国人民银行同期存贷款利息差，即冻结期间的银行同期贷款基准利息减去查封期间的活期存款利息。但是，若所保全账户内的款项性质为借贷款项，考虑到实际资金成本，可按照中国人民银行的同期贷款利率确定赔偿额。另外，当对银行账户错误保全影响到企业的实际经营时，法院也会结合资金数额、资金性质、资金用途等因素，并考虑资金使用成本、市场经营风险等情况，对损失计算标准进行酌定。

（2）被保全财产为法院的执行款

实践中，一般认为，被申请人在法院的执行款被冻结，影响正常生产经营活动的，以中国人民银行同期贷款利率作为利息损失的计算标准。

（3）被保全财产为土地使用权

实践中，部分法院认为，因保全土地使用权导致房屋无法销售，应赔偿迟延销售房屋的利息损失，而因市场变化产生的价值贬值损失属于被申请人应自行承担的风险，不属于赔偿范围。前述迟延售房的利息损失，可以预计的全部销售额为基数，综合考虑因果关系、市场环境等因素，按同期银行贷款利率进行计算。

（4）被保全财产为预售/在售商品房

基于房地一体原则，无论被保全的财产是土地使用权还是预售/在售商品房本身，均会导致土地之上的商品房无法正常销售，此时必然会给房地产企业造成一定的迟延销售损失。对于该等损失的计算方式，有部分法院以预计销售款为基数乘以同期贷款基准利率计算，有的法院则以申请保全的金额与实际债权的差额为基数乘以同期贷款利率计算①。

（5）被保全财产为一般性住房

实践中，部分法院认为，被保全财产为一般性住房的情况下，被申请人主

---

① 如安徽省高级人民法院（2021）皖民终247号案。

要主张的赔偿范围为租金损失或因房价下跌所导致的差价损失，但因查封房屋并不影响正常出租，故租金损失一般无法得到法院支持。对于房价下跌损失而言，若被申请人无证据证明其有转让被查封房屋的意图，也不能被支持。

（6）被保全财产为运营车辆

实践中，法院一般以运营车辆被扣押前的利润情况，结合车辆折旧情况及市场变化情况等确定被扣押期间的营运损失。

（7）被保全财产为自用车辆

对家用车辆被错误保全期间所产生的损失，法院可支持的赔偿范围为租车费用及租车期间产生的停车费与管理费①，主要参考因素为租车时间、租车费用、支付与退还押金的情况。当上述因素存在明显异常时，租车费用损失可能无法得到法院支持。

（8）被保全财产为股权

实践中，部分法院认为，若被申请人意图出售股权，但因保全行为而未能出售，其损失为未能出售导致的违约损失，但若被申请人对损害事实的产生有重大过错，其主张的损失不应支持。若被申请人意图以该股权融资贷款而因保全行为未能实现融资目的，其损失为被迫以其他方式获取融资而产生的利息损失。若被申请人既无出售意图，又无融资目的，法院可能考虑到恶意保全的主观过错程度、恶意保全财产的金额、恶意保全的时间跨度等因素，对其损失可以股权交易价格为基数，参考中国人民银行同期存贷款利率差，进行酌定。

（9）被保全财产为股票

股票作为一种财产类型，具有流通性大和市值波动大的特点，若对股票进行非可售冻结，将对股票持有人的利益产生较大影响。此时，法院通常结合事实判断被申请人是否具有买卖意图，若确有买卖意图但因冻结导致客观上不能处分，则认可被申请人因保全错误产生了损失。但对损失的认定，不同法院的观点差别较大，有的法院认定损失为股票变现款的利息损失，并以可能的处置价款为基数参照中国人民银行同期贷款基准利率酌定；有的法院则认为损失应当为因处分不能导致的止盈止损不能损失。若被申请人在股票冻结期间并无处置意图，有的法院认为此时不产生任何损失，有的法院则认为被申请人无法正常支配股票，损失客观存在，并按照冻结日和解冻日的市值差确定损失。对于

① 如陕西省渭南市中级人民法院（2021）陕05民终1802号案。

股票价值波动和被申请人损失之间的关系，有的法院认为股票市值波动与被申请人损失相关，有的法院则认为市值波动不具有可预见性，且并未实际发生，与保全行为没有关联性[①]。

（10）被保全财产为证券交易账户中的资金

由于不确定性较强、缺乏可预期性的“间接损失”难以得到支持，如被申请人以证券交易账户被错误冻结主张股票投资损失，因股票投资具有不确定性及高风险，法院通常不予支持。

（11）被保全财产为机器设备

《最高人民法院关于人民法院民事执行中查封、扣押、冻结财产的规定》第10条规定，查封扣押的财产原则上由法院保管，法院不宜保管的可以指定被执行人保管，不宜由被执行人保管的，可以委托第三人保管；法院或第三人保管时，被执行人不得使用被保全财产。因此，被申请人因机器设备等生产资料被查封主张经营损失的，法院通常结合被保全财产的保管情况、被申请人的实际停产状况等对损失加以认定。若对机器设备的查封不影响其正常使用经营的，对经营损失的主张可能不予支持。

（12）被保全财产为汇票等票据

当被错误保全的财产为票据时，司法实践中一般认为，可主张的赔偿范围为利息损失，计算标准为中国人民银行规定的企业同期流动资金贷款利率。被申请人有确切证据证明因票据被冻结而导致其在另案中承担了违约责任的，对承担违约责任所产生的损失，部分法院予以支持。

我们将前述被保全财产可能因保全产生的损失汇总如下表：

表 2-6-1

序号	财产类型	可能损失
1	银行存款	存贷款利息差、贷款利息、违约损失等
2	法院的执行款	贷款利息等
3	土地使用权	商品房迟延销售利息损失、违约损失等
4	预售/在售商品房	商品房迟延销售利息损失、违约损失等
5	货物	贬值损失、仓储费、货物价款利息损失等
6	住房	房价下跌损失等

① 如陕西省凤县人民法院（2022）陕0330民初76号案。

续表

序号	财产类型	可能损失
7	运营车辆	经营利润损失等
8	自用车辆	租车费等
9	股权	违约损失、利息损失等
10	股票	违约损失、利息损失、跌价损失、止盈止损不能损失等
11	生产设备	停产损失等
12	票据权利	违约损失、利息损失等

注：上表仅列举部分可能发生的损失类型，不代表损失一定会发生，也不代表该等损失一定会被法院支持，即使法院支持，损失的具体计算方式也可能因案而异。

3. 损失的证明责任

在因申请财产保全损害责任纠纷中，被申请人应当对其因申请财产保全错误遭受的财产性损害的范围和数额等负举证责任，若被申请人无法充分举证其所主张的损失的计算方式和依据，可能不会得到法院支持。但是对于一些间接损失，因举证过于困难或无法精确举证具体数额的，不排除法院可能结合案件的实际情况和现有证据，对损害进行合理的评估而予以酌定。

4. 过失相抵原则

过失相抵原则，是指在申请人依法应承担赔偿责任的前提下，如果被申请人对于损害事实的发生或扩大也有过错，则可以减轻申请人的赔偿责任。该等被申请人的“过错”与申请人申请保全错误的过错不同，是“对自己的过错”而非“对他人的过错”。被申请人违反的是维护自己利益的不真正义务，违反的后果是不得主张损失赔偿，而对他人的损失赔偿责任。最典型的情形如在申请人未及时申请解除保全措施而具有过错的情况下，有的法院认为，被申请人既未提出异议，又未自己提出解除保全措施的申请，对损失的扩大具有过错的，应当适当减轻申请人的赔偿责任。

5. 损益相抵原则

损益相抵原则是确定损害赔偿范围的另一规则，其内容是，当被申请人因错误财产保全的发生而获得利益时，应将该等利益从损失中扣除，避免被申请人从申请人错误申请保全的行为中获益。例如，被申请人因被保全的财物灭失而从保险人处获得的财产损失保险赔偿金、因停产而节约的成本及税费、因银行存款无法取出产生的存款利息。但是，对于房产或股票被保全期间产生的增值收益，因该等增值是基于客观的市场因素发生，与申请人的保全行为没有因果关系，且从法律惩罚加害人、保护受害人的风险分配的价值取向来看，保全期间房产或股票的增值收益不应属于损益相抵的范畴。

（四）申请保全错误的“因果关系”

因果关系是侵权损害赔偿责任最基本的构成要件之一。因果关系主要需要解决两个问题，一是是否因财产保全行为造成了被申请人的损失；二是申请人应对被申请人所主张的哪些损失承担责任。

因果关系的判断标准存在诸多学说，如条件说、必然因果关系说、相当因果关系说等，我国理论界和司法实践对因果关系的判断均采用相当因果关系说，只有同时具备以下两个要件，申请人才应对损失负责：其一，若无此保全行为，则被申请人的损失就不会产生；其二，若有此保全行为，则通常会产生此种损害后果。

若满足第一个要件，则保全与被申请人损失之间具有因果关系，保全是被申请人损失发生的必要条件，如无此关系，则损失和保全之间不具有因果关系。在被保全的财产已被另案在先查封而法院实际上只进行了轮候查封的情况下，即使申请人并未申请保全，被申请人也无法对被保全的财产进行处置，损失仍然会发生，则这个损失就与申请人的保全行为之间没有因果关系。

第二个要件的目的是在满足条件关系的基础上排除过于偶然的特殊因素所导致的损失，即对侵权行为和损失后果的相当性进行判断。但是，相当性的判断需要法官以个案具体情况为基础，结合自身经验进行裁量和判断，不同的案件可能会作出完全不同的判断。

以被申请人为申请解除保全措施而发生的担保费为例，在（2020）青民终5号案中，青海省高级人民法院认为，担保方式的选择是当事人的自由意愿，被申请人所支出的担保服务费不应确定为因错误申请保全造成的损失；而在（2022）皖民终207号案中，安徽省高级人民法院则认为，被申请人通过第三方担保公司向法院提供解除财产保全担保函的方式以解除保全，系必要且合理的救济措施，因此其支出的担保费用属于其遭受的财产损失。

三、保险公司的诉讼参与问题

一般而言，在保全被申请人没有主动将保险公司作为被告起诉时，保险公司亦可能会作为第三人甚至被告参加诉讼。例如，（1）经法院依职权追加为共同被告参加诉讼；（2）经被告申请作为共同被告参加诉讼；（3）作为无独立请求权的第三人参加诉讼。

四、保险人的责任形式、抗辩和追偿问题

（一）保险人的责任形式

被申请人请求申请人赔偿因申请保全错误而造成的损失时，通常将保险人和申请人作为共同被告起诉。就理论上而言，申请财产保全损害责任纠纷系侵权纠纷而非保险合同纠纷，法院在处理申请财产保全损害责任纠纷时仅应对侵权关系和保全担保关系进行审理并作出判决，不应涉及保险责任。但实践中，有的法院仍会对保险法律关系进行审查，或依据《保险法》的相关规定判决保险人承担相应的赔偿责任。

实践中法院判决诉讼保全责任保险的保险人承担责任的形式，主要分为以下两种情形：

其一，判决保险人与申请人承担连带赔偿责任，主要理由有：（1）保单保函中写明保险人承担连带赔偿责任；（2）保险人系连带保证人，应承担连带保证责任。

其二，判决保险人承担单独责任，主要理由有：（1）根据《保险法》第65条第2款的规定，赔偿责任确定的，根据申请人的请求，保险人应直接向被申请人赔偿保险金；（2）为减少诉累和充分保障当事人诉讼权利，可直接判决保险公司向被申请人支付理赔款；（3）保险人在保单保函中承诺在限额内向被申请人进行赔偿的，法院可以仅判决保险人承担赔偿责任。

（二）保险人是否享有抗辩权

如前所述，保全担保具有无条件、不可撤销、无因性的特征，法院一旦接受了保险人提供的保单保函作为财产保全的担保，则不论保险合同的效力如何，只要申请保全错误造成了被申请人的损失，保险人就要按照保单保函中关于“由保险人赔偿被保全人因保全所遭受的损失”的内容，承担相应的赔偿责任。另，因保险合同具有相对性，保险合同中的免责条款无法约束合同以外的被申请人。因此，在财产保全损害责任纠纷中，保险人应无法依据保险法律关系对被申请人的赔偿请求提出抗辩。

（三）保险人能否向申请人“追偿”

诉讼保全责任保险合同的履行中，存在对内对外两重法律关系，对外的担

保关系具有不可撤销、不可解除、不可抗辩性，而对内的保险关系则属于私法上的合同关系，应根据保险合同和保险法的规定确定保险人和申请人之间的权利义务。因此，若保险合同明确约定，在特定情况下，保险人享有拒赔或先行赔付后对申请人追偿之权利的，该条款未必构成无效之条款。若发生了保险合同中明确约定的免责情形，则保险人基于保全担保的无因性和不可抗辩性向被申请人所作的赔偿不属于其依据保险合同应承担的保险责任的范畴，申请人在保险人实际赔偿的范围内不当得利，应当允许保险人向申请人主张“追偿”。但法律对此并未作出明确规定，实践中正反两种观点均有案例支持。

五、诉讼保全责任保险是否可以退保

投保后，申请人并未申请财产保全的，有权解除合同并要求保险人退还保费，保险人不得以保险合同约定“不得退保”为由拒绝退费。例如，在北京市东城区人民法院（2021）京 0101 民初 19166 号案中，申请人欲向法院申请诉前财产保全，并向保险人投保诉讼财产保全责任保险，保险人予以承保，后申请人认为无提起诉讼之必要，未向法院提起诉讼，亦未申请诉前财产保全、未向法院提交诉讼财产保全责任保险单及担保书等文件。保险人认为，投保单中特别约定载明投保单和担保书一经出具，不得退保和减少标的额，否则诉讼损失由申请人自行承担。法院认为，保险责任尚未开始，被保险人依法享有解除合同的法定权利，前述约定违反《保险法》第 54 条第 1 款的规定，故对保险人的主张不予采纳，判决保险人扣除 15%的手续费后向申请人退还已交纳的保险费。

第三节　相关建议

一、诉讼保全责任险产品设计

（一）责任免除条款

第一，保险人可在保险合同中明确约定，申请人负有保证其提供的投保审核材料真实、完整，不得隐瞒对其不利的证据，或与提交法院的版本不一致，否则保险人有权解除合同并不承担保险责任。

第二，若申请人在诉讼过程中发生可能导致风险增加的情形，应当及时告知保险人，否则对该部分损失，保险人不承担保险责任。保险人以保全担保人身份承担完担保责任的，有权向申请人请求损失赔偿。

第三，保险人应对上述责任免除条款作出足以引起申请人注意的标记并向申请人进行详细说明，要求申请人在条款处签章确认。

（二）被保险人告知义务条款

《保险法》第 52 条规定，在保险合同有效期内，被保险人负有危险增加通知义务，未履行通知义务的，保险人不承担赔偿责任。但在诉讼保全责任保险中，保险人向法院出具保单保函后，申请人就实现了申请财产保全的目的，在诉讼过程中继续向保险人履行通知义务的主动性较弱。因此，可在保险合同中约定，如在诉讼过程中出现重大变化，如经鉴定发现起诉依据的主要证据为虚假、申请人自动撤诉或按撤诉处理、一审诉讼请求被全部或部分驳回等情况，应及时告知保险人，如保险人认为有必要，可书面通知要求申请人申请解除全部或部分保全。若申请人拒绝按照保险人的要求申请解除保全被法院认定具有过错而承担了赔偿责任的，保险人对该部分损失不承担保险责任。

此外，为实现对保全适当性的控制，还可约定法院实际采取保全措施后，申请人应将保全裁定、保全财产清单等材料复印件提交保险人留存。若保全过程中，被申请人对保全行为申请复议，或请求置换担保物的，申请人均应及时告知保险人。申请人无正当理由拒绝置换担保物，或存在超标的保全或保全错误/不适当等情况的，保险人有权要求被保险人纠正。不及时纠正或未及时告知保险人的，保险人不承担保险责任。

二、诉讼保全责任险核保流程

1. 对材料完整性、真实性进行询问。要求申请人提供全套起诉材料，以及申请保全的材料，并就材料真实性、完整性及案件基本情况提出询问。

2. 对材料进行形式审查。从形式上审查申请人提供的材料的完整性、关联性以及真实性和合法性，以及申请保全的金额和诉讼请求的金额是否大致相当，是否存在起诉对象、保全对象、保全财产所有权人不一致或者管辖错误等情况。

3. 对材料进行实质审查。着重审查申请人的诉讼请求是否有初步证据支持和基本事实根据，证据和主张之间是否存在矛盾，是否存在重复诉讼，是否没有起诉必要性，是否已经超过诉讼时效等实体问题进行审查。

4. 要求补充提供材料或者明确说明问题。若发现证据明显不足以证明其诉请，或者材料之间存在缺漏、矛盾，可要求申请人进行调整、补充。若主要证据真伪不明，或存在证明力缺陷等情况，应及时要求申请人作出合理解释和澄清说明。

三、出险应对及程序参与

建议保险人在案件管理系统中对承保的案件进行定期状态更新，跟进每一个案件的诉讼和保全进展。如案件临近审限，可通过电话回访等方式询问申请人判决是否已经作出、判决结果为何、是否上诉。若申请人败诉，还应及时回访询问被申请人是否有就财产保全错误提起诉讼的打算，提前做好准备。

若被申请人提起因申请财产保全损害责任纠纷诉讼的，建议保险人积极参加诉讼，了解前案基本事实和诉讼过程，以收集申请人是否违反保险合同约定的告知义务或有隐瞒真实情况等免赔情形的证据，为追偿诉讼做准备。

四、诉讼应对及追偿

若申请人违反保险合同约定的如实告知和及时告知义务的行为被法院判决认定具有过错的，保险人可在赔偿完毕后向申请人启动追偿程序。

定期进行重大理赔案件内部复盘，总结经验教训，完善合同条款、核保流程和证据收集工作。

·第三编·

主要行业争议解决年度观察

第一章　信托行业争议解决年度观察

第一节　信托行业年度数据

一、2022年信托业发展概述

截至2022年第三季度末，信托资产规模余额为21.07万亿元，同比增加0.63万亿元，增幅为3.08%；环比略降356.3亿元，降幅0.17%；与2021年年末规模余额相比，增加0.52亿元，增幅2.55%；与2017年年末的历史峰值相比，行业管理的信托资产规模下降幅度收窄至19.71%。信托行业经过近五年的持续调整，信托业务的功能和结构开始发生变化，行业正在迈入新的发展阶段。①

2022年第三季度，行业集合资金信托持续增长，管理财产信托重回增长通道，单一资金信托持续下降，总体延续"两升一降"态势。其中，集合资金信托2022年第三季度末规模为10.94万亿元，同比增长0.38万亿元，增幅3.63%；环比增长1.99%；较2021年年末增长0.35亿元，增幅3.29%；占比达到51.90%，同比上升0.28个百分点。管理财产信托规模经过2017年、2018年连续两年调整后，自2019年第二季度开始重新进入持续增长通道，2022年第三季度末规模为6.06万亿元，同比增长1.29万亿元，增幅27.01%；环比下降3.16%；较2021年年末增长0.52万亿元，增幅9.30%；占比为28.75%，同比上升5.42个百分点。单一资金信托规模在2017年年末达到峰值以后，在监管压降通道业务等政策引导下，规模和占比持续下降。2022年3季度末规模为4.08万亿元，同比下降1.04万亿元，降幅20.35%；环比下降1.25%；较2021

① 王玉国：《2022年第三季度中国信托业发展评析》，载中国信托业协会官网2022年12月12日，http：//www.xtxh.net/xtxh/statistics/48187.htm。

年年末下降 0.34 万亿元，降幅 7.69%；占比为 19.35%，同比下降 5.69 个百分点。①

自 2018 年资管新规出台以来，行业投资类信托业务发展明显加快，规模持续快速增长，2022 年第三季度末规模为 9.22 万亿元，同比增长 14.77%，环比增长 3.13%；较 2021 年年末规模增长 0.72 万亿元，增长 8.44%；占比为 43.75%，同比上升 4.46 个百分点，环比上升 1.40 个百分点，今年以来连续三个季度保持在信托资产功能分类的首位。融资类信托规模在监管要求和风险防控压力下，自 2020 年第二季度以后持续下降，2022 年第三季度末规模为 3.08 万亿元，同比大幅下降 20.31%，环比下降 2.80%，较 2021 年年末规模下降 0.51 万亿元，降幅 14.11%，占比为 14.59%，同比下降 4.29 个百分点，环比下降 0.40 个百分点。事务管理类信托 2017 年年末达到峰值后，在压降通道政策引导下持续回落，2022 年开始随着信托在风险隔离、风险处置、财富传承等领域功能的不断认识和探索，规模企稳回升。事务管理类信托在 2022 年第三季度末规模为 8.78 万亿元，同比增长 2.65%，环比下降 2.52%，较 2021 年年末规模增长 0.31 万亿元，增长 3.69%，占比为 41.65%，同比微降 0.17 个百分点，环比下降 1 个百分点。②

二、2022 年信托公司涉诉情况概述

笔者使用 Alpha 数据库对 2022 年信托公司涉诉情况进行了统计。2022 年全国信托公司涉诉案件总量约 505 件，一审案件 327 件，二审案件 172 件，再审案件 1 件，执行案件 5 件。信托公司的绝大多数涉诉案件均为民事案件，其占比高达 96.24%（486 件），行政案件与执行案件则依次占比 2.77%（14 件）、0.99%（5 件）。

在民事案由项下，2022 年度信托公司涉诉案件最主要的案由首先是合同、准合同纠纷，共 340 件，比例达到 69.96%；其次是与公司、证券、保险、票据等有关的民事纠纷，以 58 件的总量占比 11.93%；特殊诉讼程序案件案由、物权纠纷及劳动与人事争议等案由下的案件数量差距较小，分列第三位、第四位、第五位。

---

① 王玉国：《2022 年第三季度中国信托业发展评析》，载中国信托业协会官网 2022 年 12 月 12 日，http://www.xtxh.net/xtxh/statistics/48187.htm。

② 同上。

2022年，审理信托公司涉诉案件最多的5所法院分别为长沙市芙蓉区人民法院（64件）、上海金融法院（41件）、北京金融法院（37件）、深圳市福田区人民法院（36件）、北京市第二中级人民法院（26件）。其中，长沙市芙蓉区人民法院审理的相关案件均为自然人与房地产公司间的房屋买卖合同纠纷，某信托公司作为第三人涉诉。除此之外，以信托公司为原告或被告的纠纷主要发生在北京、上海、深圳三地，能够体现出信托公司涉诉纠纷易发于一线城市。

信托公司涉诉案件的平均审理期限为135天。涉诉标的额，标的额为10万元以下的案件数量最多，有151件；100万元至500万元的案件有81件；10万元至50万元的案件有67件；50万元至100万元的案件有40件；500万元至1000万元的案件有23件。

三、2022年信托公司监管概述

2022年，监管部门进一步强化对信托公司和从业人员的执法力度，继续引导信托公司加强风险管理、依法合规经营。据不完全统计，以银保监、央行披露日期为口径，自2022年以来，监管部门对信托公司及相关责任人开出的罚单数量超110张，较上年全年翻了近一倍，罚款总额与上年相近。其中，涉及信托公司主体的罚单26张，处罚金额近6000万元，对比来看，2020年全年的罚款仅2200万元；对相关责任人的处罚金额总计达1200万元，另有多位从业人员被禁止终身从事相关工作。①

2022年，信托公司受到行政处罚的违规行为主要包括未对第三方合作机构向借款人额外收费进行有效管控②、违反规定向地方政府及其部门提供融资③、用户信息管理不规范④、信息披露违法违规⑤、资金违规流入房企⑥、关联交易未事前报告⑦、为企业融资过程中接受地方政府承诺类函件⑧、应收账款真实性

---

① 朱英子：《信托业2022这一年 在分类改革与风险化解中静待花开》，载21财经网，https://m.21jingji.com/article/20221224/90cef1734d6a07f8eada83a405efb039.html，2023年1月30日。

② 参见云银保监罚决字〔2022〕12号。

③ 参见陕银保监罚决字〔2022〕25号。

④ 参见（昆银）罚字〔2022〕第5号。

⑤ 参见陕银保监罚决字〔2022〕30号。

⑥ 参见沪银保监罚决字〔2022〕9号。

⑦ 同上。

⑧ 参见鄂银保监罚决字〔2022〕9号。

审查失职①、违规为银行提供通道业务②、信托受益权违规转让③、高管履职未经任职资格核准④、未按要求对高管绩效薪酬实行延期支付⑤、违规投资设立非金融子公司并开展关联交易⑥等。

第二节　信托行业的新发展

一、新华信托依法进入破产程序

2022 年 7 月，中国银保监会官网发布批复公告，同意新华信托股份有限公司（新华信托）依法进入破产程序⑦。新华信托的破产清算，是我国《破产法》自 2007 年 6 月 1 日实施以来的首例信托公司破产清算。因我国《破产法》并未有针对金融机构破产的规定，更没有关于金融机构破产后受托管理资产处置的规定，由此产生的诸多法律问题，值得业界关注。

其中最值得关注的是，新华信托管理的信托财产，在其破产后究竟应当如何处理?《信托法》第 16 条规定："信托财产与属于受托人所有的财产（以下简称固有财产）相区别，不得归入受托人的固有财产或者成为固有财产的一部分。受托人死亡或者依法解散、被依法撤销、被宣告破产而终止，信托财产不属于其遗产或者清算财产。"根据上述规定，新华信托管理的信托财产不属于其清算财产，不应由破产管理人进行处理。

《信托法》第 39 条规定："受托人有下列情形之一的，其职责终止：（一）死亡或者被依法宣告死亡；（二）被依法宣告为无民事行为能力人或者限制民事行为能力人；（三）被依法撤销或者被宣告破产；（四）依法解散或者法定资格

① 参见京银保监罚决字〔2022〕9 号

② 参见渝银保监罚决字〔2022〕15 号。

③ 参见渝银保监罚决字〔2022〕30 号。

④ 参见川银保监罚决字〔2022〕57 号。

⑤ 同上。

⑥ 参见赣银保监罚决字〔2022〕30 号。

⑦《中国银保监会关于新华信托股份有限公司破产的批复》，载中国银行保险监督管理委员会网 2022 年 7 月 6 日，https：//www. cbirc. gov. cn/cn/view/pages/ItemDetail. html？ docId = 1059995&itemId = 4110&generaltype = 1。

丧失；（五）辞任或者被解任；（六）法律、行政法规规定的其他情形。受托人职责终止时，其继承人或者遗产管理人、监护人、清算人应当妥善保管信托财产，协助新受托人接管信托事务。”第40条规定：“受托人职责终止的，依照信托文件规定选任新受托人；信托文件未规定的，由委托人选任；委托人不指定或者无能力指定的，由受益人选任；受益人为无民事行为能力人或者限制民事行为能力人的，依法由其监护人代行选任。原受托人处理信托事务的权利和义务，由新受托人承继。”从上述规定来看，新华信托被宣告破产后，其职责终止，应当选任新的受托人。现在很多信托产品为集合信托，存在多个委托人，应该如何去选定新的信托公司，成为一个值得关注的问题。

新华信托破产事件给信托行业敲响了警钟，打破了人们对国有金融机构的债务政府会进行兜底的刻板印象，同时也为相关从业人员提供了一个很好的学习范本，值得持续关注。

二、监管机关支持房地产信托展期一年

2022年11月11日，中国人民银行、银保监会发布《关于做好当前金融支持房地产市场平稳健康发展工作的通知》，从融资、保交楼、受困房企风险处置、保护消费者权益、调整金融监管政策、住房租赁金融等六个方面、十六条措施支持房地产市场平稳健康发展。该通知被业内人士称为“金融16条”。因近几年各大房地产项目纷纷爆雷，建设工程进展停滞不前，购房者预付了购房款，却无法按期拿到房，严重影响到社会稳定。故，金融监管机关稳定房地产市场，适度对以三道红线为代表的房企融资政策进行优化，该通知在这样的背景之下出台，具有重要意义。

其中，特别值得信托行业关注的是，该通知第4条规定：“支持开发贷款、信托贷款等存量融资合理展期。对于房地产企业开发贷款、信托贷款等存量融资，在保证债权安全的前提下，鼓励金融机构与房地产企业基于商业性原则自主协商，积极通过存量贷款展期、调整还款安排等方式予以支持，促进项目完工交付。自本通知印发之日起，未来半年内到期的，可以允许超出原规定多展期1年，可不调整贷款分类，报送征信系统的贷款分类与之保持一致。”据媒体报道，该通知发布后，多家信托公司管理的房地产信托产品开始展期。①

---

① 参见《开始有信托展期了》，载微信公众号“上海信托圈”，2022年11月22日。

三、信托业务分类改革

2022年12月30日，银保监会发布了《关于规范信托公司信托业务分类有关事项的通知（征求意见稿）》（以下简称《信托分类新规》）。事实上，早在2022年4月，部分信托公司就已收到《信托分类新规》（内部征求意见稿）。经过大半年向信托行业内部征求意见后，《信托分类新规》正式面向公众征求意见。

《信托分类新规》本次对信托业务进行了重新分类。过往信托分类一直依据由2014年中国人民银行发布的《信托业务分类及编码》，从九个不同角度对信托业务进行大类划分。但是随着信托业务的发展，业务形式在不断创新，原有信托业务分类体系已运行多年，与信托业务实践不完全适应，存在分类维度多元、业务边界不清、角色定位冲突和服务内涵模糊等问题，故银保监会出台《信托分类新规》，对信托业务重新进行分类，以方便进行监管。

《信托分类新规》发布后，信托业务将分为资产管理信托、资产服务信托、公益/慈善信托三大类。资产管理信托是信托公司依据信托法律关系为信托产品投资者提供投资管理金融服务的自益信托业务。该业务需坚持私募定位，属于私募资产管理服务，区别于为融资方创设融资工具并为其募集资金的私募投行服务。从事该类信托业务时，信托公司通过非公开发行集合资金信托计划来募集资金并进行投资管理。资产服务信托是指信托公司依据信托法律关系、接受委托人委托并根据委托人需求为其量身定制托管、风险隔离、风险处置、财富规划和代际传承等专业信托服务。此类信托业务不涉及募集资金行为，不得在信托项下开展负债业务，不得以受托资金发放信托贷款，不得为各类违法违规活动提供通道服务。此类信托业务可以是自益信托，也可以是他益信托。公益/慈善信托是指委托人基于慈善目的，依法将其财产委托给受托人，由受托人按照委托人意愿以受托人名义进行管理和处分，开展慈善活动的信托业务，其信托财产及收益不得用于非公益目的。

信托业界最为关注的一个问题是，信托公司还能否做融资类信托业务。虽然《信托分类新规》对资产管理信托中的固定收益类资产管理信托只定义为“信托计划投资于存款、债券等债权类资产的比例不低于80%”，未明确规定非标准化债权。但鉴于《信托分类新规》中资产管理类信托的监管需衔接资管新规，而资管新规中固定收益类产品是可以包含非标准化债权类资产，由此融资类信托亦可归属于固定收益类资产管理信托，但需要后续正式稿中对固定收益类资产管理信托定义及监管进一步明确。根据《信托法》赋能的信托公司仍是唯一可以发放贷款的资管机构，而信托贷款这一功能如何在新的监管环境中发挥其作用，目前仍然有待进一步观察。在不发生前述极端情形的前提下，相对主流的预测观点是非标信托债权融资后续将受到额度管控，即参照理财子非标资产投资的监管思路[①]对其以非标债权融资形式的信托参照信托公司总资产及净资产情况进行比例监管。

四、《信托业保障基金管理办法》修订

为更好发挥基金化解和处置行业风险的功能，中国银保监会商财政部对《信托业保障基金管理办法》进行修订，形成了《信托业保障基金和流动性互助基金管理办法（征求意见稿）》，明确了信托业保障基金和流动性互助基金分别的定位与使用方式，旨在更好发挥信保基金与流动性互助基金化解和处置行业风险的功能，维护金融稳定，保护金融消费者的合法权益。

2022 年，信保基金与安信信托达成债务和解，受让中国华融所持有的全部华融信托股权，并参与四川信托风险处置，充分发挥了化解和处置信托业风险的功能。此外，华信信托、新时代信托的风险处置工作亦是稳步推进。目前，信托公司风险处置已探索使用市场化股份重组加债权和解、托管、破产清算等多种方式，在监管指导下，充分实践市场化、法治化手段，处置和化解信托公司风险。

第三节　信托行业前沿热点争议

2022 年，多个信托公司涉诉纠纷的判决出现，涌现出许多充满争议亦值得讨论的问题。本部分将对这些前沿热点问题进行讨论分析。

---

① 《商业银行理财子公司管理办法》第 29 条规定："……银行理财子公司全部理财产品投资于非标准化债权类资产的余额在任何时点均不得超过理财产品净资产的 35%"。

一、资金池业务应当如何认定

2022 年 8 月 22 日，一则涉及信托资金池业务认定的案件迎来了终审判决。北京金融法院作出（2022）京 74 民终 417 号判决，维持了一审法院的判决，判决某信托公司赔偿投资者全部本金损失及相应利息损失。该案中，法院认为信托公司应赔偿投资者损失的主要原因在于，信托公司违规开展了资金池业务。关于法院对资金池业务的描述，笔者摘录如下：

“一审法院依职权调取的信托专户的交易流水显示，××信托公司存在向其自行设立并管理的永丰 1 号、永丰 2 号信托计划进行多次投资的行为，而永丰 1 号、永丰 2 号信托计划再次投向了民生信托公司自行设立并管理的汇丰 3 号、汇丰 2 号、汇丰 4 号、汇丰 5 号、添丰 3 号、添丰 8 号信托计划。××信托公司在本案中未披露汇丰 2 号信托财产的底层资产，无法查明底层资产的实际投向。虽然以设立信托计划的方式向其他信托计划投资的行为并不违反监管规定，但××信托公司投资的信托计划再次投向了其他信托计划。此种以 TOT 为主要投资形式，通过设立开放式集合资金信托计划，滚动发行信托单元，采用多层嵌套投资方式，使由其设立并管理的不同信托计划进行循环互相交易的资产管理产品，具有典型的资金池业务特征。××信托公司在对信托财产的管理及运用上，不仅违背监管部门的上述刚性要求，更增加信托财产的投资风险，使得委托人基于对受托人的信任认购信托单位，运用信托资金的目的无法实现，违反了受托人有效管理的原则。”

从法院的论述来看，法院认定信托公司从事资金池业务，主要因为案涉信托计划滚动发行，并进行多层嵌套投资：案涉信托计划投资信托公司管理的另一信托计划，而投资的信托计划再次投向了该信托公司管理的其他信托计划。

关于什么是资金池业务，《资管新规》第 15 条第 1 款规定：“金融机构应当做到每只资产管理产品的资金单独管理、单独建账、单独核算，不得开展或者参与具有滚动发行、集合运作、分离定价特征的资金池业务。”根据上述规定，资金池业务具有以下三个特征：滚动发行、集合运作、分离定价。

1. 滚动发行，又称为滚动发售、滚动募集，具体指资产管理产品项下的资金并非一次性募集完毕，而是通过分期发行或开放申购的方式在不同时点分别完成募集。根据后续滚动募集的资金用途不同，滚动发行可分为两大模式：

第一大模式：借新还旧模式，即在前期已募集的资金到期时，提前或同时募集新的资金以兑付已到期的资金，实现已到期资金的顺利退出。该等操作会导致资产管理产品的本金、收益、风险在不同投资者之间发生转移，尤其是向在后退出的投资者身上集中转移。因为前期投资人的兑付并非来自底层债务人的还款，而是来自后来投资者的投资款。该等操作，实际上是将底层资产债务人还款风险全部转嫁给后来的投资者，一旦底层债务人无法偿还借款，后来投资者将遭受全部损失。该等操作，一方面，同一个信托计划的投资者得到不同的对待，不满足公平对待投资者的要求；另一方面，变相使得后来的投资者承担全部投资风险，引发金融风险，已经被监管严格禁止。

第二大模式：滚动投资模式，即后续滚动募集的新的资金专项用于对外投资管理运用，并非用于兑付其他已到期资金。该等操作，与借新还旧模式不同，并未增加后来投资者的风险，故尚未被监管严格禁止。

当然，鉴于管理人内部操作及资金流向的非公开性，具体资金池业务的发行模式属于上述何种模式，旁人往往难以准确界定。即便在管理人内部，其很多情况下也不会单纯采取某一种模式进行发行，更多的是上述两种发行模式的结合。

2. 集合运作，又称为混合运作，具体是指所有募集的资金，不论资金是否来源于同一投资者或同一产品，且不论募集时间的先后，均由管理人进行统一核算、统一汇总使用，资金来源和资产运用没有明确一一对应。鉴于集合运作能够汇总大规模资金集中对外投资，既增强了管理人资金调动的灵活性，又有利于提高资金运用的收益率，故备受诸多金融机构青睐。但是集合运作的操作模式，导致委托人的资金无法对应相应的底层资产，从而导致委托人无法知晓底层资产的价值及风险，也被监管所禁止。

与集合运作相对应的是伞型运作，伞型运作是指不同时间投入资产管理产品的资金或者不同投资者的资金分别独立核算、独立管理运用，资金来源和资产运用能够做到一一对应。

3. 分离定价，是资金池业务的最核心的特征、最根本的属性，具体是指资产管理产品下的资金申购或赎回时未按照规定进行合理估值，脱离对应标的资产的实际收益率确定投资者的申购价格及赎回、到期时的收益水平。目前在资产管理产品常见的分离定价的操作就是：管理人在最初发行某款集合资产管理产品时，投资者认购的价格为 1 元/份；此后不论产品投资盈亏，后进的资金均按照 1 元/份进行认购，先出的资金均按照事先确定的预期收益率水平确定投资收益。

值得注意的是，《资管新规》并未将“期限错配”列为资金池业务的特征，这是否意味着资金池业务不具备期限错配的特征呢？笔者认为，恰恰相反，资金池业务起源的初衷就是为了通过期限错配达到短募长投的目的。具体而言，一方面通过较短期限的设置吸引公众投资者大量短期资金的汇入，另一方面通过较长期限的资产配置投向回报较高的领域。也正因如此，银行理财业务及其他资管业务均非常青睐于资金池业务的开展。期限错配的实现路径就是滚动发行，二者实际上具有相通之义。①。

二、通道类结构化证券投资信托是否构成场外配资

2022 年 3 月 16 日，东城区法院作出（2020）京 0101 民初 16822 号判决，判令某信托公司返还信托报酬，并赔偿投资者 200 万元损失。该案系国内法院首次认定结构化证券投资信托构成场外配资，进而认定信托目的不合法，信托无效。关于法院对结构化证券投资信托构成场外配资进而无效的论述，笔者摘录如下：

“三是涉案信托的目的。根据信托法等相关规定，信托公司实为一种金融投资平台，信托公司的结构化信托产品本身具有一定的融资功能，委托人根据自身的风险偏好和风险承受能力，通过认购信托公司自主管理的结构化信托产品，增加杠杆，间接进行证券投资等，是该类结构化信托产品的应有之义。本案中，被告将应当自主管理的结构化证券投资信托做成通道业务，信托公司不做实质尽职调查，不承担主动管理职责，仅是执行指令，提供服务，收取较低比例的服务费用，其信托目的实为劣后级受益人以信托为融资通道进行“借钱炒股”，涉案信托已实质上成为 B2 受益人开展证券投资的场外配资工具……五是涉案信托的效力。《信托法》第 5 条规定，信托当事人进行信托活动，必须遵守法律、行政法规，遵循自愿、公平和诚实信用原则，不得损害国家利益和社会公共利益。第 6 条规定，设立信托，必须有合法的信托目的。第 11 条规定，有下列情形之一的，信托无效：‘（一）信托目的违反法律、行政法规或者损害社会公共利益；（二）信托财产不能确定；（三）委托人以非法财产或者本法规定不得设立信托的财产设立信托；（四）专以诉讼或者讨债为目的设立信托；（五）受益

① 梁秀秀：《资管新规下资金池业务判断与解析》，载君泽君律师事务所网 2018 年 5 月 10 日，http：//www. junzejun. com/Publications/0953510775ba5d-2. html，2023 年 1 月 28 日。

人或者受益人范围不能确定；（六）法律、行政法规规定的其他情形。’结合前述分析，本案中被告与第三人广发银行明知第三人王某伟存在利用信托计划融资、加大杠杆投资证券市场的目的和需求，在未取得融资融券国家特许经营许可的情况下，罔顾法律法规和监管规定，将本应自主管理的结构化信托产品异化为场外配资通道，妨害了资本市场交易秩序，扩大了金融风险，有损金融市场透明度和金融稳定，涉案信托的信托目的和方式均不合法，信托应为无效。”

从上述论述来看，该案中，法院认定结构化证券投资信托构成场外配资主要基于两点：第一，信托公司违规将证券投资信托的管理权限交给劣后级受益人进行管理；第二，劣后级受益人运用募集到的信托资金去购入上市股票。结合这两点，案涉信托作为通道类信托，实际成为劣后级受益人场外配资的工具，信托目的不合法，信托无效。笔者认为，本案中有以下四点值得探讨：

第一，何为场外配资？《九民纪要》第86条规定：“从审判实践看，场外配资业务主要是指一些P2P公司或者私募类配资公司利用互联网信息技术，搭建起游离于监管体系之外的融资业务平台，将资金融出方、资金融入方即用资人和券商营业部三方连接起来，配资公司利用计算机软件系统的二级分仓功能将其自有资金或者以较低成本融入的资金出借给用资人，赚取利息收入的行为。这些场外配资公司所开展的经营活动，本质上属于只有证券公司才能依法开展的融资活动，不仅规避了监管部门对融资融券业务中资金来源、投资标的、杠杆比例等诸多方面的限制，也加剧了市场的非理性波动。在案件审理过程中，除依法取得融资融券资格的证券公司与客户开展的融资融券业务外，对其他任何单位或者个人与用资人的场外配资合同，人民法院应当根据《证券法》第142条、合同法司法解释（一）第10条的规定，认定为无效。”根据上述规定，场外配资是指未取得融资融券业务资格的配资公司，将自有资金或者他人的资金出借给用资人，赚取利息收入的行为。虽然《九民纪要》将主体限定为P2P公司以及配资公司，但实践中，除了依法取得许可的证券公司以外，不具备融资融券特许经营资格的其他机构（包括其他金融机构）或者个人，通过线上、线下各种交易模式，向投资者融出资金，增加杠杆，进行证券交易并提取利息或收益分成的，均应视为非法的场外配资。

第二，结构化证券投资信托为什么会成为场外配资的工具？例如，证券投资信托系最为典型的“阳光私募”，其主要交易模式为，信托公司通过设立证券投资信托从而实现以募集的信托资金投资上市公司股票。如前所述，因我国投资上市公司股票受到严格的监管限制，仅有具备融资融券业务资格的证券公司，才能出借自身资金给其他投资者炒股，在这样的背景之下，证券投资信托既可以募资，又可以进行上市公司股票投资，就容易被利用起来进行场外配资。具体而言，信托公司通过设立结构化证券投资信托的方式，将受益人区分为优先级受益人和劣后级受益人，然后将管理信托的职责交由劣后级受益人，即由劣后级受益人进行投资决策（劣后级受益人可能同时担任信托的投资顾问），信托公司不承担任何主动管理的职责，仅作为通道。劣后级受益人再与优先级受益人签订协议，约定具体的投资收益安排。这样的交易安排，实际上就是劣后级受益人利用优先级受益人的资金来炒股，具有场外配资的特征。

第三，前述结构化证券投资信托的效力如何？笔者认为，前述结构化证券信托的交易安排有较大可能被法院认定为无效。首先，前述交易安排直接违反相关监管规定。《信托公司证券投资信托业务操作指引》第 21 条第 1 款规定："证券投资者信托设立后，信托公司应当亲自处理证券投资信托事务，自主决策，并亲自履行向证券交易经纪机构下达交易指令的义务，不得将投资管理职责委托他人行使。"《资管新规》第 21 条第 1 款规定："……发行分级资产管理产品的金融机构应当对该资产管理产品进行自主管理，不得转委托给劣后级投资者。"其次，虽然《九民纪要》第 93 条规定："当事人在信托文件中约定，委托人自主决定信托设立、信托财产运用对象、信托财产管理运用处分方式等事宜，自行承担信托资产的风险管理责任和相应风险损失，受托人仅提供必要的事务协助或者服务，不承担主动管理职责的，应当认定为通道业务……"《资管新规》第 22 条在规定"金融机构不得为其他金融机构的资产管理产品提供规避投资范围、杠杆约束等监管要求的通道服务"的同时，也在第 29 条明确按照"新老划断"原则，将过渡期设置为截至 2020 年年底，确保平稳过渡。在过渡期内，对通道业务中存在的利用信托通道掩盖风险，规避资金投向、资产分类、拨备计提和资本占用等监管规定，或者通过信托通道将表内资产虚假出表等信托业务，如果不存在其他无效事由，一方以信托目的违法违规为由请求确认无效的，人民法院不予支持。至于委托人和受托人之间的权利义务关系，应当依据信托文件的约定加以确定。虽然原则上，在《资管新规》过渡期之前设立的通道类产品是有效的，但并非所有的通道类产品都是有效的。如果该通道类产品违反其他法律中的强制性规范，仍然有可能被认定为无效。该类结构化证券信托具有很明显的场外配资的特征，被法院认定为非法场外配资的可能性较大。

第四，信托无效后，各方责任应当如何分担？《民法典》第 157 条规定："民事法律行为无效、被撤销或者确定不发生效力后，行为人因该行为取得的财产，应当予以返还；不能返还或者没有必要返还的，应当折价补偿。有过错的一方应当赔偿对方由此所受到的损失；各方都有过错的，应当各自承担相应的责任。法律另有规定的，依照其规定。"依据该规定，一旦信托被认定为无效，信托公司应当返还信托报酬，并且根据过错承担赔偿责任。具体到通道类证券投资信托，信托公司作为专业的金融机构，应当知晓设立通道类证券投资信托属于违规行为，故信托公司存在一定过错，需要承担一定赔偿责任。但信托公司具体承担的赔偿责任如何，还需要结合投资者是否具有过错等因素进行确定，法院具有较大的自由裁量权。

三、劣后委托人追加保证金的约定属于格式条款，信托公司未提示条款内容及风险，相关后果如何

2022 年 8 月 22 日，北京金融法院作出（2022）京 74 民终 375 号判决，其中认定，结构化信托业务中，劣后级受益人需要追加保证金的条款属于格式条款，在信托公司未尽到提示说明义务的情况下，该条款不成为信托合同的一部分，劣后级受益人不承担追加保证金的义务。法院相关论述，笔者摘录如下：

"追加保证金条款是格式条款……追加保证金条款是并未以合法方式订入合同。《关于加强信托公司结构化信托业务监管有关问题的通知》（银监通〔2010〕2 号）第 4 条规定：信托公司在开展结构化信托业务前应对信托投资者进行风险适应性评估，了解其风险偏好和承受能力，并对本金损失风险等各项投资风险予以充分揭示。信托公司应对劣后受益人就强制平仓、本金发生重大损失等风险进行特别揭示。因此，××信托作为信托计划的受托人应以全体受益人最大利益为宗旨管理、运用、处分信托财产，并注意平衡优先委托人和劣后委托人之间的利益。在追加保证金条款对劣后委托人利益影响重大、杠杆率过高的情况下，按照法律规定××信托应当采取合理的方式提请程某峰予以充分的注意。根据××信托主张程某峰追加保证金所依据的计算公式，劣后投资人追加保证金的范围涵盖优先投资人的投资本金及一年预期收益。但是信托文件中未予以明确说明，亦未对保证金条款予以特别提示或者明显加粗、加黑显示，××信托亦未提交证据证明其向程某峰提示了上述条款的内容及风险，程某峰主张

其未能注意并理解追加保证金条款对其权利义务的利害关系，上述条款不应作为合同内容，符合常理并具有法律依据，本院予以支持。在上述条款未订入《信托合同》并对当事人发生法律约束力的情况下，无须再行认定上述条款约定的保证金的法律属性。××信托要求程某峰按照上述约定追加保证金并承担违约责任的诉讼请求，缺乏合同依据和法律依据，应予驳回。故此，一审法院裁判结果正确，应予维持。”

根据上面论述，法院认为追加保证金条款属于格式条款，提供格式条款的信托公司应尽到提示说明义务，若信托公司未尽到提示说明义务，则追加保证金条款不成为信托合同的一部分。对此，笔者认为有以下三点值得讨论：

第一，关于格式条款的认定及相关法律后果。《民法典》第 496 条规定：“格式条款是当事人为了重复使用而预先拟定，并在订立合同时未与对方协商的条款。采用格式条款订立合同的，提供格式条款的一方应当遵循公平原则确定当事人之间的权利和义务，并采取合理的方式提示对方注意免除或者减轻其责任等与对方有重大利害关系的条款，按照对方的要求，对该条款予以说明。提供格式条款的一方未履行提示或者说明义务，致使对方没有注意或者理解与其有重大利害关系的条款的，对方可以主张该条款不成为合同的内容。”依据上述规定，格式条款具有重复使用、预先拟定、未与相对方协商的特征。实践中，我国主要以商事信托为主，信托公司一般都会预先拟定信托合同，出于内部合规的需求，信托公司一般也不会也接受对信托合同条款的协商与修改，故实践中绝大多数信托合同中的条款均为格式条款。例如，在本案的劣后级受益人追加保证金条款就属于典型的格式条款。

第二，未尽到提示说明的后果。依据上述规定，如信托公司未对格式条款进行提示说明，则相关格式条款的内容将不成为合同的一部分。这就意味着，相关格式条款载明的内容对各方均无约束力。这一点值得信托公司尤其注意。

第三，信托公司应如何尽到提示说明义务。结合上述规定，信托公司应当对具有重大利害关系的条款对投资者进行提示说明。关于何为重大利害关系的条款，信托公司可以参考相关监管规定。例如，《中国银行业监督管理委员会关于加强信托公司结构化信托业务监管有关问题的通知》（银监通〔2010〕2 号）第 4 条规定：“信托公司在开展结构化信托业务前应对信托投资者进行风险适应性评估，了解其风险偏好和承受能力，并对本金损失风险等各项投资风险予以充分揭示……”事实上，这也属于信托公司履行适当性义务的一部分内容。关于如何尽到提示说明义务，一方面，在文本上，信托公司应当对重要条款，例如本金损失风险的条款，加粗、加黑以及画线提示；另一方面，推介人员也需要对相关条款做好解释说明工作，并录音录像留存。

四、信托公司以固有财产支付信托利益是否构成刚兑

近几年，打破刚兑是整个资管领域的一个重要事件。因为刚兑使风险停留在金融体系内部，让本应该由消费者承担的投资损失风险转嫁给金融机构承担，这容易导致风险累积，引发系统性风险。此外，刚兑偏离了资管产品“受人之托，代人理财”的本质，抬高了无风险收益率水平，干扰资金价格。[①]《资管新规》第6条第2款明确规定：“金融机构应当加强投资者教育，不断提高投资者的金融知识水平和风险意识，向投资者传递‘卖者尽责、买者自负’的理念，打破刚性兑付。”2022年9月21日，北京市高级人民法院作出一份关于刚兑认定的（2022）京民申3544号判决。该案法院判决信托公司需以固有财产赔偿委托人的投资损失。在该案中，信托公司曾向投资者出具一份《赎回协议》，约定在赎回日将投资者的信托利益支付给投资者，但信托公司到期未能支付信托利益。信托公司认为，以其固有财产支付信托利益实际构成刚兑，违反信托法的规定。但法院并未采纳，相关表述笔者摘录如下：

“本院认为，《信托法》第34条规定，受托人以信托财产为限向受益人承担支付信托利益的义务。该条规定的是支付信托利益以信托财产为限。案涉《信托合同》约定，‘受托人因违背信托文件、处理信托事务不当而造成信托财产损失的，由受托人以固有财产赔偿；不足赔偿时，由投资者自担’。该条约定的是因受托人违反信托义务，使信托财产受到损失，由受托人的固有财产对信托财产的损失承担赔偿责任，以实现对受益人的保护。该约定与《信托法》第34条的规定并不冲突，未违反该规定，应为有效。关于刚性兑付，是指信托产品到期后，即便信托计划出现不能如期兑付或兑付困难的情形时，信托公司也必须分配给投资者本金以及收益。现××信托有限公司因其自身原因未能及时完成赎回义务，导致信托财产不足以支付大连银行股份有限公司的信托利益，并非前述所称的刚性兑付，一审法院认定××信托有限公司以自有财产对不足部分承担支付责任并承担违约责任不构成刚性兑付。”

---

① 参见最高人民法院民事审判第二庭：《〈全国法院民商事审判工作会议纪要〉理解与适用》，人民法院出版社2019年版，第485页。

从上述论述来看，法院认为，所谓刚兑是指非因受托人自身原因导致的信托兑付困难，受托人仍然向投资者分配信托利益。如果是因受托人自身原因，如违反信托合同约定或违规，导致信托兑付困难，受托人向投资者兑付本金不构成刚兑。关于信托公司的刚兑问题，有以下2个问题值得探讨：

第一，关于何为刚兑。《信托法》第34条明确规定，受托人以信托财产为限向受益人承担信托利益的义务。但在实务中，各种保底保收益，即刚兑盛行。打破刚兑是国家规范资管行业的长期政策。然而，刚兑是监管部门创设的词汇，在立法层面并无刚兑概念。监管部门和司法机关对于刚兑的认识和处理方式存在一定偏差。监管部门通过罗列行为的方式较为清晰地展现了刚兑的概念。《资管新规》第19条第1款规定："经金融管理部门认定，存在以下行为的视为刚性兑付：（一）资产管理产品的发行人或者管理人违反真实公允确定净值原则，对产品进行保本保收益。（二）采取滚动发行等方式，使得资产管理产品的本金、收益、风险在不同投资者之间发生转移，实现产品保本保收益。（三）资产管理产品不能如期兑付或者兑付困难时，发行或者管理该产品的金融机构自行筹集资金偿付或者委托其他机构代为偿付。（四）金融管理部门认定的其他情形。"司法机关的概念表述则更为凝练。《九民纪要》第92条规定："信托公司、商业银行等金融机构作为资产管理产品的受托人与受益人订立的含有保证本息固定回报、保证本金不受损失等保底或者刚兑条款的合同，人民法院应当认定该条款无效。受益人请求受托人对其损失承担与其过错相适应的赔偿责任的，人民法院依法予以支持。实践中，保底或者刚兑条款通常不在资产管理产品合同中明确约定，而是以'抽屉协议'或者其他方式约定，不管形式如何，均应认定无效。"

第二，关于刚兑的效力。根据约定时信托违约是否已经发生，刚兑可以分为事前刚兑和事后刚兑。从上述规定可以看出，从监管的角度无论是"事前刚兑"还是"事后刚兑"，均严格禁止。但从司法角度，仅针对"事前刚兑"认定无效，而对"事后刚兑"并未对其效力进行评价。《九民纪要》对事后刚兑的效力问题进行了回避，这显然不是司法机关忽视了这一问题，而是该情形下，司法机关呈现出了不同的判断。① 《资管新规》的效力层级属于规章，违反规章、监管政策等规范性文件的合同，不应认定无效。因违反规章、监管政策同

---

① 何海峰、陈豪鑫：《信托纠纷中的"刚性兑付"及其效力体系》，载微信公众号"当代金融家"，2020年8月14日。

时导致违反公共秩序的，人民法院才能认定合同无效。故，“事后刚兑”并不一定无效。

笔者倾向于认为，事后刚兑是否有效，应从受托人是否存在过错的角度进行区分。如果受托人没有过错，则事后刚兑的约定无效，但如果受托人存在明显过错，事后刚兑应该有效，因为：其一，禁止刚兑的一个重要原因是刚兑加剧了国内争夺金融资源的乱象，事后兑付并不会设定回报预期，不会影响市场在资源配置中所起的作用。其二，受托人存在过错，有义务填补受益人的损失，这属于民事责任的主动履行，如果认定无效，对受益人极不公平。其三，受托人的过错和赔偿相匹配，有利于维护资管市场纪律，督促受托人认真履行信义义务。因此，在受托人存在过错的情形下，受托人进行刚兑的安排并未违反公共秩序，应当认定为有效。

五、信托公司与第三方服务机构的权利义务关系应当如何认定

近几年，信托公司将部分本应由信托公司提供的服务外包给第三方服务机构的业务越发常见。在该类业务中，信托公司与第三方服务机构之间的权利义务关系应当如何认定，尤其是，当第三方服务机构侵害委托人合法权益时，信托公司是否应当承担赔偿责任，往往成为案件的焦点问题。

2022 年 12 月 30 日，北京金融法院作出判决[①]，就该问题进行了论述。在该案中，委托人将信托资金交给信托公司，信托公司将信托资金用于发放信托贷款。具体贷款的发放以及还款的收取，信托公司均委托第三方服务机构进行处理。信托合同载明，第三方服务机构由委托人进行指定。后因第三方服务机构私自向借款人收取多余款项，导致委托人损失，委托人要求信托公司进行赔偿。信托公司认为，第三方服务机构由委托人指定，对于第三方服务机构的行为，信托公司不承担责任。对此，法院认为：

“××信托公司主张差额部分 16,428.68 元，是由××××公司扣划，不应由××信托公司承担责任。对此本院认为，根据现有查明事实，《信托合同》虽记××××公司为×××指定，但实际××××公司系与××信托公司之间存在合作关系，×××并未与××××公司存在任何直接联系亦未签署过任何授权文件，××信托公司作为信托受托人应当忠实勤勉履行受托义务，并对基于受托人责任分配的信托收益的债

---

① 该案为笔者办理的案件，因该案判决书尚未公开，故笔者此处隐去案号和当事人信息。

权数额真实性负责，××信托公司的此项主张缺乏事实及法律依据，本院不予采信。”

关于本案，笔者认为有以下两点值得讨论。

第一，金融领域穿透式审判逐渐普遍化。所谓穿透式审判，是指法院认定当事人之间的法律关系时，不再拘泥于相关合同文本，而是探究当事人之间的真实意思表示以及实际发生的行为，来认定双方之间的法律关系。以该案为例，虽然信托合同明确约定服务商是由委托人进行指定，但法院通过信托公司与第三方服务商之间存在合作关系，实际认定服务商由信托公司指定，信托公司应对第三方服务商的行为承担责任。在金融审判领域，穿透式审查的思维愈加被法院重视，金融机构单纯想通过设计合同文本来免除自身的职责越来越困难。法院更多会从实质正义的角度来认定当事人之间的权利义务关系。

第二，信托公司与第三方机构之间的关系如何认定？本案中，信托公司将相关贷款服务外包给服务商，由服务商代为从借款人处催收还款。这样的合作模式具有一定的普遍性，实践中为了避免风险，信托文本往往会约定信托公司对服务商的行为不承担任何责任。部分信托公司认为，既然相关服务具体由服务商提供，合同又明确约定信托公司对服务商的行为不承担责任，那么如果因为服务商的行为导致委托人损失，信托公司当然不承担责任。这样的观点是不正确的。其一，法院很可能认定，信托公司与第三方机构很有可能构成代理关系，根据《民法典》第162条的规定，代理人在代理权限内，以被代理人名义实施的民事法律行为，对被代理人发生效力。信托公司作为被代理人应对第三方服务机构的行为负责。其二，信托公司作为信托受托人对委托人的法定义务，并不能通过合同约定免除。《信托法》第25条规定：“受托人应当遵守信托文件的规定，为受益人的最大利益处理信托事务。受托人管理信托财产，必须恪尽职守，履行诚实、信用、谨慎、有效管理的义务。”在此情况下，如果信托公司将服务外包给第三方机构，其仍应当对第三方机构的行为进行监督。如果信托公司未尽到相应的监督义务，导致委托人损失，则法院很可能认定信托公司未能勤勉尽责，存在过错，需要赔偿委托人的损失。

综上，笔者建议，信托公司应当对第三方服务机构进行严格监督，避免第三方服务机构出现侵害信托财产的行为。

第二章　证券行业争议解决年度观察

2022年，证券行业在内外部多重因素的影响下仍然有着稳健发展的表现，从市场来看，权益市场活跃度有所下降，债券市场交易较为活跃；从监管来看，证券行业以及金融市场的规范程度不断得到提升，各类新规及新政策频出，分类监管思路进一步明确；从争议解决来看，证券承销保荐业务领域修订了已经实施19年的《原虚假陈述司法解释》，在证券虚假陈述纠纷中，裁判理念、发展方向、裁判规则正蕴含着重大变化；在资管领域，2022年作为《资管新规》过渡期后的第一年，亦是承前启后的开局之年，证券资管作为大资管的一个部分，在监管及裁判规则方面与信托以及基金领域同步前进，适当性义务和受托人责任亦是这一年的司法裁判规则的主旋律和关键词。

综观2022年的证券行业监管规则实务，在证券承销与保荐业务中，证券虚假陈述纠纷的司法规则逐步完善，承销保荐业务规范化建设不断深入；在证券资产管理业务中，资金端的适当性义务规则优化，资产端的债券交易规则（包括可转债）制度架构逐步建立；在质押式回购业务中，新规则提高了闲散资金利用效率，也使得交易方式更加多元化；在做市交易业务中，债券做市交易业务有了专项指引；在资产证券化业务中，资产支持证券业务细则逐步详细；同时，《期货和衍生品法》填补了期货市场法治建设的空白；证券期货执法当事人承诺制度，正式以行政法规形式确立；证券公司交易结算及对账数据，建立了较为统一的规则制度及指引；证券从业人员监管，新规突出分类管理，证券公司亦需重点关注公募基金从业人员管理的最新规范。

除此以外，2022年各类新政策也值得关注：证券公司资管业务获得公募牌照迎来政策利好；科创板试点做市交易；证监会试点私募股权创投基金向投资者实物分配股票；我国第一家跨省级行政区域设立的金融专门法院成渝金融法院成立；上海金融法院正式实行证券纠纷示范判决机制；杭州开展知识产权证券化试点。对于证券公司而言，需关注这些新规和新政策，进行合规化调整并抓住政策机遇。

综观2022年的证券行业争议解决实务，前沿热点争议主要有：证券/债券虚假陈述争议、管理人履行投资者适当性义务、信息披露义务、告知说明义务等相关问题而产生的争议、资管计划到期未经清算时投资者损失认定的相关问题所涉争议、托管人责任争议、因证券公司未立即强制平仓而与投资者产生的争议、因实控人回购承诺指向不明确而产生的争议。对于证券公司而言，需关注这些热点争议问题背后的裁判规则与趋势，并适时调整自身业务结构，防控风险。

第一节　证券行业年度数据

2022年，证券公司在诉讼和行政处罚两个方面的概况如下：

一、争议解决案件年度概况

笔者使用Alpha数据库对2022年证券公司涉诉情况进行了统计，情况如下：

其一，近年来，证券公司涉诉案件数量呈现增加态势。据统计，证券公司诉讼案件数量在2020年有突破性增加，2022年的涉诉数量仍保持高位。具体情况如图3-2-1所示。

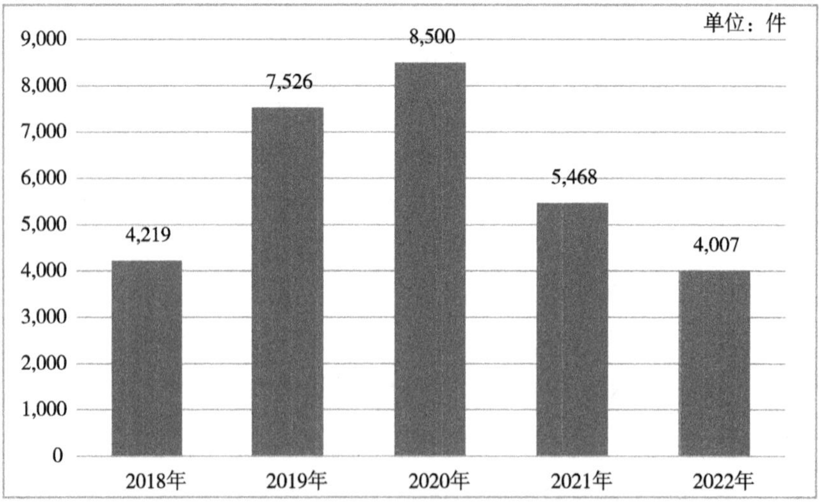

图3-2-1　证券公司近年民商事案件数量变化图

其二，证券公司涉诉案由主要集中在证券虚假陈述责任纠纷。据统计，证券公司与证券公司核心业务有关的涉诉案件中，涉诉案由主要集中在证券虚假陈述责任纠纷，具体如图 3-2-2 所示。事实上，根据我们 2019 年的统计数据①，截至 2019 年，证券公司涉诉案由还主要集中在融资融券交易纠纷。近几年，证券虚假陈述责任纠纷在案件数量上增长明显，2021 年、2022 年已经超越融资融券交易纠纷成为证券公司涉诉的主要案由。

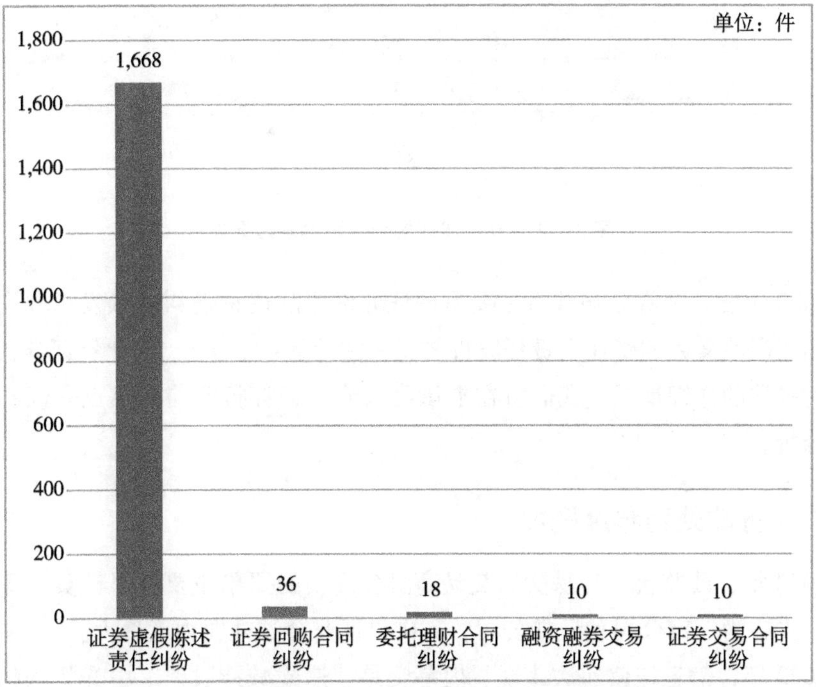

图 3-2-2　2022 年证券公司核心业务有关的涉诉案件核心案由分布

其三，证券公司涉诉案件主要分布在湖北、上海、北京等地。2022 年，据统计，证券公司与证券公司核心业务有关的涉诉案件主要分布地域为湖北、上海、北京、山东、广东。由于证券虚假陈述责任纠纷为 2022 年证券公司涉诉主要案由，而该类案件常常出现批量起诉案件，由此显著增加了特定省份的纠纷数量。

① 《〈全国民商事审判工作会议纪要对证券业务的影响及应对〉研究报告》，载微信公众号“北京卓纬律师事务所”，2020 年 4 月 23 日。

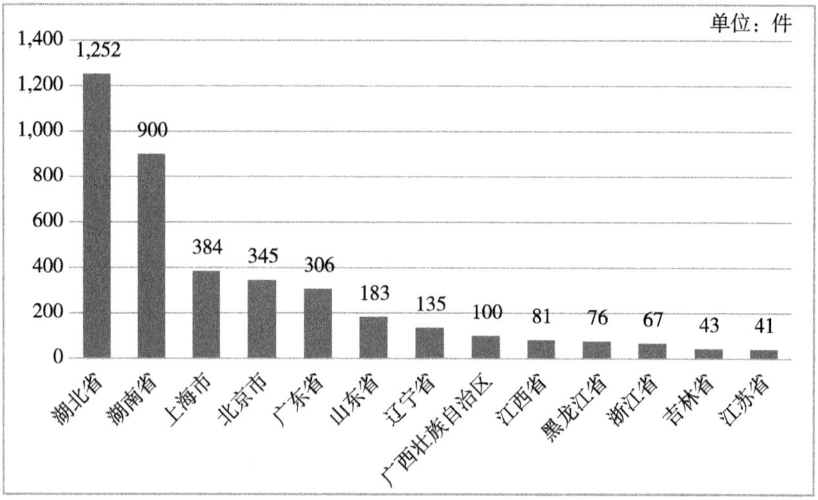

图 3-2-3　2022 年证券公司案件地域分布

2022 年度，证券公司涉诉主要呈现证券虚假陈述责任纠纷频发以及资管领域聚焦适当性义务和受托人责任案件较受关注等特点。关于 2022 年证券公司重点涉诉案件的详细情况，我们将在本章第三节“证券行业前沿热点争议”进行详细分析。

二、行政处罚年度概况

2022 年，证监会、交易所、交易商协会开出的罚单主要针对证券市场相关企业，主要为上市公司和证券公司，其中以证监会的处罚力度最大。

2022 年，信息披露违法违规、内幕交易、违规减持股票、中介机构执业未勤勉尽责、操纵市场是证监会行政处罚的重点事由。其中，信息披露违法违规、内幕交易依然是本年度证券公司等主体被处罚涉及最多的事由。具体处罚要点包括：年报等信息披露虚假或不及时、关联交易等重大事项信息披露遗漏、利用或泄露内幕信息进行交易、向非合格投资者募集资金或承诺保底与最低收益、证券从业人员违规进行证券交易等。

2022 年，证券行业的亿元级罚单有 2 张，处罚金额累计 628, 070, 446. 58 元，约占处罚总金额的 41. 13%，最高单笔处罚金额累计 4. 2807 亿元。2022 年度千万级罚单 23 张，处罚金额累计 533, 869, 318. 36 亿元，占处罚总金额的 34. 96%，最高单笔处罚金额累计 5, 463. 8669 万元。一张张巨额罚单背后，折射出的是对资本市场各类违法行为的“零容忍”。

本年度，证券行业相关业务领域里的重点处罚情况如下：

（一）证券承销与保荐业务

一直以来，证券承销与保荐业务领域一直是相关行政处罚的重点。2022年，在证券承销与保荐业务领域，证券公司被处罚的事由包括：未勤勉尽责督促发行人按照规定履行信息披露义务；债券承销业务内部控制不完善、个别资产证券化项目存续期管理不到位；部分事项尽职调查不充分；对发行人募集资金使用监督不到位，未能发现发行人未按约定用途使用募集资金；对IPO发行人生产成本核算相关事项核查不到位；对发行人采购业务相关内部控制核查不到位，未充分关注发行人与供应商之间存在的异常情形；未审慎核查发行人在建工程、实际控制人与施工方关键人员的资金往来；未发现发行人存在部分业务推广费原始凭证异常，事后补充业务推广费原始凭证或替换、移除异常原始凭证，部分销售推广活动未真实开展，对保存大量推广服务商公章扫描件的原因无法提供合理解释，业务推广费相关内部控制不健全等问题；等等。

（二）独立财务顾问业务

2022年，某证券公司公告收到证监会的行政处罚决定书，责令其改正违法行为，没收业务收入3,150万元，并处以3,150万元罚款，合计罚没6,300万元。该处罚系2022年证监会对证券公司单笔处罚金额较大的一次处罚。

具体而言，2014年，中安科股份有限公司（以下简称中安科公司）向“深圳中恒汇志投资有限公司发行股份，收购其所持“中安消技术”100%股权，并募集配套资金。其后，中安科公司因未及时提供真实、准确的盈利预测信息和虚增营收，导致披露的重大资产重组文件存在误导性陈述、虚假记载，受到证监会行政处罚。某证券公司在担任中安科公司的独立财务顾问时，存在履职过程中未勤勉尽责，出具的《独立财务顾问报告》存在误导性陈述等违法事实，最终收到证监会千万元级别的罚单。

（三）重大资产购买业务

2022年1月，浙江证监局发现某证券公司在开展浙江亚太药业股份有限公司2015年重大资产购买项目、2019年公开发行可转换公司债券项目中未勤勉尽责，未能对亚太药业信息披露文件的真实性、准确性进行充分核查和验证，尽职调查不充分，未按规定履行持续督导义务，内部质量控制不完善，并据此对证券公司及保荐代表进行了处罚。

（四）公司债受托管理业务

2022 年 2 月，某证券公司因在受托管理公司债时，存在如下问题：发行人募集资金中的 6.795 亿元未用于募集说明书约定的用途，而是用于项目建设相关付款或转借集团外部单位，证券公司对发行人募集资金使用监督不到位；发行人 2020 年年报未披露募集资金使用履行的程序，发行人信息披露相关制度不规范，其中涉及的多项规定已经废止，未按新适用的规定进行更新，证券公司对发行人信息披露督导不到位。据此，江苏证监局对该证券公司采取了采取出具警示函的监管措施。

（五）证券资管业务

2022 年，证券公司在证券资管业务领域被处罚的事由主要包括：在开展资产管理业务过程中，存在向地方政府及其所属部门提供融资并接受地方政府及其所属部门担保承诺的情形；个别资产管理计划在所投资的债券已停止竞价交易的情况下，仍长期采用历史收盘价估值，估值方法不合理；融资融券合同、股票期权经纪合同、投资者开户文本未采取领用、登记控制，未采取连号控制、作废控制，保管人与使用人未分离；等等。

（六）证券经纪业务

2022 年，证券公司在证券经纪业务中被处罚的事由主要包括：向他人推荐销售非本公司发行或代销的金融产品；向客户提供风险测评答案；新营业场所开业前，未按规定申请换发《经营证券期货业务许可证》；参与基金销售的人员承担与基金销售活动有利益冲突的岗位职责；业务人员制作并在公司微信群发布的预测文章经转发并对外传播，相关预测对行业、市场的评论意见不审慎，将股票根据五行属性分类进行分析，投资建议不具有合理依据；等等。

综上所述，就证券行业 300 余单的处罚情况，篇幅所限，我们难以一一列举。但里面涉及的问题，如募集资金用途的核查、适当性义务的审慎履行、尽职调查义务的充分履行等事由值得证券公司在业务开展的过程中加以注意。

对于证券公司而言，一方面，应严格对照特定业务领域执业规范，制定内部规范，并加强从业人员的监督培训等；另一方面，也要注意监管机构的处罚并不意味着责任的终止，由此引发的民事责任风险，是证券公司在争议解决视角下不得不考虑的问题。例如，在证券虚假陈述纠纷中，证券公司的行政处罚情况往往与虚假陈述行为和过错紧密相连。事实上，2022 年监管机构对证券公司未能在大股东资金占用时尽到持续督导义务的处罚，亦引发了股民针对该行为的虚假陈述诉讼。虽然虚假陈述诉讼不再以行政处罚为前置程序要件，但监管与司法实践的交织与相互作用正悄然发生变化，特别是对虚假陈述的行为和过错要件将产生深入影响，这就要求证券公司在应对监管处罚带来的行政责任风险的同时，进一步关注后续可能产生的争议解决事项，并持续关注由此而带来的民事责任风险。

第二节　证券行业的新发展

2022年，证券行业新规和政策频出，涉及诸多业务领域相关规则的修订，一方面，持续带来了新的业务增长点；另一方面，也对证券公司的规范化发展提出了新要求。

一、证券行业新规

近两年来，随着证券行业的监管规定和自律规范不断深化，证券虚假陈述、承销保荐规范化建设、适当性义务、债券交易规则、科创板交易、资产支持证券等成为监管和市场关注的重点领域，一方面，相关领域的新规在2022年发布施行；另一方面，部分规则亦在2022年迎来了许多重要修订。

（一）证券承销与保荐业务：证券虚假陈述纠纷的司法规则逐步完善，承销保荐业务规范化建设不断深入

2022年，在证券承销与保荐业务领域，最高人民法院修订了该业务领域内唯一一部司法解释，证监会和中国证券业协会修订了承销业务规范、保荐业务工作底稿制度及业务执业质量评价体系等规则，上海证券交易所和深圳证券交易所亦完善了资产支持证券的业务规则。

其一，在司法领域，新规聚焦于证券虚假陈述，更新了此类纠纷的裁判规则与理念。2022年1月，最高人民法院出台了《新虚假陈述司法解释》。《新虚假陈述司法解释》共计35条，在整合、调整《原虚假陈述司法解释》相关内容的基础上，新增了15条重要内容，在案件受理程序、虚假陈述内涵、责任构成要件等多个范围确立了最新规范。同日，《关于适用新虚假陈述司法解释的通

知》发布，更确立了协调、促进司法体系与监管体系的良性沟通的理念与方式。

此外，由于新旧司法解释在诉讼时效方面的规定发生了明显变化，为了避免出现投资者因未及时主张权利而无法得到救济的情况发生，充分保护投资者的诉讼权利和合法民事权利，最高人民法院随即发布了《关于证券市场虚假陈述侵权民事赔偿案件诉讼时效衔接适用相关问题的通知》，特就《新虚假陈述司法解释》施行后诉讼时效的衔接适用问题作出专项说明。

证券虚假陈述是 2022 年度证券业最受关注的前沿问题之一，接连出台的相关规定也为司法实践提供了更多指引。就目前的司法规则来看，不区分中介机构的过错即承担全额连带赔偿责任的裁判观点不再符合司法实践的需求，《新虚假陈述司法解释》已开始通过解释论的路径，重新诠释《证券法》规定的连带责任。在此情形下，一方面，可考虑从规则层面明确各违法主体依据过错程度及原因力大小承担补充赔偿责任；另一方面，证券公司可从行为、过错、因果关系、损失四个要件出发，进行全面的风险防控与应对，这样既不会导致严厉的连带责任引发“寒蝉效应”或证券行业出现空前危机，亦可以落实证券公司的“看门人”职能，维护证券市场的秩序。

本书第二编第三章立足新司法解释，基于虚假陈述侵权纠纷的特点及证券公司的业务实践，结合虚假陈述民事赔偿责任的构成要件，从理论与实践出发分析现行规范、司法实践中的具体问题，一方面对证券公司责任的合理界定提供帮助；另一方面为证券公司的业务开展及风险防范提出应对建议。详细内容可进一步参阅。

其二，在监管领域，新修订的规则聚焦于承销保荐规范化建设，进一步细化了承销业务规范、保荐业务工作底稿制度、尽职调查准则及业务执业质量评价制度。关于承销业务规范，2022 年 4 月，中国证券业协会发布新修订的《公司债券承销业务规范》，该规范进一步细化承销业务规则，具体来说，修订后的规范共 7 章 43 条，证券公司在实操过程中需要重点注意如下内容：一是证券公司作为承销机构在公司债券承销各环节均不得承诺发行价格或利率，不得将价格或利率与承销费用直接挂钩，不得承诺以包销以外的方式购买债券；二是证券公司在确定承销费用时，应当综合评估项目执行成本与风险责任，严格执行公司债券承销报价内部约束制度，加强承销报价内部管理，不得以明显低于行业定价水平等不正当竞争的方式招揽业务。

关于保荐业务工作底稿和尽职调查制度，证监会于 2022 年 5 月发布了修订后的《证券发行上市保荐业务工作底稿指引》和《保荐人尽职调查工作准则》。关于《证券发行上市保荐业务工作底稿指引》，2022年的修订主要基于《新虚假陈述司法解释》以及保荐机构出具核查结论“勤勉尽责、言必有据”的要求，增加了对三类底稿的要求：一是对证券服务机构专业意见的复核资料；二是内核阶段工作底稿；三是分析验证过程的相关底稿。因此，证券公司可结合新修订的对三类底稿的要求，完善自身底稿制度，事实上，严格落实上述底稿要求，不仅是证券公司落实监管要求的题中之意，更是后续在发生纠纷特别是发生虚假陈述纠纷时，证券公司抗辩的重要依据。关于《保荐人尽职调查工作准则》，增强可操作性是2022年的修订重点，特别是针对注册制试点反映出来的尽职调查问题和难点，该准则有针对性地明确了工作的底线要求和质量标准，例如针对一些实践中出现的新的监管要求提出了要求，如规定了红筹架构、特别投票权、协议控制、在其他证券市场上市/挂牌、契约型资管产品和契约型私募投资基金入股、发行人未实现盈利或最近一期存在累计未弥补亏损、业务高度依赖信息系统、投资者保护、估值、板块定位等需要核查的事项，同时结合会计准则的变化，对以往《保荐人尽职调查工作准则》中未涉及的合同资产等内容进行了补充，还增加了商誉、政府补助等一些重点事项的核查要求，这些核查要求都值得证券公司予以注意并落实。

关于业务执业质量评价体系，2022年12月，中国证券业协会相继发布《证券公司投行业务质量评价办法（试行）》和新修订的《非公开发行公司债券项目承接负面清单指引》。关于《证券公司投行业务质量评价办法（试行）》，系协会为了推动证券公司从“数量竞争”转向“质量竞争”的试点举措，责任落实到具体业务以及责任明确到人是该办法中证券公司应当关注的核心要点。关于《非公开发行公司债券项目承接负面清单指引》的新修订内容，证券公司在项目承接过程中不得涉及负面清单限制的范围，其中，因为本次修订强化了发行人承诺的约束力，证券公司可重点关注发行人是否擅自改变前次发行公司债券募集资金的用途或违反前次公司债券申请文件中所作出的承诺，并是否完成整改等事项。

（二）证券资产管理业务：资金端的适当性义务规则优化，资产端的债券交易规则（包括可转债）制度架构逐步建立

在证券资产管理业务领域，在资金端，管理人尽职履责一直是近几年的热点话题，2022年发布的新规主要是对原有规则进行的细化和适应性调整，该年

度修订的规则主要是在适当性义务领域；在资产端，债券交易制度架构逐步得以建立，一些特种债券，如上海证券交易所和深圳证券交易所的可转换公司债券交易实施细则亦在2022年度发布施行。

其一，在资金端，新规聚焦于适当性义务，部门规章和行业规范为衔接上位法都进行了调整。在部门规章层面，2022年修正的《证券期货投资者适当性管理办法》即为衔接上位法作出了部分适应性微调；行业规范层面，同日发布修订的《上海（深圳）证券交易所债券市场投资者适当性管理办法》，优化了针对债券及资产支持证券的适当性管理相关安排。从技术层面来说，在证券资产管理业务的资金端，证券公司应按照上述规定，调整完善投资者适当性管理制度，做好前端技术控制，做好投资者适当性管理。

其二，在资产端，新规聚焦于债券交易规则，包括可转换公司债券在内的层次清晰的交易制度架构逐步建立。2022年，相关部委及交易所均在建立和完善债券交易规则方面进行了重点关注。具体来说，2022年1月27日，上海证券交易所发布《上海证券交易所债券交易规则》及配套细则；同日，深圳证券交易所发布《深圳证券交易所债券交易规则》及配套细则。上述规则从债券交易参与人管理、通用质押式回购交易、债券做市交易等方面进行了细化规范，初步构建起“规则—指引—指南”层次清晰的债券交易制度架构。2022年7月，上海证券交易所发布《上海证券交易所可转换公司债券交易实施细则》，深圳证券交易所发布《深圳证券交易所可转换公司债券交易实施细则》和《深圳证券交易所上市公司自律监管业务指引第15号——可转换公司债券》，进一步规范了上市公司可转换公司债券相关业务活动。在证券资产管理业务的资产端，证券公司从事债券交易时应对上述规则体系予以充分熟悉。

此外，2022年8月，中国人民银行等五部委联合印发的《关于促进债券市场信用评级行业健康发展的通知》正式施行，该文件虽并不直接制约证券公司，但针对评级行业较为突出的问题作出了操作规范，证券公司在资产端开展债券交易审阅评级报告时亦可作为参考，对评级机构的评级方法体系和信息披露等内容进行监督，同时据此给出更为科学、合理的内部评级（如需）。

（三）质押式回购业务：新规提高了闲散资金利用效率，使得交易方式更加多元化

2022年，上海证券交易所、深圳证券交易所在发布修订版债券交易规则时，根据市场发展需要和投资者需求，对债券质押式回购交易行为相关规定作出优

化和调整，并制定发布了《上海证券交易所债券交易规则适用指引第 2 号——债券通用质押式回购交易》《深圳证券交易所债券交易业务指引第 2 号——债券通用质押式回购》专项业务指引。

根据以上新规，债券质押式回购业务名称被调整至“债券通用质押式回购交易”，使回购类业务整体框架更加清晰；通用质押式回购的申报数量、有效申报价格范围、出入库申报时间等内容得到相应调整，提高闲散资金的利用效率，为投资者质押券管理提供便利；通用回购的交易方式亦更加多元化，改变了初期仅采用匹配成交的交易方式，规定可以采用点击成交、询价成交、竞买成交、协商成交等交易方式。

（四）证券做市交易：债券做市业务有了专项指引

2022 年，上海证券交易所、深圳证券交易所为提升债券市场的流动性，制定发布了《上海证券交易所债券交易规则适用指引第 3 号——债券做市业务》《深圳证券交易所债券交易业务指引第 3 号——债券做市》专项指引。

上述专项指引规范了债券做市业务，将两所债券市场的做市商分为主做市商和一般做市商，做市品种分为基准做市品种和自选做市品种，并对其含义、标准等予以界定。新规体系下，做市业务的规范化开展将有助于提高现券流动性，并形成反映市场供需的收益曲线，充分发挥债券市场对实体经济的支持作用。

（五）资产证券化业务：资产支持证券业务细则逐步详细

2022 年，资产支持证券领域的规则亦有所发展，相关交易所制定了更为详细的业务规则，为证券公司开展资产证券化业务提供了依据。2022 年 12 月 30 日，上海证券交易所发布 4 则上海证券交易所资产支持证券挂牌条件确认规则适用指引文件，分别为《指引 1 号——申请文件及编制》《指引 2 号——大类基础资产》《指引 3 号——分类审核》及《指引 4 号——特定品种资产支持证券》。具体来看，《指引 1 号——申请文件及编制》以信息披露为中心，聚焦于资产支持证券申报文件信息披露和中介机构的核查要求；《指引 2 号——大类基础资产》按照实质重于形式原则，规范债权类、未来经营收入类、不动产抵押贷款 3 大类 7 小类基础资产准入标准，强化资产信用；《指引 3 号——分类审核》按照扶优限劣原则，明确资产支持证券项目分层分类监管机制；《指引 4 号——特定品种资产支持证券》规范了 8 个特定品种资产支持证券的认定标准、信息披露和中介机构核查要求。

同日，深圳证券交易所发布《资产支持证券挂牌条件确认业务指引第2号——分类审核》和《资产支持证券挂牌条件确认业务指引第3号——特定品种》。其中，前者明确了适用优化审核的项目发起人和基础资产应当满足的条件；后者结合业务实践明确了科技创新等服务特定国家战略领域的资产支持证券的命名标准和信息披露要求，明确支持特定领域资产支持证券的申报和挂牌，鼓励机构投资者投资特定领域资产支持证券；同时明确原始权益人具有持续经营能力、增信机构具备良好流动性支持能力的，管理人可以以产生持续稳定现金流的基础资产为支持，滚动发行资产支持证券。

（六）其他

2022年，新规体系构建与完善除了在上述特定业务中有了进展，在统摄全部业务的部分领域亦有重点进展。

其一，《期货和衍生品法》填补了期货市场的法治空白。2022年4月20日，第十三届全国人民代表大会常务委员会第三十四次会议通过《期货和衍生品法》，自2022年8月1日起施行。作为期货市场最基础性的法律，该法首次定义衍生品交易，明确法律域外适用效力，专章规定跨境监管机制，明确交易者分类与适当性制度，辅以调解制度和民事赔偿诉讼制度，强化普通交易者的保护，值得关注。

其二，关于证券期货执法当事人承诺制度，正式以行政法规形式确立。行政和解是国际上较为成熟的证券期货执法方式，对提高执法效率、及时赔偿投资者损失、尽快恢复市场秩序等具有重要制度价值。2022年1月1日，《证券期货行政执法当事人承诺制度实施办法》正式实施。从历史沿革来看，2015年，证监会印发《行政和解试点实施办法》（已失效），出台了我国第一部专门确立行政执法和解制度的部门规章；此后，证监会开始在证券期货领域开展行政和解试点，并采用行政和解方式处理了一些疑难复杂的案件；2019年修订的《证券法》第171条对证券领域行政执法当事人承诺制度作出了法律层面的规定，并要求国务院制定具体办法；2021年，中共中央办公厅、国务院办公厅印发《关于依法从严打击证券违法活动的通知》，明确要求加快制定证券期货行政执法当事人承诺制度实施办法。由此可见，《证券期货行政执法当事人承诺制度实施办法》系对自2015年开始的试点经验之总结，更标志着行政执法当事人承诺制度正式以行政法规形式确立。

2022年1月1日，《证券期货行政执法当事人承诺制度实施规定》公布并施行。作为《证券期货行政执法当事人承诺制度实施办法》的配套制度，该规定主要有五个方面重要内容：一是厘清承诺办理部门与调查、审理部门之间的协调衔接机制；二是明确承诺办理部门与承诺金测算部门做好协调配合；三是规定投资者赔付机制安排；四是明确派出机构在行政执法当事人承诺中的作用；五是加强监督制约，严防道德风险。

作为该行政和解制度的可能涉及的一方当事人，证券公司因结合上述行政法规与配套制度，充分了解承诺制度适用的时间环节①、不适用情形②、基本流程③等内容，用好行政和解制度，以期更好地维护投资者和自身的合法权益。

其三，针对证券公司交易结算及对账数据，建立了较为统一的规则制度及指引。证券公司交易结算及对账数据是证券产品估值核算的重要数据来源，随着业务的发展，金融市场的发展迫切需要建立行业相对统一的制度，对交易结算业务进行指导和规范。2022 年，在部门规章层面，证监会修订了《证券登记结算管理办法》，该办法虽制定于 2006 年，并分别于 2009 年、2017 年、2018 年进行了修改，但 2022 修订版的亮点主要体现在以下方面：一是衔接新《证券法》，完善适用范围；二是要求名义持有人向证券登记结算结构提供资料时，需满足真实、准确、完整的要求；三是进一步明确证券账户实名制各项要求；四是明确登记结算机构出具的证券登记记录是“合法证明”；五是明确客户、结算参与人等发生违约的情形。

行业规定层面，2022 年 7 月，中国证券业协会亦发布了《证券公司交易结算及对账数据对外发送指引》。具体而言：一是规范了证券公司交易结算及对账数据发送的适用范围、数据内容、日常运营与管理职责、技术系统建设要求、相关合同协议的必备条款和数据接口规范等方面内容；二是在充分考虑证券行业数据传输业务现状以及证券公司实施难度存在差异的基础上，对交易结算及

① 根据相关规定，当事人自收到国务院证券监督管理机构案件调查法律文书之日至国务院证券监督管理机构作出行政处罚决定前，可以依照《证券法》等法律和《证券期货行政执法当事人承诺制度实施办法》的规定，申请适用行政执法当事人承诺。国务院证券监督管理机构应当在送达当事人的案件调查法律文书中告知其有权依法申请适用行政执法当事人承诺。

② 当事人因证券期货犯罪被判处刑罚或者被行政处罚未逾一定年限；涉嫌证券期货犯罪依法应当移送司法机关处理；涉嫌证券期货违法行为情节严重、社会影响恶劣；没有新事实、新理由就同一案件再次提出申请，或者因自身原因未履行或者未完全履行承诺，就同一案件再次提出申请，以及国务院证券监督管理机构基于审慎监管原则认为不适用行政执法当事人承诺的其他情形。

③ 证监会自收到完整申请材料之日起 20 个工作日内作出受理决定，沟通协商后与当事人签署承诺认可协议等。需经历 6 大流程：申请及受理；沟通协商；签署协议；中止调查；履行协议；终止调查。

对账数据传输管理所涉及的基本事项予以明确。

其四，关于证券从业人员监管，新规突出分类管理，证券公司亦需重点关注公募基金从业人员管理的最新规范。随着新修订的《证券法》颁布实施、证券从业人员总数不断增多，证券从业人员管理也面临着新的变革要求，需要适应新的形势作出调整安排。2022 年，一批规范从业人员行为、确立从业人员监督管理办法的新规陆续发布、实施。

2022 年 2 月，《证券基金经营机构董事、监事、高级管理人员及从业人员监督管理办法》发布，并于 4 月 1 日起实施，旨在通过对董事、监事、高级管理人员、分支机构负责人和一般从业人员进行分类管理的方式强化执业规范，明确执业标准及相关行政监管措施和行政处罚制度安排，落实证券基金经营机构管理责任。具体亮点如下：一是细化人员任职管理，将人员分为董事、监事、高级管理人员和从业人员两个类型，就相关人员的范畴、任职要求、聘任及解聘流程等内容进行规范；二是深化履职限制，采取延长静默期、限制兼职数量、设置过渡期等措施进行监督管理；三是强化证券基金经营机构管理责任，建立董事、监事、高级管理人员及从业人员任职考察制度、薪酬管理制度和与之配套的内部问责机制。

2022 年 5 月，证监会《公开募集证券投资基金管理人监督管理办法》出台，中国证券业协会发布的《证券公司董事、监事、高级管理人员及从业人员管理规则》作为该管理办法的配套文件亦发布，进一步确立了证券公司公募基金从业人员管理的最新规范。公募化浪潮里，在多家券商已提前布局公募牌照的情况下，应对该管理办法及配套文件予以充分关注。

除了上述新规，2022 年证券领域的新规还包括：针对上市公司退市后的监管，2022 年 4 月 29 日，《关于完善上市公司退市后监管工作的指导意见》正式发布实施，上海证券交易所、深圳证券交易所、北京证券交易所、全国股转公司和中国结算公司为落实该指导意见，联合发布了《关于退市公司进入退市板块挂牌转让的实施办法》；针对证券违法行为处理，2022 年 7 月，证监会、财政部联合发布了《关于证券违法行为人财产优先用于承担民事赔偿责任有关事项的规定》，明确违法行为人所缴纳的行政罚没款用于承担民事赔偿责任的具体工作机制，率先将民事赔偿责任优先原则在证券领域落地；针对行业生态建设，2022 年 3 月，《中国证券业协会团体标准工作规范（试行）》发布；2022 年 5 月，《证券公司建立稳健薪酬制度指引》颁布，《证券公司重大资产重组财务顾问业务执业质量评价办法》修订，《证券行业诚信准则》《证券行业执业声誉信息管理办法》陆续发布；2022年12月，《上海证券交易所上市审核委员会和并购重组审核委员会管理办法》《深圳证券交易所上市审核委员会和并购重组审核委员会管理办法》《北京证券交易所上市委员会和并购重组委员会管理细则》发布，并自发布之日起施行；2022年7月，中国证券业协会接连发布《证券公司从业人员业务培训大纲（2022）》《证券公司从业人员业务培训细则》《证券行业专业人员水平评价测试实施细则》；2022年12月9日，证监会、司法部发布《律师事务所从事证券法律业务管理办法（征求意见稿）》，向社会公开征求意见。

二、证券行业新政策

2022年，证券行业涉及的主要新政策及其对证券公司的影响如下：

（一）证券公司资管业务获得公募牌照迎来政策利好

2022年，证券公司资管业务获得公募牌照迎来政策利好。2022年4月，证监会发布《关于加快推进公募基金行业高质量发展的意见》，支持证券资管子公司、保险资管公司、银行理财子公司等专业资产管理机构依法申请公募基金牌照，从事公募基金管理业务。2022年5月，证监会发布《公开募集证券投资基金管理人监督管理办法》，表示将放宽公募持牌数量限制。

公募化已成为未来证券公司资管行业转型的大方向，多个证券公司已经摩拳擦掌、提前布局，但在公募化转型的过程中，证券公司也应充分注意公募产品与私募产品在管理制度、合规方面的差异，对已经以及后续出台的相关规则保持持续关注。

（二）科创板试点做市交易

2019年，科创板创立。在其创立的第4个年头，2022年5月13日，证监会发布了《证券公司科创板股票做市交易业务试点规定》。

2022年10月，经证监会批复同意，中国证券金融股份有限公司、上海证券交易所等联合发布《科创板做市借券业务细则》（中证金发〔2022〕38号），明确了证券公司从中证金融借入科创板股票用于做市交易业务的有关操作和要求。经证监会批准，首批科创板做市商已于2022年10月31日正式开展了科创板股票做市交易业务。

（三）证监会试点私募股权创投基金向投资者实物分配股票

2022年7月，证监会启动了私募股权创投基金向投资者实物分配股票试点工作。本次试点工作中，私募股权创投基金向投资者分配的须是所持有上市公司首次公开发行前的股份。证券公司作为私募股权创投基金的管理人，在从事相关业务时亦需对该政策保持关注，如有需要，可在充分论证的基础上向基金业协会提出试点申请及具体操作方案。

关于政策的具体细节，证券公司应注意：私募股权创投基金是上市公司控股股东、实际控制人、第一大股东（含一致行动人），持有上市公司股份尚未解除限售，持有上市公司股份依照有关规则或者承诺不得减持，持有上市公司股份涉及质押、冻结、司法拍卖，或者存在违法违规行为等情形的，不得参与试点；投资者是该上市公司的实际控制人、控股股东、第一大股东（含一致行动人），是该上市公司董事、监事、高级管理人员，或者不具备证券市场投资资格等情形的，私募股权创投基金不得向其分配股票。

（四）成渝金融法院成立，为我国第一家跨省级设立的金融专门法院

2022年，全国人民代表大会常务委员会通过关于设立成渝金融法院的决定，我国第一家跨省级行政区域设立的金融专门法院自此成立。2022年12月20日，《最高人民法院关于成渝金融法院案件管辖的规定》（法释〔2022〕20号）发布，进一步明确了成渝金融法院的案件管辖范围，对成渝金融法院正式运行和切实履行法定职能具有基础性制度保障作用。

对于证券公司而言，以往由成渝地区中级人民法院管辖的金融民商事案件，将统一由成渝金融法院受理。该项政策对业务布局在成渝地区的证券公司来说既是利好，又是考验。一方面，专业的案件由专业的法院审理，将大大提升纠纷处置的精确度和效率；另一方面，基于法院及法官团队的专业化趋势，也倒逼证券公司以更专业的视角审视自身业务开展，并在纠纷中聘请在法律及金融专业方面均有深入理解的律师团队为其提供服务，保证证券公司的合法权益。

（五）上海金融法院正式实行证券纠纷示范判决机制

为积极探索构建示范判决机制，进一步完善机制建设，上海金融法院于2021年12月经审判委员会讨论通过《关于证券纠纷示范判决机制的规定》，2022年1月11日实施。这是上海金融法院创新专业化金融审判工作机制的一项重要举措，能够在一定程度上通过发挥示范案件的引领作用，妥善化解其他平

行案件的纠纷解决机制。对于证券公司而言，如果在上海金融法院涉诉，对此政策应予充分注意。

（六）杭州开展知识产权证券化试点

2022 年 2 月 11 日，杭州市人民政府印发《杭州市国家营商环境创新试点实施方案》。提出协同建设长三角知识产权信息公共服务和交易服务平台，实现跨区域、跨部门、跨层级知识产权数据共享和业务协同。实施面向中小企业的知识产权转化专项计划。健全政府引导的知识产权质押融资风险分担和补偿机制，综合运用担保风险补偿等方式降低信贷风险。开展知识产权质押融资“入园惠企”行动，强化“政企银服”联动。开展知识产权证券化试点，探索知识产权资本化新模式。对于开展资产证券化业务以及质押融资的证券公司来说，上述政策亦是在特定区域新的业务增长点。

回望 2022 年，证券行业新规和新政策不断：《期货和衍生品法》填补了期货市场法治建设的空白，证券期货执法当事人承诺制度正式以行政法规形式确立，证券市场虚假陈述侵权民事赔偿案件时隔 19 年在司法解释层面对裁判规则予以全面更新，上市公司监管体系全面整合，承销业务规范、保荐业务工作底稿制度、尽职调查准则及业务执业质量评价制度不断细化，投资者适当性义务相关制度逐步优化，债券交易规则制度架构逐步建立，质押式回购业务新规提高了闲散资金利用效率，也使得交易方式更加多元化，债券做市业务有了专项指引，证券公司资管业务获得公募牌照迎来政策利好，科创板试点做市交易，成渝金融法院成立……这些新规及新政策都为证券行业及证券公司在合规稳健的基础上开展业务并应对风险提供了新机遇与新挑战。

第三节 证券行业前沿热点争议

基于2019年版《证券法》第120条①的规定，从法律法规、司法解释的发布和案例来看，在2022年，证券行业争议解决的前沿热点争议集中于证券承销与投资业务、证券资产管理业务、股票质押式回购业务、证券融资融券业务、证券做市交易等业务领域。具体争议类别包括：证券/债券虚假陈述争议、投资者与管理人、托管人之间的争议、因利率上限及合同文本解释而产生的争议、因未立即强制平仓及公告方式变更合同而产生争议、实控人回购承诺指向不明确而产生的争议等。

一、证券承销与投资业务：证券/债券虚假陈述争议

2022年1月，最高人民法院发布了《新虚假陈述司法解释》，完善了证券虚假陈述民事赔偿责任的规定。一直以来，虚假陈述主体的责任承担及风险防控也是困扰理论和实务界的重点问题和核心难题。近几年，在证券发行以及交易市场，发行人实施的虚假陈述行为越发普遍。包括发行人虚增收入及利润、未及时披露大股东资金占用等。证券公司作为股票及债券承销商及保荐人，对发行人出具的信息披露文件具有法定的审核义务，但是实践中，很多证券公司未能发现，甚至协助发行人进行虚假陈述行为，从而遭致民事、行政甚至刑事处罚。

---

① 《证券法》第120条规定："经国务院证券监督管理机构核准，取得经营证券业务许可证，证券公司可以经营下列部分或者全部证券业务：（一）证券经纪；（二）证券投资咨询；（三）与证券交易、证券投资活动有关的财务顾问；（四）证券承销与保荐；（五）证券融资融券；（六）证券做市交易；（七）证券自营；（八）其他证券业务。国务院证券监督管理机构应当自受理前款规定事项申请之日起三个月内，依照法定条件和程序进行审查，作出核准或者不予核准的决定，并通知申请人；不予核准的，应当说明理由。证券公司经营证券资产管理业务的，应当符合《中华人民共和国证券投资基金法》等法律、行政法规的规定。除证券公司外，任何单位和个人不得从事证券承销、证券保荐、证券经纪和证券融资融券业务。证券公司从事证券融资融券业务，应当采取措施，严格防范和控制风险，不得违反规定向客户出借资金或者证券。"

2022 年，在《新虚假陈述司法解释》发布后，有大量司法案例[①]对司法规则进行了实践，该前沿热点问题在争议解决领域亦持续发酵。对该业务领域项下的证券/债券虚假陈述纠纷，详见本书第二编第三章。

二、证券资产管理业务：投资者与管理人、托管人之间的争议

证券资产管理业务是证券公司的主要业务之一。2021 年年底，2018 年 4 月发布的《资管新规》过渡期正式结束，证券资产管理业务也逐渐步入正轨。但诉讼、仲裁等争议解决领域的纠纷仍不可避免。

实际上，无论是信托领域、证券资管领域还是私募基金领域，近年来因投资者适当性义务履行不充分、管理人履职不到位、多层嵌套、资管计划未经清算损失无法确定、管理人失联需进一步向托管人追责、证券公司内部追责等问题而产生的纠纷屡见不鲜。面对资管领域涌现的新问题，从《九民纪要》的出台到《民法典》及其相关司法解释的颁布以及一些热点案例的讨论都逐渐形成了较为完善的司法规则。综观 2022 年经由司法机关裁判并发布的案例，前沿热点问题和裁判要旨如下：

其一，管理人履行投资者适当性义务、信息披露义务、告知说明义务等相关问题。投资者适当性义务中，关于风险承受能力评估时点的裁判规则在本年度的热点案例中有所体现。2022 年 5 月，北京金融法院在裁判的一起案件中认为，[②] 管理人在基金成立后才对投资者进行风险承受能力评估，违反适当性义务。该案中，管理人对投资者进行风险承受能力评估的时间晚于基金成立的时间。虽经评估，投资者符合基金产品的合格投资者要求，但管理人未及时进行投资者适当性评估的过失无法通过事后补充提供来弥补，法官酌情认为其应承担 20%责任。

适当性义务属于诚信义务在金融产品销售领域的具体化，是近年来的热点问题。在证券领域，《证券期货投资者适当性管理办法》于 2016 年 12 月正式发文施行，并于 2020 年修正，规定了经营机构向普通投资者销售产品或者提供服务前告知适当性匹配意见。但针对此前的基金产品，虽尚无法律或者相关政策

---

① 北京市高级人民法院（2021）京民终 956 号案、山东省济南市中级人民法院（2021）鲁 01 民初 1274 号案、新疆维吾尔自治区高级人民法院（2022）新民终 2 号案、广东省广州市中级人民法院（2020）粤 01 民初 980 号案、山东省济南市中级人民法院（2021）鲁 01 民初 1696 号案、山东省济南市中级人民法院（2021）鲁 01 民初 1685 号案等。

② 北京金融法院（2021）京 74 民终 482 号案。

明确规定适当性义务的履行时点，司法实践仍有可能认为管理人在基金成立后才对投资者进行风险承受能力评估，构成违反适当性义务。例如，在北京金融法院（2021）京 74 民终 482 号案中，法院即认为，管理人至迟应当在基金产品正式成立之前向投资者充分告知投资风险并完成投资者风险承受能力评估，否则基金财产按照计划转入托管账户进行投资后，再发现不符合合格投资者要求的情况，相应资金即存在难以全部退出的风险。

该案启示我们：证券公司应在产品正式成立前向投资者充分告知投资风险，并完成投资者风险承受能力评估。

此外，2022 年 8 月，北京金融法院[①]在审理的一起案件中认为，管理人仅以投资人承诺的方式甄别投资人风险等级，未进行主动审查的，应认定其未尽到适当性义务。关于该裁判规则，亦值得证券公司充分关注。

关于管理人在多层嵌套资管计划中的告知说明义务以及了解客户的适当性义务相关问题，2022 年 8 月，上海金融法院在裁判的一起二审改判案件中[②]认为，多层嵌套资管计划中，底层资产资金链断裂，管理人存在信息披露瑕疵，且调查问卷经鉴定非投资者本人签署，证券公司应据此被按本金的 50% 先行赔偿投资者。该案中，底层资产资金链断裂导致资管计划提前终止，管理人未如实披露底层 4 亿元应收账款的基本情况，法院认定其违反告知说明义务；二审法院查明调查问卷非投资者本人签署，结合投资者陈述的签约过程，法院认定其未尽到“了解客户”之职责。最终，证券公司被二审法院改判先行赔偿投资者本金的 50%（一审判赔比例为 10%）。

资管计划中，底层资产情况是影响投资者决策的重要事项，需重点披露。特别是在底层资产资金链断裂的情况下，管理人很容易因此被判赔。值得注意的是，上海金融法院（2021）沪 74 民终 1379 号案是典型的多层嵌套结构，案涉资管计划投资了事务管理类信托计划，并由信托计划受让标的应收账款，在此交易结构下，管理人未披露最底层的应收账款基本情况亦需要担责。另外，2022 年 6 月上海金融法院基于同一资管计划的一个类案中[③]，调查问卷系投资者本人签署。上海金融法院仍维持了一审法院 10% 的判赔比例，可见管理人责任认定中，是否履行“了解客户”职责亦是法院确定酌定比例的重要参考

① 北京金融法院（2022）京 74 民终 458 号案。
② 上海金融法院（2021）沪 74 民终 1379 号案。
③ 上海金融法院（2021）沪 74 民终 1376 号案。

因素。

该案启示我们：证券公司作为管理人时，应当详细披露底层资产情况，如为多层嵌套结构，亦需向投资者告知说明最底层资产的基本情况；重视“了解客户”环节，保证调查问卷由投资者本人签署。

关于管理人在推介过程中的信息披露义务，2022 年 6 月，北京金融法院（2022）京 74 民终 667 号案例同样值得关注。该案中，基金合同及推介资料存在“风险可控”、固定收益等表述并载明风控措施，足以使投资者产生低风险预期，而投资者签署的《风险揭示书》中概括式、格式化的风险揭示不足以消除其低风险预期。法院认为，管理人未落实推介资料中的风控措施属于未尽到勤勉谨慎义务，构成违约。管理人至今未能从债务人及担保人方追回贷款，给投资者造成实际损失，应予赔偿，赔偿范围包括本金及资金占用损失。

该案启示我们：投资者签署的《风险提示书》《私募基金投资者风险承受能力调查问卷》《合格投资者承诺书》等文件不足以认定管理人已尽到风险提示义务；法院在认定管理人是否违约时，不仅以《基金合同》为依据，管理人未落实募集推介资料中载明的风控措施的，亦属于未尽到勤勉谨慎义务，构成违约；在进行资管产品推荐时，管理人需注意落实推介资料中载明的风控措施并遵守其中包括的管理人义务，避免承担违约责任。

其二，资管计划到期未经清算时投资者损失认定的相关问题。关于管理人责任纠纷中资管计划到期未经清算时投资者损失的认定，2022 年 12 月，上海市高级人民法院发布 2022 年第三批参考性案例，本批参考性案例主要为涉资产管理业务等金融类相关案例，其中上海金融法院裁判的参考性案例 147 号[①]（注：该案例此前已入选“2021 年度上海法院金融商事审判十大案例”）即涉及资管计划到期后投资者损失的认定。该案例认为，证券公司违反管理人义务，即使资管计划未完成清算且损失未确定，法院仍可能判决管理人先行赔偿损失。

该案件为证券资管业务清算与损失确定这一热点问题给出了解决方案。关于资管计划未完成清算兑付时的损失认定，实务中有较大争议。有观点认为，对于未赎回、正在诉讼或者破产清算中的份额，损失尚不确定，应暂不处理，如最高人民法院（2018）最高法民终 173 号、上海金融法院（2021）沪 74 民终 1011 号、最高人民法院（2018）最高法民终 173 号、山东省高级人民法院

① 上海金融法院（2021）沪 74 民终 422 号案。

（2020）鲁民终 2633 号案等。但本案中，尽管证券公司作为管理人主张尚未形成清算报告，无法确定相关资管计划的损失，投资者所主张的损失尚未产生，但法院认为，鉴于资管计划、相关信托计划已提前终止，且《资管合同》提前终止履行后至今仍未获得兑付，投资者损失确已发生，并判令管理人先行赔偿本金损失。

虽然上海金融法院参考性案例 147 号案件裁判于 2021 年，但其裁判规则已经延续到了 2022 年 1 月上海金融法院裁判的一起类案中。[①] 法院亦认为，虽然资管计划最终不能兑付的具体损失金额暂时无法确定，但未获清偿的损失已经客观发生，证券公司作为管理人应参照过错程度向投资者赔偿一定比例投资本金。资管计划最终清算后如有收回的款项，管理人可扣除相应比例后向投资者进行清算分配。

该案启示我们：证券公司作为资管计划的管理人时，或可在资管合同中约定，若需由其赔付投资者损失，必须待资管计划完成清算兑付之后方可赔偿，以此降低被法院判令先行赔付的风险。

但也提醒证券公司注意，清算结果是认定资管计划投资损失的重要依据而非唯一依据已逐渐成为司法实践中的共识。例如，2022 年 5 月，天津市第二中级人民法院[②]在一起案件中亦持有此观点。故资管合同的上述约定亦有不被法院支持的可能性。

其三，托管人责任相关问题。在私募基金业务（类资管业务）领域，证券公司往往会作为托管券商参与到私募基金业务中。业务开展过程中，私募基金管理人或因产品爆雷而失联，这时具有一定经济实力的托管券商往往成为投资者追责的主要对象。

关于托管人责任及其责任形式，监管层面，中国证券投资基金协会与中国银行业协会存在不同观点。在中国证券投资基金协会的一则处罚公告中，其认为托管人与基金管理人应履行“共同受托责任”，而依据《信托法》的相关规定，共同受托人之间应承担连带责任；但是中国银行业协会在《商业银行资产托管业务指引》中明确表示，托管银行的职责不包括“自身应尽职责之外的连带责任”。在司法层面，目前尚未看到判决托管人与管理人承担连带责任的案

① 上海金融法院（2021）沪 74 民终 1586 号案。

② 天津市第二中级人民法院（2022）津 02 民终 1733 号案。

例，司法实践[①]中，即使法院认定托管人在履行托管职责时存在过错，一般也是判令其在过错范围内承担补充责任。

司法实践中，托管人义务内容不宜过重已达成共识，但托管人执行与私募基金合同约定以及实际状况明显不符的管理人划款指令导致基金财产损失，法院[②]通常会认定托管人存在过错。2022 年 7 月，北京市朝阳区人民法院裁判的一起案件中，投资者未举证证明作为托管人的证券公司存在执行违法违规或违反合同约定的投资指令之情形，法院即驳回了投资者要求托管人承担连带赔偿责任的意见；[③] 2022 年 6 月，北京市朝阳区人民法院在一起案件中，也没有判决托管券商承担责任，亦是该裁判观点的体现。[④]

当然，在托管人未有过错的情况下，如管理人失联，托管人基于合同义务仍负有将托管账户内的财产代管理人向投资者承担相应的返还义务。例如，2022 年 3 月，济南铁路运输中级法院在一起金融委托理财合同纠纷即持该观点。[⑤]

其四，资管产品爆雷或因管理人责任而产生的内部员工追责的相关问题。2022 年 11 月，一起涉及券商的劳动争议[⑥]亦引起了业内关注。该案件中，北京市朝阳区人民法院认为，证券公司因项目爆雷对员工降薪调岗的，应证明风险出现与员工履职情况之间的直接关系，不得将整体管理风险转嫁于员工。

近年来，资管产品爆雷发生后，证券公司往往会追究员工责任。虽然针对证券公司从业人员的问责机制不断细化，但要实际采取降薪、调岗等措施，证券公司还需有充分依据。根据本案裁判思路，仅仅靠项目负责人的身份属性或是公司在事后形成的研究意见，不足以将产品项目出现风险的责任确定地归因于员工个人。证券公司还需进一步证明，涉诉员工在履职过程中存在过错，且该过错直接导致了相关损害结果的发生。从本案亦可知，部分法院在认定证券公司员工个人责任时，通常持审慎态度。

该案启示我们：关于产品爆雷后的内部问责机制，证券公司可根据法律法

---

① 上海金融法院（2020）沪 74 民终 461 号案、北京市第二中级人民法院（2019）京 02 民终 8082 号案。

② 湖南省高级人民法院（2020）湘民申 769 号案。

③ 北京市朝阳区人民法院（2021）京 0105 民初 8765 号案。

④ 北京市朝阳区人民法院（2021）京 0105 民初 84255 号案。

⑤ 济南铁路运输中级法院（2021）鲁 71 民初 124 号案。

⑥ 北京市朝阳区人民法院（2021）京 0105 民初 41048 号案。

规订入企业管理制度及劳动合同中，并落实对内公示事项。因项目爆雷而需对员工采取调整薪资或岗位等措施时，应固定员工“对项目决策起到重大作用”或者“在履职过程中未尽到勤勉义务”的相关证据。

三、质押式回购业务：因利率上限及合同文本解释而产生的争议

近年来，股票质押式回购业务纠纷相关争议的裁判规则日趋完善，法院也逐渐形成了统一的裁判观点。综观 2022 年的案例，争议焦点主要集中在两个方面：一是质押式回购业务的罚息和违约金的综合利率保护上限是 4 倍贷款市场报价利率还是 24%；二是“履约保障比例”等一些金融术语在合同文本中应当如何解释与理解。

其一，关于质押式回购业务的利率保护上限是 4 倍贷款市场报价利率还是 24%的相关问题。对于该问题，新修正的《民间借贷司法解释》发布后，司法实践中即产生争议。经研究，我们发现，目前司法实践中的大多数案例①认为股票质押式回购业务等金融借贷相关业务不应适用新修正的《民间借贷司法解释》，司法利率的保护上限仍为 24%。2022 年度的相关案例亦延续了该裁判规则。例如，2022 年 4 月，北京金融法院（2021）京 74 民初 1089 号案即按照利率保护上限 24%进行了裁判。2022 年 3 月，上海金融法院审理的一起质押式证券回购纠纷中，亦以 24%为综合利率保护上限。②

但也提示证券公司，虽多数法院认为金融机构借贷相关业务利率不应适用新修正的《民间借贷司法解释》，并认为司法利率的保护上限为 24%，也不乏少数法院③基于“金融机构的社会责任承担”“推动实体融资成本降低”“金融机构经营风险及贷款成本均低于民间借贷”等政策原因，酌情以 4 倍贷款市场报价利率调整金融借款合同约定利率，在事实上适用了新修正的《民间借贷司法解释》。

其二，金融术语在合同文本中的解释与理解的相关问题。2022 年 9 月，北京市高级人民法院在一起质押式回购业务纠纷中将质押式回购业务交易合同和

---

① 河南省郑州市中级人民法院（2020）豫 01 民初 833 号案、上海金融法院（2020）沪 74 民初 1807 号案、最高人民法院（2020）最高法民终 1050 号案、北京市高级人民法院（2021）京民终 342 号案等。

② 上海金融法院（2021）沪 74 民初 3085 号案。

③ 安徽省滁州市中级人民法院（2021）皖 11 民终 331 号案、河南省郑州市中级人民法院（2021）豫 01 民终 4160 号案。

抵押合同中的“履约保障比例”相关约定认定为按比例提供抵押，并据此判决证券公司仅在该比例范围内对抵押物享有优先受偿权。① 该案的质押式回购业务中，抵押人以不动产提供抵押，抵押合同本身并没有对抵押人仅按特定比例提供抵押进行约定，但法院基于“抵押物的担保品价值按如下比例分别计入债务人在主合同中的履约保障比例计算：……黄某乐：7.92%……”的约定并结合《交易业务协议》中的“履约保障比例”的计算方法，认定抵押人并非以抵押物全部份额为主债权提供抵押，判令证券公司仅在抵押物折价、拍卖或变卖价款的7.92%范围内优先受偿。

实践中，“履约保障比例”的约定是股票质押式回购交易进行风险防控的重要手段之一。质押融资后，证券市值每天都在变动，证券公司为了计算质押证券的价值保障程度，往往会在交易业务协议中约定“履约保障比例”，并将该比例作为确定预警线和平仓线的方式，用以“盯市”。该案中，抵押合同的约定可能意在将抵押物的估值变动纳入预警线和平仓线的确定中 。但因约定存在问题，最终被认定为抵押人仅以抵押物的特定份额为主债权提供担保，导致证券公司利益受损。

该案件也启示我们：质押式回购业务中，如证券公司欲将抵押不动产的估值变动纳入履约保障比例，以确定预警线和平仓线，并用以“盯市”，应当进行明确约定；不动产抵押合同中，如有履约保障比例或其他比例值的相关约定，应明确约定抵押人是以抵押物的全部份额为主债权提供担保；证券公司在涉诉时，应加强对业务专业条款的解释说明。

2022年，除了以上较为有代表性的争议，在股票质押式证券回购业务项下，另有一些案例亦对证券公司合规、严谨开展业务有启发意义。2022年4月，在北京市高级人民法院审理的一起质押式证券回购纠纷中，② 证券公司签署《延期购回交易协议书》，其中约定对《交易业务协议》约定的初始交易进行延期购回，将延期购回期间利率从5.375%变更为7.875%，但是在《延期购回交易协议书》签署后，保证人未以任何形式明确同意或者认可延期购回利率增加，法院据此认定保证人对债务加重的部分不承担保证责任，并改判了一审判决。

该案启示我们：股票质押式证券延期购回，变更利率是常见的业务操作，

① 北京市高级人民法院（2022）京民终405号案。

② 北京市高级人民法院（2022）京民终11号案。

在进行该类业务操作时，证券公司一定要确保保证人就特定利率变更事项作出明确同意，并严格根据章程要求其出具股东会决议/董事会决议等文件，确保业务操作的规范化、流程化。

四、融资融券业务：因未立即强制平仓及公告方式变更合同而产生争议

从2022年度的案例来看，融资融券业务的争议主要集中在以下方面：

其一，因未立即强制平仓而与投资者产生的争议。在融资融券业务的开展过程中，2022年12月，上海市高级人民法院发布的2022年第三批参考性案例中，上海金融法院裁判的参考性案例148号[①]虽为期货经纪合同纠纷，但对证券公司的相关业务开展仍具有较强的参考价值（注：本案此前已入选“2020年度上海金融法院十大典型案例”、上海金融法院“证券期货投资者权益保护十大典型案例”）。

该案中，法院认为，客户期货账户公司风险率大于100%而交易所风险率未达100%时，期货公司仅通知客户追加保证金而未采取强行平仓措施，并无不当。客户账户交易所风险率达100%后，期货公司履行通知义务并给予客户自行处置的合理时间后已采取强行平仓措施，但由于市场行情变化导致平仓无法实现，由此产生的穿仓损失应由客户承担。

在融资融券交易中，强制平仓是证券公司实现债权、控制风险的重要手段。从既往来看，强行平仓涉及的纠纷中，当事人双方通常系就证券公司是否强行平仓权以及强行平仓权行使的条件是否成就产生争议。随着相关司法实践的完善，近几年该类争议的分歧逐步减小。例如，2022年2月，深圳市福田区人民法院[②]在一起融资融券交易纠纷中认为，按照合同约定，因客户信用账户维持担保比例低于平仓线且未在公告的补足担保物期限内补足担保物或采取其他措施使其信用账户维持担保比例高于或达到平仓解除线的，证券公司有权实施强制平仓方式处分担保物，且有权自主决定处分担保物的时间、证券、价格和数量。另有，2022年7月，北京市西城区人民法院在其审理的一起融资融券交易纠纷中亦认为，在合同履行过程中出现了合同约定的强制平仓的情形，但投资者未能按照合同约定及时追加担保物或主动清偿债务，证券公司采取强制平仓

---

① 上海金融法院（2020）沪74民初598号案。

② 深圳市福田区人民法院（2021）粤0304民初33497号案。

措施，不违反合同约定。[①]

与以往不同，上海金融法院参考性案例 148 号的核心争议在于：一是公司风险率大于 100%而交易所风险率尚未达 100%时期货公司是否必须执行强平，期货公司强平权的行使是否存在不及时的行为；二是诉争损失并非客户权益资金而是穿仓损失，此损失应由何方承担。对此，该案裁判结合强行平仓的性质、期货保证金制度的功能、双方在期货交易中的地位以及穿仓损失产生的原因等综合分析，对同类案件此类争议的审理具有较大的参考价值。

该案启示我们：基于期货交易的特点、强行平仓的制度功能，认定强行平仓的法律性质为证券公司/期货公司的权利，已经为司法实践所确认；公司风险率大于 100%而交易所风险率尚未达到 100%时，证券公司/期货公司仍可选择不实施强行平仓；合同约定或法定的强制平仓条件成就时，证券公司/期货公司应及时通知客户追加保证金，决策是否强制平仓；给予客户自行处置的合理时间后，可采取强行平仓措施；在此情形下，非因证券公司/期货公司违约、过错而系市场风险导致穿仓损失，证券公司/期货公司应向法院主张不应由其承担责任。

值得关注的是，2022 年 8 月，关于平仓时点，深圳市福田区人民法院在一起融资融券交易纠纷中亦认为，[②] 合同并未就强制平仓的时间节点作约定，证券公司无法预测证券的价格走势以选择最优的平仓时间点，且证券公司强制平仓亦是挽回其自身损失的途径之一，其没有理由刻意拖延平仓时间扩大投资者的损失。投资者亦未举证证明原告在平仓过程中存在过错，证券公司的强制平仓行为符合合同约定。针对投资者对于证券公司/期货公司未及时平仓因而导致损失的指控，该案件的裁判要旨亦与上海金融法院参考性案例 148 号一脉相承。

其二，证券公司通过公告方式变更合同而产生的争议。在融资融券业务中，证券公司通过公告方式调整其业务规则或其他权利义务条款的操作并不罕见，是融资融券业务中的交易惯例。但其中，争议解决条款具有一定特殊性，即其与当事人利益密切相关且独立于其他条款。

2022 年 3 月，北京市第四中级人民法院在一起融资融券业务纠纷中认为，[③] 融资融券业务合同约定证券公司可以公告方式变更合同，后公告将争议解决方

---

① 北京市西城区人民法院（2022）京 0102 民初 3876 号案。
② 深圳市福田区人民法院（2021）粤 0304 民初 49069 号案。
③ 北京市第四中级人民法院（2021）京 04 民特 216 号案。

式由诉讼变为仲裁，不视为双方达成仲裁合意。该案中，法院认为，《融资融券业务合同书》中关于公告变更合同条款的约定系证券公司一方提供的格式条款，因此当该约定未明确及于争议解决条款的变更时，应作出不利于提供该格式条款一方的解释。因此，证券公司以单方公告方式对合同进行变更，其效力不及于争议解决条款，应认定双方之间未达成仲裁合意。另需注意的是，上述裁判要旨已报最高人民法院审核，最高人民法院亦持相同观点。故实践中，证券公司在与投资者订立融资融券合同时，应当对争议解决条款的变更方式给予特殊关注。

该案启示我们：在订立融资融券合同时，证券公司可对争议解决条款的变更方式予以明确约定，并注意对相关条款加粗，或通过其他方式（如录音录像等）履行提示义务。

五、证券做市交易：实控人回购承诺指向不明确而产生的争议

证券公司进行做市交易时，通常会要求上市公司的实控人或控股股东承诺回购自身持有的公司股票，一种常见的形式是要求实控人或控股股东出具回购承诺函。但实践中因为承诺函的措辞不规范或回购义务人指向不明确，易出现争议。

2022 年 3 月，湖南省长沙市芙蓉区人民法院①在一起证券做市交易纠纷中认为，证券做市交易中，公司实控人仅承诺将协调相关投资人回购股票，如做市商无法确定具体回购义务人，则无权强制要求公司实控人履行义务。

该案件也启示我们：证券做市交易中，证券公司在接受公司或公司实控人提供的回购承诺时，应明确具体的回购义务人，并避免使用“协调”“促成”等模糊用语。

六、其他

除了上述具有鲜明业务特点的热点案件，2022 年如下问题亦值得证券公司关注，具体如下：

其一，证券公司在执行分配中涉及的相关问题。当资管计划的财产不足以清偿全部债务时，各债权人（证券公司作为债权人之一）按查封财产顺序优先清偿，还是按债权比例平等受偿，现行法律并未有明确规定。2022 年 9 月，北

---

① 长沙市芙蓉区人民法院（2021）湘 0102 民初 22076 号案。

京市高级人民法院在一起执行案件中认为,[①] 资管计划的债权人有权参与执行分配程序，并在执行分配程序中按照法院制订的执行分配方案受偿，下级法院未经执行分配程序向作为首先查封债权人的证券公司分配执行款不符合法律规定，并裁定追回已向证券公司分配的执行款项。

该案启示我们：证券公司作为资管计划的债权人，应及时向执行法院申请参与执行分配程序。

其二，证券公司在履行与发行人《承销协议》时涉及的相关问题。2022 年 6 月，广东省深圳市中级人民法院审理的一起证券承销合同纠纷中,[②] 发行人认为，其与证券公司在《承销协议》约定发行的债券品种为单一期限品种，未明确债券属于含权（投资者回售选择权）品种，后案涉债券发生回售，发行人据此要求承销商退还债券回售 12 亿元相对应的承销费用。对此，法院认为，发行人对《募集说明书》“含权债券”条款无异议，并完成《募集说明书》的签署，故《募集说明书》已明确约定涉案债券为含权债券，且与《承销协议》不相冲突，并据此驳回发行人诉请。

该案启示我们：证券公司在签署《承销协议》亦可对债券品种是否为含权债券进行约定，防止因此产生争议。

其三，投资者在违约后无偿对外转款涉及的相关问题。2022 年 1 月，辽宁省沈阳市中级人民法院裁判的一起债权人撤销权纠纷显示,[③] 证券公司依法撤销了一位在融资融券业务中已经违约的投资者无偿对外转款的行为。

该案启示我们：证券公司在投资者违约后，如融资融券违约案已进入强制执行阶段，可向执行法院申请调取被执行人（投资者）的银行账户交易明细，确定投资者是否有无偿对外转款以规避债务的行为；此外，违约后，证券公司亦应采取多种措施对投资者的银行账户交易明细进行监控及定期了解情况，防止其无偿对外转款损害证券公司利益；如发现投资者有无偿对外转款的行为，应及时提起债权人撤销权之诉。

---

① 参见北京市高级人民法院（2022）京执复 150 号案。

② 参见广东省深圳市中级人民法院（2022）粤 03 民终 1264 号案。

③ 辽宁省沈阳市中级人民法院（2021）辽 01 民初 959 号案。

第三章　银行业争议解决年度观察

第一节　银行业年度数据

2022 年，银行业在诉讼和行政处罚两个方面的概况如下：

一、诉讼案件年度概况

据统计，[①] 2022 年度，银行作为当事人的民事案件约 454, 891 件，执行案件约 357, 437 件，民事及执行案件总数量与前两年相比均有减少。其中，民事案件数量在近三年间均持续下降，执行案件数量则在 2020—2021 年大幅攀升后，在 2022 年度有所回落，具体如图 3-3-1、3-3-2 所示。

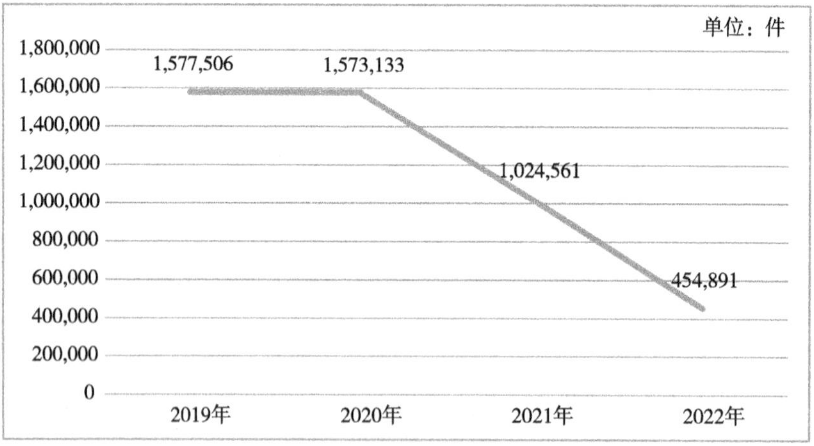

图 3-3-1　2019—2022 年银行作为当事人的民事案件数量

---

① 数据来源于 Alpha 数据库，数据收录截止至 2023 年 1 月 26 日。

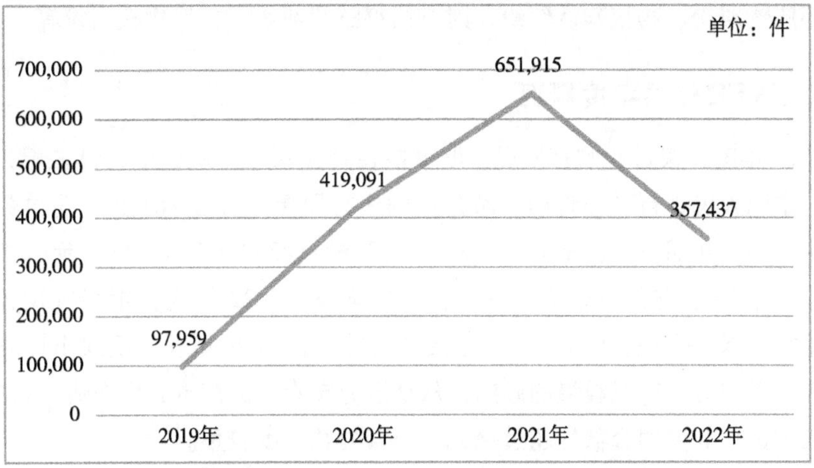

图 3-3-2　2019—2022 年银行作为当事人的执行案件数量

在银行所涉民事案件中，一审案件 417, 875 件，二审案件 10, 232 件，一审上诉率约为 2. 45%。再审案件中，银行所涉案件的改判率及提审或指令审理的案件比例均相对较高，提审或指令审理的案件 479 件，占再审案件的 23. 74%；改判案件 245 件，占再审案件的 12. 14%。

从地域分布来看，银行涉及的民事及执行案件主要集中在广东省、山东省、湖南省、上海市、辽宁省，前述五省案件数量占全国案件总量的 47. 86%，其中广东省的案件量最多，达 98, 734 件，占比 12. 15%。

从案件标的金额来看，银行涉及案件中近 90%的案件是标的额在 50 万元以下的案件，但也不乏标的金额较大的案件。据统计，1000 万元至 5000 万元的案件有 4, 431 件、5000 万元至 1 亿元的案件有 634 件、1 亿元至 5 亿元的案件有 410 件、5 亿元至 50 亿元的案件有 35 件。

从案由来看，在民事案件中占比最多的案由是合同纠纷，共 426, 962 件，占比达 94. 21%。合同纠纷中最主要的案由是借款合同纠纷类，占比 50%以上，其次是银行卡纠纷类，房屋买卖合同纠纷类，保证合同纠纷。民事案件中占比第二多的案由则是特殊诉讼程序案件案由，共 2, 372 件，包括案外人执行异议之诉、第三人撤销之诉、申请执行人执行异议之诉、执行分配方案异议之诉等。占比第三多的是与公司、证券、保险、票据等有关的民事纠纷，共 1, 111 件，其中票据纠纷类，保险纠纷类，与破产有关的纠纷类、与公司有关的纠纷类为最主要的案由。民事案件占比排名第四的案由则是物权纠纷类，共 1020 件，包括返还原物纠纷、物权确认纠纷、财产损害赔偿纠纷、担保物权纠纷等。

二、行政处罚年度概况

2022年度，银行业监管处罚力度维持在较高水平。从罚单数量来看，银保监会、中国人民银行、外管局网站公示的银行罚单共计6,164张，罚单数量创近三年新高；从罚没金额来看，2022年度罚没金额共计213,326万元，银行机构连续三年受罚超过20亿元；从受罚对象来看，2022年受罚银行机构数量与前两年相比保持平稳，但受罚的个人数量有较大幅度的增长，反映出监管机构对个人严肃问责、惩戒震慑的倾向；从地区分布看，浙江省、广东省、山东省、黑龙江省银行业受罚金额均超过亿元，监管处罚力度较重。①

表3-3-1　2022年全国银行业罚没金额排名前十的大额罚单

排名	罚单文号	机构名称	罚没金额（万元）	罚没事由
1	青银保监罚决字〔2022〕1号	青岛农村商业银行	4,410	贷款五级分类不准确、投资业务投后风险管控不到位、员工行为管控不力、贷款转保证金开立银行承兑汇票、数据治理有效性缺失、流动性资金贷款被挪用、房地产贷款管理严重不审慎、信用卡透支资金流入非消费领域等
2	银罚决字〔2022〕12号	广发银行	3,484.8	1. 违反人民币反假有关规定；2. 违反人民币管理规定；3. 占压财政存款或者资金；4. 违反国库管理其他规定；5. 违反信用信息采集、提供、查询及相关管理规定；6. 未按规定履行客户身份识别义务；7. 未按规定保存客户身份资料和交易记录；8. 未按规定报送大额交易报告或者可疑交易报告；9. 与身份不明的客户进行交易

① 数据来源：《2022年度银行监管处罚分析报告》，载微信公众号“极客合规”，2023年1月9日。

续表

排名	罚单文号	机构名称	罚没金额（万元）	罚没事由
3	银罚决字〔2022〕1号	招商银行	3,429.19	1. 违反账户管理规定；2. 违反清算管理规定；3. 违反特约商户实名制管理规定；4. 违反支付机构备付金管理规定；5. 违反人民币反假有关规定；6. 占压财政存款或者资金；7. 违反国库科目设置和使用规定；8. 违反信用信息采集、提供、查询及相关管理规定；9. 未按规定履行客户身份识别义务；10. 未按规定报送大额交易报告或者可疑交易报告；11. 与身份不明的客户进行交易或者为客户开立匿名账户、假名账户；12. 违反个人金融信息保护规定；13. 违反金融营销宣传管理规定
4	杭银处罚字〔2022〕3号	浙江网商银行	2,236.5	1. 违反金融统计管理相关规定； 2. （1）违反账户管理相关规定，（2）违反清算管理相关规定； 3. 违反征信管理相关规定； 4. （1）未按规定履行客户身份识别义务；（2）未按规定保存客户身份资料和交易记录；（3）未按规定履行可疑交易报告义务；（4）与身份不明的客户进行交易
5	晋银保监罚决字〔2022〕11号、18号、20号、21号、22号、23号、24号、25号	中国民生银行太原分行	1,710	未经总行授权开展兜底承诺业务；未按照会计原则进行财务核算；公章使用登记簿记载不真实；未按照“穿透”原则计提拨备；发放实际承担风险的委托贷款；在理财业务投资运作过程中提供隐性担保
6	上海银罚字〔2022〕3号	东亚银行	1,640	违反信用信息采集、提供、查询及相关管理规定
7	粤汇处〔2022〕8号	韩亚银行广州分行	1,576.54	违反规定办理内保外贷业务

续表

排名	罚单文号	机构名称	罚没金额（万元）	罚没事由
8	沪银保监罚决字〔2022〕54号	工商银行上海市分行	1,310	1. 2019年3月至2020年7月，向关系人发放信用贷款。2. 2017年至2020年，部分服务存在质价不符。3. 2017年至2020年，部分贷款存在以贷收费。4. 2017年8月至12月，部分业务存在转嫁成本。5. 2017年至2019年，部分收费服务内容记录不完整。6. 2019年1月，理财资金违规用于支付土地款，用途管理严重违反审慎经营规则。7. 2016年至2018年，违规提供政府性融资。8. 2017年至2020年，部分个人贷款违规用于限制性领域。9. 2013年至2019年，部分并购贷款严重违反审慎经营规则。10. 2020年5月至7月，违规代理销售
9	渝银保监罚决字〔2022〕44号	重庆农村商业银行	1,295	1. 审查审批不尽职，超需求发放流动资金贷款形成风险；2. 掩盖不良贷款；3. 拨备覆盖率指标虚假，贷款减值准备不足；4. 未按规定对质押资产进行审查即向政府融资平台公司发放贷款；5. 同业授信调查及审查审批不尽职，部分业务出现风险；6. 贷款“三查”不尽职，导致形成重大信用风险；7. 同业投资业务不合规；8. 贷后管理不到位，信贷资金被挪用；9. 未执行统一授信管理
10	上海汇管罚字〔2022〕3111220601号	上海浦东发展银行	1,267.69	违规办理远期结汇业务；违规办理期权交易；违规办理内保外贷业务；违规办理房产佣金收、结汇业务；结售汇统计数据错报

2022年度，银行业监管部门重点处罚领域如下：

1. 总体而言，2022年度银行机构在信贷管理、反洗钱、结算与现金管理领域的案由数和罚没金额最多，是受监管处罚的高风险集中领域。

信贷管理仍旧是监管处罚的最重点领域，典型处罚事由如贷款“三查”不到位、贷款管理及授信管理不尽职、违规发放贷款、贷前调查未尽职、贷款未按约定用途使用或用途不合规、贷款风险分类不准确不真实等，年度单笔金额高达 4, 410 万元的青银保监罚决字〔2022〕1 号罚单即主要针对信贷管理领域的处罚。

反洗钱领域则主要涉及反洗钱管理不规范、未按规履行客户身份识别义务或保存客户身份资料和交易记录、未按规报送可疑交易报告、与身份不明的客户进行交易或为客户开立匿名假名账户等。银罚决字〔2022〕12 号、银罚决字〔2022〕1 号、杭银处罚字〔2022〕3 号等千万级罚单均涉及前述领域。

结算与现金管理领域的典型处罚案由如违反支付结算管理规定、账户管理不规范、未按规定程序收缴假币、占压财政存款或者资金/占压、挪用所收纳税款、故意压票、以贷转存吸存等。

2. 与 2021 年相比，配合监管、员工行为与案防、征信管理、消费者权益保护、信用卡业务领域 2022 年的监管处罚力度增幅较大。

在配合监管领域，案由数量及罚没金额与上年相比均有较高幅度提升，罚没金额数量超过理财业务、同业业务、国际业务等往年处罚重点领域，攀升至信贷管理、反洗钱、结算与现金管理之后的第四位。配合监管领域的典型处罚案由如未按规定向监管提供资料或报送信息、向监管机构提供虚假资料或隐瞒重要事实、公司相关信息披露违规或误导性陈述、监管意见落实整改不到位等。监管标准化数据（EAST）质量与报送方面的处罚值得银行业重点关注，银保监会于 2022 年 3 月 25 日发布公告，称已严肃查处 21 家银行机构监管数据质量违法违规行为，对政策性银行、国有大型银行、股份制银行等共 21 家银行机构作出处罚决定，处罚金额合计 8, 760 万元，并将继续加大对监管数据质量违法违规问题的查处力度。①

在员工行为与案防领域，案由数量及罚没金额与上年相比亦均有较高幅度提升，罚没金额攀升至第五位，典型案由如案防管理不到位、案件信息迟报/瞒报、员工行为管理不到位、员工职务侵占行为等。

在征信管理领域，2022 年度罚单数量和罚没金额均较前两年大幅提升，尤其是罚没金额总额、单笔罚单平均金额均远高于去年，体现出监管机构对该领域处罚力度的增强，征信管理逐步成为监管重点。征信管理领域的典型问题如征信管理违反信用信息采集、提供、查询及相关管理规定；违反征信安全管理要求；未按规定进行核查和处理异议信息；向金融信用信息数据库报送不良信

---

① 参见《银保监会依法查处 21 家银行机构监管数据质量违法违规行为》，载银保监会官网，http：//www. cbirc. gov. cn/cn/view/pages/ItemDetail. html? docId = 1044195&itemId = 915&generaltype = 0。

息未事先告知信息主体本人；向金融信用信息数据库报送信息不及时/不准确；等等。

消费者权益保护领域的监管处罚在金额及罚单数量上较往年有大幅提升，且单笔罚单的受罚金额也有大幅增加，处罚集中度显著提升，反映出监管机构的重点关注。典型问题如侵害消费者权益/违反金融消费权益保护管理规定；客户信息安全/个人金融信息保护不到位；未按要求对金融消费者投诉进行正确分类，或者迟报、漏报谎报、错报、瞒报投诉数据；违规宣传、误导销售、欺骗销售、未按规定向金融消费者披露与金融产品或服务有关的重要内容；格式条款或默认服务存在对金融消费者不公平、不合理条款。

信用卡业务领域的罚单数量相对持平，但罚没金额有较大幅度上升，监管处罚案由主要集中在信用卡授信管理不尽职、信用卡申请人资信调查流于形式、催收业务管理不严、信用卡业务内部控制不严格、信用卡审批不审慎、信用卡异常交易监测不到位、信用卡发卡操作不规范等、信用卡套现管理缺失；等等。

第二节　银行业的新发展

2022年，银保监会、中国人民银行、外汇管理局等监管机构在银行业务、监管工作、行业政策方面发布近百份监管文件，最高人民法院亦发布《关于充分发挥司法职能作用助力中小微企业发展的指导意见》《关于规范人民法院保全执行措施确保商品房预售资金用于项目建设的通知》等涉及银行业的多个司法文件。总体而言，2022年度银行业相关的法律法规及监管规定集中在以下方面。

一、支持房地产市场平稳健康发展，规范预售资金监管制度

在支持住房保障体系建设方面，监管机构在2022年度出台多项政策法规，继续贯彻落实“房住不炒”、保障民生的政策导向。2022年1月30日，中国人民银行、银保监会发布《关于保障性租赁住房有关贷款不纳入房地产贷款集中度管理的通知》（银发〔2022〕30号），明确向保障性租赁住房项目发放的有关贷款不纳入房地产贷款集中度管理，引导银行业加大对保障性租赁住房市场

发展的支持力度，推动建立多主体供给、多渠道保障、租购并举的住房制度，促进房地产市场平稳健康发展。2022 年 5 月 20 日，住房和城乡建设部、财政部、中国人民银行联合发布《关于实施住房公积金阶段性支持政策的通知》，指出受新冠疫情影响的缴存人，不能正常偿还住房公积金贷款的，不作逾期处理，不作为逾期记录报送征信部门。2022 年 9 月 29 日，中国人民银行、银保监会发布《关于阶段性调整差别化住房信贷政策的通知》，对于贷款购买普通自住房的居民家庭，首套住房商业性个人住房贷款利率下限调整为不低于相应期限贷款市场报价利率减 20 个基点，二套住房商业性个人住房贷款利率政策下限按现行规定执行。

为保障房地产项目竣工交付，维护购房人合法权益，监管机构在商品房预售资金监管方面集中发力。2022 年 1 月 26 日，住房和城乡建设部、中国人民银行与银保监会联合发布《关于规范商品房预售资金监管的意见》（建房〔2022〕16 号），明确应通过公开招标确定监管银行、按预售许可设立监管账户、合理确定监管额度、按工程进度及时拨付资金、商业银行依约履行账户管理责任等方面内容。值得注意的是，新规明确了监管银行的具体职责，并规定银行违反预售资金三方监管协议，未经所在市、县住房和城乡建设部门核实同意，擅自拨付监管额度内资金的，应当负责追回资金，无法追回的依法承担相应赔偿责任。2022 年 1 月 11 月，最高人民法院、住房和城乡建设部、中国人民银行联合发布《关于规范人民法院保全执行措施确保商品房预售资金用于项目建设的通知》，对开设商品房预售资金监管账户的商业银行在配合人民法院执法方面提出管理要求。此前，房地产开发商名下的商品房预售资金账户能否冻结以及如何执行的问题在司法实践中长期存在争议。新规肯定了商品房预售资金账户可以冻结，但要求人民法院冻结预售资金账户后，及时通知当地住房和城乡建设主管部门；冻结后，在商品房项目完成所有权初次登记之前，对监管额度内的款项，原则上不得采取扣划措施，但为执行特种债务（如支付工程建设进度款、材料款、设备款等项目建设所需资金，或者购房人因购房合同解除申请退还购房款）并经项目所在地住房和城乡建设主管部门审核同意的除外。商业银行应当根据人民法院、住房和城乡建设部门的指示冻结、支付预售资金，并将付款情况及时向相关部门报告。

2022 年后半年，纾困房地产行业的金融政策陆续出台，监管机构运用多种金融政策工具支持房地产行业。2022 年 11 月 11 日，中国人民银行、银保监会发布《关于做好当前金融支持房地产市场平稳健康发展工作的通知》，提出了16条金融救市举措，涵盖开发贷、信托贷款、并购贷、保交楼、存量融资展期等领域。同时，为支持优质房地产企业合理使用预售监管资金、防范化解房地产企业流动性风险，银保监会办公厅、住房和城乡建设部办公厅、中国人民银行办公厅于2022年11月12日发布《关于商业银行出具保函置换预售监管资金有关工作的通知》，明确商业银行可以与优质房地产企业开展保函置换预售监管资金业务，但保函仅可用于置换依法合规设立的预售资金监管账户的监管额度内资金。新规在把握预售资金监管底线的基础上，有助于盘活房企预售资金、改善房企流动性问题。

二、健全公司治理，规范关联交易

为进一步加强关联交易监管，规范银行保险机构关联交易行为，防范利益输送风险，银保监会于2022年1月1日发布《银行保险机构关联交易管理办法》，新规吸收整合了《商业银行与内部人和股东关联交易管理办法》（已失效）及《保险公司关联交易管理办法》（已失效），力图实现监管标准一致性基础上的差异化监管。

在关联方认定和关联交易识别方面，新规除直接列举关键关联方以外，还强调实质重于形式和层层穿透的原则，并设置兜底性条款，规定银保监会或其派出机构可以根据实质重于形式和穿透的原则，认定可能导致银行保险机构利益转移的自然人、法人或非法人组织为关联方。新规还将关联方认定的时间范围拓展至过去十二个月内或根据相关协议安排在未来十二个月内。值得注意的是，新规第27条至第33条设定了7条禁止性规定。其中，银行保险机构均不得通过掩盖关联关系、拆分交易等各种隐蔽方式规避重大关联交易审批或监管要求；不得利用各种嵌套交易拉长融资链条、模糊业务实质、规避监管规定，不得为股东及其关联方违规融资、腾挪资产、空转套利、隐匿风险等。银行机构单独的禁止性规定为：不得直接通过或借道同业、理财、表外等业务，突破比例限制或违反规定向关联方提供资金。银行机构不得接受本行的股权作为质押提供授信；不得为关联方的融资行为提供担保（含等同于担保的或有事项），但关联方以银行存单、国债提供足额反担保的除外。

2022年11月28日，银保监会对2019年发布的《银行保险机构公司治理监管评估办法（试行）》进行了修订，发布了新版《银行保险机构公司治理监管评估办法》。新版《银行保险机构公司治理监管评估办法》结合近两年新出台的公司治理监管制度，进一步完善评估指标，并聚焦大股东违规干预、内部人控制等问题，进一步丰富党的领导、股东股权、关联交易、董事监事高管人员的提名和履职等方面的关键指标，并优化指标权重、精简指标数量，突出公司治理监管关注的重点领域。

三、继续深化金融消费者权益保护

为维护公平公正的金融市场环境，切实保护银行业保险业消费者合法权益，银保监会于2022年12月26日发布了《银行保险机构消费者权益保护管理办法》，是银保监会在银行业保险业消费者权益保护领域制定的基础性、纲领性文件。新规明确，银行保险机构承担保护消费者合法权益的主体责任，要求银行保险机构建立完善消费者权益保护审查、消费者适当性管理、合作机构管控、内部考核等工作机制，构筑全方位的消费者权益保护工作体系。新规还从消费者八项基本权利出发，规范银行保险机构经营行为：规范产品设计、信息披露和销售行为，禁止误导性宣传、强制捆绑搭售、不合理收费等行为，保护消费者知情权、自主选择权和公平交易权；规范客户身份识别、业务经营、核保理赔管理等，保护消费者财产安全权和依法求偿权；加强消费者教育宣传，提升服务质量，规范营销催收行为，保护消费者受教育权和受尊重权；规范个人信息的收集、使用、传输、外部合作等行为，保护消费者信息安全权。

此外，银保监会于2022年9月28日发布了《中国银保监会办公厅关于进一步加强消费投诉处理工作的通知》，要求完善消费投诉处理制度机制，积极妥善处理消费投诉，突出消费投诉考核导向，强化责任追究和溯源整改。

除上述专项规范以外，对消费者权益的保护也贯彻在其他银行业规范的诸多方面，如在《关于进一步促进信用卡业务规范健康发展的通知》中要求银行加强消费者合法权益保护，必须明示信用卡涉及的法律风险；在互联网贷款业务规范中也提到切实保障消费者权益，禁止捆绑销售、不当催收等；在金融支持房地产发展相关规范中亦提到要保障住房消费者合法权益。

四、支持绿色金融发展，完善绿色金融领域政策框架

2022年，监管部门在绿色金融领域发布多项政策法规，持续构建银行业绿色金融政策体系，引导银行业发展绿色金融。2022年1月18日，国家发展改革

委等部门发布关于印发《促进绿色消费实施方案》的通知，引导银行业规范发展绿色消费金融服务，为生产、销售、购买绿色低碳产品的企业和个人提供金融服务，提升金融服务的覆盖面和便利性，鼓励金融机构发行绿色债券。

2022 年 6 月 1 日，银保监会发布关于印发《银行业保险业绿色金融指引》的通知（银保监发〔2022〕15 号），从组织管理、政策制度及能力建设、投融资流程管理、内控管理与信息披露等方面提出绿色金融管理要求，鼓励银行业在依法合规、风险可控的前提下开展绿色金融体制机制创新。

五、引导银行服务实体经济、服务民营小微企业

面对 2022 年度经济压力，监管机构在政策层面继续引导银行业回归服务实体经济本源，增加有效金融供给，持续助力稳定宏观经济大盘。2022 年 2 月 18 日，国家发展改革委等部门印发《关于促进服务业领域困难行业恢复发展的若干政策》《促进工业经济平稳增长的若干政策》等，在金融信贷政策方面提出继续引导金融系统向实体经济让利，推动大型国有银行优化经济资本分配，向制造业企业倾斜。2022 年 3 月 21 日，《国务院关于落实〈政府工作报告〉重点工作分工的意见》（国发〔2022〕9 号）在金融政策方面要求扩大普惠金融覆盖面，推动降低实际贷款利率、减少收费，继续对受新冠疫情影响严重的行业企业给予融资支持，避免出现行业性限贷、抽贷、断贷等。

在上述规范的指引下，2022 年 4 月 6 日发布的《中国银保监会办公厅关于 2022 年进一步强化金融支持小微企业发展工作的通知》提出稳步增加银行业对小微企业的信贷供给，促进综合融资成本合理下降，继续实现单户授信 1000 万元以下（含）的普惠型小微企业贷款“两增”目标等。6 月 2 日发布的《中国银保监会办公厅关于进一步做好受疫情影响困难行业企业等金融服务的通知》引导银行进一步加强对受新冠疫情影响严重行业企业等的金融支持，从加大信贷支持力度、做好接续融资安排、适当提高不良贷款容忍度等多个方面提供金融支持。

在司法政策方面，2022 年 1 月 13 日，最高人民法院印发《关于充分发挥司法职能作用助力中小微企业发展的指导意见》，助力缓解中小微企业融资难、融资贵问题，明确对金融机构违反普惠小微贷款支持工具政策提出的借款提前到期、单方解除合同等诉讼主张，不予支持；对金融机构收取的利息以及以咨询费、担保费等其他费用为名收取的变相利息，严格依照支农支小再贷款信贷

优惠利率政策的规定，对超出部分不予支持。

六、金融服务收费领域继续严监管态势

银行收费合规问题一直是银行业监管的重点之一，2022 年度监管机构出台多项举措继续规范银行服务收费。

2022 年 1 月 15 日，银保监会公布《关于规范银行服务市场调节价管理的指导意见》，进一步明确了对服务收费项目开展事后审计、总行对分支机构服务收费管理责任、差异化定价与内部授权等管理要求。新规提出建立健全定价校准机制，并列举了五项禁止性要求：银行不得利用价格手段开展不正当竞争；对于融资类业务，不得未提供实质性服务而收取费用；在设置价格区间时，不得过度扩大上下限间隔、规避价格管理要求；在基于外部成本定价时，不得收取显著高于外部服务价格标准的费用；不得对服务项目重复收取费用，或以降价为由降低服务质量或数量。新规还强调银行对收费详尽、清晰披露的义务，银行要通过公开渠道公示服务项目与价格，在交易界面、业务合同或服务协议中列示服务项目、价格标准、计费及收取方式等。

2022 年 9 月 7 日，国务院办公厅发布《关于进一步优化营商环境降低市场主体制度性交易成本的意见》，提出设定服务价格行为监管红线，坚决查处银行未按照规定进行服务价格信息披露以及在融资服务中不落实小微企业收费优惠政策、转嫁成本、强制捆绑搭售保险或理财产品等行为。

七、健全反洗钱和反恐怖融资风险防范体系

2022 年，中国人民银行、公安部、最高人民法院等十一个部门联合发布《打击治理洗钱违法犯罪三年行动计划（2022—2024 年）》，决定由中国人民银行及公安部牵头，于 2022 年 1 月至 2024 年 12 月在全国范围内开展打击治理洗钱违法犯罪三年行动。在金融治理方面，监管部门出台多项规范完善反洗钱监管机制，强调银行金融机构在客户尽职调查、可疑交易报告等方面的义务。

2022 年 1 月 19 日，中国人民银行、银保监会、证监会发布《金融机构客户尽职调查和客户身份资料及交易记录保存管理办法》，对原《金融机构客户身份识别和客户身份资料及交易记录保存管理办法》进行了修订和完善，将原规定中对客户“身份识别”的要求修订为“尽职调查”，要求在业务关系存续期间对客户采取持续的尽职调查措施，在第二章详细规定了银行金融机构对客

户开展尽职调查的具体要求。

2022 年 9 月 2 日，《反电信网络诈骗法》正式出台，其中亦提出由中国人民银行统筹建立反洗钱统一监测系统与反洗钱可疑交易报告制度，并要求银行等金融机构对监测识别的异常账户和可疑交易采取核实交易情况、重新核验身份、延迟支付结算、限制或者中止有关业务等必要的防范措施。

八、个人养老金业务中银行发挥独特优势

为建成覆盖全民、权责清晰、保障适度的多层次养老保险体系，2022 年 4 月，国务院办公厅印发《关于推动个人养老金发展的意见》；11 月 18 日，银保监会制定了《商业银行和理财公司个人养老金业务管理暂行办法》，规范商业银行和理财公司个人养老金业务，并公布首批开办个人养老金业务的商业银行和理财公司名单，包括 6 家大型银行、12 家股份制银行、5 家城市商业银行和 11 家理财公司。11 月 25 日，人力资源和社会保障部宣布个人养老金制度启动实施，在北京、上海、广州等 36 个先行城市或地区，可通过多渠道建立个人养老金账户，并通过商业银行开立个人养老金资金账户，个人养老金业务正式落地。

银行是个人养老金业务中最重要的渠道和入口，拥有独特优势。根据《商业银行和理财公司个人养老金业务管理暂行办法》，由商业银行提供资金账户的开立或指定、注销、变更服务、个人养老金缴费和领取服务、缴费划转服务。个人养老金缴费归集、交易资金划转等，以资金账户为唯一载体。同时，资金账户具有唯一性，参加人只能选择一家符合条件的商业银行确定一个资金账户。参加人可以通过个人养老金资金账户购买个人养老储蓄、个人养老金理财产品、个人养老金保险产品、个人养老金公募基金产品等个人养老金产品。因此，在银行开立的养老金账户具有极大潜在价值，银行可借助客户在本行开立的养老金账户，继续深挖个人养老金金融服务，可以预见，银行将在万亿养老金市场中占据重要地位。

第三节　银行业前沿热点争议

一、楼盘烂尾情形下涉购房按揭贷款的争议问题

受疫情、宏观经济压力等因素影响，2022 年多个房地产企业集中爆发资金流动性危机，全国停建缓建项目逐渐增多，多地业主发布强制停贷告知书，宣布在楼盘恢复建设前不再向按揭银行还贷，引发市场担忧。尽管各大银行随之发布公告，宣布停贷事件涉及贷款规模占比小、风险总体可控，但可以预见的是，在这一领域，购房者、银行、开发商三者之间的利益冲突将在未来集中爆发。

在期房按揭贷款交易模式下，一般由购房者与房地产开发商之间签订商品房买卖合同，购房者与贷款银行之间签订按揭贷款合同。在房屋建成前，由开发商对购房者的贷款承担阶段性保证责任，在房屋建成后，购房者以房屋向银行提供抵押担保。如房屋建设顺利且开发商资信状况良好，即便购房者无力偿还贷款，银行或可追究开发商的连带保证责任，或可将房屋折价变卖实现债权，银行债权的实现似乎“高枕无忧”。但一旦开发商爆雷、无法按时交房，将引发三方之间法律关系的复杂变动，对银行债权产生极大威胁。

（一）购房者能否以开发商未按期交房为由主张解除按揭贷款合同

在商品房买卖合同已因开发商未按期交房而被解除的情形下，就购房者能否主张解除按揭贷款合同的问题，涉及商品房买卖合同与按揭贷款合同之间的关系，司法实践中存在不同观点。

第一种观点认为，商品房买卖合同与按揭贷款合同之间系独立合同，二者之间的效力并不互相影响，即便商品房买卖合同已被解除，也不影响按揭贷款合同效力。

第二种观点认为，商品房买卖合同与按揭贷款合同之间系主从合同关系。①

---

① 如广东省清远市中级人民法院（2022）粤 18 民终 1916 号案、湖北省高级人民法院（2019）鄂民申 2654 号案、北京市第三中级人民法院（2017）京 03 民终 12797 号案。

如商品房买卖合同已被解除，那么作为从合同的按揭贷款合同自然也不应继续存续，即便未经合同当事人请求解除，法院应径行宣布贷款合同一并解除。

第三种观点认为，商品房买卖合同与按揭贷款合同之间并非严格意义上的主从合同关系，应以合同联立的理论阐释二者关系，消费借贷合同与买卖合同系具有依存关系的联立合同，如其中一个合同不成立、无效、撤销或解除时，另一合同的效力亦随之发生变化。[①] 目前司法实践中，持第三种观点的案例相对较多。

对此问题，《商品房买卖合同司法解释》第20条[②]规定，因商品房买卖合同被确认无效或者被撤销、解除，致使商品房担保贷款合同的目的无法实现，当事人请求解除商品房担保贷款合同的，应予支持。在《最高人民法院关于审理商品房买卖合同纠纷案件司法解释的理解与适用》一书中，最高人民法院民事审判第一庭即倾向采用第三种观点解释担保贷款合同为何因商品房买卖合同被解除而随之解除，[③] 认为商品房买卖合同与按揭贷款合同系相互独立但又具有紧密联系、依存关系的合同，紧密联系体现在：（1）购房者所贷得款项均直接由银行支付给出卖人作为购楼款，购房者不得也无法将该贷款挪作他用；（2）买卖合同的标的物与贷款合同的担保物具有同一性，均为商品房。此种紧密联结的效果事实上来自经济上的一体性。[④] 独立性则体现在，二者之间在合同效力、合同消灭方面本不具有从属性。

当然，依照《商品房买卖合同司法解释》第20条的文义，贷款合同得解除的条件有二：一是商品房买卖合同已被解除；二是需由购房者明确请求解除贷款合同，即贷款合同并不当然解除，即便买卖合同已被解除，贷款合同仍需由当事人请求解除。

（二）按揭贷款合同解除后，购房者是否仍需向银行偿还贷款

根据《商品房买卖合同司法解释》第21条第2款规定，商品房买卖合同被确认无效或者被撤销、解除后，商品房担保贷款合同也被解除的、出卖人应当

---

① 合同联立相关观点参见王泽鉴：《债法原理（第二版）》，北京大学出版社2013年版，第139页。

② 承继了《最高人民法院关于审理商品房买卖合同纠纷案件适用法律若干问题的解释（2003）》第24条。

③ 参见最高人民法院民事审判第一庭：《最高人民法院关于审理商品房买卖合同纠纷案件司法解释的理解与适用》，人民法院出版社2003年版，第304-309页。

④ 参见潘重阳：《论联立合同的效力关联——以商品房买卖与借款合同联立为例》，载《政治与法律》2021年第11期。

将收受的购房贷款和购房款的本金及利息分别返还担保权人和买受人。依据前述规定，对于购房者已经支付给开发商的首付款，应由开发商返还给购房者；对于银行已直接发放给开发商的购房贷款，开发商应返还给银行。但在商品房烂尾情形下，开发商的资信已显著下降，银行除向开发商主张返还贷款以外，能否同时主张由购房者共同或补充承担剩余贷款的偿还责任，司法解释语焉不详。由此导致司法实践中对于按揭贷款合同解除后购房者是否仍需向银行偿还贷款存在较大争议。

一种观点认为，《商品房买卖合同司法解释》已对首付款及剩余贷款的偿还主体进行了分配——均为开发商，开发商应将尚欠贷款直接偿还银行，但相同观点下的证成路径并不一致：

路径一：法院直接以《商品房买卖合同司法解释》第21条为由，判令购房者无须向银行偿还贷款，不作过多说理。如山东省威海市中级人民法院（2022）鲁10民终1295号、广东省清远市中级人民法院（2022）粤18民终1916号、广东省江门市中级人民法院（2022）粤07民终2644号、山东省烟台市中级人民法院（2022）鲁06民终3193号、吉林省吉林市中级人民法院（2022）吉02民终539号、湖南省岳阳市中级人民法院（2022）湘06民终756号、云南省普洱市中级人民法院（2022）云08民终116号、广东省梅州市中级人民法院（2021）粤14民终2115号、河南省焦作市中级人民法院（2021）豫08民终3667号、浙江省嘉兴市中级人民法院（2021）浙04民终1597号、云南省红河哈尼族彝族自治州中级人民法院（2020）云25民初86号、江苏省常州市中级人民法院（2020）苏04民终3118号、湖南省高级人民法院（2020）湘02民终1583号、贵州省高级人民法院（2020）黔民申1608号、安徽省高级人民法院（2019）皖民再136号、广东省深圳市中级人民法院（2019）粤03民终9113-9147号、重庆市第三中级人民法院（2017）渝03民终2087号、山东省威海市中级人民法院（2017）鲁10民终2156号、江苏省苏州市中级人民法院（2017）苏05民终8742号案等。

路径二：部分法院试图在《商品房买卖合同司法解释》第21条之外证成购房者不必偿还剩余贷款的合法性，理由主要有三类：（1）贷款系由开发商收受，开发商是贷款的实际用款人，购房者未实际占有贷款，因此剩余贷款也应由开发商返还，如湖北省十堰市中级人民法院（2018）鄂03民终2466号、安徽省高级人民法院（2020）皖民申724号、广西壮族自治区高级人民法院

（2020）桂民申3861号、四川省高级人民法院（2020）川民申4339号、北京市第三中级人民法院（2017）京03民终12797号案；（2）直接由商品房出卖人归还给银行有利于一次性解决当事人之间的纠纷，有利于减少不必要的诉讼成本和当事人诉累，如湖北省高级人民法院（2019）鄂民申2654号、四川省巴中市中级人民法院（2019）川19民终1259号案；（3）贷款合同的解除系因开发商违约导致商品房买卖合同解除而致，相关的损失赔偿责任最终亦应由开发商承担，购房者并无过错，不应额外承担责任。如河南省许昌市中级人民法院（2022）豫10民终688号、江西省高级人民法院（2019）赣民申1545号、安徽省宿州市中级人民法院（2019）皖13民终3166号、辽宁省沈阳市中级人民法院（2018）辽01民终8226号、新疆生产建设兵团五家渠垦区人民法院（2017）兵0601民初972号案。

就路径二的前述三种理由而言，前两种理由都稍显薄弱。在商品房烂尾的情形下，第三种理由最可能具有正当性及合理性，但该种理由能否成立的关键在于，购房者是否得以买卖合同的相对人（开发商）违约（逾期交房）为由，在按揭贷款合同关系中向银行抗辩不承担责任？通说认为，抗辩权仅存在于双务合同中，前述抗辩的事由从买卖合同中而生，试图在贷款合同关系中发生作用，穿越了两层合同关系，显然违反合同的相对性。但在此种消费信贷交易中，因买卖合同与贷款合同的联立关系，使得此种抗辩存在了一定可能性，即所谓“联立合同中的抗辩权延伸”。当买卖合同与贷款合同构成联立关系时，存在观点认为，消费者可基于其对于出卖人的抗辩权来对抗贷款人。[①] 理由在于，借款合同与买卖合同之间具有互相依存的紧密关系（即如果不订立其中一个合同、则另一个合同也不会订立的“同生共死”关系），具有经济上的整体性，[②] 因此联立合同中各义务的依存关系与双务合同中对待给付之间的牵连关系本质上并无不同，因此可以类推适用合同法上的抗辩权；[③] 再考虑到贷款人与开发商之间密切的合作和利益共享之关系（如贷款行一般和开发商有固定合作关系，购

---

① 相关观点可参见迟颖：《关联合同中产生于买卖合同的抗辩权对贷款合同的适用性问题——从一则案例看德国消费信贷法抗辩权延伸制度》，载《法学论坛》2007年9月刊；陆青：《合同联立问题研究》，载《政治与法律》2014年第5期。

② 参见迟颖：《关联合同中产生于买卖合同的抗辩权对贷款合同的适用性问题——从一则案例看德国消费信贷法抗辩权延伸制度》，载《法学论坛》2007年9月刊。

③ 参见陆青：《合同联立问题研究》，载《政治与法律》2014年第5期。比较法上，德国消费信贷法上有抗辩权延伸制度。

房者则缺乏议价能力，实际并无选择自由[1]），因此购房者可以打破合同相对性，以买卖合同中对开发商的抗辩权对抗贷款合同中的贷款人。据此，期房按揭交易中应允许购房人向银行行使基于买卖合同的抗辩权。比较法上，联立合同中的抗辩权延伸制度以《德国民法典》第359条为典型——“在以联结合同为依据的抗辩会使消费者有权向已与之订立联结合同的经营者拒绝履行给付的限度内，消费者可以拒绝偿还贷款。在这些抗辩系基于该经营者和消费者在订立消费者贷款合同之后所约定的合同变更的情形下，不适用前句的规定。消费者可请求事后补充履行的，仅在事后补充履行已失败时，才能拒绝偿还贷款”。[2] 当然，亦有反对观点认为，在银行将全部购房款打入开发商账户后，购房者已经完成买卖合同项下的义务，无法向开发商行使不安抗辩权，自然也不能将抗辩延伸至贷款合同中对抗银行，[3] 对抗辩权延伸制度的该种理解似乎并不符合制度本意。不过，在我国当前立法体例下，抗辩权延伸制度仍限于学术讨论的范畴，缺乏实定法的基础。

另一种观点认为，前述《商品房买卖合同司法解释》的相关条款并未免除购房者对剩余贷款的还款义务。原因在于，根据合同相对性，购房者是按揭贷款合同中的借款人，即便合同解除，银行也可依据贷款合同向购房者主张返还剩余贷款。如在（2017）最高法民终683号案中，最高人民法院即认为，商品房出卖人将其收到的购房贷款本息返还银行，从法律关系上来说是受购房者的委托向银行归还贷款本息，其所还款项就是购房者的还款，但还款义务人仍然应当是借款合同的借款人。与之类似观点的裁判如江苏省高级人民法院（2021）苏民申1790号、四川省成都市中级人民法院（2020）川01民终6520号、广东省中山市中级人民法院（2018）粤20民终1135号案。

另外值得注意的是，贷款合同中，银行往往会事先约定，即便商品房买卖合同解除或无效的，购房者仍然负有向银行还本付息的义务。对于该种条款的有效性，司法实践中亦有不同观点：第一种观点认为，应尊重当事人签订合同时的合意，由购房者继续还贷。如在（2017）浙民再78号案中，浙江省高级人民法院即认为类似条款属于当事人对还款所作的另行约定，应予以优先适用。

---

① 有观点将其称作“交易过程的一体性”，参见高济民：《“强制停贷”与穿越的不安抗辩权》，载微信公众号“中国民商法律网”，2022年7月20日。

② 陈卫佐译注：《德国民法典（第3版）》，法律出版社2010年版，第131页。

③ 参见王风利、李文强等：《“停贷”事件下银行的风险防范和应对》，载微信公众号“金杜研究院”，2022年8月19日。

第二种观点则以（2019）最高法民再 245 号案为代表，最高人民法院认为相关条款系格式条款，而司法解释已经明确规定，商品房买卖合同和商品房担保贷款合同解除后，出卖人将收取的购房贷款的本金及利息直接返还给贷款人而非购房人（借款人），银行拟定该条内容，意味着要求购房人在既未取得所购房屋亦未实际占有购房贷款的情况下归还贷款，明显不合理地加重了购房人的责任，条款无效。

从前述对司法观点的简要梳理可以看出，当前司法实践对于这一问题的争议极大。根源在于，在商品房烂尾情况下，购房人与银行之间的利益冲突已不可调和，案件走向全凭裁判者选择将商品房烂尾的风险分配给购房人还是银行。实际上，法院系统内部在此问题上亦存在较大分歧。早在（2008）民提字第 33 号案中，最高人民法院就曾免除房屋购买人向银行偿还剩余贷款本金及利息的义务。在（2017）最高法民终 683 号案中，最高人民法院则严守合同相对性原理，认为还款义务人仍然是购房者，《商品房买卖合同司法解释》并不免除购房者的还款义务。近年来，业界最为关注的是经最高人民法院审委会讨论决定的（2019）最高法民再 245 号案，该案系最高人民法院第六巡回法庭 2020 年度参考案例，详细论述了商品房按揭贷款商业模式下各方当事人权利义务关系问题，认为在开发商不能交房时，应免除购房者对银行的还款责任。理由是，如购房者仍负担偿还贷款义务，将导致合同约定的各方权利义务严重失衡。具体表现为：开发商违约不能交房导致各方合同解除，但却实际占有使用购房者支付的首付款及银行按揭贷款；银行依据合同约定既享有抵押权，又同时享有对开发商、购房者的债权；购房者未取得房屋，却既支付了首付款，又需偿还按揭贷款。若按合同约定的权利义务关系处理，则在购房者对合同解除无过错的情况下，仍要求其对剩余贷款承担还款责任，明显不合理地加重了其负担，各方权利义务失衡，有违公平原则。因此，最高人民法院在该案中认为，必须充分考虑商品房按揭贷款商业模式下各合同之间的密切联系和各方权利义务关系的平衡问题，避免因强调单个合同的相对性而造成三方权利义务的失衡。不过，（2019）最高法民再 245 号案对于银行及购房者之间风险分配的处理方式仍有讨论空间，且该案裁判时，房企尚未集中爆雷，对于本问题未来的司法走向，还有待进一步观察。

（三）银行违反商品房预售资金监管要求的，购房者能否主张不偿还贷款

贷款银行在商品房预售制下可能违反预售资金监管要求的主要情形有二：

一是作为贷款银行违规将按揭贷款打入非监管账户；二是贷款银行同时作为楼盘预售资金监管银行，资金监管不到位，导致预售资金被违规挪用。

如银行违反预售资金监管要求，购房者可能以此抗辩银行存在过错、应自行承担贷款损失。对此，司法实践中亦存在不同观点。

一种观点认为，银行对预售资金的监管义务并未约定在于购房者签订的借款合同中，根据合同相对性原理，购房者不能以银行未尽监管职责为由不偿还贷款。如在（2021）渝02民终689号案中，贷款银行起诉业主偿还贷款，业主以贷款银行违反预售监管职责为由抗辩，重庆市第二中级人民法院认为银行监管行为并非案涉借款合同约定之义务，也非法律规定的借款合同出借人的法定义务。因此，银行监管行为是否存在不当，不属本案审理范围。

另一种观点则认为，银行作为专业机构，应当知晓违反预售监管规定可能导致楼盘烂尾的结果，负有过错，购房者在房屋交付前有权不向银行偿还贷款本金及利息。在（2017）粤13民终2236号、（2018）粤民申7519号系列案中，贷款银行曾向惠州市房管局出具具结书，保证将按揭款项存入该账户但实际并未存入，广东省高级人民法院认为，银行作为专业金融机构，对于预售商品房市场中预售资金存入非专用账户而存在的风险是应当知晓的，而银行未在与购房者缔约之时以及合同履行过程中履行告知义务，且银行未将按揭款存入监管账户的行为又是致使涉案楼盘烂尾的间接原因，故银行应当向购房者承担部分缔约过失责任。最终，广东省高级人民法院从公平原则考虑，判决银行应当对于涉案商品房具备交付条件之前的相关损失承担部分责任，购房者可从起诉之日起至涉案商品房具备交付条件之前有权不履行抵押贷款合同中的偿还本金及利息的义务，且无须向银行支付上述期间涉案借款的利息，但涉案商品房具备交付条件之时，购房者仍应履行借款合同中偿还本金及利息的义务。该案有两个特殊点，一是对银行的违规行为，监管部门有行政处罚通知；二是银行出具了《商品房购房（按揭）款存入专户具结书》，表明银行不仅知道商品房预售款专用账户，而且保证将按揭款项存入该账户。在（2020）桂12民终445号、（2021）桂1281民初3364号案中，贷款银行同时系监管银行，出现未经房管局同意将商品房预售款拨付给开发商的情形，后楼盘的资金链断裂、停止建设。广西壮族自治区河池市中级人民法院认为，银行与开发商及房地产管理局签订的商品房预售款专用账户监管协议书中约定银行在获得房管局的审批后再向开发商拨付预售款，因此银行对购房的按揭款支付流程是知悉的，同时银行作为专业的金融机构，应当知晓预售资金直接拨付给开发商的风险，银行违反监管协议的行为又是致使涉案房地产工程烂尾的间接原因，故银行应当承担过失责任。因此，从公平原则上考虑，银行应当对于涉案商品房具备交付条件之前的相关损失承担部分责任，购房者可从起诉之日起至涉案商品房具备交付条件之前有权暂不偿还本金及利息，但涉案商品房具备交付条件之时，仍应偿还本金及利息。

不过，从目前的案件总量上看，法院判决因银行违反预售资金监管要求导致购房者不偿还贷款的案例仍旧较少。一是因为银行与购房者之间的借款合同中一般不会约定银行在预售资金监管方面的义务，购房者难以直接援引银行的监管义务以抗辩自己在借款合同项下偿还贷款的义务。二是银行存在违反监管协议行为、并导致楼盘资金链断裂、楼盘烂尾之间的因果关系及大小往往难以证明。

但银行仍需注意违反预售资金监管要求可能存在的风险。第一，2022 年以来，各地住房和城乡建设部门对于商品房预售资金监管趋严，如公开对银行相关行政处罚文书的，可能增强法院认定银行民事责任时的心证。第二，住房和城乡建设部、中国人民银行、银保监会于 2022 年 1 月 26 日发布《关于规范商品房预售资金监管的意见》，其中第 2 条规定，房地产开发企业和商业银行应当签订预售资金三方监管协议，明确预售资金收存和使用方式、监管额度、违约责任等内容，通过附件方式在《商品房买卖合同》中予以体现。如银行预售资金监管协议作为附件在商品房买卖合同中体现，银行可能失去合同相对性的庇护，使得购房者更易以银行违反监管协议约定为由进行抗辩。

（四）银行追偿烂尾项目剩余贷款的诉讼路径

因《商品房买卖合同司法解释》第 21 条第 2 款的适用前提是买卖合同及按揭贷款合同均已解除，在合同未依法解除情况下，如购房者擅自断贷停供，一般认定为违约行为，银行对购房者单方提起诉讼要求继续偿还贷款的，法院一般支持银行诉请，如陕西省高级人民法院（2018）陕民申 1332 号案。

根据《商品房买卖合同司法解释》第 21 条第 1 款规定，以担保贷款为付款方式的商品房买卖合同的当事人一方请求确认商品房买卖合同无效或者撤销、解除合同的，如果担保权人作为有独立请求权第三人提出诉讼请求，应当与商品房担保贷款合同纠纷合并审理；未提出诉讼请求的，仅处理商品房买卖合同纠纷。担保权人就商品房担保贷款合同纠纷另行起诉的，可以与商品房买卖合同纠纷合并审理。

因此，如购房者起诉开发商解除商品房买卖合同时，银行可作为有独立请求权第三人参与该诉并要求解除贷款合同、由开发商和购房者偿还贷款；如银行不主动参与该诉，亦有可能被法院追加为第三人。如购房者与银行均单独就商品房买卖合同与贷款合同起诉的，两案可能被法院合并处理。

另外，我们注意到，在辽宁省高级人民法院（2021）辽民申 3547 号案中，2017 年，购房者对开发商、银行一并向辽宁省大连长兴岛经济技术开发区人民法院提起诉讼［（2017）辽 0292 民初 268 号案］，请求法院将金融借款合同关系及房屋买卖合同关系并案处理，但银行不同意合并审理，辽宁省大连长兴岛经济技术开发区人民法院仅处理了与房屋买卖合同相关联的诉请。2018 年，购房者又诉至辽宁省大连市中山区人民法院，请求确认解除其与银行签订的借款，银行予以认可，但就合同解除后的法律后果，经法院释明，购房者不予主张，银行表示另案处理，因此法院未予处理解除借款合同后续问题。后来，因借款合同解除后购房者未还款，银行又将购房者诉至法院，要求偿还剩余贷款本息，即（2021）辽民申 3547 号案。该案中，辽宁省高级人民法院认为，银行在（2017）辽 0292 民初 268 号案件中，在可一案解决相关纠纷的情况下，放弃由开发商直接返还已收到的住房贷款；现又在开发商已停止经营、无法联系的情况下，选择向购房者主张权利不符合公平原则，不予支持银行主张的由购房者偿还剩余贷款的诉讼请求。该案中，法院裁判逻辑似是以银行不同意将借款合同与商品房买卖合同并案处理、且未及时提出诉讼解决解除借款合同后续法律效果之“过失”为由，径行判决其失去向购房者主张偿还贷款之权利，该种裁判理由及结果虽有待商榷，但亦提示银行等金融机构，在已知晓购房者对开发商提起诉讼解除买卖合同时，及时介入诉讼、并就贷款合同解除之法律后果（偿还主体问题）及时提出主张，以降低失权风险。

二、可对抗银行抵押权的商品房消费者权利认定规则的新发展

银行等金融机构接受土地及在建工程抵押后，在债权清收阶段，其抵押权的实现将与房屋对外销售产生的涉基本生存权的商品房消费者权利相冲突。近年来，受生存权至上的司法理念影响下，立法和司法实践中逐渐确立了商品房消费者生存利益优先保护的原则。《最高人民法院关于人民法院办理执行异议和复议案件若干问题的规定》第 29 条及《九民纪要》第 125 条、第 126 条赋予了

商品房消费者的物权期待权以极强的优先性，在符合特定条件下，无论抵押权与商品房消费者权利的设立先后、商品房消费者是否明知存在抵押权，均能排除抵押权人的执行。

商品房消费者得以排除抵押权人执行的具体条件：一是在法院查封之前已签订合法有效的书面买卖合同；二是所购房屋用于居住且买受人名下没有其他用于居住的房屋；三是支付价款超过总价款的 50%。但是，司法实践中对于前述构成要件的具体判断标准仍存在争议。下文将梳理 2022 年度最高人民法院、各地高级人民法院关于商品房消费者权利排除执行的典型案例，并分析商品房消费者权利认定的规则趋势。

（一）商品房消费者随房购买的车位能否对抗抵押权

从字面含义而言，《最高人民法院关于人民法院办理执行异议和复议案件若干问题的规定》第 29 条及《九民纪要》第 125 条、第 126 条中对于买受物标的均表述为“商品房”“用于居住的房屋”等，用于停放车辆的车位一般难以包含在商品房的范畴之内；从商品房消费者权利制度意图保障的基本居住、生存权益角度，论证车位与商品房消费者生存权益密切相关，亦存在一定难度。

基于此，部分观点认为买受人并不能对购买的车位主张享有商品房消费者权利。如在（2022）最高法民申 70 号案中，最高人民法院即认为车位并非住宅，亦不涉及生存居住权益保护的问题，不能优先于抵押权。（2022）鄂民终 15 号案中，湖北省高级人民法院亦采取类似观点。

不过，在最高人民法院案例层面，对于商品房消费者随房购置的车位能否排除抵押权人执行，目前仍未形成一致意见。在（2022）最高法民终 85 号案中，甘肃省高级人民法院一审认为车位并非商品房，并不直接用于满足买受人生活居住需要，不属于得排除抵押权人执行的情形。但最高人民法院在该案二审判决中详细论证了车位是住房的必要配套设施、具有保障业主基本居住权益的属性：“虽然建筑区划内的车位、车库不同于居住的商品房，但车位依法依附于商品房而存在，功能在于满足小区业主的居住需要，属于商品房所提供居住功能的必要延伸和拓展。在私家车日益成为普通家庭日常交通工具的现代社会，车位使用权与业主居住权密切相关，具有满足居民基本生活需要的属性。对小区业主而言，一定数量的车位、车库的配备，是与其居住权密切相关的一种生活利益，该利益应当受到法律保护。”不过，在该案二审判决中，除论证车位具有商品房消费者权利所保护的生存权益外，最高人民法院继续论述了该案中买受人在抵押权设立前对车位的实际使用和占有，并认为参照《民法典》第405条中占有在租赁权对抗在后抵押权中的公示效力之精神，由于买受人对车位的占有对在后设定的抵押权具有公示力，银行在车位上设定抵押权时未尽到必要注意义务、存在过错。但是，在抵押权设立前对商品房完成占有、使用并非商品房消费者权利成立的要件之一，本案中法院的此种说理方式不免令人疑惑，如果本案中买受人在抵押权设立前未对车位完成占有使用，那么法院是否仍旧认为买受人对车位的权利具有优先保护的必要？

可以预见，不同法院、不同法官在商品房消费者权利能否涵盖随房购买的车位这一问题上的裁判分歧将会延续下去，认定商品房消费者权利的边界仍有待理论和实务界继续探索。

（二）用于居住的商铺、商业用房能否对抗银行抵押权

基于生存权至上确立的商品房消费者权利要求所购房屋的性质必须为居住用房，如果所购房产为写字楼、门面房等经营性用房，则不能以商品房消费者权利对抗抵押权。在土地规划为商业用地，或房屋本身即为商铺，但被实际用于居住的情形下，买受人权利能否对抗抵押权可能存在争议。

在（2021）京民终656号案中，土地性质为商业用地，抵押权人主张案涉房屋性质为商业，因此案涉房屋并非用于居住。北京市高级人民法院认为，虽然《建设用地规划许可证》及《抵押物清单》显示案涉房屋所在土地性质为商业，但《商品房买卖合同》中记载房屋的“规划用途为公寓”，故案涉房屋明显不是商铺及写字楼，不能仅凭S1座商业用地的性质就否认该房屋具有居住功能，系用于居住的房屋性质。

在（2021）辽民申4653号案中，辽宁省高级人民法院认为，涉案房屋虽为商业用房，但该房屋分为上下两层，互为一体，具有不可分性，二层实际用于买受人日常居住使用，涉案房屋对买受人具有居住保障功能，买受人对于整套房屋均可排除抵押权执行。在（2022）甘民终75号案中，买受人购买的房屋系超市商铺。甘肃省高级人民法院认为，虽然买受人将案涉房屋用于经营超市，但是从《商品房买卖合同》中“该土地规划用途为住宅”的内容和买受人提交的生活照片可以证明其生活居住于案涉房屋，符合商品房消费者的要件。

可见，即便买受人购买的房屋用地规划为商业，或房屋本身是商铺，但只要买受人实际将房屋用来居住，法院多倾向于认为该房屋均具有居住属性，符合商品房消费者权利的构成要件之一。

（三）以房抵债能否对抗银行抵押权

司法实践中，对于以房抵债情形下，债权人能否构成商品房消费者，多数观点认为，如签订商品房买卖合同的目的是抵偿债务，房屋交易仅系消灭金钱债务的履行方式，并不能改变买受人在本质上系普通金钱债权人的地位；如认定以房抵债的债权人对房屋享有的期待权优先于抵押权，将有损债权平等受偿的原则，可能损害其他债权人利益。因此，以房抵债的债权人对房屋享有的权利不足以排除抵押权人的强制执行。在（2022）新民再25号、（2022）豫民申2113号、（2022）京民申1577号案中，北京市高级人民法院、河南省高级人民法院、新疆维吾尔自治区高级人民法院均持此种观点。

但我们注意到，司法实践中还存在开发商内部员工以奖励金冲抵部分房款的案例。如在（2022）甘民终63号案中，房屋买受人系开发商内部员工，根据开发商职工内部购房优惠政策及公司奖励制度，部分房款系以开发商应支付给买受人的项目奖励金冲抵。甘肃省省高级人民法院认为，以开发商应支付的奖金冲抵房款并不违反法律规定，在开发商公司无异议情况下，能够认定买受人已完成付款义务，符合已支付50%以上购房款的商品房消费者构成要件。

我们认为，商品房消费者制度所保护之生存权益与以房抵债情形并不完全冲突，以债权抵顶房款亦可以理解为支付房款的一种方式，如以房抵债的债权人与开发商之间并不存在虚构合同关系的情形，且债权人同时满足商品房消费者的其他要件的，仍存在法院认定排除抵押权人执行的可能性。

（四）被拆迁人对拆迁安置房的权利能否对抗银行抵押权

关于被拆迁人对安置房产享有的权利能否排除抵押权人的执行，法律并无明确规定。2003年《最高人民法院关于审理商品房买卖合同纠纷案件适用法律若干问题的解释》（已修改）第7条[①]规定，如拆迁补偿安置协议明确安置房的具体位置、用途，能够指向特定房屋，被拆迁人对安置房屋的物权期待权优先于其他的买受人；结合2002年《最高人民法院关于建设工程价款优先受偿权问题的批复》（已失效）第1条、第2条的规定（交付大部分房款的买受人权利优先于工程价款优先权、抵押权），因被拆迁人对拆迁安置房享有的权利优先于

① 该条第1款规定："拆迁人与被拆迁人按照所有权调换形式订立拆迁补偿安置协议，明确约定拆迁人以位置、用途特定的房屋对被拆迁人予以补偿安置，如果拆迁人将该补偿安置房屋另行出卖给第三人，被拆迁人请求优先取得补偿安置房屋的，应予支持。"

一般买受人的期待物权，而一般买受人的期待物权优先于工程承包人对工程款享有的优先受偿权，而建设工程优先受偿权又优先于抵押权，据此，被拆迁人对安置房的权利优先于抵押权。尽管前述司法解释及批复现均已失效，但司法实践中仍存在案例直接援引前述条款认定被拆迁人对回迁安置房的权利优先于抵押权，如辽宁省铁岭市中级人民法院（2022）辽12民终1589号案。

司法实践中，亦有法院以《最高人民法院关于人民法院办理执行异议和复议案件若干问题的规定》第29条及《九民纪要》第125条、第126条体现出的对生存权、居住权特别保护的精神，认为被拆迁人以丧失自己原有产权房屋为前提所获得的安置补偿权益是一种基本生存权，其权益应当比商品房消费者支付房屋价款后对所购商品房的权利更具有特殊性，既然商品房消费者可以排除抵押权人的执行，举轻以明重，处于更优先地位的被拆迁人对补偿安置房屋的权利亦应当能够排除抵押权人的执行。在（2022）豫民终251号、（2022）新民终200号案中，河南省高级人民法院及新疆维吾尔自治区高级人民法院都采取了前述论证途径。

同时，我们认为，被拆迁人对安置房的权利本身亦有可能符合商品房消费者权利的构成要件，从而得以排除抵押权人的执行。参照2003年《最高人民法院关于审理商品房买卖合同纠纷案件适用法律若干问题的解释》第7条之精神，司法实践中一般认为，如拆迁补偿安置协议明确安置房的具体位置、用途，能够指向特定房屋，则拆迁补偿安置协议具有商品房买卖合同的效力。同时，因被拆迁人取得安置房的对价是其被拆迁的房屋，一般无须或仅需补充支付少量购房款，多数可以认定为已支付价款至50%，因此，如被拆迁人在法院查封前签订明确的回迁协议，同时符合名下无其他住房的，则无论抵押权设立与回迁协议签订的时间先后、被拆迁人是否明知存在抵押权，均能够排除抵押权人的执行。

总体而言，法院在审查判断购房者权利能否排除抵押权人执行时，多从实质上审查案涉房屋是否属于买受人基本生存、居住需求，并不特别拘泥于形式要件。买受人购买房屋系在合理范围内改善家庭居住条件的，亦有可能符合商品房消费者权利的构成要件。在涉及拆迁安置房的情形时，法院多倾向于优先保护被拆迁人权利。

（五）买受人在直辖市其他区内另有住房的，能否对抗银行抵押权

关于“买受人名下无其他用于居住的房屋”，一般理解为在案涉房屋同一

设区的市或者县级市范围内商品房消费者名下没有用于居住的房屋。[①] 对于所购住房属于直辖市的，司法实践中对于限定买受人名下房屋数量的地域范围存在争议。

第一种观点认为，因直辖市面积较大，应具体考虑买受人名下房屋所属区的实际距离、工作生活地点、通勤时间等因素判断。如直辖市下的区与区之间的距离已远超一般设区的市与市之间距离，即便同一直辖市下不同区有两套住房的，也可以排除抵押权人执行。如（2022）京民申 1908 号案中，买受人分别在北京市延庆区及朝阳区各有一套房产。北京市高级人民法院认为，当购房人在直辖市名下已有一套房屋时，不能直接断定购房人不符合“名下无可供居住的房屋”的情形，而应将购房人长期、稳定的工作或生活地点、通勤距离、常需通勤时间、已有房屋面积及家庭成员人数（购房人本人、配偶、未成年子女及购房人和配偶负有法定赡养或抚养义务的、名下又无可供居住房屋的其他人员等）等多种因素综合考量在内。因北京市现下辖十六个市辖区之间的距离差异巨大，买受人一家在延庆区工作生活，在高峰期驾车往返于其名下位于朝阳区的房屋的单程通勤时间一般需两小时二十分钟左右，已超过了在部分设区的市与市之间出行可能花费的时间。综合买受人和其家人的长期工作和生活所在地、其名下房屋与其工作地点的通勤距离与时间、现有房屋的建筑面积、家中人口组成等多种因素，买受人名下房屋符合《九民纪要》规定的满足基本生活需要的精神，可以排除抵押权执行。

第二种观点则认为，应直接以直辖市全市范围中房屋的数量判断是否构成商品房消费者权利，买受人在直辖市范围内其他区另有房产的，不符合“在同一设区的市内无用于居住的房屋”的要件，不能排除抵押权执行。如在（2020）京 04 民初 42 号、（2020）京民终 581 号案中，北京市高级人民法院认为案涉房产位于北京市通州区，买受人在朝阳区另有一处房产，不属于在本市无其他住房的情形，不符合商品房消费者权利的构成要件。

第三种观点认为，直辖市大于“同一设区的市”，只要买受人在案涉房屋所在直辖市的同一区内无其他用于居住的房屋，就可以认定为名下无其他住房。如在（2020）渝 03 民终 1296 号案中，买受人在重庆市渝中区与武隆区各有一套房产，重庆市第三中级人民法院认为“买受人名下无其他用于居住的房屋”

---

① 参见《九民纪要》第 125 条规定。

应理解为在案涉房屋同一设区的市或县级市范围内商品房消费者名下没有用于居住的房屋，而重庆市为直辖市，故对该条款的适用应限定在区县级行政区划范围内，即应审查买受人在案涉房屋所在区范围内有无其他住房，而买受人在武隆区无其他房屋，符合名下无其他房屋的要求。

（六）如何认定买受人在同一设区的市内已有房屋但不满足居住需求

商品房消费者权利的构成要件之一是买受人名下无其他用于居住的房屋。根据《九民纪要》第125条，如商品房消费者名下已有一套房屋，但已有房屋的面积难以满足居住需求的，另购买的房屋在面积上仍然属于满足基本居住需要的，仍可满足本构成要件。

司法实践中，对于买受人在同一设区的市内另有住房、但不满足基本居住需要这一情形的认定标准较为模糊。法院可能考虑的因素有：买受人家庭成员数量、买受人名下房屋的人均居住面积是否低于当地人均居住面积、买受人及其家庭成员是否具有工作通勤、子女上学等生活需求。如家庭人均居住面积较小、具有工作通勤等特殊需求的，买受人另购住房属于适当改善居住条件的范畴，即便名下已有住房，另购住房仍可能满足商品房消费者的要件。

如在（2022）京民申1907号案中，买受人一家四口居住在面积87.48平方米的房屋内，北京市高级人民法院认为，根据《北京统计年鉴》2020年的统计数据，其家庭成员人均住房建筑面积远低于北京市城镇居民人均住房建筑面积2015年至2019年的数据，再购置一套房屋仍然属于解决现实的居住需求，是为了适当改善家庭成员的居住条件。因此，综合其家庭人员的工作生活地、名下房屋状况、住房现状等因素，购买涉案房屋并未超出改善居住条件的基本需要范畴，满足商品房消费者构成要件。类似地，在（2021）京民终214号案中，北京市高级人民法院认为，买受人名下虽与其父按份共有一面积为77.76平方米的房屋，但该夫妇有两个未成年子女共同生活，根据其一家四口人的居住生活需要再购买涉案面积为111.64平方米的住房可以认定是为了解决家庭现实的居住、生活需求，所购买的房屋在面积上仍然属于满足基本居住需要。以家庭人口组成、家庭现有人均居住面积、便利工作以及子女上学为标准判断的案例还如北京市房山区人民法院（2021）京0111民初16262号案、北京市房山区人民法院（2021）京0111民初15662号案、天津市滨海新区人民法院（2021）津0116执异539号案等。

三、保交楼相关政策对银行资产处置的影响

银行涉及的诉讼、执行案件中，有相当一部分债务人、担保人为房地产企业，在2022年度房企爆雷、债务缠身的背景下，中央及地方层面均有保交楼政策出台，对于银行债权的实现产生一定不利影响。

（一）预售资金监管账户能否被查封

尽管房企名下预售资金监管账户中的资金归开发商所有，但《城市房地产管理法》第45条规定商品房预售所得款项必须用于有关的工程建设，因此监管账户能否查封、处置在司法实践中历来存在争议。2022年，在多家房企相继爆雷、诉讼案件激增以及“保交楼、保民生”的政策背景下，有关部门针对预售资金监管账户的保全及执行出台了多个规定，如《最高人民法院、住房和城乡建设部、中国人民银行关于规范人民法院保全执行措施　确保商品房预售资金用于项目建设的通知》《最高人民法院关于充分发挥司法职能作用助力　中小微企业发展的指导意见》等，力图统一对司法实践中查封、处置监管账户的乱象，也明确限制了法院查封、处置监管账户的条件。

首先，法院可以查封冻结监管账户，但是冻结账户不能影响项目竣工交付。[①]《最高人民法院、住房和城乡建设部、中国人民银行关于规范人民法院保全执行措施　确保商品房预售资金用于项目建设的通知》要求法院强化善意文明执行理念，坚持比例原则，切实避免因人民法院保全、执行预售资金监管账户内的款项导致施工单位工程进度款无法拨付到位，商品房项目建设停止，影响项目竣工交付。因一旦监管账户被查封冻结，将存在阻碍项目正常施工建设的可能性，因此法院在查封冻结监管账户方面将更为审慎，尤其在前期保全阶段，从2022年案例以及我们的案件经验看，法院同意保全监管账户的可能性极小。此外，《最高人民法院关于充分发挥司法职能作用　助力中小微企业发展的指导意见》指出，法院冻结商品房预售资金监管账户的，应当及时通知当地住房和城乡建设主管部门，因此查封监管账户亦可能面临一些阻碍。

其次，即使在执行阶段，法院在商品房项目完成房屋所有权首次登记前，

---

① 2022年存在法院查封冻结监管账户，被房企、其他债权人申请解除查封的案例，如山东省威海市经济技术开发区人民法院（2022）鲁1092执异79号案、新疆维吾尔自治区高级人民法院（2022）新执复67号案。前述案件中，法院均认为，法院有权对监管账户采取冻结措施，且尚未处置账户内资金，并不违反相关规定。

对于银行债权将不会采取扣划措施。《最高人民法院、住房和城乡建设部、中国人民银行关于规范人民法院保全执行措施 确保商品房预售资金用于项目建设的通知》第1条第3款及《最高人民法院关于充分发挥司法职能作用 助力中小微企业发展的指导意见》第14条规定，除当事人申请执行因建设该商品房项目而产生的工程建设进度款、材料款、设备款等债权案件外，在商品房项目完成房屋所有权首次登记前，对于预售资金监管账户中监管额度内的款项，人民法院不得采取扣划措施。

最后，即便银行顺利查封冻结监管账户，监管账户内资金可能被优先清偿工程建设进度款、材料款、设备款等项目建设所需资金、购房款债权，导致银行债权人可获清偿部分减少甚至完全灭失。《最高人民法院、住房和城乡建设部、中国人民银行关于规范人民法院保全执行措施 确保商品房预售资金用于项目建设的通知》第2条第1款规定，商品房预售资金监管账户被人民法院冻结后，房地产开发企业、商品房建设工程款债权人、材料款债权人、租赁设备款债权人等请求以预售资金监管账户资金支付工程建设进度款、材料款、设备款等项目建设所需资金，或者购房人因购房合同解除申请退还购房款，经项目所在地住房和城乡建设主管部门审核同意的，商业银行应当及时支付，并将付款情况及时向人民法院报告。

（二）在建工程、商品房项目能否被查封、处置

依据各地区发布的意见文件以及我们的办案经验，如银行拟申请查封、处置的楼盘涉及当地保交楼政策的，即便在建工程系银行抵押物，法院亦有可能不予准许查封、处置。

地方政策层面，据传太原市稳定房地产市场工作领导小组办公室向太原市规划和自然资源局印发《关于配合防范化解房地产风险隐患的函》,[①] 要求切实做好保交楼工作，建议太原规划和自然资源局对各地人民法院前来查封泰禾、富力、当代、融创、宝能、阳光城等房地产企业在太原市范围内的项目、土地等事宜审慎办理。《周口市人民政府关于保交楼专项借款资金管理办法的通知》则规定司法机关对保交楼项目，已经采取查封措施的，在保交楼任务完成前原则上不得采取处置措施；不得对使用专项借款新建部分进行查封；原查封措施

---

① 文件来源参见《太原建议审慎办理查封房企项目》，载搜狐网2022年5月9日，https：//www.sohu.com/a/544743746_118622。

的效力不及于使用专项借款新建部分，不影响对该部分工程设定抵押。[①] 即便地方层面未有相关政策公开，在银行申请查封时，如查封楼盘在当地保交楼名册中，法院亦可能应地方住建局的要求不予查封。

（三）房地产企业名下其他财产能否处置

除监管账户、在建工程以外，房企名下的其他财产亦有可能受到保交楼政策及当地政府部门的影响导致暂时无法处置。如在（2022）粤0608执2225号案中，广东省佛山市高明区人民法院经查认为，按照相关要求，被执行人现有财产需优先用于保交楼等支出，待保交楼任务完成后，再统一处置相关问题，故被执行人名下的存款、土地、房产等财产暂不宜强制处置。在（2022）皖1523执3312号案中，安徽省舒城县人民法院认为，被执行人公司项目资金已被亚通资产管理公司接管确保保交楼进度，法院多次联系杭埠镇人民政府沟通协调款项支付问题，等待后续款项到账发放；囿于被执行人财务状况的客观限制，本案中被执行人无可供执行财产。在（2022）苏0481执1477号案中，江苏省溧阳市人民政府已对恒扬公司观澜庭小区房屋、车位及资金进行了管控，该小区房屋、车位均已备案登记到溧阳安馨居间服务有限公司名下，该公司相关资金均只能用于保交楼；溧阳市人民法院多次到市住建局沟通协调均未果，依法终结本次执行程序。

（四）应对建议

在保交楼政策的大背景下，银行查封、处置房企名下的监管账户及在建工程均面临较大阻碍，但不同法院对于政策如何理解、不同地区的保交楼形势均有差异，仍存在沟通争取的可能性。

对于监管账户，银行机构可以从《预售资金保全执行通知》规定即便账户被查封亦可以支付工程建设进度款、材料款、设备款等项目建设所需资金、工程建设资金充足、查封账户不会影响项目竣工交付为由，争取对监管账户先取得首封；如账户查封后确需拨付工程建设资金的，建议与法院及当地部门保持沟通，如拨付款项不属于项目建设所需资金的，与相关部门协调处理。

对于在建商品房项目的查封，银行可考虑协调法院采取活封措施，并以活封不影响楼盘施工建设进度及按时交付为由争取首封。同时，尽可能掌握楼盘

---

① 周口市人民政府文件来源参见袁仲斌、郑周超：《建纬观点丨保交楼、稳民生背景下房地产企业复工续建涉及相关问题的分析及探讨》，载微信公众号“建纬长沙律师事务所”，2022年12月1日。

售出情况，对于尚未售出房产、未办理预售许可的在建工程，以尚无购房者购买、不涉及买房人利益及保交楼政策为由争取查封。

四、反洗钱、反恐怖融资等情形下银行管控账户措施的合理范围

为防范犯罪分子利用银行账户实施违法犯罪活动，《反洗钱法》规定了金融机构的反洗钱义务，要求银行健全反洗钱内控制度、建立客户身份识别、可疑交易报告制度。《金融机构洗钱和恐怖融资风险评估及客户分类管理指引》《中国人民银行关于加强开户管理及可疑交易报告后续控制措施的通知》《中国人民银行关于进一步加强支付结算管理防范电信网络新型违法犯罪有关事项的通知》出台，在银行账户开立、交易监控和控制等方面，要求银行履行客户身份识别、报送可疑交易报告、合理限制账户交易等监管义务。

因此，银行与客户之间在储蓄存款合同关系之外，还存在监管与被监管的关系，银行有权依法依规对客户账户采取管控措施。近年来，监管部门对银行履行客户识别、账户管控等反洗钱义务的要求愈发严格，银行客户认为账户管控措施不合理、损害自身权益的民事案件亦有增长趋势。银行在对账户进行管控时，需要注意账户管控的合理边界，在履行监管部门要求的同时兼顾客户合法权益。下文将从近年来涉及银行账户管控措施的典型案例中，梳理银行采取管控账户措施的合理边界以及法院在相关案件中的裁判规则。

（一）银行采取账户管控措施是否合理的判断标准

1. 客户是否确有违反法律规定或账户管理协议的行为

司法实践中，客户是否确有违反法律规定或账户管理协议的行为，即银行根据法律规定或合同约定采取管控措施的条件是否成就，是法院审查银行管控行为的首要标准。法院认定银行管控措施不适当的案例多数是因为银行在诉讼中不能证明储户确有违法、违约的交易情形，法院因而认为银行采取账户管控措施缺乏合同和法律依据。例如，在（2021）京74民终489号案中，某银行对某公司账户自2019年5月采取了限制支付措施，银行采取限制交易的理由是该公司法定代表人在2013年曾有高风险交易行为，无法排除该公司法定代表人利用公司账户实施涉敏交易风险。北京金融法院认为，银行与公司签订的《管理协议》中仅将账户的异常交易、储户本身违反可适用法律的相关情形作为触发管控措施的条件，并未列明公司法定代表人个人不当行为等情形。因此，银行采取管控措施并不符合法律规定或与客户达成的事先约定，并不合理合法。类

似裁判案例还有河北省唐山市路北区人民法院（2019）冀0203民初3068号、河北省唐山市路北区人民法院（2019）冀0203民初3069号、福建省莆田市城厢区人民法院（2019）闽0302民初2407号、福建省莆田市秀屿区人民法院（2018）闽0305民初5982号、福建省莆田市荔城区人民法院（2019）闽0304民初5155号、福建省莆田市中级人民法院（2019）闽03民终1716号、河北省唐山市中级人民法院（2019）冀02民终6373号、河北省唐山市中级人民法院（2019）冀02民终6384号案。

具体而言，银行得采取账户管控、交易限制的典型事由[①]一般有：

（1）储户冒用身份开户。如在（2018）湘0111民初656号案中，银行收到被冒用身份开户的第三人出具的个人声明、确认诉争账户确实为虚假代理开户后，根据《中国人民银行关于改进个人银行账户服务加强账户管理的通知》有关规定对诉争账户采取的冻结止付限制措施，法院认为属于银行职责范围。

（2）储户账户存在明显的交易异常情形，如频繁大额退款、大量公转私交易。在（2021）黑01民终4757号案中，储户网银交易频繁，大额退款较多，退款金额高达631万余元，黑龙江省哈尔滨市中级人民法院认为银行有充分理由认为账户存在异常，经与公司法定代表人联系要求配合核查未果的情形下，银行根据中国人民银行以及中国建设银行黑龙江省分行的文件要求对账户作出不收不付的处置措施适当。在（2020）湘0105民初2167号案中，银行主张涉案储户（公司）与其法定代表人的账户进行大量公转私大额交易，累计金额高达2,000多万元，属于交易异常。银行向中国人民银行报送了可疑交易报告，并按照《账户管理协议》第15条约定对涉案账户采取的内部控制措施限制非柜面交易，湖南省长沙市开福区人民法院认为符合银行监管规定及合同约定。

2. 银行识别交易异常是否遵循持续性原则

持续性原则即指在银行在审查开户、开户后管理等整个过程中对识别账户高风险行为应当遵循同一标准、连续不断进行。在（2021）京74民终489号案中，银行在开户时并不需要对法定代表人进行风险审核，但在开户后又以法定代表人过去存在高风险交易为由要求该公司更换法定代表人，北京金融法院认为，此种情况属于客户即便尽到审慎、持续注意亦难以避免的情形，银行管控措施并不合理。

---

① 根据账户管理协议约定内容的不同，银行得采取账户管控措施的条件也不同，此处仅列举较为典型的几种。

3. 银行采取的账户管控措施本身是否符合比例原则

此项标准系针对账户管控措施本身的合理性、妥当性。针对不同风险的交易异常行为，银行应采取最为匹配风险程度的管控措施，尽可能减少对储户的不利影响。在（2021）京74民终489号案中，北京金融法院认为可以比照行政行为审查的比例原则，就管控行为的妥当性、必要性和均衡性予以考量。该案中，银行采取了限制支付的管控措施，该种管控措施强度较高，对储户的影响较大，应与较高的风险性相匹配。但是，触发管控措施的事由仅是该客户公司法定代表人的账户在过去存在高风险交易，但并不与公司账户存在混同使用的情形，风险性并不高，因此，北京金融法院认为银行管控措施未将对公民私权造成的不利影响限制在尽可能小的范围和限度，管控措施不具有妥当性和均衡性。

4. 银行采取管控措施的期间是否适当

银行发现账户疑似存在交易异常行为或其他高风险情形的，应当确定一个账户管控措施的合理期限，如未能发现确实证据的，应及时解除管控措施。在（2021）京74民终489号案中，储户的业务及行业并不具备典型高风险属性，但管控措施一直持续，北京金融法院认为该案中管控措施的持续时间过当，在没有证据证明涉案账户存在高风险交易或可能时，对涉案账户采取管控措施的持续时间不应超出合理限度，对于超过合理期限的管控措施，如当事人作出合理解释，应予解除，当事人拒绝配合的，可以停止金融服务。

5. 银行采取管控措施的程序是否正当

即便储户确实存在高风险交易行为，银行在采取管控措施时，亦应注意履行正当程序，如通知储户管控措施的具体情况、原因、为储户设置说明账户情况的合理时间等。在（2021）京74民终489号案中，银行并未向储户明确触发管控所涉及的具体原因，仅要求其销户或更换法定代表人，亦未明确解除管控措施的具体标准、相关条件及期限，北京金融法院认为银行管控措施欠缺程序的稳定性和规范性，既无法明确指引合同相对方合理维护民事权利，也不利于引导合同相对方适当、完全地履行反洗钱义务。

（二）超越合同限度管控账户的潜在法律风险

如法院认定银行账户管控措施存在违法或违反账户管理协议约定的情形，除判决银行解除不当的管控措施以外，还可能判决银行赔偿储户因管控措施导致的损失。如（2021）京74民终489号案中，储户因公司账户无法正常付款，向第三方借款支付员工工资和社保，北京金融法院认为借款利息属于储户为了防止其损失扩大而支出的合理费用，应由银行承担赔偿责任，判决银行以借款金额为基数，按10%的年利率支付自管控措施实施开始至账户解冻期间止的利息。

（三）应对建议

第一，银行可在与储户的账户管理协议中尽可能详细明确银行履行反洗钱义务等监管职责的具体方式（如有权单方面停止何种服务、要求储户配合说明账户情况）、储户配合尽职调查的义务（如补充证明文件、指定期限内办理销户及相关手续）以及管控措施可能对储户造成的具体影响（如银行可能停止或限制的具体服务、储户逾期未配合的后果）。在合同文本中尽可能详细化触发银行账户管控措施的条件，并以概括性条款兜底，使储户对账户在何种情况下可能被采取管控措施有明确预期。

第二，在账户出现风险情形时，审慎、妥善采取与交易风险相匹配的管控措施，依法依规设置合理的管控期间。

第三，采取账户管控等措施时，注意依照法律规定及内控制度履行报批、通知等正当程序。决定采取管控措施后，应当及时通知储户进行账户管控的具体原因、解除管控措施的具体条件、要求储户配合调查的具体动作和期限。如经调查未发现异常情形的，应及时解除管控措施。

第四，在账户管控措施的整个过程中，应注意留存相关证据，如储户存在交易异常风险的证据、通知储户配合调查的证据。如系经由上级监管部门指示采取管控措施的，应留存相关文件。

五、信用卡纠纷中的利息及违约金问题

在信用卡纠纷中，息费、违约金的计算标准往往成为银行与持卡人之间的争议焦点。相对于一般的金融借款纠纷，信用卡纠纷中，银行主张的息费、违约金被法院调减的情形更多。为避免无限加重金融消费者的违约成本，2021年5月25日起实施的《最高人民法院关于审理银行卡民事纠纷案件若干问题的规定》第2条第2款规定，发卡行请求持卡人按照信用卡合同的约定给付透支利息、复利、违约金等，或者给付分期付款手续费、利息、违约金等，持卡人以发卡行主张的总额过高为由请求予以适当减少的，人民法院应当综合考虑国家有关金融监管规定、未还款的数额及期限、当事人过错程度、发卡行的实际损

失等因素，根据公平原则和诚信原则予以衡量，并作出裁决。该条规定主要从调减原则和调减因素两个方面对息费、违约金进行了规制。除金融监管规定这类一般的调减因素以外，未还款的数额及期限、当事人过错程度、发卡行的实际损失均会成为法院调减金额的考量因素。下文将对司法实践中信用卡息费、违约金的调减规则进行梳理总结，并为银行提出应对建议。

（一）信用卡息费和违约金适用的利率上限

关于信用卡息费及违约金的总额上限，由于信用卡交易仍属金融借款，一般认为不适用民间借贷的利率上限。最高人民法院民事审判第二庭负责人就《最高人民法院关于审理银行卡民事纠纷案件若干问题的规定》答记者问时亦指出，由于信用卡透支交易本质上是金融机构向持卡人出借款项，故该上限不应参照民间借贷利率上限进行确定。①

就金融借款的利率上限，现行司法实践中基本已形成共识，即适用《最高人民法院关于进一步加强金融审判工作的若干意见》关于24%的利率上限规定。2022年，最高人民法院在（2022）最高法民申79号案中亦重申，金融借款合同纠纷不适用一般借款的规则，原审法院参照24%的年利率认定违约金是否过高，再审予以维持。

在信用卡纠纷中，主流观点认为，银行主张的利息、违约金总额不超过年利率24%的，可不予调减，如辽宁省庄河市人民法院（2022）辽0283民初5192号、云南省易门县人民法院（2022）云0425民初1167号、云南省弥勒县人民法院（2022）云2504民初3504号、广西壮族自治区马山县人民法院（2022）桂0124民初1398号、吉林省图们市人民法院（2022）吉2402民初539号、北京市怀柔区人民法院（2022）京0116民初1912号、吉林省吉林市丰满区人民法院（2022）吉0211民初2016号、山东省兖州市人民法院（2022）鲁0812民初2011号、山东省烟台经济技术开发区人民法院（2022）鲁0691民初2235号、辽宁省庄河市人民法院（2022）辽0283民初3846号、江苏省连云港市海州区人民法院（2022）苏0706民初6669号案等。

但我们注意到，司法实践中仍有少数法院认为，银行主张年利率24%左右的息费、违约金仍存在背离实际损失的过高情况，从公平原则出发，应予调减。

---

① 参见《最高法民二庭负责人就〈银行卡规定〉答记者问》，载最高人民法院网2021年5月25日，https：//www. court. gov. cn/zixun-xiangqing-304781. html。

其中，一种观点认为，年利率在民间借贷的利率保护范围内可不认定为“过高”，息费违约金利率应调减为4倍贷款市场报价利率。如安徽省淮南市谢家集区人民法院（2022）皖0404民初2938号、吉林省吉林市丰满区人民法院（2022）吉0211民初2021号、吉林省吉林市船营区人民法院（2022）吉0204民初2584号、湖北省黄石市中级人民法院（2022）鄂02民终1333号、湖北省巴东县人民法院（2022）鄂2823民初1668号、贵州省安顺市中级人民法院（2022）黔04民终311号、湖北省宜昌市中级人民法院（2021）鄂05民终1402号案等。如在（2022）吉0211民初2021号案中，吉林省吉林市丰满区人民法院即认为，案涉信用卡逾期后银行对逾期欠款本金按照日利率万分之五，即年息18.25%计收利息，且在收取上述利息的基础上另行加收费用，利息、费用总和偏高，明显高于市场融资成本，有失公平，故应酌定按照同期全国银行间同业拆借中心公布的贷款市场报价利率的四倍支付逾期利息及各项费用为宜。另外一种观点则将日利率万分之五确定为利率上限，原因在于《中国人民银行关于信用卡业务有关事项的通知》第1条规定信用卡透支利率上限为日利率万分之五，如在（2022）鄂0583民初1133号案中，湖北省枝江市人民法院即认为日利率万分之五的金额即足以弥补银行因持卡人违约而产生的损失，不予支持银行在日利率万分之五以外的违约金。

（二）法院可能调减息费和违约金金额的情形

1. 银行对息费、违约金相关的格式条款未尽提示说明义务的，条款无效，利率可能被法院调减。

《最高人民法院关于审理银行卡民事纠纷案件若干问题的规定》第2条第1款规定，发卡行在与持卡人订立银行卡合同时，对收取利息、复利、费用、违约金等格式条款未履行提示或者说明义务，致使持卡人没有注意或者理解该条款，持卡人主张该条款不成为合同的内容、对其不具有约束力的，人民法院应予支持。该条系针对部分银行在银行卡业务推介时，只强调分期付款不收取利息等优惠，但不告知收取手续费、逾期违约金等费用的行为，导致持卡人在不知道、不理解息费违约金的收取方式以及不知道信用卡透支交易收取的年利率远高于普通金融贷款的情况下签订信用卡合同。

前述条款亦与《民法典》第496条关于对格式条款未履行提示说明义务的相关规定及银保监会、中国人民银行2022年7月出台的《关于进一步促进信用卡业务规范健康发展的通知》第2条相呼应。为保护持卡人的知情权和公平交易权，该通知第 2 条规定，银行与客户订立信用卡合同时，对收取利息、复利、费用、违约金等条款、风险揭示内容应当严格履行提示或者说明义务。以明显的方式向客户展示最高年化利率水平，以及使用信用卡涉及的法律风险和法律责任，确保客户注意和理解条款内容。

当然，即便息费、违约金条款不成为合同内容或被认定为无效，仅意味着不能依照该条款的约定利率主张，银行仍能依法收取利息、违约金。此时，司法实践中存在几种确定利率的方式。

第一种处理方式为按照 4 倍贷款市场报价利率确定。如在（2022）桂 06 民终 240 号案中，广西壮族自治区防城港市中级人民法院即认为，银行信用卡申请表未载明关于利息、费用违约金的条款内容，银行亦不能证明其就利息、费用违约金的计算标准履行了提示或者说明义务，因此关于利息、费用违约金的合同条款不成为合同的内容，根据案件情况，将利息计算标准确定为当前一年期贷款市场报价利率的四倍。

第二种处理方式为依照同期一年期贷款市场报价利率确定。如在（2021）闽 06 民终 2930 号案中，福建省漳州市中级人民法院认为，银行卡领用合约中关于利息、违约金的计付标准未用不同字体或加黑、加粗等形式予以重点标注，银行也未提供证据证明其已就该内容履行提示或说明义务，银行因持卡人逾期还款的损失主要是利息损失，应确定为同期一年期的贷款市场报价利率。

第三种处理方式则是按照日利率万分之五确定。如在（2022）甘 0802 民初 3653 号案中，甘肃省平凉市崆峒区人民法院认为银行对收取利息、复利、费用、违约金等格式条款未履行提示或者说明义务，不支持按月以最低还款额未付部分的 5%支付违约金，仅支持对透支款按日万分之五的利率收取逾期利息。

2. 银行在审核持卡人资质、催收等环节中存在过错的，利率可能被法院调减。

除违反利率上限的金融管制规定、背离银行实际损失一类原因，银行主张的息费、违约金仍可能存在多种被法院调减的事由。《最高人民法院关于审理银行卡民事纠纷案件若干问题的规定》第 2 条第 2 款规定，人民法院应考虑当事人的过错程度，根据公平原则和诚信原则调减息费、违约金。因此，如银行在信用卡发放、资质审核、欠款催收等环节中存在过错的，法院可能视过错程度调减息费金额。

（1）银行怠于对长期逾期的持卡人提起诉讼的，可能构成过错

持卡人逾期后，如银行未采取适当的催收方式，如未在催收时向持卡人明示逾期违约金、未在持卡人逾期后及时催收导致损失扩大等，法院可能认为银行存在过错，从而调减息费、违约金。

（2022）粤06民终13910号案系银行在催收过程中存在过错的典型案例。该案中，广东省佛山市中级人民法院认为，因信用卡透支交易收取的利息、违约金远高于普通金融贷款，银行应采取更妥善的措施追收欠款，包括向欠款人明确欠款本息、违约金金额以及计算方法，让欠款人能够清晰逾期还款的责任；银行亦应在欠款人长期未还款的情况下及时采取措施，以防止产生金额过大的透支利息损失。该案中，持卡人自2016年开始逾期，银行至2022年才提起诉讼，历时六年有余，法院认为银行对产生金额过大的透支利息损失确负有一定过错，因此根据公平原则，酌定参照按日利率万分之五的标准计算利息，不按月计收复利。

（2）其他可能被认定为银行存在过错的情形

关于银行的过错情形，银保监会、中国人民银行于2022年7月发布的《关于进一步促进信用卡业务规范健康发展的通知》细化了信用卡业务中银行应履行的义务，如有违反，在将来的司法实践中，银行可能被法院认定为存在过错从而导致息费、违约金被调减。结合《中国银监会关于进一步规范信用卡业务的通知》《中国人民银行关于信用卡业务有关事项的通知》等信用卡监管规范，银行可能被法院认定为过错的事由具体如下：

第一，未依照监管规定审慎审查持卡人偿还能力，导致一些不具有偿还能力的主体成为持卡人。根据监管规则，银行在发卡前，应对信用卡申请人资信水平和还款能力进行尽职调查，申请人应拥有固定工作，或稳定的收入来源，或提供可靠的还款保障；申请人不能满足上述条件但确有必要发卡的，银行业金融机构应对发卡适用范围作出明确规定，建立相应的发卡管理机制。对已满18周岁无固定工作、无稳定收入来源的学生发放信用卡时，须落实第二还款来源，第二还款来源方应具备相应的偿还能力。银行业金融机构发放信用卡前必须确认第二还款来源方已书面同意承担相应还款责任，否则不得发卡。

第二，未采取有效措施及时、准确监测和管控信用卡资金实际用途，导致用于偿还贷款、贷款流入政策限制或者禁止性领域等。

第三，违规设置授信额度、超出监管信用卡分期透支期限和金额、对已办

理分期的资金余额再次办理分期等。《中国银保监会、中国人民银行关于进一步促进信用卡业务规范健康发展的通知》规定分期业务期限不得超过 5 年；客户确需对预借现金业务申请分期还款的，额度不得超过人民币 5 万元或者等值可自由兑换货币，期限不得超过 2 年。

（三）应对建议

为尽可能降低银行在后续诉讼中被法院调减合同约定的息费、违约金的可能性，建议银行在信用卡业务中做到以下几点：

第一，加强对信用卡客户的资信审核、实施严格审慎的信用卡授信额度动态管理，至少每年对信用卡客户的授信额度实施一次重新评估、测算和确定。

第二，在信用卡合同中，对收取利息、复利、费用、违约金等条款、风险揭示内容以加粗、画线等方式履行提示或者说明义务，必要时可要求客户手写已知晓相关条款的内容。在业务推介和签订合同时，以明显的方式向客户展示最高年化利率水平，以及使用信用卡涉及的法律风险和法律责任。

第三，在信用卡客户身份核验和办卡意愿核验等关键环节积极采取录音录像或其他有效措施完整客观记录和保存风险揭示、信息披露等重要信息，确保记录信息全面、准确、不可篡改和可回溯。记录信息应至少包括：信用卡申请人有效身份证明材料、与信用卡申请相关的财务状况、信贷记录、宣传销售文本、信用卡章程和签署后的领用合同（协议）、重要提示及确认信息等。记录的信息资料自客户业务存续期结束起应当至少保存 5 年。

第四，在持卡人逾期还款后，发卡行应及时按照合同约定的方式向持卡人明确欠款本息、违约金金额以及计算方法并注意留存相关证据，亦应视持卡人还款情况及时提起诉讼，以避免被法院认定存在过错。

六、银行违规进行征信管理的潜在侵权问题

2022 年度，银行机构在征信管理方面的违规行为已逐步成为监管机构处罚的重点案由之一，在司法领域亦有对应体现。2022 年 4 月 11 日，最高人民法院发布民法典颁布后人格权司法保护典型民事案例，[①] 其中周某珍、广西上林农村商业银行股份有限公司名誉权纠纷一案即涉及银行违规报送信用信息构成名

① 参见《民法典颁布后人格权司法保护典型民事案例》，载最高人民法院网 2022 年 4 月 11 日，https://www.court.gov.cn/zixun-xiangqing-354261.html。

誉权侵权的问题。江苏省高级人民法院于 2022 年公布的 2021 年度江苏省消费者权益保护十大典型案例中，[①] 案例八亦涉及银行怠于履行对不良征信信息的删除报送义务应当承担的法律责任。

关于商业银行采集、评价、报送信用记录的相关义务及程序要求，《民法典》《征信业管理条例》《个人信用信息基础数据库管理暂行办法》等法律法规对于银行事前告知、定期删除、核实更正等方面已有详细规定。首先，采集个人信息应当经信息主体本人同意。其次，银行向征信机构提供个人不良信息，应当事先告知信息主体本人。再次，不良信息的保存期限自不良行为或者事件终止之日起为 5 年；超过 5 年的应当予以删除。最后，银行负有准确、完整、及时地报送信用信息的义务，信息主体对存在错误、遗漏的信息有权提出异议，银行应依规及时核查。

（一）银行机构违反征信管理相关要求可能承担名誉权侵权责任

通说认为，信用是对民事主体经济能力的社会评价，经济能力包括经济状况、债务履行能力、生产能力、产品质量等。[②] 在我国民事法律立法体系中，立法机关将信用纳入名誉的范畴内进行保护，信用是名誉的重要组成部分。《民法典》第 1024 条规定，民事主体享有名誉权。任何组织或者个人不得以侮辱、诽谤等方式侵害他人的名誉权。名誉是对民事主体的品德、声望、才能、信用等的社会评价。《民法典》第 1029 条规定，民事主体有权依法查询自己的信用评价，并有权提出异议并请求采取更正、删除等必要措施，征信机构负有及时核查并采取必要措施的义务。

在判断是否构成侵害名誉权时，需特别注意侵害名誉权的几个要件：一是受害人的社会评价是否降低，受害人社会评价是否降低应当以社会一般人的评价为标准进行判断。二是行为人发布的信息或陈述是否真实客观。三是行为人侵害他人名誉权的行为需要受害人以外的人知悉，如果行为人的侵害行为没有被受害人以外的人所知悉，其社会评价就不存在降低或者受损的问题，自然也就不存在名誉权受损害的问题。[③]

---

① 参见江苏省高级人民法院，江苏省消费者权益保护委员会：《2021 年度江苏省消费者权益保护十大典型案例》，载江苏法院网 2022 年 3 月 15 日，http://www.jsfy.gov.cn/article/91660.html。

② 参见王利明：《试论人格权的新发展》，载《法商研究》2006 年第 5 期。

③ 参见黄薇主编：《中华人民共和国民法典人格权编解读》，中国法制出版社 2020 年版，第 162-163 页。

司法实践中，关于银行等征信机构对于民事主体的信用评价不实是否导致民事主体名誉受损、是否构成名誉权侵权的问题仍存在一定争议。

第一种观点认为，中国人民银行的征信系统是一个相对封闭的系统，只有本人或者相关政府部门、金融机构因法定事由才能对该系统内的记录进行查询，不良征信记录并没有在不特定的人群中进行传播，并不会导致民事主体的社会评价降低，因此不能认定存在名誉受损的后果。四川省凉山彝族自治州中级人民法院（2022）川34民终211号、四川省凉山彝族自治州中级人民法院（2022）川34民终209号案、山东省聊城市中级人民法院（2022）鲁15民终263号、江苏省镇江市京口区人民法院（2017）苏1102民初2738号案、“周某芳诉中国银行股份有限公司上海市分行名誉权纠纷案”均持此种观点。其中，“周某芳诉中国银行股份有限公司上海市分行名誉权纠纷案”系最高人民法院2012年公报案例，对司法实践的影响较为深远。

第二种观点认为，不良信用记录会影响到社会对个人价值的评判，使民事主体在与金融行业进行经济交往时受到一定程度的限制，如商业银行在发放贷款、审核个人贷记卡等情况时都可以查询到借款人的信用记录，信用出现不良记录必然会损害一个人的名誉。2022年度内，采纳此种观点的案例相对较多，如辽宁省本溪市平山区人民法院（2022）辽0502民初894号案、河南省漯河市中级人民法院（2022）豫11民终376号案、辽宁省抚顺市中级人民法院（2022）辽04民终170号案、新疆生产建设兵团第八师中级人民法院（2022）兵08民终641号案、辽宁省本溪市中级人民法院（2022）辽05民终1416号案、甘肃省陇南市中级人民法院（2022）甘12民终700号案、甘肃省平凉市中级人民法院（2022）甘08民终632号案、河南省高级人民法院（2021）豫民申8935号案、湖南省张家界市中级人民法院（2022）湘08民终413号案。最高人民法院2022年度发布的民法典颁布后人格权司法保护典型民事案例中的（2021）桂0125民初1139号案亦采取了前述观点，可以预见，对于将来的司法实践有一定的指导作用。

第三种观点则认为，信用信息属于个人信息的一种，银行上传不实负面征信记录的，不应归为名誉权纠纷，而应属于人格权纠纷项下新增的“个人信息保护纠纷”案由，如河南省信阳市中级人民法院（2022）豫15民终1708号案、内蒙古自治区阿拉善盟中级人民法院（2021）内29民终728号案。

如银行违反征信管理要求的行为被法院认定构成侵权的，除承担更正信用信息、赔礼道歉的侵权责任以外，银行亦须赔偿信用主体相关经济损失（如误工费、交通费、因不良信用信息导致其他交易失败的可得利益损失等）、精神损害抚慰金等，具体金额因案而异。

（二）银行违反征信管理要求的具体情形

1. 未及时报送删除不良信息记录

《征信业管理条例》第 16 条第 1 款规定，征信机构对个人不良信息的保存期限，自不良行为或者事件终止之日起为 5 年；超过 5 年的，应当予以删除。因此，银行在不良行为或者事件终止之日（如逾期还款）起 5 年后仍不履行删除报送义务的，可能构成名誉权侵权。例如，在（2021）辽 02 民终 1351 号案中，在原告结束逾期还款行为 5 年后，银行本应当向中国人民银行上报该贷记卡 5 年内未再发生违约行为的情况，以删除呆账记录，但银行并未履行上报义务，导致原告在结束逾期还款行为 5 年后仍有不良信息记载，辽宁省大连市中级法院认定银行的不作为行为构成名誉权侵权。

2. 上报错误信息或在信息变化后未及时核实更正

上报错误信息的一种典型情形是系统故障、同姓名错录。因错录信息导致产生不良征信记录的情形下，银行的过错程度较为恶劣，法院酌情支持原告起诉精神损害抚慰金等赔偿金的可能性相对较高，如甘肃省平凉市中级人民法院（2022）甘 08 民终 920 号案、湖南省高级人民法院（2020）湘民申 2027 号案。

此外，即便不良征信记录所依据的事实客观上确实曾经存在，但可能发生各种变化，银行应根据实际情况及时报送变更情形。江苏省高级人民法院 2022 年公布的 2021 年度江苏省消费者权益保护十大典型案例之八即涉及银行怠于履行对客户不良征信信息的删除报送义务应承担的法律责任。该案中，胡某已经于 2009 年通过法院调解与某银行处理完案涉债务，胡某不再负担相关贷款本息的清偿责任，但银行未按规定及时向中国人民银行征信中心报送删除相关不良信息，导致直至 2021 年相关贷款仍在胡某的征信记录中显示为逾期状态，对胡某的信用评价产生不当影响，法院判令银行承担赔礼道歉和精神损害赔偿责任。

另一典型情形是，保证人的保证责任免除，银行未及时报送消除保证人在中国人民银行征信系统上的不良信用记录。前述免除责任情形包括已经民事判决免除保证人责任的情形，以及未经法院判决但银行未在担保期间主张保证责任导致保证责任免除的情形。此种情况下，银行往往抗辩其上报的关于保证人身份、逾期未偿还贷款的信息并非虚构，征信系统对于保证人信息的记载并不因其还款责任的免除而必然消除。但由于银行已不能依据法律规定强制保证人按照保证责任还款，法院多数认为银行应当消除保证人的不良记录，如甘肃省陇南市中级人民法院（2022）甘12民终700号、河南省焦作市中级人民法院（2022）豫08民再12号、山东省日照市中级人民法院（2022）鲁11民终2378号、河南省高级人民法院（2021）豫民申8935号、山东省滨州市中级人民法院（2021）鲁16民终3549号、山东省高级人民法院（2021）鲁民申9077号、山东省高级人民法院（2020）鲁民申8761号、广西壮族自治区高级人民法院（2019）桂民申5014号、河南省高级人民法院（2020）豫民申494号。最高人民法院发布的民法典颁布后人格权司法保护典型民事案例中的（2021）桂0125民初1139号案中，法院认为银行作为提供信用评价信息的专业机构，具有准确、完整、及时报送用户信用信息的权利和义务，发现信用评价不当的，应当及时核查并及时采取必要措施，但银行未及时核查周某某已依法免除担保责任的情况，在收到周某某的异议申请后，仍未上报信用更正信息，造成征信系统对周某某个人诚信度作出不实记录和否定性评价，导致周某某在办理信用卡、贷款等金融活动中受限制，其行为构成对周某某名誉权的侵害。

3. 违规降低信用评级

银行违反《贷款风险类别指引》、内部信贷分类标准等规则降低信用评级的，可能被认定为侵犯名誉权。山东省青岛市中级人民法院发布的2022年度全市法院刑事民事执行典型案例中，（2021）鲁02民终2891号案即涉及此问题。该案中，银行未能举证证明案涉贷款属于不良信贷资产，法院根据《贷款风险类别指引》以及银行内部信贷分类标准，认定银行调低贷款信用评级并报送至征信系统存在错误，并进一步认定因银行调整信用评级，致使金融系统对借款企业的公众评价降低，给其企业形象造成了影响，构成对企业名誉权的侵犯，银行应撤销不良贷款记录，更正企业信用评价信息。

4. 因银行过错被冒名贷款或办理信用卡并形成不良征信记录

司法实践中银行被储户起诉的另一常见情形是，民事主体被冒名办理贷款或信用卡并形成不良征信记录，此时如法院认定因银行未能尽到合理注意和审查义务导致冒名结果的，多判决银行承担侵权责任。如在（2022）辽04民终170号案中，辽宁省抚顺市中级人民法院认为银行在办理贷款过程中疏于管理、审查不严，使他人以原告的名义办理了贷款并产生了借款逾期未还的不良记录，导致原告个人信用受损、信用等级降低，构成名誉侵权，银行应当承担侵权责任。类似案例还如湖南省岳阳市中级人民法院（2022）湘06民终24号、湖南省张家界市中级人民法院（2022）湘08民终413号、河南省高级人民法院（2019）豫民申8485号案等。

5. 银行在债权转让后仍上报不良征信记录

银行在债权转让后继续上报不良征信记录的，有可能构成名誉权侵权。在（2022）辽05民终1416号案中，银行已于2016年9月将案涉贷款转让给资管公司，并确认债权转让前的案涉贷款相关情况由其负责报送信用系统，债权转让后，案涉贷款相关情况应由受让方报送，但根据2022年4月原告的个人信用报告，可见银行在债权转让后仍上报案涉贷款情况，体现原告在2017年5月至2021年4月无还款记录，辽宁省本溪市中级人民法院认为该部分记录不属于银行应报送登记的范围，判决银行删除该逾期还款记录。

（三）应对建议

第一，在办理贷款、信用卡等业务时，在申请表、借款合同等相关业务合同中明确约定，如借款人有违约行为的，银行可以就其违约行为对外公开披露，有权向中国人民银行个人信用信息基础数据库/企业征信系统报送、披露其所记录的信用信息，如系格式条款的，在合同中通过加粗、下划线等方式作出足以引起注意的提示。

第二，发生违约事件、产生不良信息后，在报送征信信息前告知信息主体本人，如通过合同中约定的手机号、邮箱等告知信息主体逾期还款将载入信用报告，并注意留痕。

第三，审慎审查信息主体申请变更征信记录的投诉，定期核查报送的不良信息有无变化（如保证责任是否有免除、是否达成调解协议免除债权人责任）、是否超过五年期限，如有需变更、删除的，及时报送信息。

第四章　保险行业争议解决年度观察

第一节　保险行业争议解决年度概况

一、争议解决案件年度概况

（一）2020 年以来保险纠纷案件数量呈现明显的下降趋势

在 Alpha 检索平台，设置案由“保险纠纷”，2022 年全年的案件数量为 65, 506 件，2021 年全年的案件数量为 181, 155 件，2020 年全年的案件数量为 250, 013 件，2019 年全年的案件数量为 208, 573 件。[①] 相比 2020 年，2022 年全年案件数量下降了约 74%。

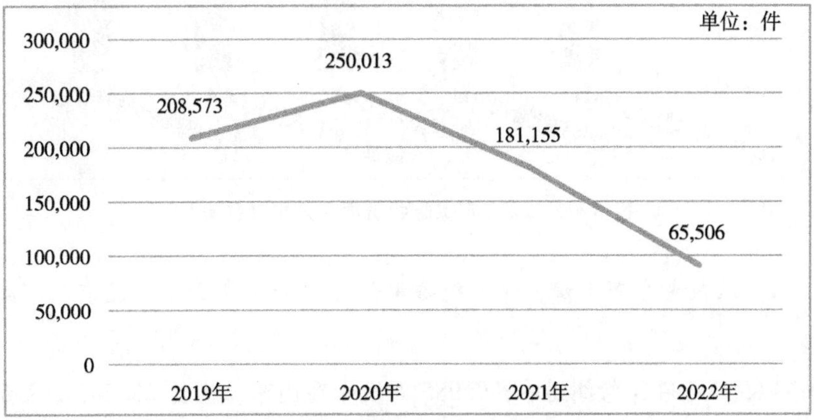

图 3-4-1　2019—2022 年保险纠纷数量变化

① 本节数据来源于 Alpha 检索平台，最后检索时间均为 2023 年 2 月 2 日。

（二）从案由上看，保险纠纷主要案由集中在财产保险合同纠纷，尤其是保证保险合同纠纷和保险人代位求偿权纠纷

2022 年全年“保险纠纷”案由案件总数为 65, 506 件，其中财产保险合同纠纷 50, 606 件（其中，财产损失保险合同纠纷 2, 984 件，责任保险合同纠纷 1, 778 件，信用保险合同纠纷 17 件，保证保险合同纠纷 19, 881 件，保险人代位求偿权纠纷 16, 058 件，其他财产保险合同纠纷 9, 861 件），人身保险合同纠纷 7, 238 件，再保险合同纠纷 9 件，保险经纪合同纠纷 7 件，保险代理合同纠纷 136 件，保险费纠纷 161 件，其他保险纠纷 7, 349 件。

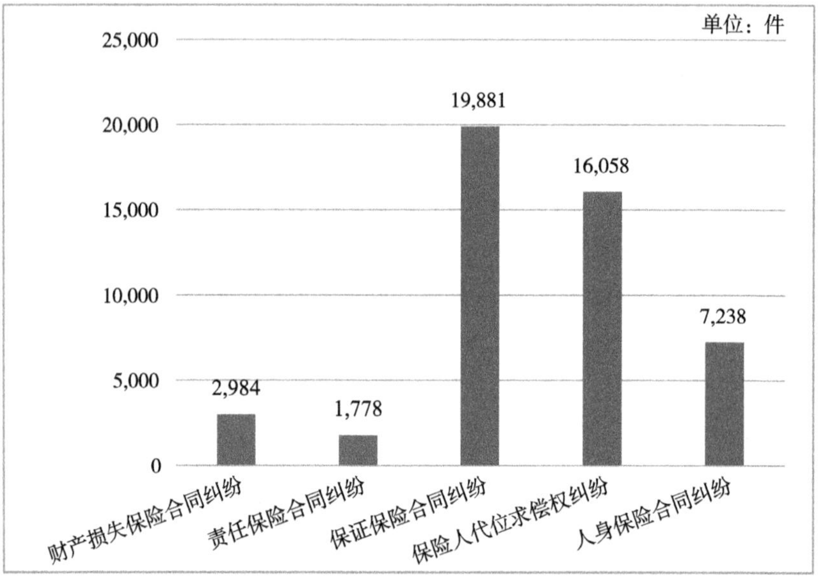

图 3-4-2　2022 年保险纠纷案由分布（前五）

（三）从数量分布上看，保险纠纷案件主要分布在山东、辽宁、河南、广东等地

前述 65, 506 件保险纠纷中，9, 985 件发生在山东，占比 15. 24%；7, 656 件发生在辽宁，占比 11. 69%；7, 465 件发生在河南，占比 11. 40%；5, 778 件发生在广东，占比 8. 82%。地域分布由多到少前十位分别是山东、辽宁、广东、河南、浙江、江苏、湖南、山西、吉林和北京。

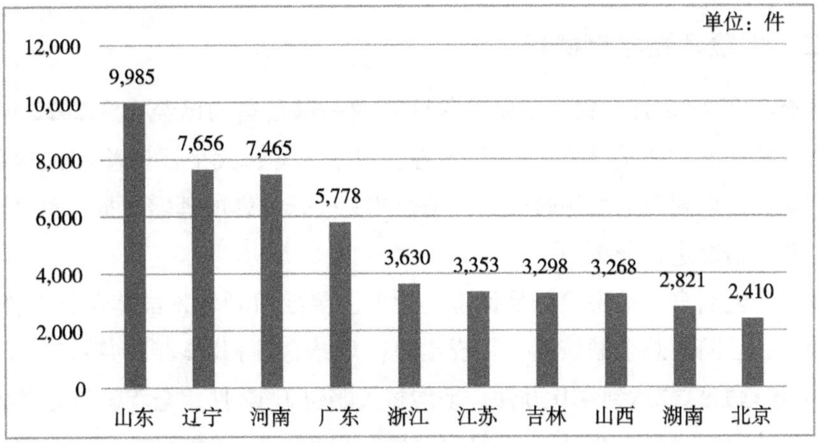

图 3-4-3　2022 年保险纠纷地域分布（前十）

（四）从法院级别上看，大部分保险纠纷主要集中在基层人民法院审理，一审案件上诉比例不高

2022 年保险纠纷案件中，基层人民法院 57, 109 件，中级人民法院 7, 589 件，高级人民法院 183 件，专门人民法院 2, 154 件，最高人民法院审理 14 件。标的额在 50 万元以下（不含 50 万）的案件为 48, 297 件，50 万元以上为 17, 209 件。可见，保险纠纷案件普遍标的金额不高，一审仍以基层人民法院审理为主，且整体来看案件上诉比例不高。

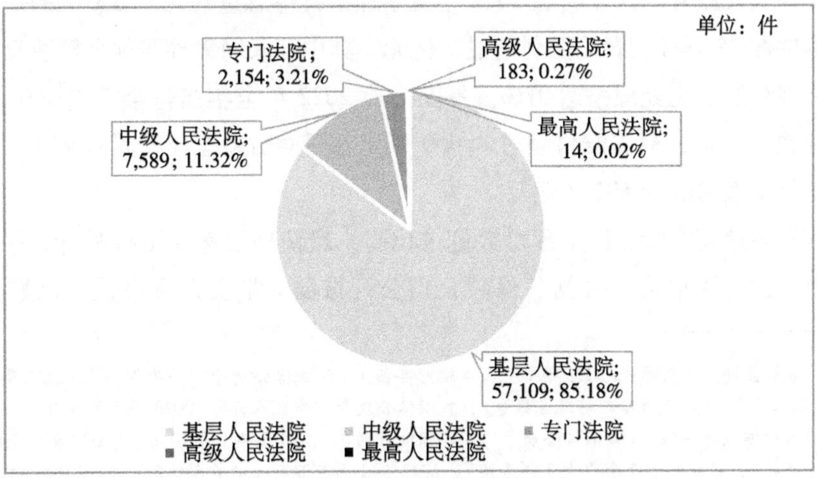

图 3-4-4　2022 年保险纠纷法院级别分布

二、保险理赔年度概况

截至 2023 年 1 月中旬，主要的保险行业头部公司均已经披露 2022 年度理赔报告，我们选取平安人寿、中国人寿、新华人寿、太平洋寿险和人保财险、平安产险、国寿财险七家保险公司，结合相关公开披露的理赔数据，就 2022 年度理赔整体情况进行分析。①

就人身险而言，重疾险仍是保险公司的主要赔付领域，虽然赔付案件数量占比较低，但赔付总金额较高，呈现出单次理赔金额相对较高的特点。平安人寿 2022 年理赔总数达到 410 万件，平均每天赔付 1. 12 件，全年赔付总金额 398 亿元，平均每天赔付 1. 09 亿元，最高一笔赔付 756 万元。其中，医疗险件数占 92%、金额占 30%，重疾险件数占 5%、金额占 50%，身故险件数占 2%、金额占 19%，重疾险仍为赔付重点领域。中国人寿 2022 年理赔件数为 1, 917 万件，全年理赔金额达到 515 亿元，其中医疗险件数占比 94. 14%、金额占比 38. 8%，重疾险件数占比 1. 92%、理赔金额占比 30. 2%，身故险数量占比 3. 14%、金额占比 27. 4%。新华人寿 2022 年理赔 313 万人次，赔付金额 135 亿元。太平洋保险 2022 年理赔 415 万人次，共计支付保险金 187 亿元，平均每天赔款 5, 123 万元，其中重疾险赔付金额 99 亿元，占到 53%。

就财产险而言，赔付案件数和总金额巨大，线上理赔处理率高成为新特点，理赔效率大大提升。人保财险 2022 年全年理赔案件总量约为 9, 000 万件，日均处理案件数 25 万件，日均赔付超过 7 亿元，其中互联网案件赔款金额总额近 14 亿元，理赔线上化处理率达 97%。平安产险 2022 年全年赔付金额 1, 300 亿元，赔付件数 1. 9 亿，最高赔付超过 8, 000 万元。国寿财险全年赔付件数 1, 179 万件，赔付金额总额约 592. 3 亿元。

从理赔速度上看，线上理赔数量占比高，最快理赔速度可按秒计，平均赔付时效可达一天以内。根据各保险公司公开披露，平安人寿最快一笔赔付 10

① 本节数据数据来源：《2022 年平安人寿理赔年报》，载微信公众号“平安人寿”，2023 年 1 月 1 日；《中国人寿 2022 年度寿险理赔服务报告》，载微信公众号“中国人寿”，2023 年 1 月 3 日；《2022 年度新华保险理赔服务年报》，载微信公众号“新华保险直通车”，2023 年 1 月 10 日；《2022 年太平洋寿险理赔服务年报》，载微信公众号“太平洋寿险”，2023 年 1 月 9 日；《中国人保财险 2022 年理赔服务年报》，载微信公众号“人保财险”，2023 年 1 月 16 日；《平安产险 2022 年度理赔服务报告》，载微信公众号“平安产险”，2023 年 1 月 19 日；《中国人寿 2022 年度财险理赔服务报告》，载微信公众号“中国人寿财险”，2023 年 1 月 6 日。

秒，“闪赔”件数达到165万件，闪赔率达到40%，涉及赔付金额36亿元。中国人寿整体赔付时效0.43天，小额理赔时效0.13天，其中，手机端移动理赔案件数量达到1,149万件，智能理赔率高达70%。新华人寿最快赔付案件12秒，平均结案时效1.56天，小额医疗险案件可达0.3天。平安产险最快一笔赔付为4分钟，93%的线上理赔案件时效在1小时以内。

三、保险行业法律新规

（一）法律/立法计划

1.《全国人大常委会2022年度立法工作计划》（2022年5月6日发布）

全国人大常委会2022年立法计划“预备审议项目”部分明确将“修改保险法等法律的立法、修法，抓紧开展调研和起草工作，视情况安排审议”作为一项重要的立法项目。

自2021年1月1日《民法典》实施以来，相关法律制度的实施已积累了一年的实践经验，《民法典》在立法理念、法律适用、体系化整合等多方面都对《保险法》的修订、完善提供了可资借鉴的路径。虽然《保险法》修订草案还未公开，但可以预见的是，未来《保险法》在保险合同主体制度、保险格式条款的订立与效力控制规则、涉保险欺诈合同解除制度等方面都将尽力追求与《民法典》相关制度的融合与协调。

2.《公司法（修订草案）（二次审议稿）》（2022年12月30日发布）

全国人大常委会于2022年末公布《公司法》二次审议稿，向社会征求意见。一方面明确规定，公司董事违反法律、行政法规或者公司章程的规定给公司造成损失，或者故意或重大过失给他人造成损失的，应当承担赔偿责任；另一方面又新增规定公司可为董事投保责任保险的相关内容（第192条）。

2021年“康美药业”虚假陈述案以来，上市公司独立董事责任保险这一特殊的职业责任保险一度被推上风口浪尖。此次《公司法》二审稿在董事、监事、高级管理人员资格和义务章节新增了公司可以为董事投保董责险的任意性规定，势必对公司投保董责险产品产生一定指引和鼓励作用。但该条规定仍较为原则，能否在最终稿中保留，是否有必要细化规定投保人和被保险人的范围、保险费率的高低、赔偿限额的高低，如何设计科学、明确的承保范围和除外责任条款，如何与《公司法》已有的公司董事、监事、高级管理人员责任条款相协调，以及有无必要单独规定上市公司独立董事强制保险等“未决问题”，均有待进一步讨论和研究。

（二）最高人民法院司法解释/会议纪要

1.《涉外审判会议纪要》（2022 年 1 月 24 日发布）

我国《海商法》自 1993 年实施至今未进行过大型修订，随着当前社会经济生活不断发展变迁，原有的法律制度难免有不妥适或不全面之处。基于人民法院审判实务工作的现实迫切需求，最高人民法院在 2021 年 6 月 10 日全国法院涉外商事海事审判工作座谈会的基础上制作、发布本纪要，对 2018 年以来涉外商事海事审判形成的经验进行了总结，并对一些司法实践前沿疑难问题作出回应。

本纪要第十二节系“保险合同纠纷案件”的审理规则，主要规定了不定值保险的认定及保险价值的举证责任（第 72 条）、超额保险的认定及举证责任（第 73 条）、与共同海损分摊相关的海上保险赔偿请求权的诉讼时效（第 74 条）、沿海内河保险合同保险人代位求偿权诉讼时效起算点（第 75 条）。

（三）行政法规及国务院的其他文件

1.《国务院办公厅关于进一步优化营商环境降低市场主体制度性交易成本的意见》（2022 年 9 月 7 日发布）

规范涉企收费是减轻市场主体经营负担、降低制度性交易成本、优化营商环境的重要举措。本意见第 8 条着眼于金融服务收费机制，提出坚决查处银行强制捆绑搭售保险或理财产品等行为的要求。实践中，金融机构销售保险等金融产品、发放信用贷款时可能存在搭售保险产品的行为，发生纠纷后，“投保人”可能以未投保、未在相关文件上签字、投保人签名不真实等理由主张保险合同不成立或无效，由此产生业务风险。

2.《国务院办公厅关于推动外贸保稳提质的意见》（2022 年 5 月 17 日发布）

该份文件提出，要加大出口信用保险支持、扩大出口信用保险短期险规模，鼓励中国出口信用保险公司在依法合规、风险可控前提下进一步开拓多元化市场；进一步加强对中小微外贸企业金融支持，优化中小微外贸企业承保和理赔条件，缩短理赔时间；鼓励银行和保险机构深化出口信用保险保单融资合作，强化对中小微外贸企业的融资增信支持，增加信保保单融资规模。

（四）部门规章及其他文件

1.《保险保障基金管理办法》（2022 年 10 月 26 日发布，2022 年 12 月 12 日起实施）

银保监会对 2018 年印发的《保险保障基金管理办法》进行了修订，修订内容包括：第一，修改了保险保障基金筹集条款，将现行的保险保障基金固定费率制调整为风险导向费率制，同时调整了保险保障基金暂停缴纳的上限。第二，明确保险保障基金相关财务要求。第三，优化保险保障基金的使用管理，丰富动用保险保障基金情形。第四，完善保险保障基金的救助规定，明确保险保障基金公司救助保单持有人保单利益后，即在偿付金范围内取得该保单持有人对保险公司等同于赔偿或者给付保险金清偿顺序的债权。第五，加强保险保障基金相关监督管理，明确保险公司董事、监事、高级管理人员的义务和责任。

2.《人身保险产品信息披露管理办法》（2022 年 11 月 11 日发布，2023 年 6 月 30 起实施）

本办法主要涉及以下三个方面的内容：第一，明确了保险公司为产品信息披露的主体以及信息披露的对象。第二，明确了保险公司应当披露的产品材料信息，包括保险产品在售前、售中、售后全过程以及对特殊人群的信息披露要求。第三，明确了保险公司应当完善内部产品信息披露管理机制、加强数据安全管理和客户信息保护管理。第四，明确了保险公司、保险中介机构的相关管理人员在保险产品信息披露管理、材料制定和使用等方面的责任，以及相应的监管措施和处罚措施。若保险人怠于履行信息披露义务或者未按照公开披露的信息或承诺履行相应义务，不仅可能承担行政处罚责任，还可能承担相应的违约责任、侵权责任，并对保险合同的订立与生效、保险赔偿责任的大小产生影响。

值得注意的是，本办法第 13 条规定了格式条款的提供义务和提示说明义务，顺应了《民法典》第 496 条的规定，将保险人提示说明的范围从《保险法》第 17 条规定的“免除保险人责任的条款”扩大至“与投保人有重大利害关系的条款”，虽与现行有效的《保险法》规定存在出入，但一定程度上体现了未来《保险法》的修法方向，具有一定前瞻性。

3.《一年期以上人身保险产品信息披露规则》（2022 年 12 月 30 日发布，2023 年 6 月 30 日起实施）

为进一步规范一年期以上人身保险产品信息披露行为，保护投保人、被保险人和受益人的合法权益，银保监会发布《一年期以上人身保险产品信息披露规则》，对包括普通型、分红型、万能型、投资连结型及其他类型的一年期以上人身保险产品信息披露规则进行了详细的规定，并涉及产品说明书中的风险提示、利益演示，每年的红利通知和保单状态报告、官网定期信息披露及临时性公告以及电话、邮件回访等多种信息披露渠道和方式。若保险公司违反相关规则、规定的，银保监会及其派出机构将依法依规追究保险公司和相关责任人责任。

4.《金融机构客户尽职调查和客户身份资料及交易记录保存管理办法》（2022年1月19日发布，2022年3月1日起实施）

本办法明确了保险公司在人寿保险及具有投资性质的保险合同订立、保险金赔付时应尽的核实和调查义务，有利于切实保障保险当事人的利益，同时避免业务风险。主要涉及以下内容：第一，保险公司在与客户订立人寿保险合同和具有投资性质的保险合同时，应当开展客户尽职调查，确认、核实投保人、被保险人、受益人身份（第13条）。第二，保险公司在客户申请解除保险合同、减保或者办理保单贷款时，如所涉金额超过人民币1万元或者外币等值1,000美元，应当要求申请人出示保险合同或者保险凭证，核实申请人身份并登记原因（第14条）。第三，保险公司在赔偿或者给付保险金时，应当核实被保险人、受益人身份，留存相应材料，对于受益人为非自然人且具有高风险情形的人寿保险合同，还应采取尽职调查措施（第15条、第23条）。

5.《银行保险机构消费者权益保护管理办法》（2022年12月26日发布，2023年3月1日起实施）

自2022年5月19日征求意见稿发布，时隔半年，银保监会于2022年年末发布了《银行保险机构消费者权益保护管理办法》正式稿，正式实施生效时间为2023年3月1日。本办法共8章57条，主要规定了以下几个方面的内容：第一，健全消费者权益保护体制机制，建立完善消费者权益保护审查、消费者适当性管理、合作机构管控、内部考核等工作机制。第二，规范保险机构经营行为，禁止误导性宣传、强制捆绑搭售、不合理收费等行为，保护消费者基本权利。第三，加强行业监督管理，对银保监会及其派出机构、各类保险业行业协会、行业纠纷调解组织职责，以及相关监管措施和处罚事项等作出规定，严格行为监管要求，依法打击侵害消费者权益乱象和行为。

自2015年国务院办公厅发布《关于加强金融消费者权益保护工作的指导意见》以来，加强金融消费者权益保护工作就一直是防范和化解金融风险的重要内容。本办法对保险业加强金融消费者保护提出了诸多新的要求，值得关注：（1）保险机构需建立事前预防的消保审查机制和销售过程中的可回溯管理机制，同时加强对合作机构的管理控制；（2）银行业消费者适当性管理机制应当扩展适用于保险公司；（3）统一线上线下业务要求，禁止第三方机构在营业网点或线上自营网络平台以保险机构名义推介、销售产品和服务；（3）禁止未经消费者统一单方开通收费服务，不得在理赔时以不同于核保时的标准对有关情况进行重新审核，无故拖延理赔或无理拒赔；（4）不得以不当方式或默认同意的设置收集保险消费者个人信息，不得未经消费者书面同意处理个人信息等。前述措施进一步提高了保险机构的合规经营要求，也增大了保险公司在具体保险业务中可能承担相应民事责任的风险点位，保险公司需充分注意。

此外，为切实保障保险消费者合法权益、维护公平公正金融市场环境，2022年银保监会还针对具体业务实践中的突出问题，发布了多期保险消费者权益保护相关的“风险提示”，如《关于理性投保五注意的风险提示》《关于防范保险销售误导的风险提示》等，读者可于银保监会官方平台自行查阅。

6. 《财产保险灾害事故分级处置办法》（2022年10月28日发布并实施）

近年来，我国相继发生河南特大暴雨、四川泸定6.8级地震、湖北十堰燃气爆炸、“暹芭”“梅花”等台风登陆、长江流域夏秋冬连旱以及南方地区森林火灾等灾害事故，为进一步提升财产保险灾害事故处置能力，银保监会制定了《财产保险灾害事故分级处置办法》，对财产保险灾害事故的含义、工作处置原则、灾害事故分级标准、各级别统筹处置的主体和责任、灾害事故处置能力要求和支持保障政策等相关内容进行了规定。

7. 《中国银保监会关于保险资金投资有关金融产品的通知》（2022年4月24日发布）

修订后的《中国银保监会关于保险资金投资有关金融产品的通知》共十七条，较原规定增加五条，修订十三条，删除七条，主要修订内容包括：第一，拓宽可投资金融产品范围。将理财公司理财产品、单一资产管理计划、债转股投资计划等纳入可投资金融产品范围。第二，落实主体责任。明确保险资管公司受托投资金融产品，应当承担尽职调查、投资决策、投后管理等主动管理责任。第三，强化穿透监管要求。针对部分金融产品，要求保险机构依据产品基础资产的性质穿透具备相应投资管理能力，并按基础资产类别分别纳入相应投资比例进行管理，真实反映投资资产风险。第四，规范投资单一资管产品的行为，要求完善投资管理人选聘标准和流程，审慎制定投资指引，维护资产安全。第五，完善投后管理要求。要求保险机构明确投资金融产品投后管理责任，配备专业投后管理人员，定期跟踪投资状况，采取有效措施控制相关风险。

（五）地方法院文件

1.《吉林省长春市中级人民法院关于设立长春金融法庭并管辖金融民商事案件的公告》（2022 年 8 月 17 日发布）

根据公告，自 2022 年 8 月 18 日起，吉林省长春市中级人民法院内设长春金融法庭，应当由吉林省长春市中级人民法院受理的保险纠纷第一审案件以及由长春市辖区基层人民法院保险纠纷第一审判决、裁定的上诉案件、再审案件均由金融法庭审理，有利于进一步提高保险案件审理的专业化、专门化。

2.《湖北省高级人民法院关于财产保全工作指引》（2022 年 5 月 23 日发布）

为了统一规范区域内法院财产保全工作，提升保全工作质效，保障当事人的合法权益，湖北省高级人民法院于 2022 年发布了保全工作指引，其中对冻结投资型保险产品时如何确定保全财产的价值进行了规范，即人民法院可以“可提取的保单红利、保单现金价值或通过向保险机构询价”来确定被保全保险产品的价值。

3.《上海市高级人民法院关于涉新冠肺炎疫情案件法律适用问题的系列问答（四）（2022 年版）》（2022 年 4 月 18 日发布）

2022 年是疫情防控的第三年，也是防疫政策发生重大方向转变的第一年。长期的封控措施不可避免地为保险业态带来一些影响，如疫情隔离险的推出和退出、营业中断险出险率的上升等。上海市高级人民法院发布的该系列问答即针对涉疫情案件中保险法律适用疑难问题作出了回答，以统一法院裁判观点和尺度，平等保障当事人的合法权益，主要明确了下述内容：第一，保险公司在疫情防控期间作出的扩展保险责任范围的承诺属于保险合同内容；第二，因“隔离险”引发的纠纷中，“隔离”定义适用格式条款解释规则确定，明确隔离的证据类型、保险人拒赔的情形；第三，对于疫情防控期间保险公司向医护人员等人员赠送的人身保险合法有效。

（六）法院白皮书

1. 北京金融法院《保险类纠纷审判白皮书》（2022 年 11 月发布）

2022 年 11 月，北京金融法院发布保险类纠纷审判白皮书。白皮书显示，

2021 年 3 月 18 日至 2022 年 11 月 4 日，北京金融法院共受理保险类案件 677 件，其中保险人代位求偿权纠纷、财产保险合同纠纷数量最多。白皮书对保险领域常见争议问题及审判思路进行了介绍，主要包括保险合同效力问题、保险赔偿范围问题、保险代位求偿权问题以及涉车辆保险诈骗审查相关问题。白皮书还公布了六件典型案例，涉及法律有明确规定的概念不适用格式条款不利解释原则、公估费不属于保险人行使代位求偿权的范围、即使保险人在订立合同时未交付保险条款非免责条款以外的格式条款也成立并生效、新冠疫情造成的营业损失不属于直接物质损失导致的营业损失、未满足特别约定的保险人有权拒赔等争议问题。

2. 河南省高级人民法院《金融审判白皮书（2018—2021）》（2022 年 4 月 18 日发布）

该白皮书对河南地区法院近四年的金融审判工作进行了总结和回顾。根据白皮书，2018 年至 2021 年，河南地区法院审结一审金融案件保险纠纷 95, 057 件，标的金额 86. 5 亿元。为回应审判实践需求，河南省高级人民法院先后制定并发布了《关于加强金融审判工作防范化解金融风险的意见（试行）》《关于依法妥善办理中小微企业受疫情影响案件的工作指引》等文件，并陆续印发了关于金融纠纷司法保护利率上限、机动车保险合同起效时间、保险纠纷中增驾实习期免责条款、原车损险中发动机涉水损失是否免责等争议问题的员额法官会议纪要，对审判实践起到了有益的指导作用。

3. 湖北省高级人民法院《2019—2021 年度金融审判白皮书》（2022 年 2 月 21 日发布）

湖北省高级人民法院白皮书对近三年湖北地区法院的金融审判工作进行了总结和回顾。白皮书称，2019—2021 年，湖北地区法院共受理一审民商事案件 1, 357, 428 件，一审金融商事案件 445, 548 件，金融商事案件占全省民商事案件三分之一强，是体量最大类型案件。从收案案由构成情况看，稳居前五的案件为民间借贷纠纷、金融借款纠纷、信用卡纠纷、保险纠纷和融资租赁合同纠纷。

4. 辽宁省大连市中级人民法院《金融审判白皮书（2020—2021）》（2022 年 5 月 25 日发布）

根据白皮书，2020 年至 2021 年，大连全市法院共受理保险类纠纷案件 4, 890 件，占全部金融案件的 15. 27%，涉及财产保险公司 4, 832 件，占全部保险类案件的 98. 81%。案由主要集中保险人代位追偿权纠纷和保证保险合同纠纷，该两类案件占保险类案件的89.9%，而涉人身、人寿保险纠纷的人寿保险公司的案件仅58件，占全部保险类案件的1.19%。保险类纠纷的主要争议焦点集中在：是否属于保险赔偿范围、投保人是否违反如实告知义务、是否属于免责事项以及损害定损范围和数额。白皮书指出，这些争议焦点问题往往是由保险公司履行提示、说明义务、合同对公估流程未明确而引起。此外，在保证保险业务中，信贷业务当事人及信用保证保险的保险人不能对保险合同系在合规情况下借款人自愿签订提供证据，甚至有借款人提交了银保监局对保险公司“捆绑销售”处罚的证据而否定保证保险合同效力情形，保险公司败诉风险加大。

5. 上海海事法院《涉外海事审判白皮书》（2022年6月28日发布）

上海海事法院对2017年至2021年审理的涉外海事案件进行了专项总结和分析。根据白皮书，2017年至2021年，上海海事法院平均每年受理涉外海事案件约占当年一审海事海商案件的26%，涉外案件已经逐步成为上海海事法院案件的重要组成部分。在纠纷类型方面，保险公司赔付后代位追偿证据严重缺失等原因致使多区段运输纠纷往往争议较大。此外，白皮书选取了十起涉外海事审判典型案例，对明确和统一裁判标准、规范并引导航运市场主体行为具有积极意义。

6.《宁波海事法院关于新冠肺炎疫情背景下海事法律风险提示30条》（2022年3月发布）

宁波海事法院针对海上保险合同纠纷提出三条风险提示：第一，新冠疫情引起的财产损失不属于财产损失保险承保的损失类型。第二，新冠检疫或消毒引起的额外费用或开支通常属于船东责任保险承保的损失类型，但船舶被检疫或消毒引起的船期损失、利润损失、滞期费、停租或船期延误赔偿责任或检疫消毒引起的船舶维持费不属于赔偿范围。第三，船舶被政府征用导致的损失通常不属于保险责任范围内的损失。

7. 北京市朝阳区人民法院《金融审判白皮书（2019—2021年度）》（2022年6月发布）

2022年6月，北京市朝阳区人民法院发布金融审判白皮书，对近三年受理的金融案件基本情况进行公开。根据白皮书，2019年至2021年北京市朝阳区人民法院受理保险案件逐年攀升，保险人代位求偿权纠纷案件数量突出且增速迅猛，其中64.8%为因履行保证保险合同责任引发的诉讼，反映出保险公司保证保险合同业务量增多以及对被保险人资信审查方面存在不足，导致自身风险增加。此外，互联网投保方式普遍化，人身保险合同纠纷中94.5%均为互联网投保，传统线下投保业务转至线上，在保险合同订立、保险人提示说明义务履行等多个方面均为案件审理带来了新的问题。

第二节　行业前沿热点争议

一、履行提示说明义务与交付保险条款的问题

（一）案件信息

某保险公司与某水产公司海上、通域保险合同纠纷

案号：（2022）沪民终367号

审理法院：上海市高级人民法院

判决日期：2022年9月1日

（二）案情简介

2019年3月，水产公司通过案外人向案涉保险公司进行投保，船舶保险投保单的内容为印制，投保人和被保险人均显示为水产公司，船舶名称显示为“××××”轮，该投保单最上部，船舶保险投保单抬头下方，以加粗黑体字载明，“请您仔细阅读背面的保险条款，尤其是黑体字标注部分的条款内容，并听取保险公司业务人员说明合同的内容，以及对免责条款的明确说明。如对保险公司业务人员的说明不明白或有异议的，请在填写本投保单之前向保险公司业务人员进行询问。如保险公司业务人员未作说明的，请勿在本投保单上签字或盖章”。投保单下方投保人签章栏里，以黑体字载明，“投保人兹声明上述所填内容（包括投保标的明细表及风险情况问询表）属实，同意以本投保单作为订立保险合同的依据，本人已经仔细阅读保险条款，尤其是黑体字部分的条款内容，并对保险公司就保险条款内容的说明和提示完全理解，没有异议，特此投保”。水产公司在前述字体下方投保人签章处盖章，投保日期为空白。该投保单为单面印制，背面空白。此后，保险公司签发保单。

后，水产公司船上作业人员死亡，水产公司向保险公司提出理赔申请，并

在此后提起本案诉讼。保险公司主张，船上作业人员死亡系因疾病引发，且与水产公司违法用工存在因果关系，因疾病、违法犯罪行为所致的船员死亡，属于保险条款约定的除外责任范畴，其应免除赔偿责任。水产公司主张，保险公司未就保险条款中的免责条款进行提示说明，因此免责条款对水产公司无效。

（三）裁判观点及理由

法院认为，投保单上部虽有“阅读背面保险条款”的提示，但涉案投保单系单面印制，背面并无保险条款。保险公司确认双方当事人除交付保费外未发生过直接沟通，其系通过案外人向水产公司转交涉案保险条款并对相关条文的内容进行说明，但保险公司至今未能举证证明其向案外人交付了保险条款及案外人向水产公司转交了保险条款并对免责条款进行说明的事实。本案虽为续保，但保险公司亦未能举证证明在以往的投保过程中已经完成了对免责条款的提示说明义务。综上所述，保险公司援引的免责条款对水产公司不发生效力，对于保险公司援引免责条款主张免除赔偿责任的主张不予支持。最终，法院判决保险公司向水产公司支付保险赔偿金及利息损失。

（四）案例简评

保险合同是典型的格式合同，对于其中免除保险人责任的条款，《保险法》对保险人课以提示与明确说明的法定义务。司法实践中，保险人是否履行了提示和明确说明义务实际上是证据问题，而以何种证据举证自己履行了提示和明确说明义务一直是困扰保险人的一大难题。与提示义务相比而言，说明义务的证明标准更为模糊。

《最高人民法院关于适用〈中华人民共和国保险法〉若干问题的解释（二）》第 13 条规定，“投保人对保险人履行了符合本解释第十一条第二款要求的明确说明义务在相关文书上签字、盖章或者以其他形式予以确认的，应当认定保险人履行了该项义务。但另有证据证明保险人未履行明确说明义务的除外”。实践中，保险人往往据此提交记载“投保人声明”并经投保人签章确认的投保单等文件证明其已履行提示说明义务。

但值得注意的是，保险人提示说明义务的履行应以保险人提供了保险条款为前提，若保险人未能举证证明已提供保险条款，则再详细、具体的“投保人声明”都将成为无本之木，难以得到法院的认可。

（五）应对建议

我们建议保险人对展业人员进行业务规范操作的培训，关注投保人实际获得保险条款的情况，尤其关注实际投保主体与记载投保人不一致的情形，应当记载投保人获得保险条款的情况。

同时，建议保险人在履行说明义务时注意多方面留证，除在投保单中设置“投保人声明”栏并要求投保人签章外，还可要求投保人在免责事项条款或免责说明书上直接签章，认可相关条款的概念、内容及法律后果均因保险人的明确说明而明了，或以电话回访录音等其他形式证明保险人在合同订立时确已尽实质说明义务。

二、电子投保流程中的健康告知事宜

（一）案件信息

某自然人与某保险公司健康保险合同纠纷

案号：（2022）京74民终613号

审理法院：北京金融法院

判决日期：2022年7月22日

（二）案情简介

2021年1月，投保人向保险公司通过电子投保方式投保了个人住院综合医疗保险。该电子投的部分流程为，点击“立即投保”弹出“投保须知及声明”，点击“同意并继续”进入下一页“健康告知”页面，点击“同意并继续”，进入下一页“责任免除”页面，点击“同意并继续”，进入下一页“保险条款页面”，点击“同意并继续”，跳转至“健康告知”页面，点击“部分确认”，弹窗显示“很抱歉，您不符合该产品投保条件，无法获得保障，如有疑问请咨询客服”，点击“全部确认”，跳转至“支付页面”，显示“××百万医疗2020”。投保须知及声明显示，“……请投保人了解、同意并确认上述条款内容，特别是保险责任及责任免除的部分”。

2021年7月，投保人确诊为恶性肿瘤，其向保险公司提交理赔申请。同日，保险公司发出保险合同解除通知书，认为“被保险人投保前患有肺结核，投保人未履行如实告知义务，根据保险法相关规定，本公司解除您的保险合同并终止效力”。随后，被保险人提起本案诉讼，请求保险公司继续履行合同并支付保险金。

（三）裁判观点及理由

法院认为，被保险人在投保过程中，保险公司明确对其询问是否患有“肺结核”，被保险人对此情况未进行告知；2021 年 7 月，被保险人于入院记录既往史显示“30 年前曾患肺结核”，由于其作出上述相反陈述内容时间相距较短，故应当认为其因重大过失未履行如实告知义务。本案中，保险公司已行使合同解除权，且被保险人在投保时未告知的情况与保险事故之间存在因果关系，即未履行如实告知义务对保险事故的发生有严重影响。根据法律规定，保险公司有权拒付保险金。

（四）案例简评

《保险法》明确规定，投保人承担告知义务以保险人询问为前提，并以保险人询问的事项为限；保险人应就询问情形以及询问范围和内容承担相应的举证责任。故，投保流程中，保险人应当对相关事项进行明确的询问，并留存相关证据。

随着互联网技术的发展，电子投保方式盛行，电子投保流程中对于保险人询问、投保人如实告知的环节设置非常关键。实践中，有部分保险公司即因电子投保流程中健康告知内容设置的问题被认定未进行询问，故未认定投保人未履行如实告知义务。该案中，法院认为，因该保险公司的电子投保流程显示，健康告知内容已经被提前录入，而无须投保人一一进行勾选或填写即可全部自动生成否定答案，故法院最终认定该健康告知不属于询问，在现有证据不足以证明保险公司就被保险人既往病史相关情况进行了询问的情况下，保险公司关于投保人未履行如实告知义务的主张不成立。①

（五）应对建议

我们建议，保险公司应当对电子投保流程按照《保险法》及相关规定的要求，从履行保险人义务和证据留存的角度进行调整和完善。具体而言：

第一，保险公司应完善电子投保流程，确保投保人只有对健康告知内容一一阅读并填写或勾选答案后才能完成投保，运用技术手段防止自动生成答案的可能，以防范由此产生的未履行询问义务的法律风险。

第二，保险公司应按照《关于规范互联网保险销售行为可回溯管理的通知》，保存销售页面的内容信息及历史修改信息。

第三，除投保人自行完成电子投保流程中的健康告知内容阅读和勾选环节，可另行要求业务人员向投保人就既往病史相关情况依据合同逐一、专业地询问，

① 参见四川省成都市中级人民法院（2021）川 01 民终 15740 号案。

并留存相关证据。

三、物流公司投保货物运输保险时的责任分配问题

（一）案件信息

A 物流公司与某保险股份有限公司及第三人物流公司之间的财产保险合同纠纷

案号：（2022）沪 74 民终 766 号

审理法院：上海金融法院

判决日期：2022 年 11 月 17 日

（二）案情简介

2018 年 3 月，B 物流公司和保险公司签订《货运险预约保险协议》，保单类型为货物运输险预约协议，投保人为 B 物流公司，被保险人为 B 物流公司的客户、C 供应链公司等 B 物流公司关联公司的客户，投保人、被保险人应当在每两周后的五个工作日将前两周的运输情况申报给保险公司。

案涉货物货主为电脑公司，委托 A 物流公司运输，A 物流公司收货后委托 B 物流公司，B 物流公司另行委托其他运输代理公司运输。案涉货物在临时仓储点发生火灾烧毁。因货主电脑公司就上述货物向案外人保险公司投保货物运输保险，案外人保险公司向货主赔付保险金后，向法院起诉 A 物流公司，经法院生效判决，A 物流公司共计赔付 907 余万元。A 物流公司就前述赔付金额向 B 物流公司提起仲裁，仲裁裁决 B 物流公司应当赔付，但 B 物流公司无力赔付。后，A 物流公司主张其属于案涉协议项下的被保险人，即 B 物流公司的客户，根据案涉保险协议提起本案诉讼。

（三）裁判观点及理由

法院认为，本案保险合同系属财产损失保险，即便保险公司对 A 物流公司作为客户进行申报的行为未提出异议，且实际以物流公司作为被保险人进行过保险赔付，但变更保险合同应当经过保险人在保险单或者其他保险凭证上批注或者以附贴批单或者双方达成书面协议，因投保人和保险人未提交该等证据证明其已变更保险合同，故本案合同仍应在财产损失保险的前提下进行审查。

在此情况下，承运人所承担的风险为因未尽承运人责任给货物所有人造成的损失，故其不享有财产保险合同项下的保险利益。另，鉴于 A 物流公司仅为

被保险人，并非保险合同的当事人，其可期待的利益始于保险合同成立并生效之后，其无权主张缔约过失责任。

最终，法院判决驳回A物流公司的诉讼请求。

（四）案例简评

本案涉及的核心问题有二，其一为承运人在货物运输保险合同项下是否具有保险利益的问题；其二为被保险人是否可主张保险合同的缔约过失责任的问题。对此，我们分述如下。

1. 承运人在货物运输保险合同项下是否具有保险利益的问题

根据《保险法》第12条的规定，财产保险合同与人身保险合同不同，财产保险合同订立时，并不要求投保人对保险标的具有保险利益，但是必须符合被保险人在保险事故发生时对保险标的具有保险利益的条件。①

那么，在投保时，如何确定被保险人是否具有保险利益？保险利益与风险相对应，无风险即无利益，保险利益往往对应特定的、被保险人拟分散的风险，判断被保险人是否具有保险利益，可在保险合同签署之前，通过预设其可能产生的风险，即可确定其享有何种保险利益、对于特定保险种类是否具有保险利益。对于货物运输保险合同而言，其拟分散保险标的物灭失或损坏的风险，也即保险标的物发生的减损或灭失的风险，其承保的是财产上的既有利益。而就责任保险而言，其是指被保险人对保险标的物在将来可能会对外承担的赔偿责任，二者应当作出区分。如承运人系货物运输保险合同的被保险人，其并不具有保险利益，其无权在保险合同项下向保险人主张保险赔偿责任。

2. 被保险人是否可主张保险合同的缔约过失责任

承前述问题，在承运人在货物运输保险合同项下不享有保险利益的情况下，若其为投保人，其可基于缔约过失责任要求保险人赔偿损失。实践中，法院通常根据承运人（投保人）和保险公司的过错程度认定承运人和保险公司的缔约过失责任分配比例，保险公司的责任承担比例一般在50%—80%。法院在衡量过错程度时，可能会考虑的因素包括：保险公司是否告知并说明险种性质、区别及之后的理赔风险；承运人咨询时，保险公司是否曾诱导、默认承运人错投险种；承运人是否为专业的物流运输公司、是否应承担注意义务、审慎了解保

---

① 参见庞伟杰：《财产保险投保人身份认定不以与保险标的具有保险利益为要件——济南铁路中院判决李某某诉人保公司保险合同纠纷案》，载《人民法院报》2021年7月15日，第7版。

险产品；承运人在履行保险合同中是否存在违约行为，如未如实申报超过保险限额的订单。

那么，若承运人仅为被保险人，并非投保人，其是否可以主张保险合同的缔约过失责任。本案中，法院对此问题进行了详细论述。首先，就缔约过失责任的内涵而言，其是指当事人在订立合同过程中，因违反先合同义务给对方造成损失额法定赔偿责任，因被保险人并非保险合同的当事人，其主张缔约过失责任无法律依据。其次，即便是真正的第三人利益合同，第三人亦不能完全地享有合同当事人的权利义务，在法律无明确规定的情况下，不能认为第三人有权请求合同当事人承担缔约过失责任。最后，即便被保险人主张的为信赖利益，基于缔约行为所产生的信赖利益主体亦应为合同当事人，被保险人享有的利益为合同成立并生效后的履行利益。故，被保险人无权在保险合同项下主张缔约过失责任。

（五）应对建议

1. 建议保险公司在展业过程中，向投保人如实告知并说明特定保险所承保的风险类型、性质、不同保险之间的区别、后续出险后的理赔风险。在被保险人不具有保险利益的情况下，建议进行书面的告知和说明。

2. 若发生保险事故，建议再次核查被保险人是否具有保险利益，并相应作出定损核赔的意见。

3. 若进入纠纷解决阶段，建议向裁判机关说明被保险人不具有保险利益的情况、无权主张缔约过失责任的情况，并收集缔约时已尽到相关告知和说明的证据。

四、新冠疫情下的营业中断险保险责任范围问题

（一）案件信息

某商业管理有限公司与某保险股份有限公司北京分公司财产保险合同纠纷

案号：（2021）京74民终484号

审理法院：北京金融法院

判决日期：2022年2月18日

（二）案情简介

2019年，案涉商业管理公司向保险公司投保财产一切险及一切险项下的营

业中断保险。

一切险保单约定，在保险期间内，由于自然灾害或意外事故造成保险标的直接物质损坏或灭失，保险人按照本保险合同的约定负责赔偿，保险人不负责赔偿的范围包括保险标的遭受保险事故引起的各种间接损失。营业中断险保单约定，在保险期间内，被保险人因物质损失保险合同主险条款所承保的风险造成营业所使用的物质财产遭受损失导致被保险人营业受到干扰或中断，由此产生的赔偿期间内的毛利润损失，保险人按照本保险合同的约定负责赔偿。

2020年1月20日，国家卫生健康委员会发布公告："将新型冠状病毒感染的肺炎纳入《中华人民共和国传染病防治法》规定的乙类传染病，并采取甲类传染病的预防、控制措施。"

后，商业管理公司向保险公司申请理赔，索赔申请书记载，出险时间为2020年1月24日，出险原因为，遵守北京市政府发布的关于疫情防控的相关政策，导致商业管理公司基本处于停顿状态，造成巨大损失。其主张的损失包括租金、推广费和物业费等。保险公司对其理赔申请出具拒赔通知书，理由为此次事故被保险人损失的原因不在保单承保范围内。双方因此发生纠纷，产生本案诉讼。

（三）裁判观点及理由

法院认为，根据保险条款的约定，财产一切险保险条款约定，在保险期间内，由于自然灾害或意外事故造成保险标的直接物质损坏或灭失，保险人按照本保险合同的约定负责赔偿，其中，保险条款约定的意外事故是指不可预料的以及被保险人无法控制并造成物质损失的突发性事件，包括火灾和爆炸。据此可知，一切险的承保范围为自然灾害或意外事故造成保险标的直接物质损坏或灭失。其中的直接物质损害，通常应为有形物质发生结构性、物理性的变化而造成的损失。

本案中，商业管理公司主张的经营收入损失属于间接损失的范畴，并不属于物理性损坏、灭失造成的损失。此外，毛利润损失赔付的前提条件是物质财产因新冠疫情遭受损失，因商业管理公司未举证证明其营业所使用的物质财产遭受损失，其主张的毛利润损失的前提条件并不满足，故不符合保险条款约定的赔付条件。

（四）案例简评

疫情的发生对经济生活的正常运行产生了巨大冲击，保险作为分散风险的金融工具，发挥着不可或缺的作用。因新冠疫情的发生及相关管控措施的落实，经济主体发生营业中断的情形时有发生。此时，投保营业中断险是否能够填补被保险人因疫情所遭受的损失将受到格外关注。

我们注意到，在本案中，法院严格按照保险条款的约定确定保险责任的范围，即将损失范围限定为保单约定的物质损失及物质损失造成的毛利润损失，并未作出任何扩大解释，亦未从条款效力的角度对合同约定作出否定性评价。

实践中，有部分法院对于类似情形的处理进路与本案有所不同，其通过对保险合同条款效力的规制对保险条款约定的保险责任的范围进行调整。例如，在（2021）鲁10民终2331号案中，山东省威海市中级人民法院认为，虽然新冠疫情并非在被保险人营业场所内开始发生，但新冠疫情导致了其营业中断，符合保险公司为其出具的保单中理赔项目，即突发公共卫生事件导致的营业中断损失。虽然保险公司主张，保险条款已约定，公共卫生事件应发生于保险合同载明的营业场所内，但根据法律规定，该条款系减轻保险人责任的条款，可以认定为“免除保险人责任的条款”。因保险公司未举证证明其对该条款的内容以书面或者口头形式向投保人作出明确说明，故该条款不发生效力，涉案事故属于营业中断损失保险的责任范围。与此类似的处理情形还可见于北京市区城区人民法院（2021）京0101民初19395号案，虽法院未通过合同效力的规制方法调整，但从投保目的的角度对保险人承担保险责任的情形作出扩大解释。

由此可见，实践中，不同法院对于新冠疫情产生的经营性损失是否属于营业中断险保险范围的判断尺度不一。在此情况下，保险公司在保险条款拟制、保险展业、理赔阶段可尽可能地使保险责任明确、清晰，避免产生不必要的纠纷。

（五）应对建议

我们建议保险公司：（1）在拟制保险条款阶段，尽可能地将损失类型进行明确，如是否限于直接物质损失，是否包括物质损失，此外，可采取列举+概括式的表述明确保险责任的范围；（2）在保险展业阶段，对于保险责任的范围进行提示和说明，包括承保范围、不予承保的范围，对此亦可采取列举+概括式的解释，并进行留痕；（3）在保险理赔阶段，准确甄别损失是否属于保险责任的范围，并就核定结果作出书面通知和说明。

五、名为共同保险实为再保险情况下的保险责任承担问题

（一）案件信息

A保险公司与B保险公司再保险合同纠纷

案号：（2021）京74民终534号

审理法院：北京金融法院

判决日期：2022年3月4日

（二）案情简介

2017年5月，案外人投保人（亦为被保险人）就投保人的手机碎屏保障服务向A保险公司投保。后，A保险公司与B保险公司签署《共保协议》，约定双方以《共保协议》为基础，共同承担该业务额保险责任，共保比例为各50%。后续双方实际展开合作。

2018年6月，案外人投保人和A保险公司就应当赔付的金额及退保问题签署《补充协议书》。此外，A保险公司与B保险公司签订《补充协议》，将原保险条款中的赔偿限额进行调整。

后，双方发生争议，A保险公司起诉请求判令B保险公司支付摊赔款及利息。

（三）裁判观点及理由

法院认为，虽双方均认为双方签订的案涉《共保协议》及《补充协议》系共同保险，案涉《共保协议》及《补充协议》虽名为“共保”，但实质上符合再保险的定义及特点，应认定为再保险。

本案中，双方签订的《共保协议》和《补充协议》约定将手机碎屏保障保险业务由A保险公司分出至B保险公司，对赔偿责任按固定比例进行分摊，保险条款在《共保协议》和《补充协议》中反复适用，此种约定符合再保险的特点。故，本案赔偿款分摊方式及比例应结合再保险赔款摊回的“共命运”原则进行确定。最终，法院结合合同约定、A保险公司的过错等问题，对保险责任比例进行酌定。

（四）案例简评

根据《保险法》《再保险业务管理规定》《中国保险监督管理委员会关于大型商业保险和统括保单业务有关问题的通知》等规定，区分再保险与共同保险

应注重以下几个关键点：

1. 参与主体方面，共同保险由投保人和保险人直接建立保险合同关系；而再保险发生于保险人与保险人之间。权利义务方面，共同保险权利义务直接发生于投保人与保险人之间，而再保险人分入人与投保人不存在直接的权利义务关系。

2. 保险费收取方面，由各保险人承担保险责任并收取相应保险费；而再保险中，再保险分出人从投保人处收取保费后向再保险分入人支付相应保费，再保险分入人并不直接从原保险投保人处收取保费。

3. 责任分摊方面，共同保险是两个或两个以上的保险公司及其分支机构对责任的横向分担；而再保险合同中，由再保险分出人先承担保险责任，再由再保险分入人就原保险合同的责任进行承保，系责任的纵向分担。

（五）应对建议

鉴于共同保险和再保险在与投保人的权利义务关系中存在差异，我们建议保险公司根据实际情况签署共保协议或再保险协议。在共同保险业务中，保险人应尽量与其他保险人和投保人共同签署保险合同，或者在保险合同中明确约定其他共同保险人，确保投保人对共保事宜知情、同意。在再保险业务中，保险分出人应遵循最大诚信原则，严格、审慎尽职厘定损失；如发生赔付率调整、残值放弃等事宜，应及时告知其他再保险人。

六、信用保险中担保物贬值时的保险责任是否免除的问题

（一）案件信息

某机械公司与某保险公司信用保险合同纠纷

案号：（2022）粤 01 民终 2744 号

审理法院：广东省广州市中级人民法院

判决日期：2022 年 4 月 20 日

（二）案情简介

2013 年 6 月 14 日，机械公司和案外人 A 公司签署《零部件供应合同书》。2013 年 7 月 31 日，机械公司作为被保险人向保险公司投保《国内贸易信用保险》，该保单承保买方拖欠货款的风险。后，该保单续期至 2015 年 10 月 31 日。

2015 年 4 月 8 日，机械公司向保险公司通报有发生拖欠货款的风险。2015

年9月16日，机械公司正式向保险公司提出保险金索赔申请。2017年11月1日，保险公司以机械公司未能提供可证明与买方有超过一年交易记录的书面材料为由拒赔。后机械公司提起前案诉讼，在前案诉讼中，机械公司与A公司对拖欠货款行为及其金额无异议。另查明，A公司与机械公司签署协议书，约定将账面价值400万元的货物质押给机械公司，如到期不能清偿债务，机械公司有权自行处置质押物。前案案件判决信用保险公司可在扣除《协议书》货物账面价值400万元后对机械公司进行理赔。

前案判决作出后，机械公司向保险公司发送律师函，称将对《协议书》货物处置后向保险公司追偿。后，机械公司和A公司对货物委托评估、出售，并告知保险公司，后在出售后向保险公司发出《损失索赔函》。货物出售价格为157,500元。

保险公司认为机械公司未及时处理质物，存在明显过错。就质物价值减少部分，其不承担保险责任。双方就损失赔偿事宜发生争议，产生本案诉讼。

（三）裁判观点及理由

法院认为，在前案判决作出之前，并不知晓法院不支持其关于质押货物账面价格400万元的赔偿请求，故机械公司在前案判决前未对案涉货物进行处置合情合理。后，机械公司根据生效判决指引，才明确其暂无法就全部货款损失主张赔偿，应先行就《协议书》项下的货物处理完毕后才能向保险公司主张相应损失的赔偿。在此情况下，机械公司在收到生效判决后即发送《律师函》至保险公司，告知其将对《协议书》项下的货物进行处置，并就所得价款优先受偿。后，机械公司启动对案涉货物的评估、处置工作，并将相应处置情况函告保险公司。

法院认为，机械公司已经采取必要措施减少损失的发生，没有故意拖延处置，客观上也不存在重大过失。案涉货物处在机械公司的妥善保管下，其价格下跌系因市场供需变化引起，而非保管不善造成货物损毁而致价值贬损，不可归责于机械公司。故法院对于保险公司提出的机械公司未履行减损义务导致质押物价值贬损的意见不予采纳。

最终，法院判决保险公司支付保险金3,842,500元及其他款项。

（四）案例简评

在保险理赔中，定损是核赔的基础。实践中，信用保险被保险人尚未就其扣留的限额买方的货物或者其他担保物处置完毕并优先受偿的，法院通常会认为实际损失尚未确定，并支持保险人关于在理赔款中暂时扣除担保物价值的主张，要求被保险人在担保物处置完毕后再对剩余损失要求赔偿。此时，保险人剩余赔偿责任的大小将在较大程度上取决于担保物处置价格的高低。若被保险人保管不善、未及时处置担保物或故意低价处置担保物导致担保物变价款减少、实际损失扩大的，保险人可提出相应的减少赔偿金的抗辩。但若被保险人对担保物贬值并无过错，保险人可能仍需对被保险人未获清偿的全部剩余债权承担赔偿责任，本案对保险人的警示意义即在于此。

（五）应对建议

建议保险公司在理赔阶段：（1）充分了解是否存在尚未处置完毕的担保物及其处理期限，掌握定损核赔主动权；（2）督促被保险人及时就担保物处置变价，必要时可参与变价程序或对价格高低提出意见；（3）书面告知被保险人，若其怠于处分担保物导致担保物贬值的，其应自行承担相应损失。

七、诉讼保全责任险中诉讼结果与诉讼请求存在偏差情况下是否构成财产保全错误的判断

（一）案件信息

某投资公司与某保险公司、某集团公司因申请财产保全损害责任纠纷

案号：（2022）京民终106号

审理法院：北京市高级人民法院

判决日期：2022年5月16日

（二）案情简介

2007年8月16日，某投资公司作为转让方与受让方某集团公司签订《股权转让意向书》，后双方发生争议，投资公司多次发函要求集团公司支付转让款项，集团公司多次发函要求投资公司完成土地办证手续。

2009年，投资公司向广东省高级人民法院提起诉讼，请求判令集团公司支付欠付的股权转让款。集团公司提起反诉，要求投资公司返还其已付部分的股权转让款。该案判决集团公司向投资公司支付股权转让款及违约金。

2015年，集团公司作为原告，起诉投资公司，主张因土地使用权及开发经营权无法办理，其蒙受巨大损失，要求投资公司退还土地使用权所对应的转让款等费用。在该案中，集团公司提出财产保全申请，后，北京市第三中级人民

法院作出裁定，冻结投资公司的财产，保险公司为该保全行为出具保函提供保证担保。最终，法院认为，此案与前案诉讼的当事人、诉讼标的相同，且除了新增 20 万元诉讼请求以外的诉讼请求相同，在本案不存在新的事实的情况下，集团公司提起的诉讼构成重复诉讼，对于重复诉讼的部分驳回起诉。投资公司认为，集团公司的财产保全申请存在错误，故提起本案诉讼，要求保险公司和集团公司赔偿其因财产保全造成的损失。

（三）裁判观点及理由

法院认为，审查保全申请人是否存在主观过错时，要判断申请人是否尽到了合理注意义务。只有申请人在申请保全时未尽到合理注意义务，且其诉讼请求与法院最终的生效判决产生了不合理的偏差，该差额诉讼请求范围内的保全申请才属于存在错误。

在审理因申请财产保全损害赔偿责任纠纷案件时，不能仅以申请人的诉讼请求未被支持作为判断申请保全是否错误的充分条件。由于当事人的法律知识、对案件事实的举证证明能力、对法律关系的分析判断能力各不相同，通常达不到司法裁判所要求的专业水平，因此当事人对诉争事实和权利义务的判断未必与人民法院的裁判结果一致，对当事人申请保全所应尽到的注意义务不应过于苛责。如果仅以保全申请人的诉讼请求未被支持作为申请保全是否错误的依据，必然会对善意当事人依法通过诉讼保全程序维护自己的权利造成妨碍，影响诉讼保全制度功能的发挥。

尽管财产保全申请人的起诉最终被最高人民法院认定构成重复起诉，裁定驳回，但该案的裁判历经中级人民法院、高级人民法院、最高人民法院的审理，不同层级法院的审判人员之间对于该案是否构成重复起诉的认识不尽一致，在此情况下不应对申请人申请保全所应尽到的注意义务过于苛责。

最终，法院认为，集团公司在提起财产保全申请的过程中尽到了合理注意义务，不构成保全申请错误，其不应当承担申请保全错误赔偿责任，保险公司作为诉讼财产保全的担保人，亦不应承担赔偿责任。

（四）案例简评

近年来，随着案件数量的上升，财产保全案件的数量攀升。实践中，当事人在申请财产保全申请时，往往需要提供担保。由于财产保全申请人自行提供足额担保的风险、成本较高，兼具担保和保险特征的诉讼保全责任保险应运而生。

与大多数保险不同的是，诉讼保全责任险在承保阶段，判断出险的风险及概率更依赖于对个案是否构成保全错误的主观判断，难以通过客观情形、数据进行量化判断。在此情况下，能否准确判断个案是否会构成保全错误尤为重要。

通说认为，财产保全错误产生的赔偿责任的性质为一般侵权责任。实践中，财产保全行为是否存在错误的难点主要集中于保全申请人是否存在主观过错，即是否存在故意或重大过失。虽难以量化判断，但为降低承保风险，保险公司在审查承保风险时，不得不归纳一些量化的判断标准，判断未来出险的可能性。其中最常用的量化判断标准之一即为申请财产保全对应的实体案件能否胜诉。而这一判断标准的僵化执行在一些情况下成为保险公司展业的绊脚石，不能100%确定能胜诉的实体案件的财产保全申请可能会使保险公司对承保事宜产生疑虑。

本案的情形即为财产保全案件未能完全取得胜诉的情形。从法院的论述来看，应当包容当事人诉讼请求与诉讼结果之间的“合理偏差”。那么，何为合理偏差，我们理解，该等偏差应具备初步的请求权基础，并具有初步的证据予以证明其主张有可能成立，最终是否能够得到支持，存在不确定性，需经司法机关进一步判断。

（五）应对建议

我们建议，保险公司在承保诉讼保全责任险时，可以由专业人员对实体案件进行审查。在审查标准上，对于基本无争议的诉讼案件，可以予以承保。对于有争议的案件，可以判断被保险人的诉讼请求是否具有初步的请求权基础和证据支持，包括被告是否适格、诉讼请求是否具有法律或合同依据、诉讼请求的金额是否大致恰当、是否有初步的证据证明等。

八、保险人代位求偿权的行使与被保险人权利竞合情况下的权利选择问题

（一）案件信息

某仓储公司与某保险公司保险人代位求偿纠纷

案号：（2021）京74民终896号

审理法院：北京金融法院

判决日期：2022年4月13日

（二）案情简介

2015年，案外人B公司与D公司签署《租赁合同》，约定D公司承租B公司的仓库。2016年12月26日，D公司承租的仓库发生火灾，仓库中放置的物品属于案外人C公司所有。同日，案涉保险公司、D公司、案外人C公司共同委托公估公司进行公估。根据公估报告记载的内容显示，被保险人为C公司、D公司，保险人为案涉保险公司。公估公司出具的公估报告认为，仓库建筑方面，火灾时不能自动报警和自动灭火，以及防火间距不达标造成烟和火的蔓延，造成损失进一步扩大。

2018年6月28日，案涉保险公司向C公司赔付保险金84.5万元。2017年4月23日，D公司和B公司签署了《合同终止协议》，约定终止原《租赁合同》，双方均无须支付任何违约责任，并在《合同终止协议》签署后30天内结清原合同项下各款项。

案涉租赁库房占用土地的土地使用权人为案涉仓储公司，案涉库房系该仓储公司出租给案外人B公司。

（三）裁判观点及理由

法院认为，本案中，D公司签署的《合同终止协议》已经对《租赁合同》项下的权利义务进行约定，双方已明确无须向对方承担任何违约责任。D公司已经对因火灾发生的请求权选择为违约责任承担，并已就该违约责任承担进行了相应处分。基于合同违约形成的请求权已经得到了满足，侵权请求权已经消灭。故D公司对案外人B公司、案涉仓储公司均已不享有侵权请求权。此外，D公司实际占有储存在仓库中的货物，其签署《合同终止协议》，系对《租赁合同》项下所有权利义务的清理，当然处分了涉案仓库内包括其所管理和占有的C公司资产在内的所有财物的赔偿权利。故《合同终止协议》履行完毕后，C公司已不享有对B公司和D公司的侵权请求权。

因保险公司的请求权基础来源于被保险人在财产损害事件中形成的请求权，如上所述，被保险人C公司已不享有侵权请求权，故保险公司亦不享有对B公司和案涉仓储公司的侵权请求权。

（四）案例简评

为防止被保险人双重受偿，《保险法》第61条第1款对被保险人弃权的法律后果作出规定，保险事故发生后，保险人赔偿前，被保险人放弃对第三者请求赔偿的权利的，保险人不承担赔偿保险金的责任。但在实践中，因第三者违约行为导致保险事故发生时，会出现违约责任和侵权责任的竞合。此时，若被保险人放弃其中一种请求权，保险公司是否仍可对第三者代位行使另一请求权，可能存在疑问。

我们理解，保险代位求偿制度的主要目的之一亦在于防止被保险人获得双重补偿。因此，被保险人对任一请求权的处分和放弃，都会导致被保险人对第三者请求赔偿权利的整体丧失，也会进一步导致保险公司代位求偿权的丧失。这种处理不仅符合民法请求权竞合基本理论，亦贴合保险代位求偿制度的设计初衷。

（五）应对建议

我们建议，保险公司在理赔过程中若发现涉及请求权竞合情形，可在赔付前重点审查被保险人与第三者之间是否已经签订了相关权利义务清算协议。若有，保险公司可拒绝赔付。若因被保险人未告知弃权导致无法行使保险代位权的，保险人可及时主张返还保险金。

第五章　基金行业争议解决年度观察

第一节　基金行业年度数据

2022 年，私募基金在诉讼和行政处罚两个方面的概况如下：

一、诉讼案件年度概况

以“私募”“基金”为关键词，在威科案例库中对裁判日期为 2022 年 1 月 1 日至 12 月 31 日的裁判文书进行检索，共检索到 1239 份裁判文书，相较于 2021 年度 3108 份裁判文书，有所下降，其中民事、执行、刑事、行政案件数量皆有所下降。①

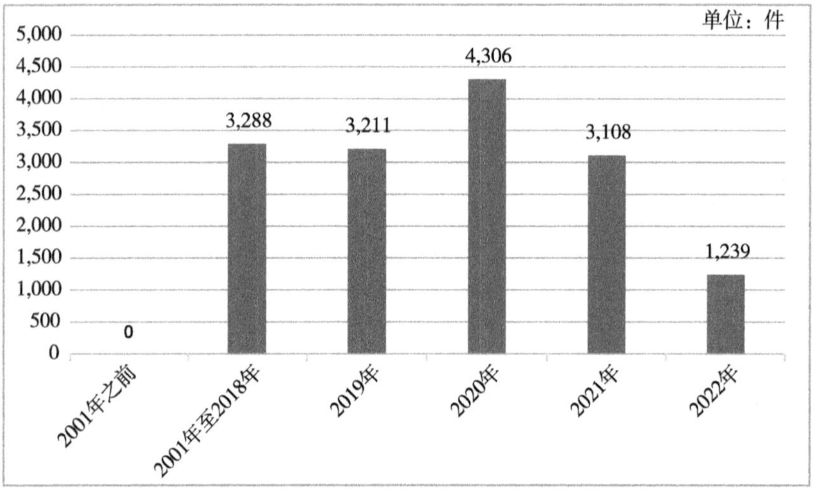

图 3-5-1　2001—2022 年私募基金案件总量

从案由来看，以民事案件为主，民事案件共 1,182 件，占比 86.4%，执行

① 统计数据截至 2023 年 1 月 28 日。

案件共 149 件，占比 10.89%，刑事、行政案件各占比 2.19%、0.51%。接下来的分析以民事案件为样本。

在 1,182 件民事案件中，818 件是合同纠纷。在明确三级案由的案件中，占比最多的是借款合同纠纷，共 149 件，其次为委托理财合同纠纷，共 114 件。

从地域分布来看，涉及私募基金的民事案件主要集中在北京市、上海市、广东省、山东省、浙江省，分别占比 43.74%、16.6%、8.51%、6.38%、4.6%，上述五地总计案件数量占全国的 79.83%。

从审理法院来看，超过一半的民事案件由基层人民法院审理，13.36%的民事案件由专门法院审理，最高人民法院仅审理两个涉及私募基金的民事案件。

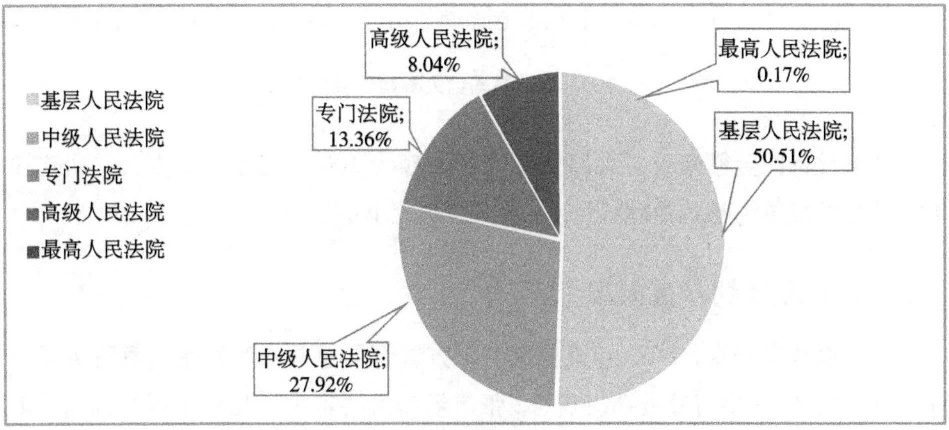

图 3-5-2　2022 年私募基金民事案件审理层级概览

审理案件数量较多的法院皆集中在北京、上海市，其中，北京金融法院共审理 114 件私募基金纠纷民事案件，北京市朝阳区人民法院共审理 89 件，北京市高级人民法院共审理 70 件，上海市浦东新区人民法院共审理 60 件，北京市第三中级人民法院共审理 51 件，北京市第二中级人民法院共审理 48 件，上海金融法院共审理 37 件。

从审理程序来看，在涉及私募基金的民事案件中，一审案件共 576 件，二审案件共 360 件，再审案件共 40 件。

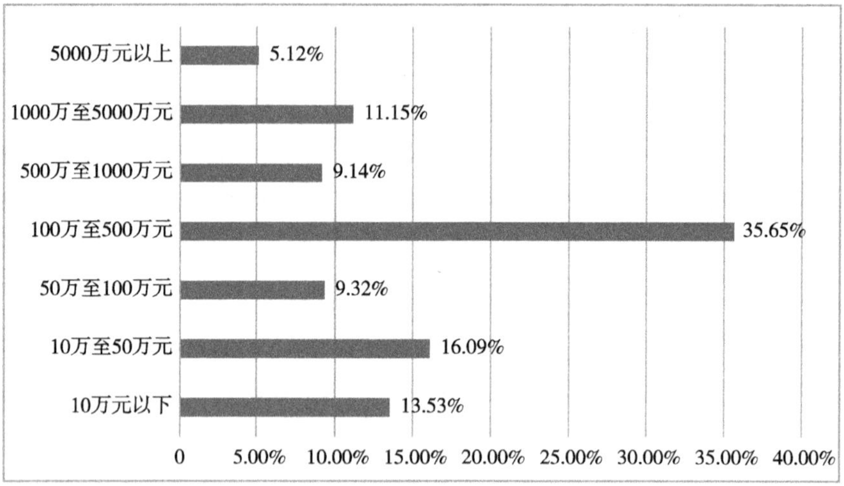

图 3-5-3　2022 年私募基金民事案件标的额概览

从案件标的金额来看，大部分案件标的额为 100 万元至 500 万元，也有少数案件标的额较大超过 5000 万元，或标的额较小不足 10 万元。

二、行政处罚年度概况

从罚单数量来看，2022 年证监会各地方监管局总共对私募基金管理人及从业人员作出了 29 份行政处罚决定，2 张市场禁入决定书。相较于行政处罚，监管局更倾向于使用行政监管措施规制私募基金领域违法行为。2022 年各地方监管局总共对私募基金管理人采取了 207 个行政监管措施。[①]

在 29 份行政处罚决定书中，12 份决定书为双罚，同时对私募基金管理人及其从业人员予以处罚，另有 8 份单独针对机构的处罚决定及 9 份单独针对从业人员的处罚决定。

在处罚类型上，以声誉罚（警告）和财产罚（罚款）为主。从处罚事由来看，常见的处罚事由包括：违反信息披露义务、未办理备案、违法作出保本保收益承诺、向非合格投资者募集私募基金、基金财产侵占挪用、未妥善保管文件资料、违反适当性义务。

从地域分布来看，证监会上海监管局共作出 13 份处罚决定书，浙江监管局

① 参见行政处罚部分数据统计与分析均来源于法询科技数据库，https：//www. banklaw. com/cases（最后访问日期：2023 年 1 月 28 日）。

4 份，河北监管局 3 份，四川监管局 3 份，北京监管局 2 份，深圳、安徽、吉林、内蒙古监管局各 1 份。

在行政监管措施决定中，监管局主要以出具警示函及责令改正决定书的方式规制违法行为。以监管局对私募基金管理人采取的监管措施决定为样本，从监管事由来看，常见的事由包括：违反信息报送与重大事项报告义务、违反信息披露义务、未办理备案、未妥善保管文件资料、向非合格投资者募集私募基金、违法作出保本保收益承诺、向非合格投资者募集私募基金……

相较于 2021 年，2022 年全国各地证监局在私募基金领域的监管力度有所加强。其中，未办理备案、向非合格投资者募集资金、未妥善保管文件资料、违反信息披露义务等皆是重点监管事由。

私募基金管理人应按规定完成备案工作。私募基金备案是私募基金管理人守法合规管理、运用私募基金财产的基础和前提，亦是私募基金管理人恪尽职守，履行诚实信用、谨慎勤勉义务的基本体现。在证监会北京监管局〔2022〕5 号市场禁入决定书中，北京监管局认为，本案私募基金管理人未按规定备案的违法违规行为涉及私募基金数量较多、侵害投资者合法权益、严重扰乱了证券市场秩序，情节严重，对实际控制人采取 5 年证券市场禁入措施。

私募基金管理人应如实、及时向投资人进行信息披露。违反信息披露义务的表现形式多样：在证监会上海监管局行政处罚决定书（沪〔2022〕49 号）中，管理人未按合同约定的方式通过电子邮件、邮寄、传真等方式进行披露，且披露事项有所缺失，未按合同约定向投资者披露关联交易；在证监会上海监管局行政处罚决定书（沪〔2022〕12 号）中，管理人披露内容不够完整，披露信息无法完整覆盖实际交易结构。

私募基金管理人应避免向非合格投资者募集资金。在证监会上海监管局行政处罚决定书（沪〔2022〕49 号）中，上海监管局认为管理人销售的部分基金产品直接或间接投资于非上市公司股权，最终投资标的还涉及收购地产物业或投资基础设施，流动性较差，实际风险等级应高于 R3，管理人将案涉产品识别为 R3，并推介、销售给风险测评评级 C3 的稳健型投资者，导致投资者的风险识别能力和风险承担能力与基金的实际风险等级不匹配。

私募基金管理人应妥善保管文件资料。在证监会上海监管局行政处罚决定书（沪〔2022〕10 号）中，对于包括风险调查问卷、投资者符合合格投资者条件的书面承诺、投资者签字确认的风险揭示书、金融资产证明等在内的适当性管理资料，私募基金管理人未能妥善保存，未能履行适当性义务。

以北京地区为例，证监会北京监管局 2022 年总共作出 2 份行政处罚决定书、1 份市场禁入决定书、2 份警示函、2 份监管谈话决定书、13 份责令改正决定书，其中具体的处罚事由及措施具体如下。

表 3-5-1 证监会北京监管局 2022 年行政处罚决定书

<table>
<tr><th>处罚文号</th><th>依据规范</th><th>事由</th><th>措施</th></tr>
<tr><td>〔2022〕5 号</td><td rowspan="11">《私募投资基金监督管理暂行办法》</td><td rowspan="2">未对 16 只私募基金办理备案手续</td><td>对实际控制人作出市场禁入</td></tr>
<tr><td>〔2022〕25 号</td><td>对管理人及其实际控制人、法定代表人、执行董事、经理予以警告、罚款</td></tr>
<tr><td>〔2022〕3 号</td><td>未对 6 只私募基金办理备案手续</td><td>对管理人及其实际控制人、法定代表人予以警告、罚款</td></tr>
<tr><td>〔2022〕83 号</td><td>未履行诚实信用谨慎勤勉义务+未按约信息披露</td><td>出具警示函</td></tr>
<tr><td>〔2022〕2 号</td><td>未办理备案手续+不公平地对待管理的不同基金财产</td><td rowspan="7">责令改正</td></tr>
<tr><td>〔2022〕4 号</td><td>未办理备案手续，无托管基金合同、未约定托管事项、无保障私募基金财产安全的制度措施和纠纷解决机制+不公平地对待管理的不同基金财产</td></tr>
<tr><td>〔2022〕22 号</td><td>未办理备案手续+未坚持专业化管理原则</td></tr>
<tr><td>〔2022〕92 号</td><td>未办理备案手续</td></tr>
<tr><td>〔2022〕12 号、166 号、171 号</td><td>未履行诚实信用谨慎勤勉义务</td></tr>
<tr><td>〔2022〕183 号</td><td>未履行诚实信用谨慎勤勉义务+未妥善保存私募基金信息披露相关材料</td></tr>
<tr><td>〔2022〕172 号</td><td>未履行诚实信用谨慎勤勉义务+未办理备案手续</td></tr>
</table>

续表

处罚文号	依据规范	事由	措施
〔2022〕40号、44号、78号	《私募投资基金监督管理暂行办法》	未遵循诚实信用原则	责令改正
〔2022〕50号		未采取问卷调查等方式对投资者的风险识别能力和风险承担能力进行评估	
〔2022〕43号	《证券期货经营机构私募资产管理业务管理办法》	部分产品投资决策不审慎+风险管控不到位+投资对象尽职调查不扎实+重大事项未披露	监管谈话
〔2022〕45号		向地方政府及其所属部门提供融资，并接受地方政府及其所属部门担保承诺	出具警示函
〔2022〕47号		对具有相同特征的同一投资品种采用的估值技术不一致+使用成本法对私募资管计划中部分资产进行估值	监管谈话

第二节　基金行业的新发展

2022年，证监会进一步强化地方派出机构对私募基金的监管职权，并在不动产私募投资基金、私募股权创投基金向投资者实物分配股票领域积极开展试点工作，中国证券投资基金业协会则加强对私募投资基金运行全过程监管。

一、证监会强调私募基金支持房地产市场平稳健康发展

2022年11月29日，证监会新闻发言人就资本市场支持房地产市场平稳健康发展答记者问中提到，为保障房地产市场平稳健康发展，证监会决定积极发挥资本市场功能，在股权融资方面调整优化5项措施。其中，证监会力图积极发挥私募股权投资基金作用，通过开展不动产私募投资基金试点，允许符合条件的私募股权基金管理人设立不动产私募投资基金，引入机构资金，投资存量

住宅地产、商业地产、在建未完成项目、基础设施，促进房地产企业盘活经营性不动产并探索新的发展模式，提升私募基金服务实体经济水平。

二、证监会启动私募股权创投基金向投资者实物分配股票试点

私募股权创投基金向投资者实物分配股票，是指私募基金管理人与投资者约定，将私募股权创投基金持有的上市公司首次公开发行前的股份通过非交易过户方式向投资者（份额持有人）进行分配。2022 年 7 月 8 日，证监会发布公告《证监会启动私募股权创投基金向投资者实物分配股票试点支持私募基金加大服务实体经济力度》，允许私募股权创投基金向投资者分配所持有上市公司首次公开发行前的股份，有意参与试点且符合规定条件的私募基金管理人可向中国证券投资基金协会提出试点申请。2022 年 10 月 14 日，证监会发布通知《证监会原则同意开展私募股权创投基金向投资者实物分配股票首单试点》，原则同意上海临理投资合伙企业（有限合伙）的实物分配股票试点申请工作。证监会将结合试点情况，扩大试点范围，继续推进完善私募股权创投基金退出机制，引导并促进私募股权创投基金规范发展，加大服务实体经济的力度。

三、中国证券投资基金协会加强对私募基金管理人登记监管

自中国证券投资基金协会发布《私募基金管理人登记须知（2018 版）》《私募投资基金管理人登记材料清单》后，协会更加重视对私募投资基金管理人的合规监管。2022 年中国证券投资基金协会进一步加强监管，并通过多种方式提升登记效率、透明度，以便利拟登记机构开展私募投资基金管理人登记申请工作。

2022 年 4 月 15 日，中国证券投资基金协会发布《私募基金管理人登记案例公示》（2022 年第 1 期，总第 1 期），对实践中的典型案例予以通报。根据公示内容，管理人未按材料清单要求提供私募登记材料、申请机构股权代持或股权结构不清晰、出资能力不足且有股权代持之嫌、团队专业胜任能力不足、实际控制人不任职且投资经验不足、实际控制人不任职且无行业从业经验、通过架构安排规避关联方或实际控制人要求、实际控制关系不稳定皆构成中止登记的理由。在不予登记部分，通过案例解读《私募基金管理人登记须知》第九章不予登记情形第 2 条，明确申请机构通过设计股权架构将关联关系非关联化，刻意隐瞒曾受处罚情况，属于《私募基金管理人登记须知》第九章不予登记情

形第2条，协会不予办理登记。

2022年6月2日，中国证券投资基金协会发布《中国证券投资基金业协会关于私募基金管理人登记备案工作相关事宜的通知》（中基协字〔2022〕203号）。更新《私募基金管理人登记申请材料清单》，一方面减少重复报送内容，另一方面对投资专业性材料要求进行细化，明确工作经验要求并强化诚信信息填报。同时发布《私募投资基金备案关注要点》，通过参照现有规范、归纳实践经验，明确并细化私募投资基金备案关注内容，内容囊括产品备案须遵守的各类要求，明确规则落地的具体执行要求。

2022年6月24日，中国证券投资基金协会发布《私募基金管理人登记和私募投资基金备案业务办事指南》，指南内容涵盖私募基金管理人主体登记、重大事项变更及申请主动注销登记业务办理。

2022年12月30日，中国证券投资基金协会发布《关于就〈私募投资基金登记备案办法（征求意见稿）〉及配套指引公开征求意见的通知》。征求意见稿明确管理人登记标准，以设置负面清单、强化信息披露、规范行为措施等方式，从资本金、高级管理人员、从业人员、内部治理和风控制度等方面设置了基本要求，重点强调管理人及其出资人、实际控制人、高级管理人员和从业人员的专业经验及胜任能力，适度提高登记要求。

四、中国证券投资基金协会加强对私募基金产品备案监管

私募基金备案是私募基金管理人守法合规管理、运用私募基金财产的基础和前提，为此，中国证券投资基金协会通过多种方式引导私募基金管理人恪守义务。

自2021年建立私募投资基金备案案例公示机制以来，中国证券投资基金协会有效提升了办理效率及工作透明度，2022年4月18日、9月16日，先后两次发布《私募基金备案案例公示（2022年第1期，总第2期）》《私募基金备案案例公示（2022年第2期，总第3期）》，持续对实践中的问题进行归纳、总结。其中涉及九种情形：提供“抽页”备案材料，构造募集完毕假象，备案“壳基金”，募集监督协议内容不符合《私募投资基金募集行为管理办法》要求，普通合伙人与私募基金管理人关联关系弱，基金投基金、期限错配，管理人出让投资决策权成为“通道”，投资者不具备实缴出资能力，“借道”私募基金进行监管套利，与“黑中介”联合开展违规业务。

2022 年 6 月 24 日，中国证券投资基金协会发布《私募基金管理人登记和私募投资基金备案业务办事指南》，指南内容涵盖私募投资基金产品备案、重大事项变更、清算和反向挂钩业务办理，为私募基金管理人提供便利。

2022 年 12 月 30 日，中国证券投资基金协会发布《关于就〈私募投资基金登记备案办法（征求意见稿）〉及配套指引公开征求意见的通知》。该征求意见稿明确备案登记原则，并增设“信息变更和报送”专章，明确私募基金登记备案信息变更业务规范，强化持续信息披露和报送义务。

五、证监会、中国证券投资基金协会强化规范私募基金业务活动

目前，我国的私募基金数量和资产规模已位居世界前列，在保持数量发展的同时，亦应追求质的提升，应持续优化私募基金市场环境，推动专业化、规范化运作，加强对私募基金各项业务活动的监管。

2022 年 5 月 10 日，中国证券投资基金协会发布《基金从业人员管理规则》及配套规则（中基协发〔2022〕8 号），明确从业资格取得的注册条件、基金行业机构的管理责任及从业人员的执业行为规范；强调从业人员的信义义务责任，加强对基金从业人员及行为规范的自律管理，引导机构及从业人员在从事基金业务活动中遵守法律法规、监管规定、自律规则以及执业行为准则等。

2022 年 5 月 31 日，证监会发布《关于修改〈中国证监会派出机构监管职责规定〉的决定》（中国证券监督管理委员会令第 199 号），进一步明确派出机构在私募基金管理人风险处置工作中的职责，增加第 24 条，“派出机构以风险、问题为导向加强对私募基金管理人的风险监测，负责与地方人民政府相关部门建立私募基金管理人风险处置的协作机制，与地方人民政府相关部门共同组织落实私募基金风险处置各项具体工作”，确保私募基金业务活动持续过程中的风险可以及时得以发现、处置，防范和化解金融风险。

2022 年 6 月 2 日，为适应互联网发展，规范电子合同业务，中国证券投资基金协会发布《私募投资基金电子合同业务管理办法（试行）》（中基协字〔2022〕204 号），对从事电子合同服务业务的机构开展登记，并规定电子合同业务服务机构与其服务的合同当事人原则上不得为同一机构，电子合同业务服务机构应当保证数据传输的保密性、完整性和不可否认性。

2022 年 12 月 30 日，中国证券投资基金协会发布《关于就〈私募投资基金登记备案办法（征求意见稿）〉及配套指引公开征求意见的通知》。其中，中

国证券投资基金协会明确私募基金业务规范，针对募集阶段、投资管理阶段、基金退出阶段暴露的问题，增强相应的制度性安排，强化机构及从业人员的义务。

六、中国证券投资基金协会加强自律管理措施

中国证券投资基金协会依照《证券投资基金法》的授权，有权制定和实施行业自律规则，并通过给予纪律处分等方式保障自律规则实施。

2022 年 1 月 30 日，中国证券投资基金协会发布《中国证券投资基金业协会关于加强经营异常机构自律管理相关事项的通知》（中基协字〔2022〕37 号），针对七类经营异常机构，采取不同的自律监管措施，实现优胜劣汰的私募基金行业市场、构建进退有序的常态化退出机制。

2022 年 12 月 30 日，中国证券投资基金协会发布《关于就〈私募投资基金登记备案办法（征求意见稿）〉及配套指引公开征求意见的通知》。其中，中国证券投资基金协会系统梳理自律管理措施和纪律处分，加强事中事后全流程自律管理，进一步丰富相关自律管理手段。明确基金业协会采取自律管理措施或纪律处分的权力，通过强化自律手段持续出清“伪”私募、劣私募并严厉打击“黑中介”，最后，健全信息共享和协同机制，与监管部门、司法机关进行信息共享。

第三节　行业前沿热点争议

一、私募基金内部保底承诺的效力认定及后果

（一）问题引入

在江苏省淮安市中级人民法院（2022）苏 08 民终 197 号案中，二审法院认为，案涉基金合同虽然约定不承诺最低投资收益，但基金合同中约定年利 7.5% 的业绩比较基准，实际上是变相承诺保底收益，该约定违反了基金的投资性质及监管规定，不应得到支持，最终改判按照同期银行贷款利率及全国银行间同业拆借中心公布的贷款市场报价利率计算投资者的利息损失。

然而，就基金合同中关于“业绩比较基准”的约定是否属于管理人承诺保底收益，在北京市第三中级人民法院（2022）京03民终10389号案中存在相反观点。本案中，投资者主张其与管理人之间构成借贷关系。对此，一审时北京市朝阳区人民法院认为，判断投资与借贷的区别关键在于基金合同中是否有保本保收益条款；案涉基金合同中多处揭示了基金投资的相关风险，包括资金损失风险、基金运营风险、流动性风险等多种风险；虽然案涉基金合同约定了业绩比较基准，但通常基金合同中所约定的业绩比较基准系指根据基金所投项目的业绩表现而计算出来的投资者可能获得的预估收益，而并非固定收益；因此，案涉基金合同中关于业绩比较基准的约定不构成管理人对投资者的保底承诺。

从上述两个案例可以看出，就基金合同中约定的“业绩比较基准”条款是否构成管理人保底保收益，司法实践并无统一定论。并且，我们通过检索2022年私募基金内部保底条款所涉争议后发现，对于由管理人作出的保底保收益承诺是否有效、由管理人关联方作出的保底保收益承诺是否有效、在基金运行不同阶段作出的保底承诺是否影响效力认定、保底条款无效的法律后果等问题，司法实践仍存在较大争议，且认定有效的案例与认定无效的案例均占据较大比例。

我们认为，虽然《私募投资基金监督管理暂行办法》《私募投资基金备案须知（2019版）》《九民纪要》等明确禁止私募基金管理人向投资者承诺投资本金不受损失或承诺最低收益，但均不属于法律、行政法规的效力性强制规定。故现行法律、行政法规对私募基金内部保底条款的效力并未作明确规定，这也是对于私募基金内部保底条款效力的认定存在较大争议的原因。并且，我们发现，对于影响合同条款效力认定的基础性问题，如投资人和基金管理人的基础法律关系是什么？是委托关系、信托关系或是民间借贷关系？均存在不同认识。为此，我们将司法实践中认定私募基金内部保底条款有效或无效的理由、认定有效或无效后的处理规则进行了梳理，并在下文展开论述。

（二）认定私募基金内部保底条款无效的裁判路径

我们经梳理发现，大多法院从禁止私募基金内部保底的相关规定出发，认定基金内部保底条款因违反相关规定而无效，另有法院从违反《合伙企业法》或《信托法》相关规定的角度认定无效，更有法院从通谋虚伪意思表示的角度认定无效。

1. 违反禁止私募基金内部保底的相关规定

（1）高频法条

2022年被法院引用作为认定私募基金内部保底条款无效的规定主要包括：

其一，《证券投资基金法》第20条规定，“公开募集基金的基金管理人及其董事、监事、高级管理人员和其他从业人员不得有下列行为：……（四）向基金份额持有人违规承诺收益或者承担损失……”第31条规定，“对非公开募集基金的基金管理人进行规范的具体办法，由国务院金融监督管理机构依照本章的原则制定”。第103条规定，“基金投资顾问机构及其从业人员提供基金投资顾问服务，应当具有合理的依据，对其服务能力和经营业绩进行如实陈述，不得以任何方式承诺或者保证投资收益，不得损害服务对象的合法权益”。

其二，《九民纪要》第92条规定，“【保底或者刚兑条款无效】信托公司、商业银行等金融机构作为资产管理产品的受托人与受益人订立的含有保证本息固定回报、保证本金不受损失等保底或者刚兑条款的合同，人民法院应当认定该条款无效。受益人请求受托人对其损失承担与其过错相适应的赔偿责任的，人民法院依法予以支持。实践中，保底或者刚兑条款通常不在资产管理产品合同中明确约定，而是以‘抽屉协议’或者其他方式约定，不管形式如何，均应认定无效”。

其三，《资管新规》第19条规定，“经金融管理部门认定，存在以下行为的视为刚性兑付：（一）资产管理产品的发行人或者管理人违反真实公允确定净值原则，对产品进行保本保收益……”

其四，《私募投资基金监督管理暂行办法》第15条规定，“私募基金管理人、私募基金销售机构不得向投资者承诺投资本金不受损失或者承诺最低收益”。

其五，《私募投资基金备案须知（2019年版）》第13条规定，“【禁止刚性兑付】管理人及其实际控制人、股东、关联方以及募集机构不得向投资者承诺最低收益、承诺本金不受损失，或限定损失金额和比例。投资者获得的收益应当与投资标的实际收益相匹配，管理人不得按照类似存款计息的方法计提并支付投资者收益。管理人或募集机构使用‘业绩比较基准’或‘业绩报酬计提基准’等概念，应当与其合理内涵一致，不得将上述概念用于明示或者暗示基金预期收益，使投资者产生刚性兑付预期。私募证券投资基金管理人不得通过设置增强资金、费用返还等方式调节基金收益或亏损，不得以自有资金认购的基金份额先行承担亏损的形式提供风险补偿，变相保本保收益”。

（2）法院常见论证思路

①直接认定私募基金内部保底条款违反法律、行政法规的强制性规定

有的法院直接援引《证券投资基金法》第 103 条、《私募投资基金监督管理暂行办法》第 15 条等相关规定，进而认为私募基金管理人向投资者作出的保底承诺违反法律、行政法规的强制性规定，属于原《合同法》第 52 条规定的无效条款，如广东省广州市中级人民法院（2021）粤 01 民终 25287 号案。

可以发现，除《证券投资基金法》之外，上述禁止保底的相关规定均不属于法律或行政法规的效力层级，而《证券投资基金法》第 20 条及第 31 条仅禁止公募基金保底，并规定私募基金保底问题由国务院金融监督管理机构依照该法原则制定，第 103 条规制的对象为基金投资顾问机构及其从业人员。因此，虽有大量关于禁止私募基金内部保底条款的现行规定，但均不属于法律、行政法规的效力性强制规定，故严格来说，这些禁止规定并不能直接作为认定私募基金内部保底条款效力的裁判依据。故，我们认为，上述裁判思路在法律适用层面是否存在瑕疵或许值得商榷。

②违反禁止内部保底结合违反公平原则

有的法院在援引《证券投资基金法》第 103 条、《私募投资基金监督管理暂行办法》第 15 条等相关规定的基础上，进一步论证，如按照保底条款的约定，投资者进行基金投资，既可享受高额收益，又无须承担投资风险，保底条款约定的民事权利义务配置极不对等，双方权利义务严重失衡，违背了民法的公平原则，应认定无效，如深圳市福田区人民法院（2021）粤 0304 民初 61241 号案。

③违反禁止内部保底结合违背社会公共利益

亦有部分法院从违反禁止内部保底的相关规定出发，进一步论证保底条款因违背公共利益而无效。如在广东省广州市天河区人民法院（2021）粤 0106 民初 10617 号案及广东省深圳市中级人民法院（2021）粤 03 民终 18743 号案中，法院认为，保底条款违反了市场基本规律和资本市场规则，严重破坏资本市场的合理格局，不利于金融市场的风险防范，有损社会公共利益，依法应认定为无效。

我们认为，以“违背社会公共利益”为由认定保底条款无效，主要系依据

《九民纪要》第31条[①]的相关规定，但我们注意到，在裁判说理上，法院基本未严格按照《九民纪要》第31条的规定在裁判理由部分充分论证，包括监管力度、交易安全保护以及社会影响，以及保底条款如何对金融安全、市场秩序产生负面影响等问题，而是笼统地认定保底条款不利于金融市场的风险防范，有损社会公共利益。并且，私募基金通常限于特定投资者，内部保底安排也仅在特定投资者与管理人或其他关联方之间产生，因此，私募基金内部的保底条款是否直接带来破坏金融安全的不良结果，或如何对外部金融秩序产生负面影响，值得更进一步的合理论证。

④小结

综上，虽司法实践通常从禁止私募基金内部保底的规定出发，认定保底条款无效，但在法律适用、裁判说理上或并非十分完善。但不可否认的是，近年来金融监管对保底或刚兑打击力度越来越大，并为此作出了一系列细化安排，且仅在2022年各地监管局总计对私募基金管理人“保本保收益”的行为作出9次行政处罚并采取15次行政监管措施。因此，司法实践对于保底条款效力的否定，一定程度上亦是为与强监管趋势保持一致，也可预见到未来认定无效的案例数量会持续上升，更为重要的是，我们也期待在法律层面能就效力问题进行明确规定，统一司法裁判。

2. 违反《信托法》相关规定

有法院未以禁止基金内部保底的规定论证保底无效，而系认为管理人作出的保底保收益承诺违反了《信托法》相关规定，应属无效。我们理解，法院依据《信托法》认定保底条款无效，在基础法律关系上，其应认定投资者与管理人构成信托关系。如在上海金融法院（2021）沪74民终663号案中，法院认为，管理人与投资者在《基金合同》之外，还签署了《保证与回购协议》，《保证与回购协议》项下管理人向投资者就《基金合同》下的投资认购款、利息等，作出了明确固定回报的承诺；上述约定为刚兑约定，违反了《信托法》第34条的强制性规定，为无效约定。

---

① 《九民纪要》第31条规定：“【违反规章的合同效力】违反规章一般情况下不影响合同效力，但该规章的内容涉及金融安全、市场秩序、国家宏观政策等公序良俗的，应当认定合同无效。人民法院在认定规章是否涉及公序良俗时，要在考察规范对象基础上，兼顾监管强度、交易安全保护以及社会影响等方面进行慎重考量，并在裁判文书中进行充分说理。”

3. 违反《合伙企业法》相关规定

在合伙型基金模式中，管理人通常采取有限合伙企业形式设立私募投资基金，投资者以有限合伙人入资合伙企业，管理人通常为普通合伙人及执行事务合伙人。而如合伙企业与投资者签订了承诺保底保收益的协议，投资者诉请要求合伙企业支付本金及收益。在此类纠纷中，法院通常会依据《合伙企业法》第21条关于“合伙人在合伙企业清算前，不得请求分割合伙企业的财产”或第51条关于“合伙人退伙，其他合伙人应当与该退伙人按照退伙时的合伙企业财产状况进行结算，退还退伙人的财产份额”等组织法上的相关规定，认定保底条款无效，投资者不得直接要求合伙企业返还投资本金并支付收益。如在最高人民法院（2022）最高法民再234号案中，法院认为，如合伙企业承担以货币退还退伙财产的责任，实质构成对案涉投资者的投资保本保收益，违背《合伙企业法》第51条的规定，违反私募股权投资基金监管规则，在全体合伙人尚未进行结算的情形下，也势必侵害其他合伙人的权益；据此，案涉投资者对合伙企业的诉讼请求缺乏法律依据。

4. 通谋虚伪意思表示

管理人与投资者在私募基金合同中或以“抽屉协议”等其他方式约定由私募基金管理人或其关联方支付固定本息或就收益差额补足，有法院会依据原《民法总则》第146条（该条被《民法典》第146条所承继）关于“行为人与相对人以虚假的意思表示实施的民事法律行为无效”的规定，穿透认定投资者与管理人或其关联方之间名为委托理财关系（或合伙关系等）实为民间借贷关系。

如广东省广州市中级人民法院（2021）粤01民终17772号案中，法院认为，管理人承诺按月支付按照年化收益率8.5%为标准计算的收益，并于投资期满后返还全部本金，属于承诺固定收益、定期返还本金的行为，双方真实意思表示系通过投资者向管理人出借资金，根据《民法总则》第146条的规定，投资者与管理人签订案涉基金合同所显示的委托理财合同关系应属虚假意思表示，实属民间借贷合同关系。而在北京金融法院（2021）京74民终932号案中，管理人采取有限合伙企业组织形式设立私募投资基金，投资者与管理人订立合伙协议，其中约定，投资者为目标合伙企业有限合伙人，投资者每年享有固定收益，且投资满三年可要求管理人退还投资本金；但投资者在支付投资款后并未实际登记为有限合伙人。对此，法院认为，案涉投资人不承担目标合伙企业经营风险，其投资回报不与目标合伙企业的经营状况挂钩，不是根据目标合伙企业的投资收益或亏损进行分配，而是由管理人向其提供保本保收益承诺，根据约定在期满后由管理人偿还本金和利息，进而认定投资人与管理人之间的法律关系名为合伙，实为借贷。

（三）基金合同外第三人保底是否有效？

1. 有效说

有法院认为，提供保底承诺的主体若为基金合同之外的第三人，其不属于禁止保底规则规制的对象，保底条款有效。采取此种观点的法院通常会在裁判说理部分就各禁止规定规制的对象或范围进行解释，常见分析包括，《私募投资基金监督管理暂行办法》第 15 条规制的应当是基金管理人管理基金财产时作出的承诺，《九民纪要》第 92 条规制的是信托公司、商业银行等金融机构，《资管新规》第 19 条规制的是资产管理产品的发行人或者管理人，并进一步论证保底承诺作出方不受“不得保本保收益”规范的限制，故保底承诺有效。如在江苏省苏州市虎丘区人民法院（2021）苏 0505 民初 1505 号案中，虽出具保底承诺的主体为基金管理人的法定代表人、实际控制人及股东，但法院认为，出具保底承诺的主体并非基金管理人，其差额补足承诺不属于《九民纪要》第 92 条“信托公司、商业银行等金融机构作为资产管理产品的受托人与受益人订立的含有保证本息固定回报、保证本金不受损失等保底或者刚兑条款的合同，人民法院应当认定该条款无效”中的保底或刚兑条款，仅属于个人向投资者的承诺，这并不会将本应由投资者自行承担的资产损失风险转嫁至作为受托人的金融机构承担，为有效约定。

2. 无效说

另有法院认为，管理人的法定代表人、实际控制人、股东等关联方或其指定的其他单位或个人，亦应当属于禁止保底规则规制的对象，其对投资者提供差额补足、到期回购等承诺的，该约定应属无效。如在广东省广州市中级人民法院（2021）粤 01 民终 25287 号案中，法院认定基金管理人的股东关于返还投资者本金及支付利息的承诺，违反了《私募投资基金监督管理暂行办法》第 15 条等相关禁止保底保收益规定，应属无效。在广东省广州市天河区人民法院（2021）粤 0106 民初 10617 号案中，保底承诺作出方分别为基金管理人的法定代表人、间接股东、基金经理，法院认为，虽然保底承诺作出方均非管理人，但与管理人实际上属于利益共同体，案涉保底条款无效。

（四）损失确定后的保底条款是否有效？

1. 无效说

有法院不以投资损失是否发生作为判断保底条款效力的标准，也即无论保底条款签订时间是否晚于损失发生、保底条款是否以损失发生为触发条件，均认定无效。例如，在最高人民法院（2022）最高法民再234号案中，法院认为，私募基金中，向投资者承诺投资本金不受损失或者承诺最低收益为相关规定所禁止，具体地，既不得在募集阶段直接或间接地承诺保本保收益，也不得在私募基金产品不能如期兑付或兑付困难时承诺还款。在深圳市福田区人民法院（2021）粤0304民初61241号案中，投资者与管理人在基金合同之外签署了预约受让协议，协议约定在案涉基金清算后10个工作日内未按基金合同约定向投资者分配本金时，投资者有权要求管理人对其持有的基金份额进行受让，协议还约定了具体受让价格的计算方式。法院认为，从内容上，预约受让协议实际上系管理人对投资者购买涉案基金作出的保底承诺，应属无效。

2. 有效说

另有法院认为，在损失已经实际发生或确定将要发生时，管理人出具的向投资者支付投资本金及收益的承诺，不属于保底或刚兑条款，为有效约定。其理由主要为，禁止刚兑承诺规制的是金融产品在设立最初为了吸引投资者所做的承诺，损失发生前的保底承诺会产生抬高无风险收益率水平、弱化市场纪律、导致投资者冒险投机的效果；而损失发生后的保底承诺，实际是管理人就可能发生的损失由其承担的承诺，系对事后风险的自行承担，不应当被认定为禁止的“保本保收益”的承诺，应当属于对于事后损失赔偿的自主承担。如在北京金融法院（2022）京74民终889号案中，法院认为，在案涉基金延期清算期间，管理人自愿受让投资者持有的基金份额从而获得相应的基金投资人身份，自行承担基金清算退出的风险，与《资管新规》第19条规定的自行筹集资金偿付投资人，在性质和权利义务上均存在差异，二者不能等同；法院进而认定管理人与投资者签订的《转让协议》的内容并不具有保底性质，也并非刚兑相关规定所禁止和规制的对象，不存在违反法律、行政法规效力性强制性规定的情形，应属有效。

（五）私募基金内部保底条款无效的法律后果

1. 认定构成民间借贷关系

如前所述，有法院穿透认定投资者与管理人或其他关联方之间实际为民间借贷关系，并进而判决投资者有权要求相关方按照约定返还借款本金以及支付利息。

其中，有的法院会认定投资者与管理人之间形成民间借贷关系，投资者为出借人，管理人为借款人，进一步判决管理人按照约定承担返还借款本金、支付利息、违约金的义务，但对利息、违约金等超出法定利率上限的部分，会依据《民间借贷司法解释》等相关规定，不予支持。如北京金融法院（2021）京74民终932号案、广东省广州市中级人民法院（2021）粤01民终17772号案。

值得注意的是，少有法院会认定投资者与目标合伙企业形成民间借贷关系，并判决由目标合伙企业返还借款本金及利息。如在湖北省荆州市中级人民法院（2022）鄂10民终1982号案中，法院认为，投资者（有限合伙人）与管理人（普通合伙人）、目标合伙企业之间名为企业合伙关系，实为民间借贷关系，并判决目标合伙企业向投资者返还借款本金并支付相应利息，管理人承担连带责任。类似地，在北京市丰台区人民法院（2021）京0106民初27775号案中，法院认定投资者与管理人、目标合伙企业为民间借贷法律关系，并判决管理人与目标合伙企业共同偿还借款本金及利息。

2. 保底条款无效后的赔偿规则

对于保底条款无效是否会导致基金合同无效，有的法院认为，保底条款属核心条款，不能成为相对独立的合同无效部分，故保底条款无效导致基金合同整体无效。如广东省深圳市中级人民法院（2021）粤03民终18743号案中，法院认为，保底刚兑条款属于双方协议的核心条款，当事人缔约目的和权利义务全部围绕该条款发生，上述保底刚兑条款无效导致合同整体无效。

在此基础上，法院通常会依据《合同法》第58条①或《民法典》第157条②关于财产返还及无法返还时的损失承担之规则判决管理人承担相应责任，然而，对于投资者的损失范围及损失承担，法院裁判不一。

（1）损失范围

第一种观点认为，投资者损失为本金及预期收益损失。也即，法院会按照

① 原《合同法》第58条规定："合同无效或者被撤销后，因该合同取得的财产，应当予以返还；不能返还或者没有必要返还的，应当折价补偿。有过错的一方应当赔偿对方因此所受到的损失，双方都有过错的，应当各自承担相应的责任。"

② 《民法典》第157条规定："民事法律行为无效、被撤销或者确定不发生效力后，行为人因该行为取得的财产，应当予以返还；不能返还或者没有必要返还的，应当折价补偿。有过错的一方应当赔偿对方由此所受到的损失；各方都有过错的，应当各自承担相应的责任。法律另有规定的，依照其规定。"

保底条款约定的利率认定投资者的收益损失。如在深圳市福田区人民法院（2021）粤 0304 民初 61241 号案中，法院认定投资者损失包括本金损失及按照年利率 13.2%及 12%标准计算的预期收益损失。

第二种观点认为，投资者损失为本金及利息损失。其中，法院通常认定利息损失按照央行同期贷款利率或全国银行间同业拆借中心公布的贷款市场报价利率标准计算，如广东省广州市中级人民法院（2021）粤 01 民终 25287 号案、上海金融法院（2021）沪 74 民终 663 号案。

（2）损失承担

根据《九民纪要》第 92 条关于“受益人请求受托人对其损失承担与其过错相适应的赔偿责任的，人民法院依法予以支持”的规定，以及原《合同法》第 58 条关于“有过错的一方应当赔偿对方因此所受到的损失，双方都有过错的，应当各自承担相应的责任”之规定，在认定管理人赔偿责任时，需与其过错相适应，因此，法院不仅应考察管理人过错与合同无效的因果关系以及管理人过错与损失的因果关系，还需考察投资者是否履行了相应注意义务。

据此，有法院会综合管理人和投资者的过错程度，酌情认定由管理人赔偿部分损失，剩余损失部分由投资者自行承担。如在广东省广州市中级人民法院（2021）粤 01 民终 25287 号案中，法院酌定投资者就本金损失的 50%部分，自行承担损失。然而，我们也注意到，另有法院在判定管理人赔偿责任时，并未考虑管理人与投资者各自过错，直接判决管理人就投资者损失承担全部赔偿责任，如深圳市福田区人民法院（2021）粤 0304 民初 61241 号案。

二、基金清算完成前，投资者损失是否实际发生并确定？

（一）案例引入

1. 案件信息

姚某与某私募基金管理人等委托理财合同纠纷

一审案号：（2021）沪 0120 民初 12549 号

一审法院：上海市奉贤区人民法院

二审案号：（2022）沪 74 民终 936 号

二审法院：上海金融法院

判决日期：2022 年 12 月 13 日

2. 案情简介

投资人姚某与私募基金管理人及基金托管人于2017年4月签订案涉基金合同，就投资人认购基金份额、投资范围、投资标的、基金存续期限、基金管理人义务、基金托管人义务、收益分配日及分配顺序、基金合同终止、基金清算、违约责任等作出明确约定。其中，基金存续期间为18个月，投资标的为某项目公司股权。投资人依据案涉基金合同约定向托管账户投放资金，募集资金亦依约投入项目公司。因融资方项目公司等相关方违约，基金管理人提起诉讼，并通过调解结案，融资方按照调解书支付相应款项。但管理人擅自挪用资金，取得的全部投资收益均未入托管账户。并且，在基金存续期间，管理人未通过托管账户而通过其自身账户或案外人账户向投资人发放投资收益。管理人于2021年8月才就案涉基金申请清算。因基金到期后未能按期兑付投资收益及本金，投资人诉请管理人支付本金、投资收益及违约金。

3. 裁判要旨

关于私募基金管理人是否尽到勤勉尽责义务。本案中，在基金存续期间，管理人违反监管规定，未通过托管账户而系通过管理人账户或案外人账户向投资者发放投资收益。在《基金合同》到期后，管理人未及时依法成立清算组进行清算，且擅自挪用本应分配给投资者的投资资金，在本案诉讼中仍未举证进入其公司账户的资金流向。针对上述行为，法院认定基金管理人未履行法定及约定义务，应向投资者承担赔偿责任。

关于基金清算完成前投资者的损失是否实际发生。一审法院认为，基金的清算结果是认定投资损失的重要依据而非唯一依据，基金产品虽未清算但有其他证据证明管理人严重违约或不可避免地导致损失实际发生等事实的，根据诚实信用原则，人民法院应当予以认定。

法院最终认定投资者的投资损失已经实际发生，其理由包括三个方面：第一，案涉基金合同终止时间为2018年10月27日，依据基金合同约定，管理人应于终止之日起30个工作日内成立清算小组，然而，管理人于2021年8月才申请清算，逾期清算时间超过三年，应当认定管理人怠于履行清算义务，恶意阻止清算程序的完成，根据原《合同法》的规定，当事人为自己的利益不正当地阻止条件成就的，视为条件已成就。

第二，在管理人与底层融资方等之间的纠纷中，融资方已经清偿完毕，而管理人至今未能提供上述全部资金的资金流向，合同约定的案涉基金权益存在不能实现的可能。

第三，根据案涉基金合同中约定的清算程序，由清算小组统一接管基金财产，并在基金财产清理、确认债务债权后，对剩余财产进行分配；而现实客观情况是，募集的基金资产已经脱离了托管账户，也未及时成立清算小组以接管基金财产；因此，考虑到基金清算处于停滞状态，无法预计清算的可能期限，且无证据证明清算小组实控可供清算的基金财产，若坚持等待清算完成再行确认投资收益或损失，有违诚信原则；故法院认定投资者的损失已经实际产生，管理人应当赔偿原告由此产生的损失。

4. 案例简评

本案确立了“清算结果是认定投资损失的重要依据而非唯一依据，基金产品虽未清算但有其他证据证明管理人严重违约或不可避免地导致损失实际发生等事实的，根据诚实信用原则，人民法院应当予以认定”的裁判规则，且从管理人怠于履行清算义务、融资方支付的款项流向不明进而导致案涉基金权益存在不能实现的可能性、基金清算处于停滞状态三个方面，充分论述了投资者损失已实际发生的理由。该裁判观点有利于投资者尽快实现减损，体现了对金融消费者保护力度不断加大的司法倾向。

近年来，如在私募基金募集及运行阶段，管理人、托管人、代销机构等存在违反约定及法定义务的情形，而投资者未能在基金合同到期后收回按期投资本金及收益的，投资者通常会通过诉请管理人、托管人、代销机构等相关方赔偿其损失的方式减损，而在此类纠纷中，投资者损失是否实际发生并确定是法院面临的重要问题。我们经检索 2022 年相关案件后发现，对于基金清算前投资者损失是否实际发生并确定的问题，司法实践仍存在较大争议。较多法院采取的是“未经清算，投资者损失未能确定”的观点，同时，我们也注意到，突破上述观点而变通处理的案例亦屡见不鲜，在下文中，我们将展开梳理司法实践就此问题的相反观点及理由。

（二）多有法院认为，未经清算，投资者损失未能确定

《九民纪要》第 75 条规定，“【举证责任分配】在案件审理过程中，金融消费者应当对购买产品（或者接受服务）、遭受的损失等事实承担举证责任”。依据该规定，投资者在请求管理人或托管人赔偿损失时，应当对其损失承担举证责任。在此基础上，主流观点认为，基金产品能否兑付本金及收益、收益几何均须以产品清算结果为前提；在其尚未完成之时，投资者的损失未能确定，且

该观点多见于管理人正在就底层融资方违约提起诉讼或仲裁的情况下。

持上述观点的法院通常存在两种处理方式：第一，投资者请求管理人赔偿损失的，因其诉讼请求不能确定，故裁定不予受理。第二，投资者的赔偿请求以其投资损失实际发生且数额确定为前提，若案涉基金未完成清算，则投资者损失金额未能确定，因此，对于投资者的赔偿请求，法院不予支持。如深圳前海合作区人民法院（2020）粤 0391 民初 9754 号案、上海金融法院（2021）沪 74 民终 1258 号案、天津市第二中级人民法院（2022）津 02 民终 1742 号案、上海市普陀区人民法院（2021）沪 0107 民初 20010 号案、上海市浦东新区人民法院（2021）沪 0115 民初 47446 号案、北京金融法院（2021）京 74 民终 482 号案、上海市普陀区人民法院（2021）沪 0107 民初 22968 号案、北京市朝阳区人民法院（2021）京 0105 民初 33018 号案、山东省高级人民法院（2022）鲁民终 579 号案、北京市朝阳区人民法院（2021）京 0105 民初 8765 号案、上海市青浦区人民法院（2021）沪 0118 民初 8989 号案、上海市徐汇区人民法院（2022）沪 0104 民初 1237 号案、上海金融法院（2021）沪 74 民终 1367 号案、山东省高级人民法院（2022）鲁民终 305 号案。

例如，在（2021）沪 74 民终 1258 号案中，上海金融法院主要依据基金投向的底层资产状况良好、《合伙企业法》关于合伙人在清算前不得请求分割合伙企业财产的规定，认定损失尚未实际发生及确定。上海金融法院认为，关于投资者损失是否已经产生，首先，从基金投向的底层资产情况来看，其中有两家公司拟在主板、新三板上市，未来发展前景向好，目前尚无法推定投资损失已经实际产生；另外，合伙人在合伙企业清算前，不得请求分割合伙企业的财产，合伙企业清算并清偿相应债务后方能返还有限合伙人的出资，在基金尚未清算的情况下，投资者作为有限合伙人，对于清算后所持有的股权份额是盈利还是亏损以及盈亏的程度等，均处于不能确定的状态；在此情形下，投资者要求赔偿投资本金及资金占用损失，缺乏合同与法律依据。

此外，为保障投资者诉权，有的法院在认定投资者损失尚未实际发生及确定的同时，会在判决中释明，如清算后投资者尚有其他损失未获清偿，可就因基金管理人等相关方违法、违规或违约行为导致的损失再行主张权利。如上海金融法院（2021）沪 74 民终 1258 号案、北京市朝阳区人民法院（2021）京 0105 民初 33018 号案、山东省高级人民法院（2022）鲁民终 579 号案、山东省高级人民法院（2022）鲁民终 305 号案。

（三）未经清算，投资者损失确定的例外情形

从2022年的裁判文书来看，较大比重的案例采用了清算完成前投资者损失未确定的传统观点，该观点虽有一定合理性及法律依据，但一定程度上加大了投资者诉讼难度，会造成投资者诉累。为切实化解争端，2022年，已有更多案件突破了传统观点的局限性，虽基金尚未清算完成，但在特定情形下，仍认定投资者损失已实际发生进而判决管理人等相关方予以赔偿，此亦体现了对金融消费者保护力度不断加大的司法倾向。

1. 管理人严重违约

（1）管理人怠于履行清算义务

如管理人存在怠于履行清算义务或恶意阻却清算完成的行为，则法院倾向于认为管理人严重违约导致损失已实际发生。如在基金合同到期后基金管理人逾期清算，管理人怠于履行清算义务，有的法院依据原《合同法》关于“当事人为自己的利益不正当地阻止条件成就的，视为条件已成就”或原《民法总则》第159条（该条被《民法典》第159条所承继）关于“附条件的民事法律行为，当事人为自己的利益不正当地阻止条件成就的，视为条件已经成就”的规定，认为管理人怠于履行清算义务属于不正当阻止清算及退出条件成就的行为，进而认为认定损失的退出条件已成就，并按照推定金额判决管理人予以赔偿。如上海金融法院（2022）沪74民终936号案、上海市奉贤区人民法院（2021）沪0120民初24769号案。

另有法院未从上述路径论述损失已固定，而系根据管理人怠于履行清算义务的行为直接认定损失已经产生，如在济南铁路运输中级法院（2021）鲁71民初123号案中，法院认为，在案涉基金终止的情形下，管理人未举证证明其已经代表案涉基金对融资人及其他债务人通过诉讼或仲裁程序进行追索，亦未证明其实际履行了对基金项下财产进行清理、处置、变现、分配等职责义务，应当认为投资者的损失已经产生。

（2）管理人过错导致不能清算或无法退出

这种情形通常发生在因管理人严重违约导致基金产品到期后不能清算，或因管理人过错导致基金产品到期后投资者无法退出，如管理人未经投资者同意单方延长基金期限。对此，有法院认为，根据诚实信用原则，变现及退出不能的后果不应由投资人承担。如在北京市东城区人民法院（2021）京0101民初24050号案中，法院认为，基金管理人将基金财产投向终止时间晚于基金终止

时间的信托产品，基金终止时信托计划尚未到期，直接导致不能清算的结果；并且，管理人在未经诉讼程序、未经基金份额持有人同意情况下，将2020年已届清偿期的底层借款同意展期至2024年，导致资产变现无法进行，投资者本可以退出但无法退出，该变现及退出不能的后果不应由投资者承担。此外，在北京金融法院（2022）京74民终458号案中，案涉基金于2019年2月10日到期后，基金管理人未经投资者同意单方以公告形式决定延长基金期限，与《基金合同》的约定严重不符，直接导致投资款在基金到期后长达两年多的时间内仍无法退出，法院认定基金管理人存在重大过错，应当对投资者的损失承担赔偿责任。

（3）基金资产脱离控制导致无法进行清算、基金清算处于停滞状态

如基金财产已被管理人或其主要人员挪用，导致基金财产已脱离托管账户，即使申请清算，因无可供清算的基金财产，基金清算将处于停滞状态，无法预计清算的可能期限，此时，有法院认为，若坚持等待清算完成再行确认投资者损失，不具有现实可行性。如在上文所述上海金融法院（2022）沪74民终936号案中，基金管理人已就底层融资方违约事宜起诉，融资方亦按照调解书确认的债权金额清偿完毕。然而，基金管理人擅自挪用资金，其取得的全部款项均未进入托管账户。法院认为，因募集的基金资产已经脱离了托管账户，管理人亦未及时成立清算小组以接管基金财产；考虑到基金清算处于停滞状态，无法预计清算的可能期限，且无证据证明清算小组实控可供清算的基金财产，若坚持等待清算完成再行确认投资者损失，有违诚信原则。此外，在上海金融法院（2021）沪74民终1250号、（2021）沪74民终1626号、（2021）沪74民终1743号案中，基于类似情形，基金资产已被案外人恶意挪用以及基金清算处于停滞状态，法院认定基金投资者损失已经固定。

（4）管理人失联、资格注销等

基金管理人注销基金管理人资格、基金管理人主要工作人员已失联、跑路或因其他原因导致基金管理人实际处于歇业状态，在此情况下，存在无法通过清算底层资产向基金份额持有人进行分配的可能，管理人具有严重过错，即使基金未清算完成，管理人亦应向投资者赔偿，如北京市东城区人民法院（2021）京0101民初24050号案。

（5）基金所投资的底层资产并不真实或基金财产已无价值

在基金合同约定的投资标的并未真实存在时，法院或直接认定投资者损失

已产生。如在天津市第二中级人民法院（2022）津02民终1733号案中，基金合同约定案涉基金用于受让应收账款，而经审查，应收账款对应的基础销售合同并不真实存在。对此，法院认为，投资者取得了基金投资份额，但生效判决已认定应收账款并不存在，投资者未取得基金资产分配的损失已经实际发生。

此外，在北京金融法院（2022）京74民终699号案中，由于管理人未能落实风控措施，包括未能落实股权质押登记、应收账款质押登记、实际办理抵押的不动产抵押物与计划不符且价值偏低等情形，在底层融资人未能按期偿还贷款后，管理人未能从融资人及其保证人、抵押人、质押人追回贷款。基于此情况，法院认定投资人实际损失已发生。

（6）其他履职失当行为

另有法院对管理人承担责任的依据不再做特别说理，通过结合管理人履职失当行为，综合认定管理人应承担违约责任，并判决赔偿损失。

2. 底层投资确无回款可能性

（1）基金所投资的企业已进入破产程序

基金所投资的企业已进入破产程序，即使投资者参与分配清算后的剩余基金财产，收回投资本金及收益的可能性较低，有法院会因此认定投资者损失已实际产生。如天津市第二中级人民法院（2022）津02民终1733号案中，法院认为，虽管理人已诉请要求底层融资企业偿还款项，但生效判决未获执行，且融资企业已进入破产程序，合同约定的案涉基金权益基本无实现可能；因此，考虑到实际履行情况，如果坚持等待清算完成再行确认投资者损失，不具有现实可行性。

（2）基金所投资的企业被申请执行，人民法院因无财产可供执行而执行终结或终止执行

同样地，如基金所投资的企业被管理人申请执行，或因自身债务被申请执行，人民法院因无财产可供执行而执行终结或终止执行，在此情况下，投资者权益基本无实现可能，以此认定投资者损失已产生亦不违诚信原则。如在（2021）沪74民再13号、（2021）沪74民再14号民事裁定书中，上海金融法院认为，在涉案基金投资合同已经诉讼且债务人无财产可供执行的情况下，原审仅以基金未清算为由，判决驳回申请人的诉讼请求，有所不当。

（四）投资者获得赔偿后，其基金权益如何处理？

在基金清算完成前即认定管理人需先行赔付投资者损失，随之产生的问题

是，投资者获得实际清偿后，其在基金清算中享有的权利或取得的回款如何处理？投资者还能否继续在基金清算中参与分配？投资者还能否通过基金合同获取收益或赎回本金？为此，我们发现，在2022年相关争议案件中，虽然更为常见的做法是法院并不主动就投资者持有的基金份额如何处理、投资者能否在后续基金清算中参与分配等事宜进行裁判或释明，但值得注意的是，为化解后续可能发生的争议，已有越来越多的法院会就后续事宜在裁判理由部分予以释明，甚至直接裁判。

1. 管理人继受取得投资者在基金清算中享有的权利

有的法院会在判项中明确，管理人向投资者承担赔偿责任后，投资者在基金后续清算中享有的权利，在赔偿金额范围内由管理人继受。如北京金融法院（2022）京74民终699号判决书指出，“被告信文资产管理（江苏）有限公司向原告郭某承担赔偿责任后，原告郭某在信文兴乐1号契约型私募投资基金后续清算中享有的权利，在赔偿金额范围内由被告信文资产管理（江苏）有限公司继受”。

2. 投资者就相应基金份额不再享有权利且可协商转让

第二种处理模式，法院未在判项中明确投资者的基金份额或权益如何处理，但在裁判理由部分释明，投资者在获得清偿后，则对相应的基金份额不再享有权利，如济南铁路运输中级法院（2021）鲁71民初123号案。另有法院在此基础上，进一步释明投资者可与管理人就其持有份额进行协商转让，如有争议另行解决，如北京市东城区人民法院（2021）京0101民初24050号案中，法院在裁判说理中明确，“但华宇国信公司向吴某红承担赔付本金及利息损失的违约责任后，吴某红不能再通过基金合同获取收益并赎回本金，其持有份额可以与华宇国信公司协商转让，如有争议另行解决”。

3. 赔偿款需扣除后续分配回款

第三种处理模式，法院未直接判决投资者的基金份额如何处理，而是在裁判理由部分释明，就投资者在后续清算中获得清偿的部分，应当在管理人赔偿金额中予以扣除，此亦符合损失填平及公平原则。如天津市第二中级人民法院（2022）津02民终1733号案、上海金融法院（2021）沪74民终1250号案、上海金融法院（2021）沪74民终1626号案、上海金融法院（2021）沪74民终1743号案。

4. 未做处理

更为常见的处理方式是，法院并不主动就投资者持有的基金份额如何处理、投资者能否在后续基金清算中参与分配等事宜进行判决或释明。如北京金融法院（2022）京 74 民终 458 号案、上海市奉贤区人民法院（2021）沪 0120 民初 24769 号案。

三、投资者是否能直接向底层融资方主张权利？

（一）债权人代位之诉

我们经检索后发现，投资者以债权人代位权的路径向底层融资方索赔面临的阻碍较大。据《合同法司法解释一》第 11 条之规定，债权人行使代位权需符合 4 个条件：第一，债权人对债务人存在合法有效的到期债权；第二，债务人对次债务人存在合法有效的到期债权；第三，债务人怠于行使权利影响债权人债权的实现；第四，代位标的为非专属于债务人自身的权利。有的法院认为，投资者的投资资金已转化为基金独立财产，在基金清算并确定其分配收益前，投资者对私募投资基金的债权数额并未确定，故其并不对私募投资基金享有到期债权。因此，代位权不成立，投资者无权以债权人代位权纠纷为由要求底层融资方直接向其清偿。如山东省淄博市中级人民法院（2022）鲁 03 民终 2166 号案、北京市第三中级人民法院（2022）京 03 民终 10389 号案、北京市海淀区人民法院（2021）京 0108 民初 34147 号案、北京市朝阳区人民法院（2021）京 0105 民初 19788 号案中，法院均持上述观点。

除了认定投资者不享有到期债权之外，有的法院还从保护其他基金份额持有人角度论证投资者无权直接向底层融资方主张权利，如在如山东省淄博市中级人民法院（2022）鲁 03 民终 2166 号案中，法院认为，该案原告系私募投资基金的基金份额持有人之一，其无权代表私募投资基金对外主张到期债权；如果允许个别基金份额持有人单独提出主张，势必会侵害其他基金份额持有人的合法权利。

（二）私募基金有限合伙人派生诉讼

对于以有限合伙企业形式设立的私募投资基金，在目标合伙企业陷入管理僵局或基金管理人不履行职责的情形下，投资者作为有限合伙人，为保护其合伙企业及其自身合法权益，可以自己名义提起有限合伙人派生诉讼。

有限合伙人派生诉讼的权利基础主要来源于《合伙企业法》第 68 条第 2 款

规定，“有限合伙人的下列行为，不视为执行合伙事务：……（七）执行事务合伙人怠于行使权利时，督促其行使权利或者为了本企业的利益以自己的名义提起诉讼……”其主要是指当有限合伙企业的合法权益受到侵害，而执行事务合伙人怠于行使权利追究相关第三人责任时，有限合伙人为了合伙企业的利益，以自己的名义直接向第三人提起的诉讼。此类纠纷中，法院的审查重点包括：第一，执行事务合伙人是否怠于行使权利；第二，投资者诉讼目的系为合伙企业的利益还系为其个人利益。

执行事务合伙人怠于履行权利的常见情形包括：

第一，基金管理人未积极对外主张合伙企业合法权益。如在北京市第三中级人民法院（2022）京 03 民终 6457 号判决书中，执行事务合伙人未在回购条件触发时积极向第三人主张履行回购义务，法院认定其存在怠于行使权利的情况，有限合伙人有权为合伙企业的利益以其自己的名义提起诉讼，要求第三人支付回购款并承担违约责任。

第二，基金管理人在收到有限合伙人督促函后未予回应或未采取任何行动。如在北京市东城区人民法院（2021）京 0101 民初 23704 号案中，法院认为，有限合伙人在向执行事务合伙人发函催促其履职的意见未获支持后，提起诉讼符合法律规定。

第三，基金管理人失联或失信。如在宁波市北仑区人民法院（2021）浙 0206 民初 2729 号案中，法院认为，执行事务合伙人已处于失信状态，有限合伙人以自己的名义提起知情权诉讼，符合法律规定。

后　记

《中国金融争议解决年度观察（2023）》由北京卓纬律师事务所金融争议解决团队撰写。本书深刻剖析金融争议解决领域过去一年所面临的前沿热点问题，希望通过年度观察的记录、分析，展现金融争议解决领域的变化及发展轨迹，亦希冀通过年度观察能为相关金融和法律从业者在金融争议解决领域的交流与合作搭起一座桥梁。

除编委会成员外，多位同仁为本书基础资料的收集和研析作出了贡献，我们在此衷心感谢（排名不分先后）：刘琳佳、刘静、陈哲、范文轩、钱雨亭、梁淏萌。

本书在写作过程中力求严谨、审慎、精益，但囿于资料收集、作者能力之局限，难免有疏漏之处，敬请广大读者批评指正，以期为共同推进金融行业长期、稳定、健康发展贡献力量。